本书得到

2012年云南省哲学社会科学学术著作
出版资助

云南师范大学重点学科建设经费资助

组织结构
功能转型与内卷化
——云南农垦发展透视

董向芸　著

人民出版社

序

从理论角度来说，作为西方政治学的基本研究方法之一，结构功能主义集中于研究系统承载的功能以及实现这些功能的内在结构，强调分析每一特定系统中结构和功能的相互关系，试图通过剖析政治结构和政治功能揭示政治系统运转的规律。本书将云南农垦组织视为一个系统，通过对农垦组织的结构、功能以及两者之间互动关系三个方面进行分析，并在研究农垦组织转型及其发展过程中引入"内卷化"概念来对农垦组织改革状况进行描述。"内卷化"是一个可以用来回应、分析和解释许多层面现象和问题且尚未统一界定的概念。书中分别从经济层面有增长无升级，管理层面有汲取无控制，文化层面有惯习无突破来具体定性这一概念，归纳出基本的共性要素并进行相应的组织研究，使之成为该研究审视组织的重要理论工具。

作者以上述结构功能主义与"内卷化"为基本理论支撑，使两者在农垦组织的实证研究过程中达成有机契合，从而奠定了全书的理论基础。同时，该研究借鉴和使用了结构功能主义的一些概念，如整合、分化、利益结构，制度学中的一些界定，如制度环境、非制度环境、成本效益分析等，结合结构功能主义对系统的理解，综合融通形成了全书的基本理论逻辑：组织形成环境与发生机制——组织结构功能演进——组织结构功能扩展，进而剖析了云南农垦改制的组织变迁过程。

从另一角度来看，农垦作为我国边疆区域长期存在并发挥重要作用的组织，对边疆地区的经济带动与辐射作用举足轻重。根据上述理论框架，云南农垦系统作为特殊的公权力组织,是新中国成立之初特殊的国际和国内政治背景下的产物,它作为国家边疆管理的特殊手段,肩负着对地方整合与国家认同等政治社会功能。随着社会转型与发展,云南农垦组织也开始进行了相应的改革,其内容主要是改革传统的国有制和集权控制的资本组织形式,调整传统的国有所有制结构,使云南农垦组织能够逐渐适应市场经济并转化为相应市场主体。这段时期云南农垦组织在结构与功能方面都发生了较大变化,研究选取云南德宏傣族景颇族自治州农垦组织作为相应的实证样本进行佐证,发现组织的发展实效往往不符合其发展预期,且随着宏观制度环境的变化,农垦组织原有的优势随之解体,并逐渐陷入"内卷化"困境。具体表现为组织结构层面的行政取向与部门复制化,以及组织功能层面的目标模糊与劳动收益的人均递减,于是,2007年之后农垦组织再次呈现强烈的改革需求。此时,云南省政府相继出台一系列政策,云南农垦组织重构步入了探索阶段。不过这种结构功能重构的探索由于政策关注点的不一致,使得云南农垦组织未能完全摆脱内卷化困境而获得结构功能的现代性。

随着云南区域经济社会的变迁,农垦组织需继续维持组织结构功能的相对优势,客观上要求进一步改革阻碍生产力发展的相关结构体制、功能机制以及组织的社会影响力,满足区域民众日益增长的经济发展需求,建构农垦组织与当地发展的新场群关系。由此,本书作者侧重于从内部与外部两种视角来探讨农垦组织未来的建设与发展,分别就新形势下云南农垦应有的功能与作用进行讨论,从国家以及区域经济社会发展层面,来寻求界定组织未来改革与发展的方向;继而深入组织内部,讨论组织本身的结构功能的逻辑形塑及发展完善途径;最后,转向组织的外部环境建设,以组织发展的资源依赖与社会支持为对象,扩展分析组织与政策介入及区域既有资源之间的互动机制和策略选择。通过这些层次清晰的分析,我们能够发现一些有利于该组织发展的政策启示。

本书立足于云南农垦组织的发展与改革历程研究,运用调研、问卷、访谈以及文本、数据统计等方法,对农垦总局、分局、农场不同层面的具体情况进行分析,以结构功能主义和"内卷化"作为理论工具,旨在阐释农垦组织在改革和发展过程中所发生的整合与分化现象。对于农垦系统研究而言,该书为人们深入思考农垦问题提供了一个新的角度,这对于拓展农垦组织的研究视角是很有意义的。作为导师，希望其能够以此研究为基础继续努力，在组织理论与本土研究相结合层面的研究取得新的成绩。

沈亚平
2012 年 12 月

目 录

第一章 导论

第二章　结构功能主义、内卷化理论与农垦组织研究的契合

第三章　组织结构功能转型与内卷化理论建构

第四章 云南农垦组织的发生与结构功能演进

第五章 云南农垦组织结构功能的内卷化与重构

第六章　云南农垦组织内卷化突破与组织转型

第七章 结语

附　　录

第一章　导论

本书从云南农垦组织的发展历程开始，运用调研、问卷、访谈以及文本分析、数据统计等方法，对农垦总局、分局、农场不同层面的具体情况进行分析，并且引入了结构功能主义和"内卷化"作为理论工具，来阐释农垦组织在改革和发展过程中所发生的整合与分化现象。本章对本书的整体研究内容进行了介绍与概括，主要包括研究背景与问题的提出、研究方法与资料来源、研究思路与逻辑框架等内容。

第一节　问题的提出与研究意义

屯垦曾经是我国历史发展中举足轻重的一项内容，也是边疆稳定和国家安全保障体系的重要组成部分。屯垦又称农垦。不过作为一种被湮没于经济改革浪潮中既有形式的农垦，笔者不得不承认，许多人对它的认识始终停滞于一种字面意义理解：中国古代对边防驻军给养的一种方式；抑或是一种过去时式的界定：新中国成立初期国家对边疆整合中所采用的一种手段方法。按照这种理解，其当然之义就是，今天在我们的现实生活中除了新疆生产建设兵团，还存在农垦么？除了新疆特殊地域的农垦研究之外，还有研究的价值么？或者是，农垦体制是否还有延续的必要？农垦则用本身的数字回答着这个问题：截至 2010 年底，全国农垦区域占全国国土面积的 4.92%，人口约占全国人口的 1%。①

一、研究背景

对于今天的中国农业经济来说，农垦具有着相当重要的地位。农垦的意义，从一开始就与两个词密不可分：一是边疆，二是农业。中国边疆的开发历史与之联系紧密，新中国成立之初的边疆发展史，亦是大批退伍战士、知青和爱国华侨所书写的。但如果只停留于对屯垦戍边史实的回顾，并不能完全理解它真正的现实价值。据统计，如今全国农垦体系包括大约 1330 余万人口、1811 个国有农场、598 余万公顷耕地、3566 家国有及国有控股企业、3381 多亿元生产总值和一大批原材料生产、加工以及科研教育等系统②。进一步说，在我国这样一个人口庞大而又以农业为基础的国家中，农垦尤显出以下特点：

第一，规模高度集中。如今，包括北京、上海在内的 31 个省市自治区都有农垦系统，只是大小不一而已。从耕地面积来说，新疆生产建设兵团第一、黑龙江农垦第二、海南农垦排第三，云南由于地理因素居于第二十位；从现有职工人口数来看，新疆生产建设兵团第一、黑龙江农垦第二、云南则排第九位③。其中，如新疆生产建设兵团就拥有全疆七分之一的人口，生产新疆五分之一的粮食、五分之二的棉花和三分之一的棉纱、棉布、食糖，并缴纳五分之一的税金；黑龙江农垦系统现有土地总面积相当于海南省的 1.65 倍，其中耕地相当于浙江省的 1.29 倍；云南农垦系统天然橡胶种植面积则占全国的 1/3，投产面积占全国的 1/4，干胶产量占全国的 1/3④。虽然

---

① 根据中国统计网统计资料：2010 年全国国土面积 960.1 万平方公里，据《2010 年第六次全国人口普查主要数据公报（第 1 号）》，全国总人口为 1370536875 人；据农垦信息统计，2010 年全国农垦耕地面积 5989272 公顷，全国农垦总人口 13323036 人。

② 何子阳主编，中华人民共和国农业农垦局编：《中国农垦统计年鉴 2010》，中国农业出版社 2011 年版，第 127～132 页。

③ 2010 年中国农垦局所发布的统计数据显示：新疆生产建设兵团总人口 2570423 人，职工人数 583883 人，耕地面积 1243283 公顷；黑龙江农垦组织有总人口 1673491 人，职工人数 407355 人，耕地面积 2800938 公顷；云南农垦组织有总人口 340497 人，职工人数 103310 人，耕地面积 12709 公顷。

④ 据《中国农垦统计年鉴 2010》，中国农业出版社 2011 年版，第 23、31、48、127～178 页相关数据测算。

从总量上说，农垦系统生产总值相较于全国农村并不突出，但对于生产生活的集中程度而言，它显然是我国农业中一个重要的部分。

第二，产品突出且重要。新疆生产建设兵团农垦区是中国最大的棉花生产基地，黑龙江农垦区是国家最大的商品粮基地，云南农垦区是中国第二大天然橡胶生产基地，同时也是全国唯一大面积亩产超过 100 公斤的天然橡胶高产基地。以天然橡胶为例，天然橡胶是四大工业原料中唯一的可再生资源，全球大约有五万多种工业品的制造需要使用到天然橡胶，在航天航空、重型汽车制造等重要工业领域，天然橡胶仍属于不可替代的战略性资源。我国国内天然橡胶主要是由农垦系统种植提供的，一是农垦系统大面积集中种植；二是种植的集中度高，主要集中在海南和云南两大垦区；三是产品对于国家建设非常重要，据相关统计数据显示，截至 2010 年，我国天然橡胶的消费量已突破 350 万吨，约占全球天然橡胶消费总量的 1/3 以上，而我国的天然橡胶产量却只有 68.7 万吨，对外依存度已超过 80%[①]。由此，国务院在国办发（2010）45 号文中着重提出要"充分挖掘增产潜力，提高胶园管理水平，加快低产残次胶园的更新改造，加快良种推广速度。积极推进国际合作交流。到 2015 年，力争优势区域内种植面积稳定在 1400 万亩左右，产量达到 80 万吨以上，新植胶园优良新品种应用比例达到 100%，国内供给保障能力得到进一步增强。"[②]

第三，农业科技领先性。三十年多年的农村改革，是以农户家庭承包基础上的分散小规模生产为基本制度。虽在一定历史阶段解放了生产力，但随着生产力水平的提高，个体生产规模小、靠天吃饭的传统农业生产方式问题也显露出来，国家亦开始倡导现代农业，倡导农村通过土地流转制度改革开展规模化和集中化农业生产。而农垦则先天具备着引领农业现代化发展的条件，自农垦组织建成伊始，其生产经营就一直以科技化与机械化为主要特征，在"十一五"期间，农垦系统农作物耕种收综合机械化水平达到 84%，

---

① 吴永平：《我国取得天然橡胶国际定价权事不宜迟》，《中国橡胶》2011 年第 4 期，第 7 页。
② 国务院办公厅：国办发（2010）45 号《国务院办公厅关于促进我国热带作物产业发展的意见》，2010 年 10 月 11 日。

比全国平均水平高 32 个百分点，农田有效灌溉面积占耕地面积的 59.6%，比全国平均水平高 10 个百分点，其中，粮食亩产 432 公斤，比全国平均水平高 100 公斤，粮食商品率达 88.2%[①]。此外，农垦对许多农作物种植的科技应用、标准化作业、产品质量安全以及相关先进技术设备引进方面也具有极大的优势。以天然橡胶为例，云南农垦区是全国唯一大面积亩产超过 100 公斤的天然橡胶高产基地，其橡胶种植在芽接、病虫害防治、割胶等方面也走在世界前列。这就是农垦系统对于当今中国农业的基本价值与贡献。正是有了这三方面的特点，中国农业尤其是边疆农业未来改革与发展的主体都不能缺少农垦。

二、问题提出

云南的边疆区域特点以及农垦对云南地区的特殊作用，使得对云南农垦改革的研究具有典型意义和代表性。云南地处我国西南边陲，毗邻缅甸、越南、老挝三国，是多民族、多信仰、多文化交融地，是西南边疆地区南下北上、东联西出的交通要道，是我国与东南亚连结的经济文化交流中心，其特殊的地域特点和重要的战略区位在整个国家安全体系中占有重要位置。新中国成立后云南农垦系统在推动国家建设和维护边疆安全方面发挥了重要作用，随着 20 世纪 80 年代国家社会体制的转型，农垦改革亦步入改革轨道，然而农垦系统几个阶段的改革由于其特殊性始终在探索之中，且农垦系统本身的发展也在新世纪遇到了许多困难和问题，甚至在一定程度上影响到边疆经济与社会的现代化进程。

（一）现实环境层面的问题提出

从当前云南农垦发展与改革的现实来看，农垦并未能充分释放其在农业领域的独特优势，反而在经济发展方面存在相当严重的滞后现象。首先，可以从数据分析和判断入手来对全国以及云南农垦系统的经济现状进行初步理解。从全国范围来说，全国农垦系统的生产总值在绝对值上是上扬增长的

---

① 农垦发（2011）4 号《农业部关于印发全国农垦经济和社会发展第十二个五年规划的通知》，农业部，2011 年 9 月 9 日。

（见表1.1）：

表1.1　2005～2010年全国农垦生产总值与国内生产总值数据统计表（单位 亿元）

年份 生产总值	2005	2006	2007	2008	2009	2010
全国农垦	1358.6490	1649.4939	1981.5342	2344.7348	2738.7503	3381.0502
国内	184937.4	216314.4	265810.3	314045.4	340506.9	401202

资料来源：根据中华人民共和国农业部农垦局编：《中国农垦统计年鉴》2005～2010年数据整理。

　　但是，如果将农垦系统生产总值与国内生产总值进行比较（如图1.1），那么，可以得出这样的结论：第一，从时间发展的纵向来看，全国农垦的经济总量近五年来获得了持续增长，2010年达到了33 810 502万元；第二，从相对比例的横向比较来看，农垦的经济总量之和仅占全国GDP的很小比例。更进一步，从全国农垦系统生产总值占国内生产总值的比例来说，如果用2010年全国各省GDP统计数据进行一番比较，就能清楚地发现在全国合计401 202亿的GDP总量中，农垦系统的贡献仅占0.84%（如图1.2）。

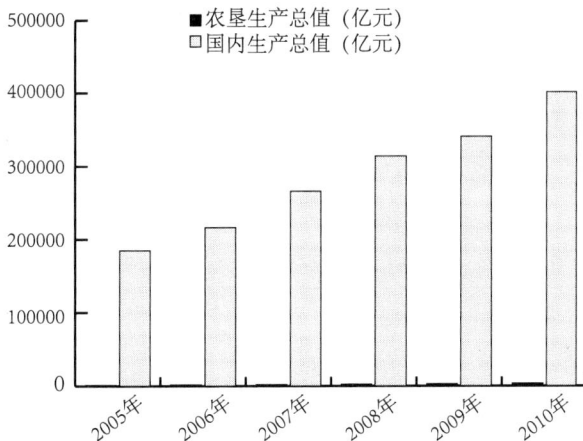

图1.1　农垦生产总值与国内生产总值比较示意图

资料来源：根据中华人民共和国农业部农垦局编：《中国农垦统计年鉴》2005～2010年数据整理。

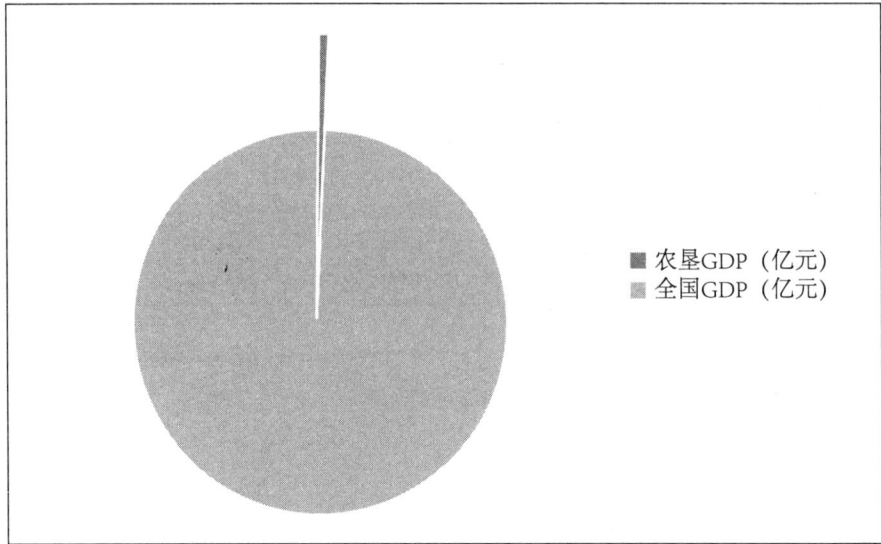

图 1.2 2010 年全国农垦 GDP 占全国 GDP 总量比例图

资料来源：中华人民共和国农业部农垦局编：《中国农垦统计年鉴 2010》，第 19 页。

再来看云南农垦系统，云南农垦系统的近 40 个国有农场广泛分布在包括滇南、滇西南边疆的 7 个地州（市）及其下属的 27 个县，共有 30 余万人口，其中主营和兼营天然橡胶的农场约 26 个。从 2005 年到 2010 年，云南农垦系统生产总值是逐年增加的，在绝对值上呈现缓慢上升的趋势变化（如表 1.2）。

表 1.2 2005～2010 年云南农垦生产总值与云南省地区生产总值数据统计表（单位 亿元）

生产总值 ＼ 年份	2005	2006	2007	2008	2009	2010
云南农垦	20.0944	22.1356	26.9606	25.0397	25.7855	36.8064
云南地区	3461.73	3988.14	4772.52	5692.12	6169.75	7224.18

资料来源：根据中华人民共和国农业部农垦局编：《中国农垦统计年鉴》2005～2010 年数据整理。

但是，从区域经济发展的角度来看，云南农垦系统生产总值占地区生产总值的比例也相当低（如图1.3所示），这与全国的情况相似。不过，就云南这样以农业种植为主的地区来说，云南农垦的生产总值占省内生产总值的比例尤显其发展的滞后现况。

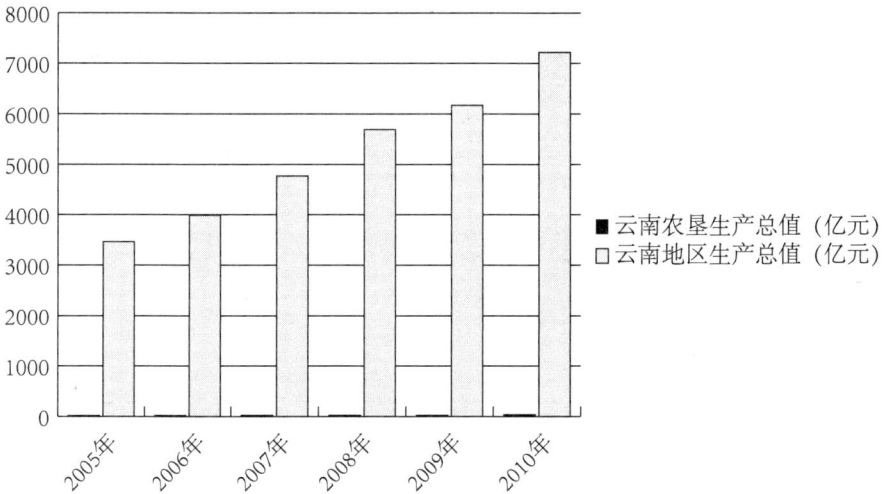

图 1.3　云南农垦系统生产总值占地区生产总值比例图

资料来源：根据中华人民共和国农业部农垦局编：《中国农垦统计年鉴》2005—2010 年数据整理。

表 1.3　云南农垦职工平均工资与纯收入统计表（单位：元/人·年）

年份 总量	2005	2006	2007	2008	2009	2010
云南农垦职工平均工资	7983	9796	9970	9481	9736	12342
云南农垦职工纯收入	5399	6442	7825	7019	8310	9571
云南省在岗职工平均工资	16140	18711	20481	24030	26992	30177

资料来源：根据中华人民共和国农业部农垦局编：《中国农垦统计年鉴》2005～2010 年数据整理。

从另一角度看，农垦系统成员的生活水平和质量，是衡量系统经济发展水平的重要尺度。统计近五年云南农垦职工的平均工资与职工纯收入（见表1.3），我们可以发现，云南农垦系统从业人员的平均收入远远低于本省在岗职工的平均收入水平（见图1.4）。

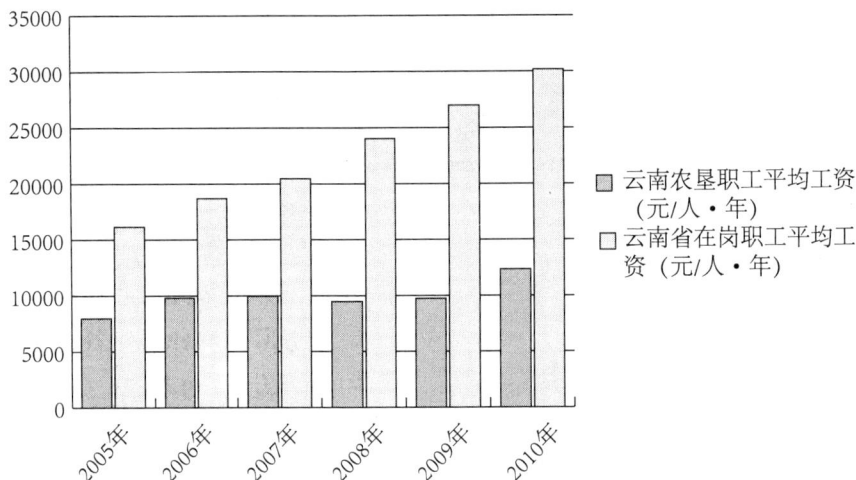

图 1.4　云南农垦职工平均工资与云南省在岗职工平均工资比较图

资料来源：根据中华人民共和国农业部农垦局编：《中国农垦统计年鉴》2005～2010 年数据和中国统计出版社：《云南统计年鉴》2005～2010 年数据整理。

当然，这种简单的比较缺乏全面性，并没有考虑到很多其他方面的不可比因素。但这些数据可以给我们一个基本判断：云南农垦组织虽然在不断发展，但改革开放三十多年后，农垦单位在本省经济中的地位与其规模、人口比例不相适应，同时农垦系统职工的收入水平也没有达到本省的平均水平。这在一定意义上说，云南农垦组织确实存在经济发展滞后的问题。

使我们产生疑惑的是，是什么使云南农垦未能引领农业现代化发展，反而在经济建设的时代显得有些封闭而落后？又为什么拥有众多优质自然资源、拥有先进大规模生产方式的农垦系统不能获得更高的产出效率、不能释放更大的经济能量？

首先让我们来考察农垦系统的管理体制。事实上，人们大多并不清楚农垦是个什么样的系统，农垦经常把自己叫"垦区"，地方政府称之为"农垦集团"，职工称为"总局"，统计材料上有时叫"农垦单位"。农垦职工属于"单位职工"，改革中又有"职工"、"企业职工"、"农工"等一系列定义，这些反映了农垦系统体制的特殊性。而从权力体制的角度看，确实也很难将农垦归入任何一类既定的组织类型之中，因为，企业、政府、农村、军队，这些完全独立的组织形态在农垦系统中都存在。第一，亦企亦政，如果将农场当作一种企业性质的组织，就必须以经济效益为主要目标，可是在农垦系统中各地区的农场实体，组织内与组织外的社会职能一应俱全。如同国企一样，农垦系统内医院、学校、派出所甚至法庭都存在，改革后直至 2010 年才开始陆续移交给当地政府；组织外的场群工作则是农场长期从事的重要任务，农垦系统各分局、分场专门设立群工工作部门，帮助当地进行道路、水利、电力、学校、医院等社会建设，义务帮助当地少数民族村寨发展民营橡胶种植业并提高橡胶生产技术，担负着极为庞杂的政治社会职责；第二，亦政亦民，除了所承担的各种政治社会职能外，从云南农垦系统各层级的组织机构来看，与政府组织的各部门可谓环环对应，除了财政税收之外，这些部门可以直线式地延伸到各级农场，部分甚至可以到生产队一级。可以说，在这个角度上农垦系统就像一级行政机构，但政府的行政职能是靠税收来支持的，而农垦组织却是缴税纳税的法人主体，且一些行政职能还必须依靠组织自身的生产收入来维持；第三，亦民亦兵，云南农垦系统与全国农垦单位一样，都是由军队成建制转业组成的，虽然经过了数十年的变迁，但现在的组织管理体制中仍然存在军事化组织的色彩。例如，直到 2010 年，德宏傣族景颇族自治州垦区还有民兵营 6 个，民兵连 20 个，民兵 1230 人，垦区职工有的仍称生产队为"连队"。虽然农垦系统从成立那天起，其成员的定义就是"复员转业官兵"，之后成员来源有支边知青、退伍复员军人、分配招工等，但在性质上，它不是军队亦无军费，需要自力更生求发展；第四，亦农亦工，原先农垦系统职工从事的是植胶割胶等农业生产，管理体制属于国营农场，因而属于城镇户口，享有职工工资和城镇福利保障，可以说是二元结构中的一个特例。但是随着 21 世纪初以来中央以及各省对三农问题的重视与政策扶持，农民在税赋、医疗等方面有了较大的改善，而农场的发展则相对缓慢，加上行政支出庞大，同样的生产强度下，农场一线胶工的收入比植胶村民低了很多，而且农场负债严重，无法足额缴纳社保医保，这种亦工亦农的特殊性反而成为了其发展的劣势。

再看这种管理体制的功能发挥。如果农垦组织能集公权力性、企业经营性、军事色彩，以及单位身份各种优点于一身，形成独特的"组合优势"以推进发展，那是最好的结果。但现实是，农垦组织在运行中存在着许多障碍和矛盾，而这些矛盾归根结底都指向一个关键问题：以科技化引领的集团化、规模化农业生产，理应产生的效益与实际经济发展滞后，以及与组织成员收益大幅下降之间的矛盾。农垦组织的规模优势是利用农场大面积土地进行现代化种植，这种大型组织的科技基础，理所应当创造出比传统农业一家一户小规模经营更好的经济效益。然而，事实情况却不是这样。随着国际市场橡胶价格的增长，农场区域周边乡镇在农场的帮助下发展胶园，学习橡胶种植或采集制成技术，替代一些传统农作物种植，称为"民营橡胶"。近些年，民营橡胶业迅速发展，总产量快速增长，为周边村寨农民创造了新的致富道路。相比较之下，农垦农场的天然橡胶业务虽然规模、产量仍居主要地位，但并没能创造出最好的业绩和盈利水平。天然橡胶业务收入和效益没有与橡胶价格实现同步增长，职工的收入水平还达不到全省的平均水准，而问题的背后总是存在某种理性的逻辑，本研究就是想通过对云南农垦组织改革过程的追溯来发现与归纳这个逻辑。

（二）农垦组织层面的问题提出

从组织的角度来看，农垦系统作为一种组织，它符合组织最基本的特征：目的性与结构性，但是它显示出极端的复杂性，表现在目的、性质、结构功能、管理方式等方面。而从组织领域的实证研究和当前已有的农垦研究成果来看，鲜有从组织的视角出发，概括和阐释农垦系统改革过程以及分析其现状特征的相关研究，这也就从理论层面提出了本研究之问题对象的逻辑主线。

对于一般组织而言，用生产经济型组织发展的理论及成本效益的衡量标准或许能够直接用数据来发现问题。但农垦组织却不一样，它可以说是一个规模和管理难度都非常大的组织，而且对它的变迁过程研究不能单纯限定于数据的表示。从组织的视角看：第一，云南农垦组织具有三十多万人的组织规模。这里以人数作为衡量组织规模的指标，与对公司所用总收益或者净利润的评判不同。收益或利润表达了组织的业务状况，例如世界 500 强企业中，很多员工数都在 10 万以下，而人数则表达了组织本身的大小。就云南农垦系统改革涉及的组织规模来说，直接涉及利益的农场人口约 31 万，包括总局分局、57 家农场（种植分公司）、123 个分场作业区、工厂、工业企业、建筑业企业、交通运输企业和商业企业等 69 家、4 个科研单位，以及为实现组织转型而涉及的中小学校 53 个①，卫生单位 124 个②，总局所属科研单位 4 个，公安局及下属单位 40 余个等。单纯从数字而言，组织的规模与管理难度可想而知。第二，政企社性质复杂的组织改革与变迁。云南农垦组织的改革不是简单的企业改革，而是政府改革、企业改革、农村改革以及准军事改革等多类型的综合体，是非常少见的综合性改革。从 20 世纪 80 年代延续到 21 世纪头 10 年近三十年的改革过程显示，对这个组织的改革时或从经济增量入手，时或从农村改革入手，时或从制度变革入手。但现实是，改革经过了一定的发展之后又陷入困境，并未彻底完成农垦组织的转型与发展。改革过程表明，云南农垦组织的复杂性改革单纯依靠组织自身的动力是不够的，由于资源依赖和制度安排的长期政府主导性，这种改革还需要来自于对组织的再认识与定位，相应的政策、制度规划和重构各方的权利和义务等各方面的支持。从这个角度来看，对农垦组织的研究必须要关注组织的特定背景，尤其是宏观环境变化下区域对组织需求变化的背景，否则，组织的定位与转型，乃至后续发展都将成为空谈。第三，组织发展与社会稳定。如上文所言，由于近些年国际国内环境变化、农垦自身发展滞后，社会影响力大幅减弱等方面的原因，造成了人们对农垦组织越来越淡漠的认识。但云南农垦组织在边疆社会所占的分量却具有极为重要的作用，仅从边疆农业发展与科技引领这个方面看，它直接影响到云南省的发展，关系到区域社会的稳定。云南农垦组织的经济发展水平直接影响到全省的发展速度和平衡；云南农垦系统职工的生活水平和社会福利状况也直接影响到全省整体的社会生活情况。可以说，这是一个高难度的组织改革与变迁过程，也是一个区域稳定发展的探索难题。

---

① 云南农垦所属中小学系统于 2006 年启动地方化移交进程。
② 云南农垦所属卫生单位于 2008 年启动地方化移交进程。

三、研究意义

农垦的研究在现代边疆行政研究中既是重大的现实问题，也是重大的理论问题。本研究力图通过将结构功能主义与内卷化理论与组织相结合，来分析云南农垦组织的发展改革历程，从组织学的视角考察农垦组织变迁的动因和规律，探讨农垦组织变迁的基本特征，据此，剖析当代云南农垦组织改革中存在的问题，并为其下一步改革的有效推行寻求有力的理论支持和实践参考，并提出相应的解决对策。

（一）理论意义

在公共管理领域中，组织被认为是形构政治社会生活的重要介质。本研究首先将结构功能主义对系统的命题，映射到组织这一功能载体，从而界定了关于组织研究的基本思路：组织结构与组织功能。顺沿此路径，可以更加细化相应的研究对象，如组织制度、组织机构、组织绩效等。其次，根据农垦组织的实际发展状况，在研究中引入"内卷化"这一概念，使之结合组织载体，创新为"组织内卷化"理论，界定相应的衡量指标。从而，在理论范式方面，一方面扩展了组织理论的理论视域，从组织理论结构与功能层面的研究视角以及组织内卷化的理论分析；另一方面也扩展了组织理论的实证领域，即运用组织结构功能与内卷化的理论及其分析方法，探索农垦组织的改革，使组织学中结构与功能相结合的动态范式在农垦组织的研究中得到具体运用和深化，拓展组织学研究的视角与内容，进而建构出更符合客观实际的组织分析框架。

（二）现实意义

当前云南农垦管理体制市场化、地方化改革过程中，农垦系统内部的利益矛盾日益尖锐，云南农垦改革涉及 30 余万农场职工，得与失，将在很大程度上影响着云南边疆及周边邻国地区的稳定。事实表明，近年来，云南农垦改革中农垦系统内部诸多矛盾逐步显现。从政策层面来看，省级农垦改革的指导思路及政策仍处于探索时期，而相应的研究特别是组织分析尤为缺乏。本研究通过理论构建与现实调研全面分析改革过程，有助于充分认识农垦组织改革中的成败经验，为云南边疆未来的进一步发展提供理论指导和政策建议，为全国农垦体制改革提供区域性经验。对于时代进步中的边疆治理而言，对农垦组织进行研究不仅是借鉴原有的经验和教训，更是探索和把握变迁规律，解决现实改革问题，指引未来发展方向的现实需要。在国家层面上来看待这个问题，对云南农垦组织的研究还可以为国家战略区域化实现提供制度保障。云南是中国西南开放的重要门户，是西部大开发和国家西向战略布局的重要区域。云南的发展曾在历史上非常依赖中原地区的经济技术和人力物力的支持，新中国成立后一些先进的技术也优先在云南农垦中试点和使用。在西部大开发的今天，云南农垦仍在地区经济中发挥着技术尖兵和规模作业优势。同时，顺承新时期国家将云南作为西南开放的桥头堡战略，农垦将在下一步边疆发展与国家安全之间的互动，以及利用区域资源潜力加强戍边战略有效性过程中发挥关键作用。在这种背景下，对云南农垦改革的研究更显必要，且又是一项十分紧迫的现实任务。站在历史和全局的高度，深入分析云南农垦与戍边的发展历程，充分认识西向战略中农垦的价值，探讨其有特色、有地域内涵的后续发展途径，是推动改革发展、促进社会进步，增进民族团结、确保边疆稳定，巩固西南边防、维护祖国统一的重要制度保障。

第二节　相关研究综述

自 20 世纪 70 年代末 80 年代初以来，中国改革的大规模进行使得整个社会进入了深刻的转型时期，社会体系产生了极大的变革。新中国成立初期制度构建中由于种种原因而产生的许多特殊的社会组织也由此重构着自己的生存与发展之路，努力适应环境去寻获新的活动空间。农垦组织无疑是这些组织中的一个，而也是特殊存在的一个。由于农垦对于我国边疆稳定和国家安全保障的价值与作用，其研究可以说具有相当的现实意义。但是，纵观相关的研究，有诸多关于农（屯）垦作为一种制度存在和延续的梳理，亦有不少农（屯）垦对于区域价值的分析，还有现实改革中农垦企业的改制技术性问题阐释，但是，从组织的角度，将之视为一个社会系统存在的客观分析却极为鲜见，或许，对于农垦的学术研究而言，从组织的结构功能特质、性能转变与发展来看待组织变迁以及变迁中所遇到的问题，来分析和研究问题的原因和对策，或许能够为它进一步的发展选择提供一个更为宽广的视野。

一、国内相关研究

国内学术界关于中国农（屯）垦制度研究的文献颇多，主要体现在中国历代王朝的治边方略与戍边思想、新中国成立后中央领导集体边疆治理大略、改革开放后边疆治理建设之中。就目前情况来看，在国内研究文献中，农（屯）垦制度研究已逐渐从边疆治理研究中独立出来且发展为与之相关的专门研究，被政治学、行政学、社会学、经济学等学科所关注。

（一）农（屯）垦的制度史归纳

中国屯垦始于秦汉，最初政府为取得军队给养或税粮，令士兵或农民垦种荒地废田的一项政策，有军屯、民屯和商屯之分，自此后历代王朝在边疆治理中均有采用。各代政治思想家和史学家在相应的政要经略中均有相关记载，随着各代王朝推行屯垦制度的经验积累，关于屯垦制度的史料性研究越来越丰富多样。从史料记载的角度看，屯垦制度研究分为正史类，即从中国纪传体史书中专述经济史的篇章食货志中，可以了解到历代王朝社会经济与相应的屯田制度①；分类史料，即可以从按时间为主和按制度为主的记载中了解屯垦制度的基本状况②；历代名人文集经济篇中的屯垦专述，即这些著述以个人文章手稿为主，涉及官员的施政思路和作者对屯垦制度的认知③。此外，以历代国家制度、历史地理、风俗民情等为主要收辑内容的杂记中也专门有屯田类目④。

从这些史料记载中可以看出，我国历代王朝尤其是实现统一的王朝都很重视边疆治理，不同时期的中央政权根据面临的边疆问题和国家政策方略的

---

① 如《史记》中的《平准书》、《匈奴列传》；《汉书》中的《赵充国传》、《晁错传》、《食货志》；《后汉书》中的《光武帝纪》、《匈奴传》；《三国志》中的《魏书·任峻传》、《魏书·赵俨传》、《吴书·陆逊传》等。

② 如《魏武帝集》（曹操集）、《魏武故事》、明实录（《太祖录》、《仁宗录》、《宪宗录》、《世宗录》、《神宗录》）等。

③ 如陈虬：《治平通议》在《救时要义》卷，有富策强策治策，其经济思想在富策，如设官钞，定国债，开新埠，垦荒地；郑观应撰：《盛世危言新编》四主题：富国、强兵、开源、节流，富国各节有组织垦荒文。

④ 如宋代徐天麟撰：《西议会要》卷五十一至卷五十五论食货。李昉等敕撰：《太平御览》第三三三卷兵部六四屯田。

总体安排，采取了各具特色的屯垦治理方式，形成了内容丰富的屯垦治理思想和屯垦治理方略，尤其以明清两代对屯垦制度的梳理和总结最为详细。例如，明代的屯垦制度有了一个质的飞跃，其维护国家安全稳定与经济发展功能进入了规范化阶段。明王朝继承汉唐"守在四夷"的治边之策，建立卫所制度，广泛的卫所设置及相应驻军需要大量的给养，从而导致更大规模屯田的产生。清朝统治者施行的屯垦制度除了军事稳定之外，更重要的作用在于以军屯为基础，促进边疆地区的农业生产和社会发展。如清代西南边疆规模空前的平民移民垦荒运动，以及清代西北边疆的大规模移民实边运动等。

从学术发展的角度看，农（屯）垦制度研究主要是结合屯垦史对该制度的相关方面进行分析和评价。这种研究在古代著述比较少见，直到民国之后才迅速发展起来，且体现为史论结合，以史为主的特点。古代关于屯垦的分析和评价如宋代沈与求撰《屯田集议》，专门从帝王执政的视角对古今屯田制度的利害进行评议[1]；南宋王应麟所著《玉海》将"屯田"单列类目进行记录，不仅提供历史文献资料，还对屯垦制度的史实资料进行简要的分析和评议[2]。民国时期，学者张君约和唐启宇分别著有《历代屯田考》、《历代屯垦研究》，比较详尽地考察了屯垦制度的发生、发展，论及屯垦制度的历史作用及其功能的扩展，是屯垦制度专门著述的较早开端[3]。

新中国成立后，相应的史论类著作逐渐丰富，学者们开始从不同视角重新总结和审视屯垦制度的历史。王毓铨在《明代的军屯》中详述了军屯的历史渊源、建置、承当军差的军户、执行军差的屯军和军余及屯军所遭受的经济桎梏，以及屯军的各种形式斗争等问题[4]。但是，作者提出阶级斗争是摧毁明代军屯的主因，民田化是军田演变的必然归宿的论点，显然具有一定的时空局限性。20世纪80年代中期以后，出版的著作增多。既有《中国屯垦史》、《中国历代屯垦经济研究》、《中国屯垦史》等著作对屯垦制度进行

---

① （宋）沈与求：《屯田集议》《龟溪集》十二卷："尝取古今屯田利害，为集议二卷上之"。

② （南宋）王应麟：《玉海》，江苏古籍出版社出版影印本，1987年版。

③ 张君约：《历代屯田考》（上、下册），载《新中国建设学会丛书》，商务印书馆1939年版；唐启宇：《历代屯垦研究》（上、下），正中书局1944年版。

④ 王毓铨：《明代的军屯》，北京：中华书局1965年版。

通史类的编著①，也有《汉代西北屯田研究》、《清代西北屯田研究》、《丝绸之路屯垦研究》、《中国西部屯垦概论》等著作以地域为主对屯垦制度发展进行详细的梳理②，还有《清代土地开垦史》、《清代土地开垦史资料汇编》等著作以某个时间点为考查范围对屯垦制度变迁进行总结与概括③。这些具有分析和评价性质的论著陆续出版，既呈现了历代屯垦的治理经验，也评析了相应的失败教训。同时，这些研究为认知和把握屯垦制度的缘起、变迁、实践效果及其作用提供了重要的史证资料，其评价与反思也为进一步探讨屯垦制度提供了有益的借鉴。

（二）农（屯）垦的战略思想分析

新中国成立后，屯垦制度的战略思想研究主要体现在第一代和第二代领导集体的重大决策中。两代领导集体关于屯垦制度的战略思想是一脉相承的，是在继承的基础上进一步创新与发展。通过文献梳理发现，针对屯垦制度的战略思想研究，集中在 20 世纪 90 年代以来相关的学术文献中。

对中国共产党第一代领导集体屯垦战略思想的研究，以对毛泽东系列讲话和著作的文献分析为主。可以归纳为以下几个方面。

一是关于毛泽东屯垦制度战略思想形成和发展的研究。陈旭认为，1939年，毛泽东发出"自己动手，丰衣足食"的号召以及随后在各抗日根据地开展的轰轰烈烈的大生产运动，可以视为毛泽东屯垦思想形成的主要标志。④方英凯认为，新中国成立后，毛泽东为了迅速完成中国由一个落后的农业大国向先进工业化国家的转变，根据实际情况，在将大量在编部队转为屯垦大军的同时，组织大批青壮年到边疆地区从事垦荒，并在此基础上建立国营农场，这是毛泽东屯垦思想的进一步发展。⑤杨峰节提出，毛泽东屯垦戍边思

① 杨向奎等（中国社会科学院历史所学者集体编撰）：《中国屯垦史》，北京：农业出版社1991年版；刘继光：《中国历代屯垦经济研究》，团结出版社1991年版；郭松义、张泽咸：《中国屯垦史》，台湾文津出版社1997年版。

② 刘光华：《汉代西北屯田研究》，兰州：兰州大学出版社1988年版；王希隆：《清代西北屯田研究》，兰州大学出版社1990年版；赵予征：《丝绸之路屯垦研究》，乌鲁木齐：新疆人民出版社1996年版；王运华：《中国西部屯垦概论》，乌鲁木齐：新疆人民出版社1997年版。

③ 彭雨新：《清代土地开垦史》，北京：中国农业出版社1990年版；彭雨新：《清代土地开垦史资料汇编》，武汉：武汉大学出版社1992年版。

④ 陈旭：《论毛泽东屯垦戍边思想的形成》，《宜宾学院学报》2003年第6期。

⑤ 方英凯：《毛泽东论屯垦戍边》，《兵团党校论坛》1995年第2期。

想总结继承了中国历史上屯垦戍边理论，而大批国营农场的建立，尤其是生产建设兵团的成立，又从实践上丰富和完善了这个思想体系。①

二是关于毛泽东屯垦制度战略思想内容的研究。王小平分别从人员构成、组织形式、产业结构、创业手段及任务承担等方面，阐述了毛泽东屯垦思想的实现方式和重要作用。② 方英凯则将之划分为军队参加生产、发展社会主义国营农场、重视农业机械化、科技化、加强经济管理、增强民族团结和加强政治思想工作等多个方面。③ 综合相关学者不同角度的梳理，其内容主要包括：不同时期有计划组织军队和支边青年的支边建设；保留军队的组织形式，执行"三个队"的任务；军农结合，屯垦与戍边相结合；因地制宜，实现"五业并举"、"五位一体"的党政军合一；以经济建设为中心，自力更生，艰苦创业；增强民族团结，维护祖国统一，维护边疆稳定；运用屯垦形式实现中央支援地方，内地支援边疆的建设模式；扎根边疆，全心全意为各族人民服务的思想等方面。

三是关于毛泽东屯垦制度战略思想特点的研究。张振华、郑坤亮④、郭宁、刘俊浩⑤以及李书卷⑥等认真总结了毛泽东屯垦思想的特点，认为毛泽东屯垦思想源于在半殖民地半封建的农业大国中进行革命和建设的实践，是中国共产党把马列主义普遍原理与中国革命和建设实际相结合的产物，因此，其思想体系可操作性很强，并且，毛泽东屯垦思想的特点还包括了"以还债精神"建设和开拓边疆新事业，有较深远的发展性和适应性。

四是关于毛泽东屯垦战略思想地位和作用的研究。毛泽东屯垦思想既是中国共产党重要的军事思想，又是重要的经济思想。⑦ 这种马列主义与历代经验教训相结合，又适应于国内外局势的建设思想，对于中国的政治、经济、军事等各方面的发展，特别是边疆地区各项事业的健康发展具有重要指

---

① 杨峰节：《试论毛泽东屯垦思想的产生与发展》，《中共南宁市委党校学报》2007 年第 3 期。

② 王小平：《毛泽东屯垦思想的基本内容及其作用》，《毛泽东思想研究》2006 年第 2 期。

③ 方英凯：《毛泽东屯垦思想的涵义和主要内容》，《毛泽东思想论坛》1997 年第 2 期。

④ 张振华、郑坤亮：《毛泽东屯垦思想及实践典范研究》，《西北民族大学学报（哲学社会科学版）》2004 年第 1 期。

⑤ 郭宁、刘俊浩：《学习毛泽东屯垦思想的几点体会》，《新疆农垦经济》1997 年第 2 期。

⑥ 李书卷主编：《毛泽东屯垦思想研究》，乌鲁木齐：新疆人民出版社 2000 年版。

⑦ 麻霞：《毛泽东思想指引农垦事业蓬勃发展》，《兵团党校学报》1999 年第 4 期。

导意义。① 杨俊②、陈旭③、宗永平④、王小平⑤等以新疆为例，论述了建国后新疆屯垦戍边的源起，兵团与国营农场建设，以及屯垦戍边在建设边疆、保卫边疆、维护祖国统一、增强民族团结、促进各民族共同繁荣中的重要作用。李全玲认为，王震屯垦思想是毛泽东屯垦思想具体化，是毛泽东思想与新疆具体情况相结合的实践探索。⑥

对第二代领导集体屯垦制度战略思想的研究。研究者们认为，邓小平作为第一代领导集体的重要成员和第二代领导集体的核心，对毛泽东屯垦思想的继承和发展作出了重要贡献。通过文献梳理，我们认为这种贡献可以归结为以下两个方面。

一是邓小平关于部队经济建设的实践为毛泽东屯垦思想增添了新的内容。张振华⑦、李书卷⑧等研究者提出，邓小平是中国共产党最早探索和实践军队"三个队——生产队、工作队、战斗队"综合作用的领导人之一，是最早提出经济建设是战争关键的领导人之一。早在抗日战争时期，邓小平就开始推行武装与生产相结合的组织形式，为毛泽东屯垦戍边的思想战略提供了重要依据。邓小平在《太行区的经济建设》中明确指出，经济建设是部队战胜敌人的重要保证，要求部队各级党委应当把生产当作一切工作的中心环节。

二是邓小平在新的历史条件下运用和发展毛泽东屯垦思想方面有所创新。湘平⑨和李书卷、王瀚林⑩等认为，邓小平为充分发挥国营农场在现代化建设中的作用，大力推进农场改革，对边疆国营农场特殊性有着深刻的认识，特别是对恢复新疆生产建设兵团这个屯垦戍边的政治经济实体有许多创

① 刘炳峰：《毛泽东与共和国屯垦戍边事业》，《党史文苑》2006年第5期。

② 杨俊：《毛泽东屯垦戍边思想与新疆生产建设兵团的建立发展》，《军事历史》2004年第6期。

③ 陈旭：《毛泽东屯垦思想在新疆成功地运用与发展》，《乌鲁木齐成人教育学院学报（综合版）》，2003年第4期。

④ 宗永平：《试论新疆和平解放后的"屯垦戍边"》，《黑龙江史志》2008年第8期。

⑤ 王小平：《毛泽东与当代新疆屯垦》，《广西社会科学》2006年第5期。

⑥ 李全玲：《论王震屯垦思想的形成》，《兵团党校学报》2009年第5期。

⑦ 张振华：《邓小平对毛泽东屯垦思想的继承和发展》，《石河子大学学报（哲学社会科学版）》2001年9月第3期。

⑧ 李书卷：《邓小平对毛泽东屯垦思想的重大贡献》，《兵团党校论坛》1997年第6期。

⑨ 湘平：《简论邓小平农垦思想的主要内容》，《毛泽东思想研究》2006年第3期。

⑩ 李书卷、王瀚林：《邓小平对毛泽东屯垦思想的重大贡献》，《兵团党校学报》2004年第3期。

造性的见解。邓小平对毛泽东屯垦思想方面的突破可归结为：屯垦戍边、稳定边疆；加强农垦企业管理，理顺经济核算；建立农垦企业农工商联合多种经营；提高农垦队伍素质；重视农垦科技；实现农垦企业改革等方面。就是说，邓小平的屯垦理论不但继承了毛泽东的屯垦思想，而且注入了许多新的内容，使之更加丰富和完善，大大促进了中国现代屯垦事业的发展。

（三）农（屯）垦的改革发展研究

改革开放以来，农垦先后经过联产承包和经营责任制，市场化多种经营，新型团场建设等一系列的实践与探索。目前，学术界关于农垦改革研究较多集中于农垦改革的影响与措施层面：

其一，屯垦与戍边辩证关系的讨论，主要集中在对屯垦、戍边内涵的阐释及两者辩证关系上。乔韦力、吴重吞[1]、张国玉[2]、解素梅[3]等论述了屯垦戍边含义的变迁，认为屯垦在古代又称屯田，指戍边军队的农业生产建设。随着时代的变迁，现代屯垦延伸了这一内涵，指在边疆有计划地进行农工商一体化的大规模经济建设以及边境防卫建设。薛坪[4]、李丽[5]从哲学层面强调了两者的辩证关系，认为二者相互区别又相互依存。其区别在于，屯垦与戍边是两个不同性质的问题，有着不同的发展规律，而联系在于，在一定历史环境要求下，屯垦要求具有戍边的职能，而戍边也需要屯垦的后勤保障功能。是相互促进和统一的。屯垦是手段，戍边是目的，屯垦为戍边创造物质基础，戍边为屯垦提供内在根据和安全保障。张振华、李瑞君[6]，金勇钢[7]认为屯垦发展需要正确处理好几种矛盾：军事与经济、计划经济体制与市场经济体制、国家目标与企业目标、农场利益与国家利益、自力更生与争取国家扶持、政治戍边与经济兴边。

其二，农垦改革的实践经验研究。经过20世纪80年代后的几次改革，

---

① 乔韦力、吴重吞：《屯垦戍边与国家安全》，《兵团建设》2004年第12期。
② 张国玉：《论新疆生产建设兵团屯垦戍边的公共产品属性》，《新疆农垦经济》2007年第12期。
③ 解素梅：《对屯垦与戍边关系的思考》，《兵团党校学报》2008年第4期。
④ 薛坪：《和谐社会目标下关于构建屯垦戍边新型团场的哲学思考》，《商场现代化》2008年第1期。
⑤ 李丽：《再看屯垦与戍边关系》，《中共伊犁州委党校学报》2010年第1期。
⑥ 张振华、李瑞君：《兵团如何更好地发挥屯垦戍边的作用》，《兵团建设》2007年第3期。
⑦ 金勇钢：《新时期兵团屯垦与戍边关系问题研究》，《新疆农垦经济》2010年第9期。

中部和沿海的农垦体系经过家庭联产承包责任制的改革基本已融入农业现代化发展；东北、西南包括海南农垦进行了企业化改制；新疆农垦则在 20 世纪 80 年代末恢复团场建设，且以新疆建设兵团作为对象的研究成果相对集中且富有成效，主要有：（1）改革开放后兵团的屯垦实践研究。张安福、彭修建认为，现已形成了相对完善的屯垦戍边理论和稳定长效的戍边队伍，且正在以有效方式完成着新时代的屯垦戍边任务。[1] 王新国[2]、周德臣[3]等研究者分别从农二师、农三师、农三师伽师总场建设等案例，论证了兵团在开发边疆、稳定边疆、巩固边防、维护祖国统一方面的成功实践，特别强调兵团经过几十年的发展和建设，在西北边疆各个领域都占有举足轻重的地位。（2）兵团精神和兵团文化研究。陈惠新[4]、王崇久[5]等对兵团精神的内涵、产生的渊源及巨大作用进行了深入分析，而张明胜[6]和王小平、安晓平[7]等研究者对兵团文化的特色作了如下概括：开放性和包容兼蓄；高度的历史责任感和使命感；艰苦奋斗、为国分忧的军人风貌；吃苦耐劳、团结协作的优良品质。（3）兵团的地位和作用。龚战梅[8]、王照明[9]、王小平[10]、方贵山[11]等从多方位、多角度论述了兵团的地位和作用：兵团的存在与发展是毛泽东屯垦思想的验证、丰富和发展；兵团是开发、建设和稳定新疆的重要力量；兵团推动了新疆城市化和经济市场化的进程；兵团有助于增强民族团结；兵团对边疆未来的发展有着深远的历史意义。

其三，农垦改革与社会主义市场机制相适应的研究。在当代中国的体制

① 张安福、彭修建：《改革三十年：与时俱进的兵团屯垦理论与实践》，《伊犁师范学院学报（社会科学版）》2009 年第 3 期。
② 王新国：《农二师建设屯垦戍边新型团场扫描》，《兵团建设》2008 年第 3 期。
③ 周德臣：《农二师五十年屯垦戍边创业发展的基本经验》，《兵团建设》2004 年第 12 期。
④ 陈惠新：《弘扬兵团精神推动屯垦戍边新实践》，《中共伊犁州委党校学报》2008 年第 4 期。
⑤ 王崇久：《兵团精神：新中国屯垦戍边核心价值观》，《兵团建设》2007 年第 3 期。
⑥ 张明胜：《以文化软实力提升屯垦戍边水平》，《兵团建设》2010 年第 12 期。
⑦ 王小平，安晓平：《论新疆屯垦文化的特征及其在新疆文化发展史中的地位》，《塔里木大学学报》2005 年第 3 期。
⑧ 龚战梅：《论兵团的屯垦戍边与社会整合》，《石河子大学学报（哲学社会科学版）》2009 年第 1 期。
⑨ 王照明：《履行屯垦戍边使命确保新疆长治久安》，《中共伊犁州委党校学报》2010 年第 4 期。
⑩ 王小平：《履行屯垦戍边历史使命促进新疆的稳定与发展》，《兵团党校学报》2003 年第 5 期。
⑪ 方贵山：《玛纳斯地区的屯垦》，《昌吉师专学报》1999 年第 1 期。

改革与社会转型中，农垦改革与社会主义市场机制相适应的研究较多。杨振华认为，屯垦戍边与社会主义市场经济之间既有一致性又有矛盾性，一致性表现为社会主义市场经济体制解放和发展了生产力，可以为戍边提供坚实的物质基础，而边疆的稳定与安全又给经济发展提供了保障；矛盾性表现为目标的主次变化使得屯垦戍边需要构建相应的复合型体制。[1] 因此，以辩证统一的观点来探索兵团屯垦戍边事业与社会主义市场经济的结合点，即如何依靠国家和屯垦系统的共同努力，建立起兼容而灵活的新型经济架构，实现屯垦戍边体制的突破与创新。尤飞、李红梅[2]、王小平[3]、贾大明[4]等总结了现阶段市场经济中农垦发展的优势和不利因素。前者包括：占有丰富的自然资源；可以与内地形成经济互补；农业机械化和农副产品具有举足轻重的地位；职工素质整体较高，有比较先进的信息技术和经济交流网络等；后者包括：所有制结构单一，无法平等竞争和资源优化组合；多重功能和目标的体制形式难以形成有效的市场调节，与市场经济接轨困难较大；计划经济的运行机制仍旧制约着屯垦改革的步伐。许多研究者开始从各个角度，尤其是经济层面来探索屯垦制度的未来发展道路。范芝[5]、郑有贵[6]、陈晓彤[7]、赵剑鹏[8]等研究者对深化屯垦戍边事业改革的认识基本是一致的，认为兵团的屯垦戍边必须树立社会主义市场经济的新观念，创新制度，在体制、机制、所有制、产业结构等方面进行具有突破性的改革，赋予社会主义市场经济条件下屯垦戍边以新的内涵。

二、国外相关研究

国外学术界对中国边疆屯垦制度的研究文献非常少见。有限的研究大多

① 杨振华：《市场经济与屯垦戍边》，乌鲁木齐：新疆人民出版社 2007 年版。
② 尤飞、李红梅：《新时期农垦改革问题研究》，《开发研究》2010 年第 5 期。
③ 王小平：《改革开放以来党关于屯垦戍边理论的创新及特点》，《石河子大学学报（哲学社会科学版）》2008 年第 6 期。
④ 贾大明：《我国农垦系统改革、发展、稳定的思路与途径》，《经济研究参考》2006 年第 57 期。
⑤ 范芝：《云南农垦体制改革迈出重大步伐》，《中国农垦经济》1997 年第 2 期。
⑥ 郑有贵：《我国农垦体制改革回顾与辨析》，《当代中国史研究》2005 年第 2 期。
⑦ 陈晓彤等：《关于农垦盈利企业运行机制和管理模式的研究》，《中国农垦经济》2003 年第 3 期。
⑧ 赵剑鹏、陈葵：《云南农垦橡胶生产队推行股份合作制的探讨》，《中国农垦经济》2001 年第 1 期。

是从国际法的角度来诠释相关的疆界、边界与外交等方面问题，且在研究内容上侧重于政府对农业市场的干预、垦荒成本、国家垦荒政策、农业开发形式比较政策、垦种土地的法律问题等方面，并非是中国语境下屯垦制度具有的特定含义。①

另外，国外少数学者在对中国村社进行人类学研究中涉及与之相关的屯垦制度，但仅作为社会结构的组成部分一带而过，如施坚雅的《中国农村的集市和社会结构》，戈德斯《共产主义中国的农民生活》② 等。20 世纪 90 年代以后，中国边疆史逐渐成为美国学者研究中国史的重点领域之一，但只有少数学者在关注中国边疆政治制度的同时，稍微提到作为中原王朝扩展疆域的手段之一的屯垦制度。如美国密西根大学李中清教授的博士学位论文《中国西南的经济：政治结构与经济发展，1350—1850》，美籍中国史学家何炳棣撰写的《我对中国化的再思考：对罗斯基"再观清朝"一文的答复》等论文中，屯垦制度作为中国边疆发展的一种整合手段有所涉及，但仅将屯垦作为民族发展过程或国家疆域扩张中所经历的制度背景，对其内容以及相应影响等略有介绍而已。

三、既有研究的共识、局限与理论空间

对农垦制度及其变迁从历史、政治、经济、文化诸多视角进行分析，形成了林林总总的研究进路与理论观点。理论回顾可以初步发现研究的基本共识，即大多数研究者认为西北边疆屯垦保持团场建制是必要的，而其他地区的农垦模式改革仍有待进一步深化，其中，国家战略导向是制约农垦发展的一个重要变量。实证研究的结论是，20 世纪 80 年代以来的体制改革使农垦

---

① 目前能够对中国边疆屯垦有所涉及的研究有：Frederick Newell. 1909. "What May Be Accomplished by Reclamation." *Annals of the American Academy of Political and Social Science.* 33 (3)：174 ~ 179；Morris Bien. 1909. "The Legal Problems of Reclamation of Lands." *Annals of the American Academy of Political and Social Science* . 33 (3)：180 ~ 192；Paul Sears. 1952. "Comparative Costs of Restoration and Reclamation of Land." *Annals of the American Academy of Political and Social Science.* 281：126 ~ 134；Edward Renshaw. 1957. "Reclamation and the American Sugar Policy：A Case of Compounding Misallocation." *The Western Political Quarterly.* 10 (4)：858 ~ 863；Millard Peck. 1929. "Reclamation Projects and Their Relation to Agricultural Depression." *Annals of the American Academy of Political and Social Science.* 142：177 ~ 185.

② Williams Skinner. *Marketing and Social Structure in Rural China：* 1964 ~ 1965. AAS, 2002：67 ~ 68；William Geddes：Peasant Life in Communist China. *Society for Applied Anthropology* . 1963：45 ~ 60.

系统成为相对独立的利益体，农垦系统无论是奉行计划管理、培植盈利进项，还是掠夺性攫取区域资源，都是对改革所蕴含利益指向的一种回应。但共识下也潜藏着实践经验的分歧，多数研究者认为农垦系统的改革推动了地方经济的发展，获得了财税收益的增长，于是用"新农村建设"等模式来规划未来改革的取向。另一部分研究者则观察到，来自于全国统一的经验模式不能概括各类边疆地区的具体情况，而外部环境的异质性也同样使得农垦未来的发展目标与价值定位无法用一种改革模式来解释。进入21世纪以来，随着国际国内形势的变化，部分边疆农垦的戍边性逐渐模糊，而一些改革发展的负面报道见诸于媒体，农垦的未来发展重回人们的关注视野。在共识与分歧并存的观点丛林中，如何找到更系统与更具解释力的分析工具，来对特定历史条件下的屯垦制度进行解释，并对其未来发展作出一定逻辑预测，则是本研究所试图努力达到的学术使命。

文献述评表明现有相关研究仍存在一定的理论局限性，体现为以下三个方面：

1. 从研究的空间范畴看，近年来关于农垦体系改革问题的讨论，在系统构建方面，集中于农垦改革后作为经济组织其企业效益或是部门行业的发展绩效，鲜见对组织自身或者制度变迁的研究。在研究内容方面体现为，集中于对农垦改革过程中农垦企业与地方基层政府关系、农场与地方社会关系、农垦系统与各级政府关系、农垦制度结构——功能的改革与调整等现象研究，缺少深入的观察与学术分析。从2000年至今的研究成果看，2001～2005年的研究侧重于对研究改进农垦企业整体效益考察，形成了相应政策分析与定量分析；随着改革中权力下放以及绩效评价方式的改变，2005～2010年的研究逐渐转向部门行业发展与效益，对农垦经济形势和发展效益等问题进行了反复论证，倾向于从全国范围来探求农垦体制改革问题和思路，而缺乏区域农垦改革情况的考察；在地方农垦发展方面，则集中于对西北屯垦制度尤其是新疆建设兵团的研究，对其他边疆区域农垦制度变迁及其改革问题讨论相对较少，鲜见对其他区域农垦制度与地方发展的综合研究。这在现有文献成果中体现为，对国家和领导人的屯垦思想以及改革中政府主导作用的关注远远多于对制度本身、对制度与环境适应性变迁的关注大多局限于现象总结而根本未关注组织本身。可见，西南地区农垦改革与变迁过程中组织的结构与功能、改革的定位与调整等问题，存在极大的理论空间，需在实证基础上深入讨论。

2. 从研究的时间范畴看，现有研究主要是农垦发展过程通史式论述或考证；在研究进路方面，由于视角与思路选择的限制，基本上有两种方式：一种是循着史学研究的方式方法，详尽考证农垦体制的发展历史，或总结各时代农垦制度的内容变迁；另一种则从经济学角度出发专门探讨农垦改革的效益问题。客观上，这两种研究方法的截然分开使得屯垦改革的研究在一定程度上颇为孤立，而历史、文化、地域等方面的影响因素亦很难在农垦组织结构功能变迁研究中得以体现，使理论分析缺乏说服力。事实表明，中国边疆面积广大，各地区环境差异显著，改革中所出现的问题与其区域历史积淀有着直接的联系，在面临农垦组织改革这一地域化的具体而现实的问题时，大而化之地套用其他地区的经济改革模式似乎并不具有充分解释力。换句话说，如果我们承认中国边疆社会历史发展的特殊性，就需依据区域历史经验和现实情势对制度改革的前提设定进行再检验，这就需要不局限改革模式的框定，深入研究区域特殊性，感悟特定地域文化的独特逻辑，从中挖掘组织结构功能变迁的动因，以助现实问题的分析与解决。

3. 从理论范式看，在当代农垦改革与变迁的探索中，研究者亦有从政治、经济、社会、文化诸多视角的分析，形成了诸多不同领域的观点。整理已有的农垦理论成果，从制度发展的角度来看待农垦改革变迁及其与政府的关系研究一直是农垦研究的主线，研究的重点有农垦制度与领导人战略思想、农垦改革与政府职能、农垦改革与政府作用、农垦改革与政府政策等。这表明，在农垦改革这一问题上，政府在改制方面的主导作用被一再肯定，从而大致形成这样一种基本理论进路：即农垦本身的建构与功能发挥对国家战略的绝对性依赖。另一方面，历时性动态经验又反证着一个客观事实，通过农垦改革的绩效现实来看，将国家视为农垦的绝对主导因素并不是完全令人满意的解释，因为，改革显然与所处的时空有着深层次的联系，农垦的改革不仅是当政者的制度设定过程，而且也是系统所处的客观环境的作用结果；更进一步说，换一个角度思考，农垦在自身生存发展的层面上，不管是原初目标设置还是实际结构功能的调适，都有着相当程度的改变，其所处权力系统末梢的地位，同样使得其未来改革的期望时有反复。总的来说，随着农垦改革在新世纪以来的继续深化，现有经验分析与理论观点都需要根据事实进一步检验，单纯经济或政治分析、单纯历史分析或现实分析、单纯政府主导的原因假设，皆不足以充分解释这一动态经验事实。

第三节 研究方法与资料来源

研究方法的选用，体现了对研究对象认识的角度选取与思维进路，也是对所采用理论进行证实或证伪的历程，是人文科学研究的重要环节。本项研究拟采用规范研究与实证研究相结合的研究方式，以及比较分析、文献分析、数量分析等技术方法。

一、研究方法

研究"云南农垦组织的改革与变迁"，可从时间与空间两个维度加以定位。时间维度主要限定于 1978～2010 年，在这一时间维度中，本书主要从三个时间段来分析云南农垦组织管理体制的变迁：1978 年到 1995 年的企业化改革为第一阶段；1996 年到 2009 年一直探索的集团化改革为第二阶段；2009 年开始的新一轮属地化改革为第三阶段。从空间维度上，本研究对象定位于云南农垦系统以及设有农场的涉边区域。以上述时空界定为基础，本研究力图通过共时性与历时性的比较来推理所设理论逻辑。

研究过程遵循人文科学常用研究方法，结合定性分析与定量分析，通过描述、分析与预测等方式予以展开。描述是分析的基础，即基于实地调研、文献考察、历史求证、数据分析，对利益主体结构下云南农垦组织变迁的几个阶段进程进行客观勾勒；分析是研究的核心，即在定性与定量分析基础上，消化已有理论成果，对改革路径进行量化统计分析，挖掘变迁路径背后自变量与因变量的因果关系，从中得出初步理论假设，并从中观层面为组织理论提供积累与拓展；预测则是本研究理论假设的现实应用，即通过理论因果关系逻辑演绎，为组织发展提出相应的策略和建议。总体而言，本选题的整体研究方法以实证分析为主，规范分析为辅。

（一）研究方式：规范研究与实证研究相结合

规范分析"是从主观的角度切入政治问题，目标是用某些政治原则或指导思想分析具体的政治行为，规范分析往往是从'应然'分析开始的；而经验分析往往从'实然'开始，它并不期望为某些规范性问题提供某种答案，回答这些问题最终依赖于个人的价值观与偏好。"① 在本研究中，规范分析主要目的是提出理性假定，并以此为前提，通过理论分析或文献资料的梳理，有针对性地收集材料、信息和数据来证明假设，研究分析对象的影响因素，探求社会现象的发展规律。实证研究则是指在对现状进行研究时，为确保知识内容的可靠性，将研究途径建立于观察或调研的基础上，对具体社会现象和社会发展过程进行描述、分析和检验，从而检验各种理论。实证研究强调用实际所获数据和资料来验证一般的理论与原则。

本项研究拟采用这两种分析方法，考虑了云南农垦这一特殊组织的改革变迁，除了通过实证研究揭示其存在的问题之外，还要回顾总结其区域环境影响积淀。因此，这就需要综合规范研究和实证研究各自的优势，将二者有机地结合起来：1. 定量统计与定量分析：充分利用相关经济数据建立统计图表，对比分析数据及其相关性，总结数据所体现的因果逻辑。充分利用问卷调查数据，通过初步统计，发掘变量数据相关性。2. 定性分析：定性分析既包括对个案的深入追踪与分析，也包括两个及两个以上案例的比较，案例发生实际效果与预期目标的差距对比，通过比较，挖掘背后变量之间的关联程度与形成机制。3. 宏观——中观——微观的网络式实证结构选择：从省级到州市，再到农场所在区域与村寨，形成大中小逐步深入的资料结构，以此完整的实证网络，对研究拟提出的理论假设作出相应的证实或证伪。

（二）技术方法：文献分析、调研问卷、实地访谈相结合

在研究方式确立的基础上，本研究采用的具体技术方法主要有文献、比较、实地调研等。首先，以所研究的理论框架为基础来选择特定的具体分析变量。理论框架是研究者对针对问题的提出，初步形成对变量间最基本关系逻辑结构的设想。不同理论模型或理论框架之相对差异性的存在，正是由于其理论构成时有选择地突出或重点建构了某些变量及其间的关系，从而形成具有差异性变量间的基本逻辑与规律总结。其次，在借鉴与再检验已有理论

---

① Richard L Cole. *Introduction to Political Science and Policy Research.* New York：Benford/St. Martin's, 1995：26～27.

进路的基础上，依据区域样本结构，提出本研究的中观层面理论框架"组织结构功能内卷化与转型"的理论框架，以求更有效地解释转型时期云南农垦改革过程。由此，所采用的具体方法有：1. 文献分析法：通过文献检索，收集整理农垦史料、当代中央和地方政府关于农垦改革的文件和措施等资料，以及国内外政治研究中关于组织发展研究的理论，为本研究提供理论基础、政策依据和经验积累，全面地、正确地了解和掌握所要研究的问题；2. 调研问卷、实地访谈法：实证研究拟选择具有代表性的云南涉边地区农场，如云南德宏傣族景颇族自治州农垦分局及其下属部分农场、西双版纳傣族自治州的东风农场、勐养农场等，通过农场改革过程中的案例追踪，对农场职工、当地农垦企业和政府管理机关领导进行问卷调查或访谈等，进行实地调查分析农垦改革过程中政策的有效性、无效性和问题所在，并选取适当指标进行统计分析。

二、资料来源

循着"从已有的基础上做起，然后由点及面，找典型、立模式，逐步勾画出比较全面的轮廓"① 的思路，本研究实证样本选取与设计为"宏观——中观——微观"相结合，层层深入的全方位论证结构。

（一）实证样本选取

先从总体上通过制度与数据分析对整个组织改革与变革过程形成粗略的把握；在此基础上，进一步区分区域内不同地理历史状况，并在不同行政政策层次上进行分析阐释，据之确定具有典型意义的点，对这些点进行调研，获得第一手资料或借鉴他人调研所获取的资料。这样，从省级到州市，再到农场所在区域与村寨，形成大中小逐步深入的资料结构，以此完整深入的实证网络为基础，对研究拟提出的理论假设进行相应证明。同时，由于对社会现象中一些层面的问题无法用量化数据来完全证明，所以本研究还引入微观层面的案例或是访谈进行相应的证明。具体而言，本研究资料选取思路为：在宏观层面，调研范围定为云南省农垦系统整体，包括农垦总局、省统计局、省委办公厅；在中观层面，主要确立州市级农垦分局、农场及附近村寨

① 费孝通：《行行重行行》，银川：宁夏人民出版社1992年版，第2页。

级三个研究层次；在微观层面，实证样本选取具有代表性的农场为典型：德宏傣族景颇族自治州全州的农垦数据情况，调研访谈勐养农场、东风农场、陇川农场等研究点的具体情况。在此实证样本基础上，从政府政策、农垦组织的变化收益、组织成员利益之间的互动，来考察云南农垦组织结构功能变迁过程，构成研究对象的综合网络。

1. 云南省农垦

1949 年新中国诞生后，在南方，由 10 万转业官兵为骨干，吸收大批知识青年、支边青年组成的 30 万垦荒植胶大军，先后建起橡胶农场 200 多个，种植橡胶 200 多万亩。云南作为中国西南边疆的门户及其具有的特殊地理环境的优势，开始成为重要的橡胶生产基地。20 世纪 50 年代，中央除抽调华南垦殖总局 570 多名干部和职工，以及各地林业科技人员赴云南组建和充实热带作物局外，又责成军委调 2 万多名解放军官兵，组建林业工程第一师、第二师和一个独立团，外加下放干部和湖南移民，先后汇集西双版纳和德宏地区垦荒植胶。20 世纪 60 年代，10 余万知青赴滇支边，加入云南农垦。现今云南农垦在总局之下，辖滇南、滇西南部 7 个地州（市）境内近 40 个国有农场，其中 26 个主营和兼营天然橡胶，已建设成为中国乃至世界最好的天然橡胶生产基地之一。

2. 州市层面农垦

20 世纪 70 年代末，随着国家体制改革而不断放活的激励性权力，从省级到州市继而延伸到县级，各级政府与农垦系统的关系产生了较大的变化，加之不同区域的地理、历史状况差异较大，从而使得云南农垦体系在企业化改革过程中，农垦分局作为具体州市级的管理层级，以及农垦总局管理权限的下属行使者，不仅成为直接面对农场基层生产单位的权力机构，直接执行农垦总局的政策章程，而且担负着农垦组织与州市政府的相互联系与协调、推进组织改革的职责。同时，近年的改革使得该层级农垦机关处于撤并前沿，其中的矛盾表现较为集中，这促使了本研究进行实证设计时，将州市层面的农垦体系（分局）列为调研尤其是数据分析的基本研究对象。

3. 农场及附近村寨层面

云南农垦改革过程中，由于农场是农垦组织中最根本的生产经营单位，同时也是农垦组织与具体区域以及村寨相互交流和沟通的基本单位，因此，它们始终在组织改革变迁过程中扮演着重要角色。农场附近的村寨，无论在经济发展还是在社会交往上，都与农场的兴衰息息相关，从村民对农场的认知与看法，可以得知农垦组织相应的社会效益与社会影响。这一点，对于组织生存与发展的合法性来说，是很关键的。因此，农场及附近村寨，是农垦组织改革与发展的重点对象，也包含于本书实证研究的范围之中。

（二）实地调研安排

调研可以客观描述实地生活经验与政策落实的实际效果，并可以为研究提供第一手资料。此次选择云南，除了云南农垦组织改革问题的特殊性之外，还由于笔者本身生长于云南，对一些本地的情况比较熟悉。自2006年涉入云南一些民族以及边境问题的研究开始，笔者在西双版纳、文山、德宏等地，通过深度访谈，查找当地有关数据等渠道来获取第一手资料，包括调查记录、访谈问卷、组织章程，会议文件、案例等文本文献。这种地缘优势使得本研究的调研采取的是同点异对的研究方式，即连续在不同时间进入同一观察地进行调查研究。每次时段选择都为以后相应的政策变化提供有力的对比样本，增进被调查者和调查者之间的熟悉与理解，以便更好地开展沟通，收集大量一手资料。

1. 初次调研

调研的主要对象是自20世纪80年代到90年代这一时期改革的状况。农垦在改革后有过一段相当的发展，组织领导集团的双重身份以及职工阶层待遇保留的相对优势，当时对地方经济尤其是农业经济的带动，以及地方农村致富道路选择的帮助，都产生着极为重要的作用。政府的专项资金也大力促进了这些职能的发挥，但组织缺陷已初显。90年代末，农垦改制过程中许多政策性所致缺陷显现，一线胶工下岗分流，工酬之间的错位使得农场职工充满了抱怨，组织基层普遍失去了乐观向上的态度。对该时期的调研主要是对当时政策考察以及对农场基层一些老职工尤其是一线胶工的访谈和技术请教，还包括农场一些领导的个人看法与感受，并依据调研资料进行初步分析研究。

2. 二次调研

2009年开始，从农垦总局的角度开始进行相关的文件资料搜集。赴云南省办公厅、省统计局、云南农垦总局等单位，与相关部门领导进行了多次访谈，不同部门对于农垦组织现状的评价给予笔者极大的反思与启示，也在很大程度上使笔者认识到农垦资料的欠缺和自闭性，从一个侧面找到农垦组织为人们所淡忘的原因。同年 8 月，参加学校课题组到西双版纳进行实地考察，访问西双版纳热作研究所，访谈过程中了解到农垦在农业科技方面的重要地位与作用，并在版纳州委副书记的介绍下，接触当地农场以及附近村寨，进行了一系列的访谈，收集相关的资料。

3. 对德宏州地区农垦，以及勐养农场和东风农场的调研

2010 年始，赴德宏州地区农垦分局、陇川农场，以及西双版纳勐养农场和东风农场进行了详细调研，调查主题为 2008～2010 年期间的组织状况与二次改制，主要形式为问卷和访谈。对农场和附近村寨就相关问题出具了问卷，并对相关政府官员、农垦组织领导和改制中涉及的管理者、一线胶工进行了访谈，对机构改革与农垦组织的资料进行了收集与深入了解。通过持续性调研，笔者收集与掌握了农垦组织改革变迁的大量资料，包括：（1）农垦总局及分局日常公务档案，如统计资料、会议记录、改革政策；（2）访谈记录，受访者主要有机关干部、农场干部、村庄干部、普通村民等，这些材料以访谈录音的形式记载，并据此整理出访谈录音文字；（3）政府制定的各种与农垦系统相关的政策、法规、文件等材料；（4）屯垦遗迹、地方志、屯戍影响的地方性民间素材。

（三）文献资料收集与初步处理

为形成更具说服力的资料明证，本研究论证过程采用直接调研与使用他人原始调研资料相结合。在进行分析时发现，《中国农垦统计年鉴》中，农垦系统数据统计有一些并不完整，因而，许多专业和相关的志书相当重要，如《云南省志农垦志》、《勐养农场志》等所提供的相关数据资料对于我们了解真实的农垦，确实能给予重要的帮助。而一些内部资料，如《德宏州农垦简况》、《云南省农垦统计年鉴》等，所提供的数据分析，对于农垦系统的了解和判断亦极为有价值，通过了解相关的总量规模和结构比例等情况，进行可量化指标的纵向分析和横向对比。值得注意的是，由于农垦的社会经济综合体的历史特殊性，使得数据统计主要按照国内生产总值、固定资产原值、固定资产投资额、资产总额等来计算，其中，橡胶种植主要以年末实有面积、当年定植面积、年内实际开割面积来计算，这在一定程度上更体现了

农垦系统的社会经济性。文献资料的查阅主要包括：政府部门的会议总结、调研材料，有关硕士、博士论文中整理的原始资料，《中国屯垦研究》等期刊资料所提供的调查数据和调研分析，国外学者有关的理论材料。研究还使用到一些历史文献资料，可以通过相关著作、期刊、网络、统计报表和各种地方志，来获取国内外与该研究相关的事实与数据。定量数据有两个来源，一是通过抽样问卷方式统计；二是从已有文献与统计中摘录。由于研究经费限制，宏观数据的收集主要来自于统计报表、地方志，并在使用数据时作者注明出处。

对于资料的初步处理，基本循着这样的过程：第一步，拟定分析报告以提供数据分类依据；第二步，综合、辨别资料的整体趋向；第三步，整合所有已进行初步分析的数据趋势，以证明所设定的理论构架。主要目的是：1. 将研究过程中产生的想法及时地记录下来；2. 将分析集中到某些重要的现象、概念和主题上；3. 记录如何发现这些重要的现象、概念和主题；4. 从资料中提炼出主题，将资料内容逐步聚集；5. 提出今后继续研究的方向。资料初步处理则主要针对两个方面：案例总结与分析，个案剖析，同一案例不同时段的联系性追述，对象发展实然与应然状况比较等方式，挖掘所总结出的自变量与因变量间因果形成机制。前数据统计与分析，利用已搜集的经济统计数据，建立相关统计图表，根据数据所表达趋势，对数据进行交叉比较，以总结出变量相关及其相关规律，并挖掘背后因果机制。

第四节　研究思路与章节安排

一、研究思路

本研究的写作思路分为四个环节：组织结构功能的理论支撑与框架结构→云南农垦组织的改革与"内卷化"困境→改革探索与对策建议→结论与展望。全书整体思路设计见图1.5。

全书以组织结构功能主义理论为框架，以云南农垦组织改革为主线，来构建研究的基本进路。首先，分析结构功能主义及其方法论意义，阐释"内卷化"概念与其工具理性，将两者结合到组织理论之中，形构了"组织结构功能与内卷化"这一理论模型。其次，在已有模型的基础上，设定了针对云南农垦组织研究的"三层次"理论框架，即从组织环境、组织本身的结构功能、组织变革等三方面来构建相应的实证思路。再次，于上述的理论支撑与框架设定之中，进行相应的云南农垦组织实证研究。对于云南农垦组织的实证分析，按照这样几个时段顺序依次进行：第一，梳理新中国建立后农垦建置及其功能作用，归纳阐释农垦组织在改革开放后的变迁过程；第二，梳理两阶段的农垦企业化改革，解构两次云南农垦组织改革的具体内容和目标指向，从组织结构演进和组织功能扩展两方面综观农垦改革。第三，根据群体性事件所引发的组织危机，联系组织结构功能的既有特点，运用"组织内卷化"分析条件，对云南农垦组织产生的"内卷化"困境进行分析。第四，分析云南农垦组织二次改革路径的探索，比较集团化与属地化两次改革的路径设计以及价值预期。第五，对策建议的提出。最后以上述云南农垦改革发展历程及其相应理论思考为基础，验证前述的理论命题与界定，并展望未来的研究方向。

二、章节安排

研究方法与理论框架的自然延伸最终形成章节结构安排。组织结构功能转型及云南农垦组织改革中利益结构与功能变迁的实证，构成本书章节安排的逻辑线索。沿着这一主线，渗透并检验定量与定性经验素材，形成理论与经验的提升与证明，从而形成本书行文进路，构成云南农垦组织结构功能的初始收益——结构功能演进——组织内卷化——改革预期——对策建议的章节安排。这一结构在形式上亦体现了社会科学研究中"提出问题——理论支撑与框架——逻辑论证结合定性定量论证——对策——结论"的研究程序，并据此清晰梳理全书的行文脉络。

第一章导论。介绍研究背景，提出研究问题以及研究意义。文献梳理遵循时间顺序，由远及近，由屯垦研究之制度史归纳、建设思想分析，逐渐聚焦于核心"农垦改革发展研究"之理论综析，文献评析表明现有研究仍存在一定理论空间。继而说明研究方法与资料来源，概括全书研究的逻辑与思路。

第二章阐释本研究的理论支撑选择。以既有研究空间为基础，确立本研

```
┌─────────────────────────────────────────────────────────┐
│  ┌──────────┐  ┌────────┐  ┌────────┐                    │
│  │结构功能主义│  │"内卷化" │  │农垦研究 │                    │
│  └──────────┘  └────────┘  └────────┘                    │
│           ┌────────────┐                                  │
│           │ 组织理论研究 │                                  │
│           └────────────┘                                  │
│      ┌──────────────────────────────┐                    │
│      │      理论框架                  │                    │
│      │组织环境—组织结构功能发展—组织变革│                    │
│      └──────────────────────────────┘                    │
└─────────────────────────────────────────────────────────┘
```

┌─────────────────────────────────┐
│ 结论   │
│ 环境及其与组织互动   │
│ 组织结构功能转型   │
│ 组织变革的期望与其   │
│ 偏离性   │
└─────────────────────────────────┘

实证↑ ↓理论

┌──┐
│ 云南农垦组织的产生及其   │
│ 建国初期的战略   │
│ 初始政治社会效益   │
└──┘
改革

┌──┐
│ 云南农垦组织结构功能的演进与扩展   │
├──────────────────┬─────────────────────┤
│ 结构演进   │ 功能扩展   │
│ 组织制度与管理体制 │ 组织资源与功能分析   │
├──────────────────┴─────────────────────┤
│ 案例、德宏傣族景颇族自治州垦区   │
└──┘
危机

┌──────────────────────┐ ┌──────────────┐
│ 组织"内卷化"困境   │探索│ 二次改革   │
│ 群体性事件与组织危机   │→ │ 大型集团化改革 │>比较
│ 组织结构功能的"内卷化" │ │ 属地化改革   │
└──────────────────────┘ └──────────────┘
对策

┌────────────────────────────────┐
│ 云南农垦组织转型建议：   │
│ 功能目标、结构模式、环境支持   │
└────────────────────────────────┘

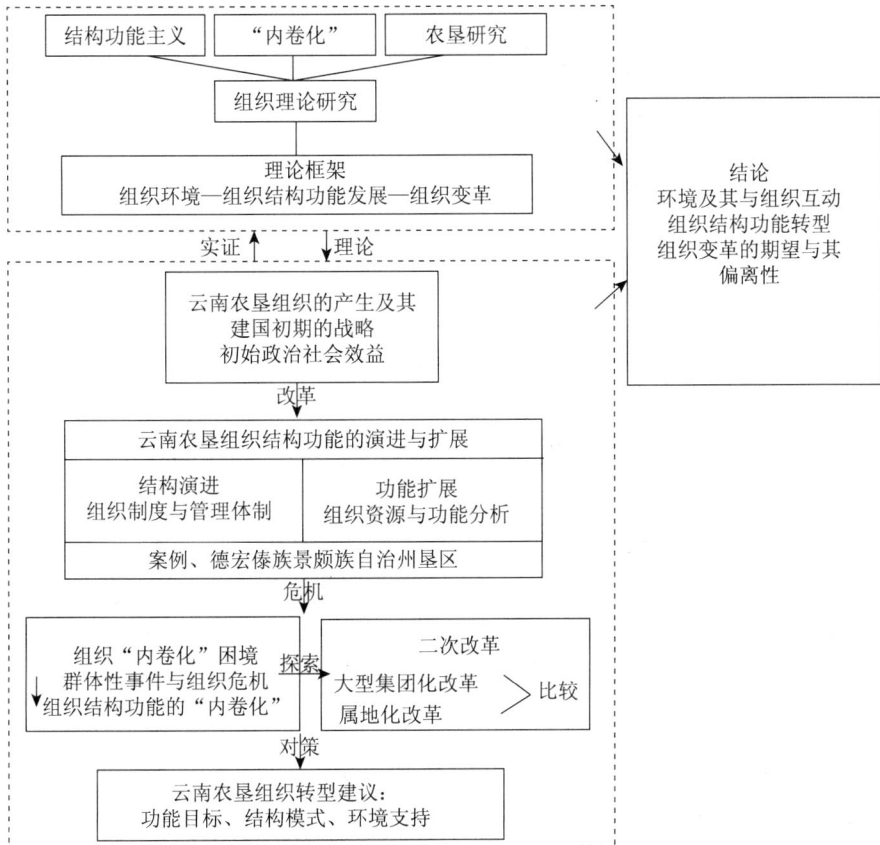

图 1.5　全文逻辑思路结构图

资料来源：作者自行设计。

究的理论建构逻辑为：首先，从理论范式的选择出发，将结构功能主义对系统的阐释运用到更为具体的组织分析中；其次，将农垦视为社会的系统存在，进而以一类更具明确边界的概念"组织"来定位农垦系统；再次，结合组织变迁的历史与现实，对农垦组织本身、组织变迁中结构功能的变化及其利弊进行系统研究；最后，引入"内卷化"这一概念，以期描摹农垦改革历程中产生的阶段性困境，从而作为对组织结构功能与环境格局之间的相互关系的有效分析工具。

第三章在对结构功能主义理论方法论解读与借鉴的基础上，提出"组织结构功能转型与内卷化"理论模型。这一理论框架以"特殊公权力组织理性"为基本前提设定，形成三个层次有机联系与互动的理论体系。（1）环境既定情境及其与组织的互动；区域资源禀赋情况是构成区域内个体或组织生存或发展最为基本的物质条件。（2）组织结构功能转型——整合与分化；本研究中，"组织结构功能的整合与分化"指农垦组织变革过程中，特定宏观环境下各层级政府组织、农垦组织、组织领导集团、组织成员基于整体利益诉求一致性而形成的"组织整合"，以及基于利益诉求的改变而形成"组织分化"的动态化利益结构建构过程。这个过程体现了四种特征：结构利益性、功能"差序性"、组织利益分享的排他性、"整合——分化"之动态性。（3）组织变革方向的期望与其偏离性；云南农垦组织变革"内卷化困境"现象的背后，体现了宏观制度环境变化下组织结构功能不同阶段内在逻辑切换的问题，同时也实证了组织改革结果与变革预期的偏离性。

第四章运用"组织结构功能转型及其相对优势"理论框架，解析云南农垦组织改革与变迁背后的逻辑关系。研究并未局限于组织本身，而是将分析触角向组织环境尤其是制度环境及其影响延伸，从大至历史文化积淀小至制度安排环境中寻求解释逻辑。第一节从云南区域早期的政治经济文化积淀、多元民族的文化基因以及新中国建立初期国家整合需求来解析区域历史与文化对农垦组织的形成与发生机制的作用。第二节、第三节、第四节基于云南农垦组织的演进过程，运用"组织结构功能转型与内卷化"理论框架来解析云南农垦组织结构功能的改革与转型，提出在农垦组织企业化改革阶段，组织的双重身份初始结构安排获得了相当收益，促使经济得以迅速发展，从而形成了一种暂时的良性循环。

第五章运用"组织结构功能内卷化与改革探索"理论框架，解析云南农垦组织内卷化与组织结构功能的重塑，以及农垦组织二次改革的探索与初步设计。在社会主义市场经济逐步完善的新环境中，农垦组织的"政治经济双重性身份"逐渐失去相对优势。随着收益下降，原初结构的组织中各利益主体无法得到利益诉求满足，矛盾日益显现，既有共同利益无法维持稳定存在，逐步走向解体。由于农垦组织内卷化状态的复杂性，研究不能完全以区域层面的定量统计或定性分析来证明，因此转入微观分析，通过相关政策在对农场和胶工家庭所产生的影响，来反映其中组织结构功能的内卷化境况。第一节首先探讨农垦组织权属改革之后集团化战略出现的问题：群体性事件与组织危机。第二节"组织结构功能内卷化",分析集团化改革进程后期,云南农垦组织在结构功能内卷化的困境,通过具体调研访谈,从部门结构、不同的身份定位以及一线生产人员的感受等方面对这个情况做一个全面性的描述,得出相应的组织内卷化特征。第三节具体阐释农垦组织的二次改革的预期和过程,并指出改革中不同政策的探索及其预期。第四节小结云南农垦组织结构功能变迁的大致特性,一是关于组织结构功能相对优势的变迁,二是组织结构功能的整合与分化。

第六章以上述云南农垦组织结构功能转型探索为基础,提出云南农垦组织转型与未来发展的建议与意见。相应的对策主要从内部与外部两种途径来进行探讨:第一节着重讨论新形势下对农垦应有的功能与作用的再认识,从国家以及区域经济社会发展层面,来寻求界定组织未来改革与发展的方向。第二节从外部转向内部,讨论组织本身的结构功能的逻辑形塑与安排,以及在今后发展中的完善途径。第三节以组织发展的资源依赖与社会支持为对象,扩展分析组织与政策介入、与区域既有资源之间的互动机制和策略选择。

第七章总结,并针对研究创新与不足、后续研究展望等问题,进行小结和阐释。第一节为研究结论;从组织的视角总结了云南农垦组织发展的外部环境,组织本身结构功能演进及其相对优势变迁与作用,组织"内卷化"困境与相应的突破改革探索。第二节为后续研究;农垦组织对于边疆区域发展而言,仍然是既经济又可行的合理选择。继续从现实改革和国家利益、边疆发展等角度深入研究,将是农垦组织后续研究的重要方向。

第五节　研究的创新与不足

一、研究创新

云南农垦改革与变迁过程有着政治、经济、社会、文化等诸多分析视角,本研究更侧重和强调从组织结构功能的角度,来分析组织改革背后不同目标诉求的利益主体为实现有利于自身的权利需要而进行的结构功能变革与权力运作过程。文章的理论与实证研究建立于改革开放之后至今农垦组织的三次重大改革过程（2011年底2012年初），并在此基础上形成"建国初期的政治需求形成农垦组织双重性——云南农垦组织双重性在改革开放初期的相对优势与改革收益——云南农垦组织相对优势的失去与组织发展的'内卷化'——为突破困境的两次改革探索以及未来组织结构功能转型的制度期望"此一历时性连续统一体为研究对象，以"云南农垦组织结构与功能的变迁发展"作为研究范畴，对"组织结构功能转型与内卷化"这一命题通过云南农垦的发展历程进行系统研究。其中的所谓"创新"仅仅只是笔者主观理解并努力达成的目标设定的"假设"，能否成立还需商榷指正。

（一）"特殊公权力组织理性"分析

理论研究需要建立于一定的理性假设前提之上。对于农垦组织这样比较特殊的组织而言，很难用已有的"经济人理性"或者"政治人理性"来作为组织研究的基础，两种不同的理性分析也无法从逻辑上说明组织利益诉求，只有作出相应合理的理性假设，组织改革过程的理论才可能建构，并形成纵向而非横向上的行动推理。

"特殊公权力组织"试图为农垦组织研究构建组织理性分析的前提。"特殊公权力组织理性"的基本内涵是指：由于组织形成与建立的合法性来源于国家权力的完全介入，组织在之后的发展过程中也主要依赖于国家公权力的支撑，虽然不具有一般意义上公共权力组织那样的公共管理权力，但是却是一个公权力延伸的行为体，本身也承担着一定的政治社会责任。相应地，这种"特殊公权力组织理性"就表现为：农垦组织作为一种特殊公权力组织，其利益结构包括公共利益、组织利益与成员个体利益，并进一步衍生客观存在的组织三种属性：即公共性（政治性）、组织性（经济性）、个体性，三元利益结构在形式上并存，在运作中存在冲突与协调。当组织运作中的公共、组织和个体成员利益属性沿同一方向作用，三者有着一致目标追求时，组织政治经济兼具的双重身份能有效促进组织获得发展的最大动力；当组织运作中的公共、组织和自利属性未能沿同一方向作用，三者各有目标追求时，组织政治经济兼具的双重身份使得组织发展不能获得清晰明确的目标，产生消解组织发展动力的不利影响；当组织运作完全体现为经济利益属性时，组织往往会运用所获得的公权力为组织中的特定利益群体服务，甚至引起组织资源的不公正分配。农垦组织就其组织权力属性来说，处于政治、经济与社会利益的混合状态，就其组织权力运作来说，则处于政府、区域社会、组织及其成员利益的交织之中。不同时期组织的权力行为究竟侧重于实现政府赋予的政治利益，还是侧重于实现区域社会利益，或是侧重组织发展利益，取决于特定制度环境下组织各利益主体对组织生存发展影响的权重，以及相应权重所产生的主导行为与利益分配。在本研究中，"特殊公权力组织理性"构成农垦组织改革变迁过程的理性分析前提。

云南农垦组织的改革过程也清晰表明了"特殊公权力组织理性"的基本特征。从该组织运行的实际过程可以发现"特殊公权力组织"的基本逻辑链，即特殊公权力组织具有先天的政治经济利益双重性，在一定的制度环境中，基于物质需求与精神需求，它必然运用所具有的公权力，追求稀缺资源或者说特定利益的权威性分配，这在一定时段内形成特殊公权力组织优先于其他经济组织进行发展的优势，但随着宏观环境的变化，有可能反而成为组织发展中的阻碍因素，影响组织改革及其结构功能转型。追根溯源，则"特殊公权力组织"概念及性质是这个变迁中的关键命题。

（二）组织学理论疆域与农垦研究视域的拓展

本研究首次从组织的视角对云南农垦体系改革进行专门系统的研究，并且从组织结构功能研究范式出发，采取了一种新的研究方法。突出的创新之处就是将两个研究相对薄弱的领域有机结合在一起，以组织结构功能视角为切入点，来实证云南农垦组织改革变迁历程，一方面扩宽了云南农垦研究的理论视野，另一方面也拓展了组织学研究范式的实证范围，并对新时期的农垦改革问题给予关注。具体而言，这一理论框架以"特殊公权力组织"为基本前提设定，从三个层次来分析组织的结构功能转型：第一，环境既定资源及其与组织的互动；第二，组织结构功能整合—分化的动态变化；区域综合资源禀赋环境中的组织机构功能转型，层级政府组织与农垦组织之间各种利益相关主体不是分散、孤立的存在，而是在一定结构中形成各自利益的交叉与重合。第三，组织变革的方向与其偏离性；组织变革的目标设定或者说预期往往是以组织结构功能的升级为指向的，然而，组织变革的方向由于各种影响因素并非能够达到制度安排的预期，以云南农垦组织为例，改革的行进过程中渐渐脱离了原先的预期结果设定，显示了种种偏离性，并且陷入了"内卷化"困境。就组织结构功能的一种状态而言，组织内卷化或是一种颇具解释力的分析框架，抑或是对云南农垦组织发展现状的一种反思性理论建构。许多事实表明，农垦组织在改革过程中，囿于原有结构功能特征，又不能完全按照市场的法则运转，其主要结构功能在政治与经济层面不断地自我复杂化，进而陷入了内卷化状态，而非变革性的组织升级，无疑，这是组织理论的一个拓展。

（三）"组织内卷化"概念创新

研究引入了"内卷化"的概念，并将政治、经济和文化三个领域对于"内卷化"概念的界定综合起来，置诸于"组织"这个载体之中，从组织结构功能角度来界定了"组织内卷化"这个新概念：组织内卷化意味着组织陷入了一种无实质性发展的状态，这种状态表现为组织结构没有质的突破，仅限于不停地复制和细化原有结构格局，或是组织功能没有获得新成长动因，循环于原有功能不断重复和延伸的运行机制。在概念创新的基础上，详细描述了组织内卷化机制的三种意义层次：第一，组织结构没有质的突破，仅限于不停地复制和细化原有结构格局，即在组织结构层面，一种利益格局及其结构形式在某一发展阶段形成为固定化模式之后，未能够转化为更高级或者更具有发展适应性的另一种利益结构，而是靠扩大旧有模式或机构的影响程度，不断在组织基层复制既定结构形式来膨胀组织，使其看起来"有增长"，但组织并未获得实际效益的递增；第二，组织功能没有获得新成长动因，循环于原有功能不断重复和延伸的运行机制，即在组织功能层面，组织原有的功能已经作用到了所需程度，或者功能需求发生了转变，但这种功能仍旧运行，既不能有所调适也不能转变到新的形态，不断在组织内部重复和延伸着既定的运行机制；第三，组织内卷化意味着组织陷入了一种无实质性发展的状态；于组织整体而言，组织的基本形态被锁定，功能特征被固化，其对环境的适应性在一定程度上就被遏制了，但组织仍然在发展，其发展表现为愈发精致地定格组织的各种秩序。这就如同一张可以延展的纸，当它延展到四周被限定的区域时，由于它本身改变不了自己的状态和特性，就只能在自身内部产生卷曲和褶皱。

从研究对象的实际发展过程来进行观察：云南农垦组织通过两个阶段的政府主导性改革来实现国家以及组织本身对组织转型的诉求，但是由于受到原有结构功能惯性、资源依赖、给定制度安排等多种因素影响，组织的转型过程相当艰难，囿于一种在多重利益属性间反复的结构状态，无法实现组织功能的彻底明晰与转化，在改革进行的一定阶段，只能通过简单复制扩大原有组织结构、加剧组织既定功能的复杂化等方式，来获取组织总收益的增加或者组织发展的表象。据此，在实证过程中亦可以选择具体的衡量指标进行论证。证明结果显示，"内卷化"这一概念契合于对农垦组织这一特殊公权力组织结构功能变迁中所遇到的困境描述，并能够很好地指引相关影响因素的寻找与分析。

（四）"宏观——中观——微观"之网络式实证结构

本项研究以辩证唯物主义和历史唯物主义为指导原则，秉承根据问题研究采用适当方法的原则，主要运用了几个普适性的研究方法来完成本书的实证过程：一是定量数据的运用。本研究对于不同时段组织发展状况进行一定程度的定量统计与定量比较。充分利用获得的相关经济统计数据，建立统计图表，并对数据进行比较，发现变量数据相关性及其程度，并分析相应的因果机制。充分利用获得问卷以及调查数据，通过初步统计，发掘变量数据所说明的问题。二是定性比较。定性分析既有访谈，也有相关的案例分析，通过访谈到的问题表象，挖掘现象背后自变量与因变量间因果逻辑关系。

以上述两种实证方法为基础，本研究在实证对象选取与思路建构时，采取了"宏观—中观—微观相结合"的网络式结构设计，即"宏观环境为背景基础，中观制度为结构功能，访谈案例为微观切入"。先在宏观上通过定量数据，对整个组织所处的环境和组织自身的发展状态形成粗略的整体把握；在此基础上，进一步分析不同时期对组织结构功能产生重大影响的政策文本，对相关制度进行文本和价值分析，同时根据文本所指确定所要切入的微观分析点，对这些点进行深入调研，获得第一手资料。这样，从制度环境到省级区域，再到州市，再到农场，形成"宏观环境之下的中观制度，中观制度下的微观案例"之样本论证逻辑结构，该样本结构形成研究的完整且重点突出的经验网络，可以避免单纯的"中观制度"或单纯的"微观案例"的缺陷，更能对本书研究拟提出的理论假设进行全面检验。

二、研究局限

本书虽然在组织理论以及对云南农垦组织发展方面有一定的创新，但尚存许多不足，需要继续提高研究的深入程度。

首先，农垦组织是中国特定历史条件下形成的特殊组织，这个组织在边疆社会长期的存在已经深入社会的各个层面，其组织的目标任务也具有相当的复杂性，本书主要从组织结构功能的角度来进行分析，显然对组织改革中所遇到的困境未能全面地阐释出相关影响因素。"经济活动和经济关系根植于社会生活之中"，这是格兰诺维特（Mark Granovetter）在1985年发表《经济行动与社会结构：嵌入性问题》一文的主要观点，也是新经济社会学的核心思想①。对于农垦组织而言，其形成之初的特殊性使其在之后的发展过程中，无论改革或是转型都与社会环境息息相关。这一思想，正是本书展开论述的内在逻辑，同时也是本书在对农垦组织进行研究时未能十分详尽之处。农垦组织的发展与改革，牵涉到各个领域，对于边疆社会而言，不仅是组织本身经济发展或是政策意图等可量化的指标，而且还涉及到农场与附近村寨的关系，农垦对区域经济的影响，甚至国家对不同疆域的国防战略考虑等，这些都是本研究没有能够涉及的。从另一层面来说，本书没有对组织"内卷化"困境进一步阐明其原因，这也是有所欠缺之处。

其次，本书将结构功能主义理论引入组织学理论，将组织视为一个系统来对其进行结构功能的理论假设与推理，分析过程中对组织结构的分析主要偏重于相应的政策文本，对组织功能的分析主要偏重于组织经费收支、干部任免等制度化和可量化的明示性表达。从已有组织结构功能的分析范例来看，相关的分析多以组织内部各要素及相互联系的方式为主要切入点，具体说，就是以组织内部的各个组成部分以及各部分之间所确立的关系形式，尤其是组织管理工作中进行分工协作，在职务范围、责任、权力方面所形成的结构体系，包括纵向层次结构、横向的部门结构以及职能、职权结构等层面的分析。本书在这一方面的分析尚显不足，同时，在衡量组织发展时，亦偏重于组织绩效而疏于分析相应的社会效益。

最后，本文在对"组织内卷化"进行梳理和重新界定的前提下，将内卷化的理论引入到云南农垦改革过程中。通过对云南农垦组织三个不同阶段

①　刘少杰：《经济社会学的新视野：理性选择与感性选择》，北京：社会科学文献出版社2005年版，第9页。

改革的分析，从组织内部的发展状况和组织外部的资源依赖入手，系统分析了云南农垦组织中内卷化发展的现实状况。但是由于目前学界中对于"内卷化"这一概念并无统一的理解，本书在对"内卷化"原初概念以及应用进行相应的梳理的同时，重新界定了本书的组织"内卷化"状态，并以相关问卷、访谈和数据来进行实证，在一定程度上也略显生涩，或许未能作出一个完整的概念阐释，这在提供了一种新的研究观点的同时，也是相应的局限之处。

第二章　结构功能主义、内卷化理论
与农垦组织研究的契合

　　作为西方社会学的基本研究方法之一，结构功能主义集中于研究系统的功能履行和结构实现，强调分析每一特定系统中结构和功能的相互关系。本书中拟将组织视为一个系统，从而可以通过组织的结构、功能以及两者之间互动关系三个方面，来分析和研究组织及其发展。另外，本书还引入了"内卷化"概念来对农垦组织改革状况进行描述。内卷化理论被众多学者应用于历史、社会制度、腐败、市场经济、社会福利等诸多社会生活领域，同时，也成为本研究审视组织的重要理论工具，即结构功能主义与内卷化在对农垦组织的实证研究基础上最终达成有机契合。

第一节　结构功能主义及其方法论意义

　　早期社会学家将生物学中一些概念和原则运用于人文科学研究中，为结构功能理论的出现奠定了基础。从概念来说，"结构功能主义"（structural functionalism）以系统的结构与功能作为规律研究的主要对象，其中，"结构"指的是特定系统已形成的固定化关系模式，即系统行为所遵从的行为路径；"功能"指的是系统结构的活动后果或影响，有目标性与非目标性之分：目标性功能是合目的可预期的功能实现；非目标性功能则是指系统行为所造成的不可预期或偶然的影响。根据生物学的拟化类比，系统结构与功能的相互关系可以归纳为：系统结构是系统功能的载体，系统功能的发挥是以相应结构为前提的。

一、结构功能主义的产生与新功能主义的发展

（一）结构功能主义的产生

19 世纪社会学家孔德（Auguste Comte）和斯宾塞（Herbert Spencer）提出了社会与生物有机体相似性的观点，并从结构组成与生存发展等方面论证了这种特性。据此，20 世纪初，人类学家拉德克里夫·布朗（A. R. Radcliffe-Brown）① 与马林诺夫斯基（Bronislaw Malinowski）率先将"结构—功能"的概念和方法运用于社会科学。1960 年，美国政治学家阿尔蒙德（Gabriel Almond）在《发展中地区的政治》② 一书中首次将这种研究视角引入政治学的研究。书中，阿尔蒙德归纳了政治系统的七个基本功能：政治社会化和社会录用；利益表达；利益聚集；政治交流；规则制定；规则实施；规则裁决。随后他和鲍威尔（G. Bingham J. Powell.）一同将上述七大功能概括为"转变"功能，并补充了"维持"和"适应"两大功能，同时加强了对结构的研究。此后，经过包括阿尔蒙德、雷格斯（Fred Riggs）、阿普特（David Apter）、米歇尔等政治学家的努力，结构功能主义于 60 年代中期开始成为西方政治学中应用最为广泛的分析方法之一。其中，雷格斯注重结构要件分析，米歇尔强调政治系统结构功能与社会系统之间的有机联系，阿普特则提出把结构功能主义作为政治分析起点的观点，并将结构—功能主义分析的核心内容放在政府，认为政府的特征由一系列有条件的功能所决定，且政治系统的四个功能是适应能力、目标实现能力、统合能力以及目标维持能力。正式总结归纳"结构功能主义"这一概念的是美国社会学家帕森斯（Talcott Parsons）。帕森斯在 20 世纪 40 年代提出结构功能主义概念，并以系统性的理论构建了该理论的主要命题，成为结构功能分析学派的开创者。该理论随即于 50 年代开始在美国社会学中占主导地位，其研究涉及人类学与政治学等社会科学领域，包括社会理论探讨、经验研究和历史研究，

---

① Alfred. Radcliffe-Brwon. *Structure and Function in Primitive Society*：*Essays and Addresses*. New York：Free Press，1965：178~205.

② Gabriel Almond. *The Politics of the Developing Areas*. New Jersy：Princeton University Press，1966：30~34.

对学科理论及研究方式均产生了很大影响。

（二）结构功能主义的发展——帕森斯与默顿

帕森斯的结构功能主义思想最早在他的《社会行动的结构》（1937）一书中提出，而后在其《社会系统》、《现代社会体系》（1971）两部著作中得到较为完整的阐述。其基本思想可以概括如下：

第一阶段，帕森斯在早期著作中将社会秩序作为社会学理论研究的核心命题，从而确立了结构功能主义的理论前提假设：假定任何社会中都存在着一种大体一致的价值观念和行为准则，社会秩序正好来自人们这种大体一致的价值观念①，基于这种主流价值观的规范限定，社会结构如角色、组织和制度等，是为实现这些既有价值判断和目标定位的存在和变化的。

第二阶段，帕森斯在中期著作中开始系统地构建社会结构功能理论。从系统结构入手，帕森斯提出，如果将社会视为一种具有生存与发展功能的客观系统，那么，任何社会系统为满足其基本生存需要都必须由四个子系统共同运作，即经济子系统、政治子系统、法律子系统和亲属子系统。相应地，每一子系统对应着一种"功能性必需"（functional requisites）：经济子系统承担环境适应功能——如何从外部环境取得资源和分配给社会成员；政治子系统主要承担目标实现功能——为整个社会设置目标并配置资源去实现目标；法律子系统主要承担社会整合功能——保证整个社会的协调与整合；亲属子系统承担模式维持功能——保证社会主流价值观的稳定和传递。在具体的运行过程中，这四种子系统功能分别通过经济组织、政治制度、法律制度和家庭与教育制度来执行。以此为基础，一个系统的运行状态是否稳定，不仅取决于它是否具有满足一般功能需求的子系统，而且还取决于这些系统之间是否存在着跨越边界的对流式交换关系。"社会系统与其他系统之间、社会系统内的各亚系统之间，在社会互动中存在输入—输出的交换关系，而金钱、权力、影响和价值承诺则是一些交换媒介"。② 这种交换使社会秩序得以结构化，因此维持其内部各个子系统之间边界关系的最低限度的平衡是至关重要的：若能维持它们之间的平衡，就可以达到社会运行的良性状态，就

---

① Talcott Parsons. *The Structure of Social Action*. 2nd Edition. New York：Free Press，1967：50～52.

② Talcott Parsons. *Social System*. London：Routledge，1991：45～138.

能发挥社会系统的正功能，若失去了这种平衡，社会就会出现冲突，出现病态，使社会运行呈失调状态，这是社会系统所具有的负功能。

第三阶段，帕森斯在晚期著作中继续发展了社会进化论。他主张用进化的观点来看待人类的历史过程，从而可以将之划分为四个过程：（1）分化，它是指一个系统或单位分解成二个或二个以上的单位或体系的过程。比如，生产功能系统从家庭系统内分化出来而形成独立的单位：企业。（2）适应能力的提升，它是分化的结果。如生产功能系统从家庭中分离出来的结果既提高了生产的专业性和生产效率，也增强了家庭在教育抚养等其他方面的作用。（3）容纳，指一个社会单位包容接纳新成员的能力。帕森斯认为一个社会的容纳能力越高，其整合程度和效率也越高。（4）价值的通用化，是指社会对新分化出来系统的承认程度。社会的均衡和稳定要依赖于社会是否发展出一套新的价值体系，这种体系承认和容纳所有新的单位或系统。

结构功能主义的另一代表人物是默顿（Robert Merton）。默顿在继承导师帕森斯创立的结构功能理论的同时，认为他的理论存在着过于抽象和宏大的不足。他认为建立这种宏大理论的时机尚未成熟，主张大力发展所谓的中程理论——即介于经验总结性微观理论和宏大社会理论之间的理论。因而，默顿指出了功能主义理论中的不足并予以相应的纠偏与修正：（1）系统功能的针对性。默顿认为帕森斯的结构功能理论秉持着功能同一性观点，即子系统作为母系统的构成部分，一定具有着某种有用的功能。但这种设定却并不合理，因而进行功能分析时，应裁定所分析的对象系统的性质与界限，因为对某个系统具有某种功能的事项，对另一系统就可能不具有这样的功能。（2）系统功能的差异性。帕森斯的结构功能理论主张功能的价值性，认为子系统的功能发挥甚至于功能扩展均是正面性质的，即对社会母系统是有益的。默顿主张应根据功能后果的正负净权衡值来考察系统功能的作用：对系统的整合与内聚有贡献的是正功能，而推助系统破裂的则是负功能，而且，一些子系统的活动对母系统或母系统的某部分具有功能，对其他系统或母系统的其他部分却可能不具备任何功能，甚至可能具有负功能（dysfunctional）。这里，默顿更进一步提出了显功能（manifest function）和潜功能（latent function）这两个重要概念。所谓显功能是指那些人们可以预料到的和容易为大多数人所认识的功能；而所谓潜功能则是指那些不明显、不为人们所预料的和不易为大多数人所认识的那些功能。（3）功能可替代性观点。帕森斯的结构功能理论认为子系统及其功能是不可替代的，默顿则引入功能选择的概念，认为某个子系统或子系统功能被另外的功能项目所替代或置换后，仍可满足母系统需要，因此可以有一系列相互替代的子系统来满足同样的功能需求。

（三）新功能主义的扩展

结构功能主义在政治学领域内的意义在于，有助于理解各种政治现象之间以及政治现象与社会现象之间的复杂关系，为政治研究提供了新的框架，开辟了一条从部分与整体、结构与功能的相互关系上进行政治分析的新途径，有助于进行综合性的政治研究。同时，它所提出的一些新概念，如正结构、负结构、正功能、负功能、结构要件、功能要件等，丰富了比较政治学的内容。但结构功能主义的分析方法带有很大的主观性，如它回避了阶级结构与阶级分析，忽略了政治结构的性质，从而无法从根本上说明政治结构。一些学者对结构功能主义的批评还主要来自于其基本命题的保守性：将一致性社会价值观等同于社会整体利益，忽视社会不满与社会冲突的存在，过分强调社会结构的稳定性，而且，这一分析方法也缺乏严密的逻辑，其部分基本概念和核心命题也还没有明确、统一的定义。

自 20 世纪 70 年代后期，结构功能主义以其宏大的框架分析范式重新引起了学界的反思与关注。结构功能主义作为一种方法，被重新广泛运用到社会各学科的理论研究中去，直接导致了 20 世纪 80 年代以来 J. 亚历山大（Jeffery Alexander）为代表的新功能主义（Neo-functionalism）思潮的产生。"这股思潮力图在后实证主义科学哲学的基础上，综合包括各种反帕森斯理论流派在内的有关最新研究成果，对以帕森斯为代表的结构功能主义理论进行新的建构①"。新功能主义同样产生了广泛的影响，不过其理论范式更多地是在社会学领域得到完善，欧美国家中许多社会学家都被认为是"新功能主义者"，其中最主要的代表人物有亚历山大、柯罗米（Paul Colomy）、芒

---

① Jeffrey Alexander. "Neofunctionalism: An Introduction". in *Jeffrey Alexander*, ed., *Neofunctionalism. Sage Publications*, 1985: 7 ~ 20; "Neofunctionalism Today: Reconstructing a Theoretical Tradition, with P. Colomy", in *G. Ritzer ed.*, *Frontiers of Sociological Theory*. New York: Columbia University Press, 1990: 33 ~ 67.

奇（Richard Munch）、艾森斯塔德（Shmuel Eisenstadt）、斯梅尔塞（Neil Smelser）、阿切尔（Margaret Archer）、卢曼（Niklas Luhmann），等等。这一时期该理论有这样几方面的扩展：

1. 行动理论。新功能主义试图改变帕森斯理论中"规范性行动"模式的被动形象，将行动的偶然性、创造性特征引入到功能主义的行动模式中。亚历山大重新界定了关于行动者内部努力的过程，提出行动总是沿着"解释（interpretation）"与"谋划（strategization）"这两个基本维度来进行的。其中，解释就是理解事物，包括类型化或发明两种过程；谋划则构成理解之后的另一个阶段，即"行动不仅仅是理解世界，它也改变和作用于这个世界。行动者寻求通过马克思所说的实践来贯彻他们的意图，由此他们必须协同他人或他物一道行动，或者通过行动来抵制他人或其他事物。这种实践行动肯定只能发生于确定的理解范围之内，但在对事物清楚理解的基础上它引入了策略性的考虑：使成本最小化和使报酬最大化。"① 他认为，这种对行动理论"解释学的重建"能够描述理性行动的积极性与能动性。

2. 行动与结构的关联。对于帕森斯阐释行动体系结构最具影响的 AGIL 四功能模式，微观社会学（即互动论、行动交换论）与冲突理论从不同角度进行了批判，认为该模式过于强调行动对结构的受动性，忽视了行动之间的冲突和行动体系的强制性。芒奇就通过"符号的复杂性"与"行动的偶然性"两个因素的引入，对 AGIL 模式作出了重大的推进。他提出行动总是发生于一个由"符号的复杂性"与"行动的偶然性"两个维度所界定的空间，在这个空间中，人的行为可以被划分为由这两个维度交叉所形成的四个行动领域，并且与 AGIL 四功能领域正好对应。"在执行系统适应功能的行动领域内，行动具备高度的符号复杂性和低度的偶然性；在执行整合功能的行动领域内，行动同时具备低的符号复杂性和低的偶然性；在执行整合功能的行动领域内，行动同时具备低的符号复杂性和低的偶然性；在执行模式维持功能的行动领域内，行动则具备低的符号复杂性和高的偶然性。"② 由此，

---

① Jeffrey Alexander. Action and Its Environments. New York：Columbia University Press, 1988：308.

② ［美］芒奇著：《微观互动和宏观结构在一个复杂的与偶然的制度秩序中的相互渗透》，载亚历山大等编：《微观—宏观之环》，加利福尼亚大学出版社 1987 年版，第 320～322 页。（转引自杨善华主编：《当代西方社会学理论》，北京：北京大学出版社 2001 年版，第 164～168 页。）

结构功能模式与行动者主观意义及行动偶然性能够结合起来，行动以及行动者主体的能动性在结构中的意义大为拓展。

3. 冲突理论。如果说微观社会学主要是从心理、个体行动等方面对帕森斯的社会结构理论进行修正，那么冲突理论就是从系统结构层面对该理论进行了重要的补充。以艾森斯塔德为代表，冲突理论学者们将冲突理论中的利益群体、利益群体结构以及群体冲突的概念引入了结构功能主义理论，指出系统的不同功能需求是与具体社会群体的利益相联系的，系统不同功能部分同时也是利益目标不同的群体聚合。"社会结构不仅仅是种功能关系结构，而且也是一种利益关系结构；社会的结构——功能分化过程同时也是社会阶级或阶层分化过程。"[1] 据此，有着差异性利益与目标的各个群体很难形成一个简单的合意系统，因而系统结构必然具有不同程度的强制性。既定结构在一定的条件下，如人口增长、资源稀缺等，就会产生冲突与失序，而结构则通过发展另一些特殊的结构来回应这些冲突，既定结构由此分化为诸多相互联系的子系统。由于这种结构分化既具功能性又具利益性，不同利益群体在承担不同结构所赋予的功能时，也在追逐自身及其所属群体的利益，在环境未产生变化的条件下，对利益的诉求必然产生持续不断的各类冲突。反过来，结构虽然明示了具有关键意义的符号和资源的流动，但"它（结构）并没有解决它们（冲突）；它仅仅将它们转换到一个新的水平上"[2]。于是，冲突将始终存在，系统结构并非是一个均衡协调的整合结果。该研究视角为系统过程以及系统变迁提供了一个动态的、宏观结构与微观行动相结合的探索视域。

二、结构功能主义的"整合—分化"理论逻辑

纵观结构功能主义的历史发展，其最显著的理论出发点在于，"在描述性而非说明性的意义上提供了一种系统各部分间相互关系的一般图景，认为

---

① ［美］亚历山大和柯罗米著：《社会分化和集体行为》，载亚历山大等编：《行动与它的环境》，哥伦比亚大学出版社 1988 年版，第 197～198 页。（转引自杨善华主编：《当代西方社会学理论》，北京：北京大学出版社 2001 年版，第 164～168 页。）

② ［美］艾森斯塔德和库雷诺著：《社会的形式》，纽约：威利出版公司 1976 年版，第 369 页。（转引自杨善华主编：《当代西方社会学理论》，北京：北京大学出版社 2001 年版，第 164～168 页。）

社会是由彼此联系相互作用的各要素所组成的、多元的与开放的系统"①。具体而言，结构功能主义理论始终坚持系统是一个由不同功能部分有机整合构成的结构，结构中的各个子系统相互依赖，以此为前提，它关注的是系统整合以及系统控制的变异及过程，认为系统中各部分相互作用的结果，应该是获得和谐均衡的状态，实现系统秩序的稳定整合。因此，该理论基本是以"系统整合——分化（整合的危机）；分化——整合（分化的消除）"为理论逻辑进路的。

（一）系统秩序的整合

帕森斯将韦伯关于社会结构不过是个人社会行动之集合的思想与传统功能主义关于社会结构是一个具有相对独立特性之有机体的思想结合起来，确立了结构功能理论的核心：系统是一个功能协调的合意结构，行动必然受制于系统结构，社会系统的应然状态是整合与均衡。对此，帕森斯首先将"行动"与"系统"联结起来形成"行动系统"的概念，即被一定的情境、结构和规范所制约的，具有自己的行动目标、方式以及价值理念的行为者互动体系。继而，构建出 AGIL 四功能模式作为行动体系结构功能分析的基本工具。

在这个模式中，行动系统是一种具有多层次的结构，每一层次都具有四种基本的功能要求：A——适应，有机体为自身生存与发展而从环境中获取资源，以及在系统内部分配资源的功能；G——目标达成，有机体按其需要所排列的目标先后次序，以及为实现目标调动资源的功能；I——整合，有机体协调内部各个部分，将它们结构为一个合意整体的功能；L——模式维持，有机体通过价值观和结构的渗透与控制，维持系统稳定和行动的连续性。为了满足这四种基本功能的要求，行动体系层层分化为四个相应的子系统，以分别执行四种系统功能：首先，行动系统分化为行为有机体系统（行动者生理组成）、人格系统（行动者的动机和利益组成）、社会系统（行动者之间的角色和关联）和文化系统（行动者受教与学习）四个子系统，每个子系统又进一步分化为四个子系统，如社会系统又进一步分化为经济、政治、社会文化和社区四个子系统，如此一级一级分化下去；其次，行动系统

---

① ［美］亚历山大：《论新功能主义》，《国外社会学》1991 年第 3 期，第 3 页。

各层次的四个功能子系统之间不仅是一种相互区别、相互联系的关系，而且还是一种控制等级关系，如在行动体系的四个子系统中，社会系统处于控制其他三个子系统的最高层：就社会系统对人格系统的整合而言，以控制和模式化的方式对个人或群体进行价值认同的渗透，同时结构了制度、规范、人际交往、习惯习俗和宗教仪式等系统来界定个人或群体的社会角色和资源拥有，从而达成消减系统分化危险的目的，获得行动系统整体的合意性；就社会系统对文化系统的整合而言，以结构主流文化和观念教育的形式对个人或群体进行价值取向的控制，并据此控制行为者的越轨倾向，从而达成社会与文化系统之间的均衡，获得行动系统整体的秩序性。

根据这种描述，社会系统既是一个由内部各部分之间相互联系、相互制约而构成的一个具有相对独立特性的有机体系，又从属于整个行动系统的一部分，它由微观的"单位行动"所构成，又与行动系统的其他部分——有机体、人格与文化系统——相互区别、相互联结，共同形塑了社会行动的过程与体系。于是，AGIL模式实际体现了这样两层意味：一方面，基于结构功能理论构架的宏大企图，即对实证主义、功能主义、功利主义、帕累托主义等传统理论的归纳与综合。结构功能四分模式工具的应用对象极为广泛，不仅是行动体系，而且是行动体系内部层级划分的子系统；同时模式还展示了对过程重视，即在四个紧密相联、彼此渗透的子系统之间，当功能开始运行时，系统的整合过程是持续进行的，这是一个连续不断的动态过程。另一方面，四功能模式反映了结构功能主义更为强调行动的结构性质，即行动受其结构制约的方面；以行动系统的社会子系统为例，由于社会结构系统与功能系统是对应的：经济结构履行适应功能，政治结构履行目标达成功能，法律结构履行整合功能，社区结构履行模式维持功能，则经济结构需要能够从环境中汲取系统生存发展的能量和资源，政府及其权力运行体制需要能够确立并且定位不同层级不同范围的发展目标，立法和法制结构需要能够协调和规范整个系统的综合诉求，而各种社会组织、家庭等需要接受并内化相关的观念与行为模式。与此同时，这四种功能子系统之间还有着跨越结构限制的资源互动，使得各系统之间不停地进行着信息与能量的交换。于是，"社会的每一个人都能充分地，很好地整合到系统中去，使他们相信在自身的需求和结构的功能要求中保持社会的一种相当和谐的均衡对应。这种对应通过社会化和社会控制的各种机制得到保证。"①

由此可见，结构功能主义理论将社会作为一个整体系统来研究的理念，类型化了复杂纷繁的社会现象和行为，并使这种巨型系统呈现了一种生命有机体的联系性和动态性，即把系统当作对内由不同子系统组成的合意整体，对外是必须依靠更大系统维系自身的子系统存在。在理论层面上，该行动系统理论既表达了社会结构的行动性质，又表达了行动的结构——功能性质，展现出一个具有延展性的多层次立体分析框架，并试图能够以此解释影响系统结构与功能的因素与因果关系；在现实层面上，它为观察和分析社会过程及其结果提供了宏观和动态的思路，发展了对复杂现象的逻辑解释力，为深入探索社会变迁机制提供了全局性的分析的可能性。但是，鉴于构建时使其"具有成为一种成功的社会学理论所需要的基本素质②"的统一性涵盖性追求，该理论一开始的命题与论证假设就是以维护系统整体的均衡与整合为主旨的，亦即，更为强调行动受结构制约的性质以及行动结构的功能合意性质。

（二）整合的危机：反常状态与分化

整合的理论模型体现了各种系统之间的相互联系与相互融通性，关注于系统整体的均衡状态，这在分析思路方面反映为强调行动对结构的受动性，但反过来看，有相容就有相斥，有均衡就会有失衡，事物存在着矛盾的两面性，共存于统一系统里的子系统之间，相互的依赖与排异是同时存在的。一些研究结构功能主义的学者着力于社会系统整合态势的研究，另外一些则开始注意到系统内的矛盾和不稳定因素对系统整合的潜在威胁，即系统之间所存在的相互排斥与相互对立性，存在的行动之间的冲突和行动者行为的反作用力。以默顿为代表，他在批判传统结构功能主义忽略系统间矛盾之理论倾向的基础上，同样以维持系统稳定与整合为理论逻辑终点，试图建构一条介于宏观抽象理论与微观具体实践经验之间的"中层理论"的道路。也正于此中观层面，他提出了系统反常状态对系统整合威胁的命题。依照帕森斯对社会系统均衡状态的界定，社会系统结构了主流价值观与规范，遵从这个约

---

① ［美］约翰逊著：《社会学理论》，北京：华夏出版社1997年版，第243页。
② ［美］亚历山大：《论新功能主义》，《国外社会学》1991年第3期，第1页。

束的社会行为就构成社会运行正常状态。用"中观"视角去审视这个整合状态的界定，可以发现，要达到这个稳定态势，事实上需要的是两种介质合法性的构建：一是系统整体及其所包含子系统的各级目标，规范所有行动的努力目标；二是目标达成的方法与途径，社会结构所明示的可行渠道。据之，则可以清晰地发现整合的潜在危机：反常状态。所谓"反常状态"指的就是，脱离系统所规定的目标或是目标达成的既定途径，这样的社会越轨行为以及行为惯习。简言之，凡是系统成员的努力方向与系统预设目标相脱节，或者系统成员达成目标的方式方法与系统明示的结构途径相悖离，社会结构与功能名存实亡，就会导致系统中非规范行为的普遍化，一旦非规范成为常态，就呈现出对系统整合稳定的威胁：反常状态。就动态层面，这种反常状态还涵盖了一种群体冲突的危险：若系统成员均以相同的目标为努力方向，但目标达成的途径却因成员社会地位的不同而有所差别，则那些被系统结构所排列为距离目标最远的成员必将开始紧张，当这种差别持续甚至深度发展，最终也会形成反常状态。对应于反常状态，默顿遂提出了"反功能"来进一步强调反常状态对系统稳定所产生的影响：影响一，反常状态产生了一般性的反功能，即系统或者子系统的功能失调引发普遍性影响，这种影响对所有受众具有同质性；影响二，反常状态产生了相对性的反功能，即系统或者子系统的功能失调引发的是局部或是非同质性的影响，其是否具有"反常"性需要视受众而定，也就是说"对谁是功能的和对谁是反功能的"[①]。可以说，在以系统均衡、整合的研究为主要追求的结构功能理论框架中，"反常状态"的提出将系统整合的另一方面展现在了人们面前，表面上只是一个问题的不同观察角度，但却推进了结构功能主义理论的扩展，因为该理念从中观层面上揭示了系统及其内部更为真实的运行过程，更动态地反映了个体行为与宏观结构之间的联系与互动，从而使得理论研究的命题假定能够更加客观和全面。

如果说"反常状态"还仅限于对系统稳定的潜在威胁，那么，系统的分化就是这个威胁不断增大的必然结果。"分化理论"是结构功能主义对社会变迁的理论阐释，帕森斯对分化的初步界定是这样的：（1）社会变迁的

---

① 宋林飞：《西方社会学理论》，南京：南京大学出版社1997年版，第120页。

基本形式是社会分化，社会变迁的基本趋势是不断地从功能重叠的简单结构向功能特化的复杂结构演进；（2）推动社会分化的基本动力是社会的功能需求以及由此导致的结构性压力，认为每个社会都有一定的功能需求，当这些功能需求未能得到充分有效的满足时，就会对社会结构产生一种压力，迫使社会创造出一种更为有效、更为分化的结构安排；（3）社会分化的结果是不断提高社会系统的效率和效力；（4）社会分化的过程包括分化、适应性增长、包容和价值概括化几个基本环节，等等。① 之后，新功能主义学者们又分别从分化理论模型经验范围的扩展、强调偶然性、群体具体性以及社会冲突对分化过程的作用、增加社会分化结果的可能范围、用明确的"批判现代主义"替代"价值无涉"的理论立场等不同的研究角度，改进了原初的分化理论。如钱帕基、柯罗米、斯梅尔塞等人提出了"不平等分化"、"不平衡分化"、"受挫的分化"等概念；艾森斯塔德通过"制度提倡者"的界定强调了精英群体对结构变迁的影响；芒奇从分化的角度对整合的概念加以补充，指出分化的亚系统之间除了相互渗透等联系之外，还存在着其他的关系形式，如相互调节、相互孤立、单方面控制等；亚历山大提出社会科学中的每一种理论视角都包含着一个意识形态的部分，它自动地来源于该理论视角的预设、理论模式和经验命题，等等。这些理论在使得结构功能主义的发展空间获得了极大拓展的同时，也表明了：分化是社会变迁基本趋势，这是该理论逻辑推演的基本环节。

（三）系统分化倾向的控制与消除

　　包括帕森斯在内，早期的结构功能主义学者们都侧重于把社会系统的运行当作一个合意的、协调的、均衡的过程来加以考察。基于所意识到的对系统稳定产生威胁的诸多因素，他们也致力于分析和阐释如何控制与消除系统分化的危险，帕森斯对此所做的描述是最为精致的：结构功能主义理论从一开始对社会系统运行理想状态的理解是，社会全体成员在某种共同认可的社会意识、社会规范以及社会整合机制的作用下，相互协调、相互配合，共同

---

① 参见［美］柯罗米：《功能主义变迁理论的最近发展》，载《新功能主义社会学》，第290—292页；柯罗米：《分化理论的修正和进步》，载亚历山大和柯罗米编：《分化理论与社会变迁》，哥伦比亚大学出版社1990年版，第468～469页。（转引自杨善华主编：《当代西方社会学理论》，北京：北京大学出版社2001年版，第164～168页。）

致力于满足各种社会功能需要的过程。以此为标准，一旦出现与之不符的状况就存在对系统稳定的威胁，需要构造相应控制乃至消除的途径。据此，系统通过创建两个基本的机制来实现这个意图：一是社会化机制，在此过程中，社会努力将它对个人能力、规范、价值等方面的期待与要求输入人格系统，个人又将这种要求内化到自己的人格结构之中。通过这个社会化过程，个人逐渐转变为社会期待的角色扮演，从而能够按照社会系统所要求的那样，通过系统的途径规范去追求系统的预设目标；二是社会控制机制，前一阶段的"社会化"过程在客观上不可能是完全和充分的，个人的需求、意志、能力不可能全部与社会期待相符，从而会产生诸多的"差异"甚至"越轨"行为，需要构建另一套机制来进行处理，这就是社会控制机制。在此过程中，差异行为或是得到预防，或是在出现后被部分减弱或矫正，最终使得差异行为被"纠正"回到原定的秩序结构中去，重获系统规范性。从这个机制构建过程可见，结构功能主义原初理论贯穿了对于社会系统及其过程之整体性、合意性和规范性的追求，但这种理论倾向同时也形成了对社会系统研究的另一个不利因素——行动者的主动性被忽略，而演变成似乎只能被动地服从社会安排、机械地履行社会角色的主体存在。

与控制的观点不同，卢曼的研究揭示了对系统分化倾向控制与消除的另一种途径，这种途径从社会发展的角度动态性地来阐释社会系统，"社会系统不是由行动构成的，而是由沟通构成的，使行动变得相关并由此产生社会系统的机制是通过符号代码（如话语和其他媒介）实现的沟通"[1]。于是，他对系统分化的看法是这样的：（1）系统是由个体行动结构化所构成，是个体行动之间产生相关意义的结果。（2）系统分化潜在威胁的产生与消除过程。由于人与人之间行为的互动关联就产生了社会系统，因而人们的行为沟通方式形塑了系统的基本类型：一是互动系统，它产生于人们群体共存的相互交流之时；二是组织系统，它一般都具有进出规则，并按照具体条件协调成员的行动；三是整体社会系统，它是包含所有互动系统及组织系统的统摄社会系统。[2] 据此可以重构的结构功能主义对于系统层级的理解，即将环

---

① ［美］乔纳森·特纳著：《社会学理论的结构》，邱泽奇等译，北京：华夏出版社2001年版，第64页。

② 宋林飞：《西方社会学理论》，南京：南京大学出版社1997年版，第149页。

境及其所包含的系统界定为整体系统，并设置以沟通为主要功能的系统类型，以更加动态和客观地展示社会的多元和无轴心化状态。（2）系统分化潜在威胁的产生与消除过程。由于上述三类系统是相互联系相互依赖共存于统一整体之中的，"所有社会行动显然发生在社会中，并极有可能以互动形式发生"①，因此，三类系统事实上具有不可分性。这种不可分性使其处于简单结构系统中时，以高度统一的形式共存；而当其处于复杂结构的系统中时，三类系统之间的分离倾向会随着系统发展越来越明晰，从而产生系统分化的威胁。反观这个过程，则可以发现，社会整合同时亦是系统分化威胁消除的过程。与结构功能理论原初意义上的社会整合不同，这里的"整合"没有社会化与社会控制两个机制的渗透，而是一种以尊重相互差异为基础的相互依赖与共存过程。其中，卢曼还重点描述了存在功能分化的社会系统，"社会分化越复杂，整体社会越难保证所有子系统都以同样的结构、形式和规范来运作，社会的整合不是靠共同的理念和标准，而是依赖各子系统之间相互尊重和不干扰"②。因此，系统越复杂，各部分就越需要独立，就越难受制于一个统一的结构规范约束；就子系统角度，子系统之所以存在和必要，是因为它对于所处母系统来说具有功能的独特与不可或缺性，而不是由于它遵从了一个统一的规范。在系统存在和发展的根本层面理解，各个子系统必须从不同功能的其他子系统所结构的资源环境中获得能量，才能更好地完成和发挥自己独有的功能，获得产出并反馈给资源环境，支持其他子系统以及母系统获得更有利的发展。这个循环揭示了不同系统共存的实质在于：系统的主要目标应该专注于自己被赋予的、主要性功能的良好履行。为了实现这个目标，整体系统结构层面及其子系统之间，需要的是尊重每个系统自己的规律性和独立性，以保证它的健康发展，也只有这样，才能最终达成系统的整合与稳定。所以，以沟通互动为基础的系统整合是消除系统分化倾向的根本选择。（3）从另一种角度来审视系统分化的作用。尽管三个系统的分化潜在地威胁着系统合意的形成和巩固，但基于复杂系统对于子系统应有

---

① ［美］乔纳森·特纳著：《社会学理论的结构》，邱泽奇等译，北京：华夏出版社2001年版，第66～67页。

② ［美］乔纳森·特纳著：《社会学理论的结构》，邱泽奇等译，北京：华夏出版社2001年版，第66～67页。

的尊重，也从另一种途径构建了系统整合，在这个意义上，系统的分化亦可视为系统合意的有益补充。这个过程可以这样来描述：一个系统存在着多种组织与多个群体，而行为者个体可能同时属于不同组织或全体的成员，由于与其他组织的种种联系，个人不可能完全从属和支持某一个组织以及系统，因此，多元的属性反而大大减弱了系统之间发生冲突的可能性，削弱了发生冲突的强度，使系统局限于一些局部或小范围的分化而非彻底的决裂。从这个意义上说，系统分化所引起的整合问题，反过来又恰好对缓解这些问题的继续深化有所帮助，是系统整合的一支重要补偿力量。

三、结构功能主义的方法论解读

一些宏大的理论在构建时对各个学科的广为容纳和借鉴，同时也使得理论本身具有全局的视角和普适意义上的可应用性，结构功能理论就是其中最好的例子。在20世纪40年代中期至50年代末的西方社会科学界，结构功能主义理论曾一度占据了学术的主导地位。尽管到了60年代中后期，以互动理论、交换理论、民俗学方法论为代表的微观社会学派，以及以冲突理论为主要代表的宏观社会学派，均从各自立场出发对结构功能理论提出了不同方面的批评，但仍有许多学者继续采用结构功能主义的理论思想或观点方法来解析着相应学科命题。当然，70年代之后新功能主义的发展也证实了结构功能主义自身的生命力。可以说，在一定程度上，结构功能分析被当代多数社会学者公认为分析社会比较全面且清晰的有效方法，而被广泛应用于社会问题的相关研究，不断获得改进和发展，并对社会科学的发展有着极为重要的影响。

从这个角度来说，结构功能主义的广泛影响和不断完善明证了该理论是一种有着相当借鉴价值的观察视角和分析范式。这种方法将社会客观存在的事物类型化为"系统"或是"体系"概念，以清楚地界定系统特征，并视结构为系统存在和发展所必须具备的要素予以考虑，同时确认其子系统间的有机整合，研究其间的相互关联，以立体和层级的方式剖析整体，据此用结构分析方法来寻求能够把各种社会因素协调起来使之一致或一体化的途径，或以功能分析角度来揭示社会生活和社会系统维系的必要条件。鉴于此，在观察分析系统的过程中，首先应视之为具有一定合意性结构和功能组成的有机整体，这种合意性使其具有得以延存和发展的内在机能和特质，也使得系统所包含的组成部分虽然在功能与形态上有所差别，但却具有着系统结构或功能的模式普适性。由此，相通的共性为观察和分析社会系统提供了一种宏观与微观相结合的框架，也是它被广泛应用于社会各种组织存在之研究的特质所在。具体而言，在理论方面，从结构功能主义理论的分析逻辑与基本内容来看，该理论对社会系统所进行的框架构建与观点诠释的重要研究方法和理论见解，值得关注和借鉴；在实证方面，可以通过对社会变迁中的实际经验对理论进行校验和完善，对理论的实际效用问题展开深入的分析和思考，开辟和深化观察实际问题的思路与视角：

（一）结构：功能的运行载体

结构，从词语来看，有两个方面的意义表达：一为动词，可以理解为物质的一种运动状态，含有社会物质存在的结合构造之义；一为名词，是一种存在的已形成状态，指组成整体的各部分的搭配和安排；于系统意义上，则指系统内诸组成要素之间相互联系和相互作用方式与形态。结构功能主义在其研究过程中始终予以系统结构，尤其是社会系统的结构相当的关注，并将之作为贯穿理论的基本概念基础，因而于结构层面，该理论同样也是从这两个角度来完成其方法分析进路的。另一方面，从结构功能主义对系统立体式的研究思路表明，该理论对系统的考察还遵从着空间与时间的两个维度。这四种要素同时综合于对结构同时性和历时性的分析中，构成了社会系统的整体特质及其运行状态的基本衡量标准。由此，一定的社会结构既是一定的社会系统的基本存在方式，也是一定的社会系统的基本属性。正是社会结构决定着社会系统的组织模式和运行方式，或者说，当社会系统诸要素或各部分之间按一定的秩序联系与组合，并形成一种相对确定的相互构成关系和作用方式时，该系统具备了较为明确稳固的形态构成和既定合意的层级序列，同时也决定了社会作为系统概念的相对稳定性和秩序性。在这样的视角下，首先，结构不能脱离系统载体而单独存在，一定的系统结构必然是以一定的系统对象为载体的；其次，系统结构的形成，必然具有使系统内部的组成要素或部分之间相互联结和协作的可行性；再次，系统是以一定的结构形式为存在条件的，同时系统功能的发挥以及系统自我发展的过程，也是以系统的结构形式为既定基础的。简言之，社会系统的结构不只是形式的表达，它还是社会系统的本质。

反溯社会结构理念，结构功能主义对社会的研究是基于"系统"此一原初概念逻辑之上的，回到该理论对这个普适性概念的设定，可以发现，它的研究对象非常广泛，可以是存在物，如机器设备、各类工具等，也可以是一种流程，如生产工艺、作业方式、物流管理等，更可以是人们为特定目的而结合构成的"组织"。也就是说，在"系统"的层面上观察，研究对象符合并具有系统特质的，亦具有着不同的结构和功能，可从结构功能分析的框架进行相应的考察和研究。从这一点出发，系统结构决定了系统功能，是系统功能运行的内在依据。因此，要阐释和分析研究对象的系统功能效用，就需要从系统的结构研究入手，明晰结构的本质与特征，理顺其内部各组成要素以及各要素之间在空间或时间方面的联系与顺序。一方面，以"系统"为分析单位，扩展结构意义的理解，能够涉及生态、物质、国家政府、组织以及个人等从自然、社会到思维的诸多领域；另一方面，以不同的研究进路来描述结构的动态延展性，即从一维的时间序列，三维的空间构成等不同方面，揭示各类系统结构的排列组合方式，可以厘清和认识系统各因素有机联系的结构形成。组织也不例外，之所以在方法上强调对组织结构的分析研究，皆因结构的重要特性使然。

第一，系统结构是其客观存在的根本保证，体现着系统的运行效果。从稳定与否来解析系统结构的适宜程度，是结构功能主义重要的研究方法。系统一旦形成，其性状就由其内部各子系统之间的联系方式、排列顺序所决定，当然，这种稳定又具有相对性，即存在局部或者暂时分化冲突的可能，但整体的协调合意仍是系统存续发展的必要条件。以均衡性来评判系统的合意程度，均衡的结构意味着系统内部各子系统之间的联系与排列相对固定，较少动荡，比较适宜于系统当时的生存与发展需要；非均衡的结构则意味着系统结构缺乏适应性，子系统之间的冲突或流动性很大，物质、能量、信息的获得都处于不断变动之中。因而，结构的适宜程度决定着系统的稳定程度，研究对象结构，可以通过改变结构组成及顺序，实现系统功能的改进与提高。

第二，系统结构是系统运行层级的体现，从资源汲取到资源的分配使用来观察结构所界定的各部分角色，是对象框架层次研究的重要视角。系统的运行层级既指结构组成具有纵向复杂性，又指其具有横向复杂性。纵向层级表明了系统从上至下的等级划分和等属关系，可以视之为各层子系统群之间的上下联系构成；横向层级表明的是系统同一层级中并列的若干子系统之间，相互独立基础上的沟通方式，即所形成之共同为所属系统服务的合意渠道。据此，通过分析系统结构的层级构成，能够展示系统所处的体系环境以及系统自身的因素关联，能够明晰结构所产生的问题及其范围，从而为理解和改善系统功能奠定基础。

第三，系统结构具有可变性，其结构之量变到质变的过程，是系统变迁分析的可操作路径。就生存发展所需的物质、能量而言，任何系统都不可能是绝对封闭与静止的，只要系统存在于一定的环境中，就会产生或多或少的交流与互换，其结构也就具有了可变性与开放性。由于系统结构本身的复杂性，加之这种可变性的存在，对系统变迁的认识也就十分困难。结构功能主义以及新功能主义对此所概括的一些方法，如"黑箱理论"[①]，微观行动理论，利益冲突等，从系统不同层级的结构变动分析角度来看，均为研究与认识系统变迁的有效方法。此外，从系统结构的可变性出发进行功能分析，还可以更加全面地了解系统的动态性，甚至主动进行系统结构上的改进与创新，提升系统功能效用。

（二）功能：结构的质量判定

一般意义上，人们对功能的理解，主要指的是"事物或方法所发挥的有利的作用；效能"[②]，具体到系统以及社会系统，指的就是系统在其内部和外部的结构和交流联系中所表现出来的特质、功用和效能。就结构功能主义理论而言，对系统功能的关注则主要是既定结构中的诸要素或组成部分的功能效用，以及作为整体的系统运行状态和功能发挥，此时，"功能"实质上成为动态逻辑的核心理念。如前文所述，结构功能主义在框架界定中更倾向于对系统整体合意性的追求，于功能层面同样如此，结构功能主义对系统功能的分析亦注重于系统功能的可控性。结构功能主义将功能视为行动体系的

---

① 结构功能主义中，帕森斯把暂时没有被认识结构的系统称为"黑箱"，但这类系统外部输入与输出的物质、能量、信息变化可以观察分析，由输入与输出关系去研究与判断系统的内部结构，这种方法被称为黑箱方法。

② 《现代汉语词典》，北京：商务印书馆1991年版，第382页。

行为过程及目标，将功能效用描述为子系统行动及其与母系统之间相互作用所产生的变化及其综合效应，因而这里的系统功能尽管表现为系统与子系统之间互动的介质，但并非重点描述两者之间的沟通与交流，而是重点表达了母系统对子系统的作用与影响能力。可以说，结构功能主义致力于从功能这个动态介质，来判定各种不同系统结构的"质量"，这个"质量"表现为行动环境与行动系统之间的意义框定、物质信息交流、限制突破等一系列的过程与秩序形成，以及母系统对子系统的强制与约束，在一定程度上体现为衡量系统结构形成之合意程度以及结构对所属部分控制程度的重要标准。

从行动体系的层级性来看，系统与其子系统之间的整体与部分关系，决定了系统自身的完整性与子系统对系统的从属性，它们之间的互动本应表现为，系统与其子系统间的能量交流或冲突产生解决的过程，但于整合角度，更多的反映为系统对子系统的控制，这从结构功能主义对社会系统分析中所提出的"社会化"与"社会控制"两种机制可见一斑。这在理论方法层面给予了相应的启示：子系统的行动是嵌套于母系统所提供的环境之中的，母系统的要求限定了子系统功能发挥的内在原则，因而行动需要遵循母系统的"人格规范"，要以母系统的需求为目标来强化自身被需要的功能。据此，其一，系统功能是结构稳定程度的衡量标准。越是复杂的系统越是倾向于以两种方式来加强整合："（1）给行动选择提供时间、物质及社会前提；（2）把一种秩序或结构强加给自己每个子系统的环境，也就是说系统可以把人们分布于不同的空间、等级中，给行动个体规定好时间和沟通的编码，安排好此系统的周围环境。"[①] 这种行为倾向恰好说明，系统一旦形成，在其发展过程中有可能总是希翼不断地"类型化"其从属部分，期望通过分割功能而限制子系统的分化力量，从而加强部分对整体的依附性，达到系统稳定与合意之目的。同理，系统还试图以稳固的结构与不可替代的功能来获得在外环境中的地位，加强自己生存与发展的影响力。系统由此表现出对内对外两种同质而不同表现的整合意向。

其二，系统功能是结构独特性的衡量标准。系统功能是各类要素的关系与交流方式，要素与其所形成的结构形态也可被视为系统功能运行的结果。

---

① 宋林飞：《西方社会学理论》，南京：南京大学出版社 1997 年版，第 156 页。

由此，如果以母系统为特定背景，那么其子系统功能的发挥及其效果必须具有独特的不可替代性，才能在母系统环境生存和巩固自身的地位，并反作用于系统结构。以现代社会中各类精细分工和高度合作为标志的系统为例，其各组成部分面对激烈的竞争，更必须保持和扩展其功能的独特性，对整个系统的发展以及系统环境资源的变化保持高度敏感，关注自身内部不同要素的诉求变化，从而扩展自己的资源依赖，发挥自我优势，才能继续维系生存并求得进一步的发展。

其三，系统功能是结构合意性的衡量标准。系统功能只有通过其组成部分的沟通和协作才能顺利运行，其效用发挥必然受到各子系统以及外环境条件的制约。于系统对象而言，系统的复杂分化的发展，必然造成其组成部分之间的独立与矛盾增多，要协调这些纷繁复杂的分化与扩展，系统就必须增强子系统间的交流与相互依赖程度，而这种意图往往又通过相应的结构调整来获得实现。由此，子系统之间如果沟通协调顺畅，系统成员的相互交流了解增多，系统间的合作与融合几率也就相应增加，各个子系统在交流中也相应减少了对本系统的专注而转向对母系统的关注，从而不仅能增强系统总体的功能，还能增加系统结构的合意性；反之，子系统之间如果相互排斥和孤立，它们之间的摩擦和对立就会加剧，在一定程度上会减弱系统的总体功能，削弱系统结构的合意性。在这个层面理解，系统功能的强弱正好与结构的合意程度是成正比的。此外，由于系统的发展与外部环境所提供的条件息息相关，系统功能强弱所带来的这种结构稳定性也同样影响着它与环境之间的互动方式。

（三）系统结构与功能的统一

结构功能主义"不仅关注结构而且关注行动，不仅关注行动的实践性与手段性方面，而且也关注它的表意性与目的方面"[1]，可见，以"体系"或"系统"为客体，结构与行动所体现的功能是相互联系、密不可分的两个相互对应的范畴。结构是系统组成部分排列组合顺序；功能则表明了系统自身结构形成的目标追求，以及这个结构所体现的与外环境之间输入输出的方式与效用。从这个角度出发，结构功能理论追求的是结构与功能的统一，把社

----

[1]　［美］亚历山大：《论新功能主义》，《国外社会学》1991 年第 3 期，第 3 页。

会整体的一致性以及在此基础上整个社会系统的均衡与整合作为理论的落脚点。虽然在具体的理论表述中，诸多学者指出该理论对于微观行动的积极作用分析不足，并试图在微观个体行动与宏观社会结构、系统结构之间建立起某种联系，但事实上对于该理论的最终目的达成而言，结构与功能动态的均衡和良好沟通交流之下的合意建构，显然始终是系统对象所追求的理想状态。也就是说，结构功能主义视冲突与对立为一种形成整合状态的过程，而非一种必然的常态。鉴于此，在对整合之过程与状态达成的研究中，需要深入地分析和把握对象的结构功能的统一性，密切结合功能分析与结构分析两个层面，认清系统结构与功能之间的复杂关系，从而在方法论层面进一步探讨理论及其关系逻辑对现实问题的针对性以及可应用性。

一方面，通过社会人格系统来考量结构与功能的统一。结构功能主义认为，以社会为分析对象，其中的人格系统规定着个体行动者的需要、动机和态度，是行动主体行为聚合所形成的系统功能与社会结构的重要联系中介，且人格系统以两种机制：即社会化和社会控制机制来整合社会系统并促其均衡，最终形成社会系统所需之"人格"。对单独个人而言，这种"人格"指的是，"特殊的思想、感觉和自我关照的模式，它们构成了特殊个体的一系列鲜明的品质特征。人格可以分为几个主要部分：认知（思想、知识水平、知觉和记忆）、行为（技能、天赋和能力水平）及情感（感觉和感情）。"①亦即，对于系统对象而言，可以观察到其整合的两类途径：一者，由于系统组成部分与整体之间的结构功能是相互作用相互影响的，社会化机制即为通过人格内化形成结构来保证不同部分共同目标实现的一种方式，它的功能主要在于维持和发展社会结构。结构是按照系统的需要由各部分顺序组合而成的，功能是结构运行的效用体现，因此，系统各组成部分的功能合意性对系统整体功能发挥有着相当重要的影响，如果组成部分与整体之间的分歧很大，必然影响着系统整体功能的实现。运用社会化这一机制，可以通过微观个人学习内化系统的需要与要求，则个人所组成的子系统即能顺利地领会和遵从系统对其结构功能的期待，从而实现不同结构协调完成同一功能，构成人格系统整合的途径之一。二者，由于总体结构变化又会影响着系统及其部

---

① 郑杭生：《社会学概论新修》（第三版），北京：中国人民大学出版社 2003 年版，第 91 页。

分的功能发挥和指向，社会控制机制成为一种通过制度规范和相应措施的运用来限制和约束系统成员的社会行为及行为功能的系统整合方式，它的功能在于控制和稳定系统结构。在某种程度上说，系统结构决定了系统功能的性质，从而使得两者之间具有一种必然的对应关系，当结构发生变化时，功能也必然发生变化，甚至在组成部分不变的情况下，只要改变各组成部分的排列顺序，亦即系统的结构，就能改变系统功能。因而于社会控制而言，实质上是一种强制程度更高的塑造微观个人行为以及系统部分功能的约束机制，以此达成对系统结构与功能合目的性建构之整合状态。

另一方面，通过社会文化系统来阐释结构与功能的统一。按照结构功能主义对社会文化系统的界定，文化系统是社会结构变迁的最高控制系统，位于整个行动系统功能程序的最高之处。所谓文化系统，"它与符号的特殊性质及建立符号的稳定体系的迫切需要有关。是依意义的模式构成的，当其稳定时，则是指行动体系指示方向的构成性符号体系的普遍化复合结构，必须视它为独立于社会互动的任何特殊体系之外的结构。因此，尽管许多支流汇入诸如语言、通讯等领域，但典型的文化体系是那些信仰与理念的领域。它们能在时间中延绵不坠，能从这一人格或社会体系扩散至另一人格或社会体系，或许就是文化体系之独立结构的最重要的标志。"[1] 可见，文化体系是一种由认知信念、表意符号体系及个人道德义务构成的，为社会秩序规范且合法化提供社会与文化间沟通的系统构成，因此，结构功能主义将文化系统的控制功能定位为两个方面：一是，文化系统作为意义和信息存贮发布最为广泛接受的系统，承担着为社会系统提供价值导向的功能，价值导向在社会系统中被具体化为相应的社会规范，从而控制着微观个体行为定位以及系统功能取向。与此同时，文化系统的价值取向也决定着系统的目标诉求，相应结构体系则规定着达成目标的可操作性通道。从这个层面来看，一旦文化系统与社会结构功能体系中任何一个部分发生矛盾或分歧，很容易产生行为者个体或群体的越轨行为。二是，在结构功能理论的视野中，四个不同的社会系统之间是一种控制等级关系，不同等级系统有着不同的资源获取能力，如

---

[1] Talcott Parsons. *Social System. International Encyclopedia of the Social Sciences*. New York：Free Press，1953：459.

经济、政治等系统在资源获取过程中的物质控制力较强而信息控制力较弱，文化系统则是物质控制力最弱而信息控制力最强。由于文化系统作为社会系统划分中最高控制层级，决定着整个系统的价值意义表达，因此，文化系统在社会控制中起着规定性的导向作用：它通过向系统成员提供观念教育来对既定结构的角色定位加以模式化；它通过选择自身结构功能要素，来对文化主流价值观进行相应的特质改造；它还可以通过对行动的意义构建，使系统目标隐化为共同价值观念去内化为行为主体的价值取向，来对矛盾冲突进行调节。由此，系统的文化整合模式，不仅在内容方面体现了文化系统在社会体系中重要的沟通、传承以及理念标志性的作用，而且在应用方面体现了文化系统对个体行为者思想和意识的监督与约束，以及规范越轨行为的理想整合效能。

第二节　"内卷化"概念与其基本规定性

一般说来，内卷化理论发展大致经历三个阶段：第一阶段，从康德、戈登威泽到格尔茨，是内卷化理论从滥觞走向系统的生长期。此时，内卷化理论主要用于研究农业生产。第二阶段，从杜赞奇到黄宗智，是内卷化理论走向成熟的时期。此时期，其主要理论视点已从农业生产走向政治领域。第三阶段，是内卷化理论应用领域迅速拓展期。其显著特点是，内卷化理论被众多学者应用于历史、社会制度、腐败、市场经济、社会福利等诸多社会生活领域。因此，内卷化理论是一个开放的理论系统，它在与社会实践的互动中不断地诠释与被诠释，得到丰富与发展，成为社会科学研究审视社会的重要理论工具。

一、内卷化概念的溯源与拓展

（一）内卷化概念溯源

德国古典哲学家康德（Immanuel Kant）就哲学意义上曾提到"内卷理论"（involutions theorie），在《判断力批判》一书中，康德非常明确地把这种"内卷理论"与"演化理论"（evolutions theorie）相对照，且把这种理论称之为"锁入理论"（die Theorieder Einschaehtelung），指出演化是自然界和人类社会发展的进化过程，个体在此过程中通过发展和完善自身而持续适应并影响环境；与此相对的"内卷化"概念体现为不断重复的内向复杂化过程，而这种过程对周围环境不产生影响。

一般意义上，学界认为内卷化概念最初来源于美国人类学家戈登威泽（Alexander Goldenweiser）的研究。戈登威泽将"内卷化"概念用于描述这样一类文化现象：发展到一定形态后，既无法趋于稳定也无法上升或突破至新的形态，而代之以内部不断精细化和复杂化。其明确所指就是后期的哥特式艺术："艺术的基本形态达到极限，结构特征得到了固定，创造的源泉枯竭了。但是，艺术仍然在发展，在所有边缘被固定的情况下，发展表现为内部的精细化。扩张性的创造用尽了资源，一种特别的鉴赏性便开始了，那是一种技术性的细节……任何熟悉原初文化的人都会在其他的文化中找到类似的例子。"① 据此，戈登威泽将内卷化定义为排除对其他要素的应用，但却并不抵触在系统内部发挥的模式，由此导致的必然结果即统一性内部的多样性和单调下的鉴赏性，即渐进的复杂化。

人类学家格尔茨（Clifford Geertz）在对爪哇水稻农业生产的研究中再次使用了内卷化概念，并使之获得了经济学意义上的"农业内卷化"界定。20 世纪 50 年代，格尔茨参加了麻省理工学院国际研究中心（Massachusetts Institute of Technology Center for International Studies）组织的对印度尼西亚的多学科考察和研究项目之一：由汉顿（Rufus Hendon）领导的印度尼西亚实地研究。在对印度尼西亚进行的实地研究中，格尔茨揭示了爪哇岛与外岛发展过程的二元性，并以"农业内卷化"概念描述和解释这一现象。格尔茨的研究发现：由于爪哇岛聚集了大量人口，有限的土地资源与强大的行政障碍使居民一直从事的粮食生产和小型手工业无法向外延扩展；而外岛广阔的区域与殖民者引入的先进技术促进了高效率、大规模与出口导向型工业的发展。因此，在外岛一些地区的生产向资本密集型方向发展的同时，爪哇岛的部分地区则不断重复劳动密集型的生产方式。② 在这里，格尔茨所指的显然是一种无法获得升级的农业生产方式，即劳动力持续地投入既定模式的生

---

① 刘世定、邱泽奇：《"内卷化"概念辨析》，《社会学研究》2004 年第 5 期，第 96 页。

② Clifford Geertz. *Agricultural Involution：The Processes of Ecological Change in Indonesia*，Cambridge：Cambridge University Press，1963：80.

产，却并没有带来人均收入明显变化的状态。同时，他将这个概念进行了延展，将戈登威泽的内卷化概念引入对 19 世纪中后期爪哇岛农业系统的讨论，指出二者的共同之处在于基本模式的刚性逐步增强、内部的修饰性和装饰性逐步增强、技术性细节逐步增强使鉴赏性变得没有止境。伴随这种后"哥特式"品质性的农业渗透到整个农业经济中，对土地的使用、租佃关系与合作性的劳动力安排也更为复杂，这种复杂化可以理解为一种过分欣赏性的发展，一种技术哥特式的雕琢，一种组织上的细化。[1]

（二）内卷化概念拓展

美国汉学家黄宗智（Philip C. C. Huang）最早将"内卷化"引入研究中国具体时空领域的经济发展与社会变迁。其 1985 年出版的《华北小农经济与社会变迁》一书中，通过充分的资料证明了中国小农经济的自我延伸史实，描述了这样一种"内卷化"场景："大农场得以就农场的需要变化而多雇或解雇劳力。家庭式农场则不具备相似的弹性。从相对劳力而言，面积太小的家庭农场，无法解雇多余的劳力；面对剩余劳力的存在和劳力的不能充分使用而无能为力。在生计的压力下，这类农场在单位面积上投入的劳力，远比使用雇佣劳力的大农场为多。这种劳力集约化的程度可以远远超过边际报酬递减的地步。"[2] 他从而提出不能将经济领域中出现商品经济形式等同于经济发展向资本主义过渡。继而，在其 1992 年出版的《长江三角洲小农家庭与乡村发展》中对"内卷化"开始了更为详实的描述和量化论证。首先，该书于"导论"中，黄宗智明确提及"长江三角洲的内卷化增长不是在水稻生产中进一步劳动密集化的形式，而是日益转向棉花和桑蚕等劳动更为密集的经济作物"时指出，"我将证明这些经济作物是通过使用更多的劳动力而得以生产的，它们带来了较高的单位土地面积的总产值，但这是以较低的单位工作日平均收入换得的。"[3] 其次，围绕上述逻辑，黄宗智系统考察了明清时期长江三角洲地区的农村经济，并区分了"增长"和"发展"两个概念，将"增长"划分为三种类型：一是单纯的密集化，即总产出或

---

[1] Clifford Geertz. *Agricultural Involution: The Processes of Ecological Change in Indonesia*, Cambridge: Cambridge University Press, 1963: 82.

[2] ［美］黄宗智：《华北小农经济与社会变迁》，北京：中华书局 2000 年版，第 6 页。

[3] ［美］黄宗智：《长江三角洲小农家庭与乡村发展》，北京：中华书局 2000 年版，第 13 页。

平均产值与劳动投入以相同的速率一起扩展；二是"过密化"，即总产值的增加是以单位产值之边际报酬递减为代价的，黄宗智称之为"内卷型增长"；三是发展，即总产出或平均产值的增长远远高于相应的劳动投入量，则单位平均边际报酬获得了增加。再次，以这个概念界定为衡量标准，黄宗智通过大量的数据分析作出判断，认为中国农村商品化受过多人口对土地的压力推动而非经营农场主的获利动机驱使，是以密集的劳动投入为代价的。具体而言，就是明清以来，中国的小农经济由于人口数量的压力而逐渐变成"糊口经济"。数世纪以来中国农村经济的商品化并不是"资本主义的萌芽"，而是贫困的小农在生存压力面前不得已的选择。农村经济的商品化不仅没有突破既有的小农经济，反而使其有所强化。黄宗智将几个世纪以来农业商品化区分为以下几类：为缴付地租而从事的市场经营活动，即"剥削推动的商品化"；为支付生产和生活的直接开支而从事的市场行为，即"生存推动的商品化"；为牟利而出售剩余农产品的市场行为，即"牟利推动的商品化"。黄宗智的研究将格尔茨的"内卷化"概念应用于中国经济发展与社会变迁的研究，进一步发展了内卷化概念，并将通过在有限的土地上投入大量劳动力、以单位劳动的边际效益递减的代价而实现的总产量增长称为"没有发展的增长"。他提出中国的商品经济发展与糊口农业共存，商品化并未推动经济结构转型，反而加固了糊口农业中单位土地上投入的劳动力的内卷程度。黄宗智的研究表明，在长江三角洲地区，农业商品化的主要形式体现为"剥削推动的商品化"，这种商品化背后的理性与逻辑仅关乎谋求生存与温饱而不在于追求最大利润。① 换句话说，尽管中国的小农家庭通过增加劳动力投入以获取较高收入，但由于农业劳动的边际报酬递减规律，使其劳动生产率并未有所提高，小农生产者只能长期处于糊口水平，中国人口的大部分仍被束缚于粮食生产，例如"人口压力常使冀—鲁西北平原贫农农场劳力的边际报酬，降至雇佣劳动工资和家庭生计需要之下"。② 同时，这种商品化不仅难以拆解小农经济，反而使其有所强化，导致中国传统社会中存在着强大的遏制技术进步和社会组织创新的内在阻力，这种阻力就是内卷化

---

① ［美］黄宗智：《长江三角洲小农家庭与乡村发展》，北京：中华书局2000年版，第108页。

② ［美］黄宗智：《华北的小农经济与社会变迁》，北京：中华书局2000年版，第6页。

机制。

由此，黄宗智发展了格尔茨的"内卷化"理论，并且以边际报酬为尺度提出一套完整的评价体系，并得出这样的结论："过密化必须区别于现代经济发展，因为它不会把农村引向结构性质变。仅敷糊口水平上的小农生产持续着，甚至随着商品化、农作密集化和家庭工业更为复杂。"① 因此，尽管近现代农村工业化使东南沿海等最发达地区的劳动生产率有所提高并产生了明显的"去内卷化"趋势，然而农业经济在其他多数地区仍处于仅能维持生存的水平，而中国农村工业及其他企业的持续发展以及计划生育政策对人口总数长期持续的控制，理应带来农村劳动生产率的提高而使其步出"内卷化"的困局。②

随后，美国学者杜赞奇（Prasenjit Duara）在《文化、权力与国家：1900—1942 年的华北农村》一书中通过对 20 世纪前半期中国国家政权的扩张及其现代化过程的研究，通过"内卷化"概念分析和解释国家权力机制的运行并提出了"国家政权内卷化"。根据杜赞奇的理解，国家政权的发展应以提高效益为本质，否则，就会"并没有实际发展的增长"，只是营利型国家经纪模式"固定方式的再生和勉强维持"③，这种扩张显然符合格尔茨的"内卷化"界定，即没有实际发展的增长，经济与社会只是在不停地自我修饰。据之，"国家政权内卷化"指国家机构并非通过提高既有或新增机构的效益，而是凭借复制或扩大已有的国家与社会关系来扩大其行政职能，如国家营利型经纪体制。④ 而这种状态又可以从两个方面予以分析：在财政方面，政权内卷化不仅表现为国家政权对非正式机构缺乏控制力，也表现为国家财政收入的增加与非正式机构收入的增加、以及基层的无政府状态呈现同步增长；在机构方面，国家机构不是靠提高现有的组织机构的效能来推动社会发展，而是靠扩大非正式机构，并把它们内卷于正式组织之中来行使权力，从而扩大行政职能。以此为基础，杜赞奇是这样表述其命题逻辑的：所

---

① ［美］黄宗智：《长江三角洲小农家庭与乡村发展》，北京：中华书局 2000 年版，第 12 页。

② ［美］黄宗智：《发展还是内卷？十八世纪英国与中国》，《历史研究》2002 年第 4 期，第 176 页。

③ ［美］杜赞奇著：《文化、权力与国家：1900—1942 年的华北农村》，王福明译，南京：江苏人民出版社 2010 年版，第 56 页。

④ ［美］杜赞奇著：《文化、权力与国家：1900—1942 年的华北农村》，第 54～55 页。

谓"现代国家政权建设",指的是在公民生存和发展权利逐步扩大的基础上,国家通过新的制度和组织体系构建,能够有效地加强对社会各领域诸如税收、公共管理类事务的控制。杜赞奇比较了近代欧洲与中国晚清时期的政权建设,认为二者是截然不同的政权建设方式。具体从国家对社会的控制力量来分析,在传统中国社会中,国家政权并没有能够真正涉入社会基层,这一方面是由地方血缘宗法社会的天生"封闭性"造成的,另一方面则是由于资源不足、技术落后、生产力低下等原因所致。于政权系统则表现为,县以下地方社会中乡绅精英层的相对自治,他们既是地方的实际管理者,又与国家政权合作,在实现国家收益的同时也"保护"着所辖区域,属于一种类似于经纪人的角色性质。于是,在乡村以及基层社会里,政权控制形成了相对应的两种路径:一种是制度明示的合法权力;专制皇权或者国家根据臣民服从意识铸就自己权力系统的合法性,并用确定的制度形式来巩固这种层级体系设置,形成对整个国家的控制。但这种具备充分合法性的权力组织自秦以来只设置到县一级,且控制方式粗略,以涉及国家资源汲取与政权维护所需的财政、税收、治安等为主。另一种是非制度化隐形控制权力;那些凭借所拥有的资源如族权、财产、家庭等在乡村中处于优势地位的乡绅精英阶层,通过获取他人的认同而实质性地控制着地方。这种控制方式就显得非常细致,不但涉及公共事务的方方面面,甚至深入个人生活的每一个角落,建立于传统权威之上。此一明一暗两种权力相互结合,彼此合作,构成了专制皇权控制地方社会的基本权力框架。以此为背景,具体到研究对象的政权建设。20世纪初,满清政权迫于种种压力开始持续建设"现代化"政权系统,以加强基层控制和汲取基层财税。针对此时的权力建设考量,在财政收益方面,正式税赋机关所征税款占总税收的比例基本未变,说明国家征税能力低且随其机构膨胀而效益递减;在机构控制方面,政权对非正式机构缺乏控制力;而国家财政收入增加的同时也伴随非正式机构收入增加以及基层的无政府状态。因此,所造成的最终现实就是,虽然"当中国政权依赖经纪制来扩大其控制力时,这不仅使旧的经纪层扩大,而且使经纪制深入到社会的最低层村庄。"[①] 但是,由于国家政权没有能力建立有效的官僚机构实现政权扩

---

① ［美］杜赞奇:《文化、权力与国家:1900—1942年的华北农村》,第55页。

张，仅仅依赖非正式机构来加强对社会财富的榨取，从而导致国家财政收入的增加与地方上无政府状态的同时发生，国家对乡村社会的控制能力低于其对乡村社会的榨取能力，必然导致非正式机构的贪污中饱、失去控制。杜赞奇对此概括为"当20世纪的中国政权依赖经纪制来扩大控制力时，这不仅使旧的经纪层扩大，而且使经纪制深入到社会的最底层（村庄）。国家政权内卷化普遍存在于整个中国，新政府轮回到旧体制之中，国家财政收入的增长伴随着营利型经纪人对社会资源的攫取和掠夺，后者正是国家政权对乡村社会增加榨取的必然结果，当政者自身已断送了制约这一弊端的机制。①"

二、内卷化概念的基本内涵

（一）内卷化的含义与变化

内卷化（involution），一译"过密化"，源于拉丁语 involutum，原意是"内旋的或内卷的"，用以表达"叶片边缘向内卷曲，复杂的、纷繁的事物"②；在英语和英汉辞典里，involution 是由 involute 一词抽象而来的名词，意为内卷、内缠、纠缠不清的事物，以及退化和复旧等③。自从这个词被引入相应研究领域用以描述那些达到一种确定的模式，便处于自我细化而无法升级为更高阶段的现象之后，尽管"内卷化"在一系列不同领域的研究中被广泛使用，但通过从戈登威泽经格尔茨、黄宗智到杜赞奇的著作中对这一概念的定义与应用可以发现，其含义界定实质上各有不同，而且一直发生着变化，并未形成为一个既定概念而被固定下来，其含义与变化可以分为三个阶段来阐释：

第一阶段，最早出现在戈登威泽和格尔茨研究中的"内卷化"的原初意义是指系统在外部扩张条件受到严格限定的前提下，内部不断精细化和复杂化的过程。在戈登威泽的描述中，内卷化是指发展到一定形态后，既无法趋于稳定也无法上升或突破而产生新的形态，而趋向于在系统内部不断精细化和复杂化。在格尔茨那里，内卷化概念被界定为由于内部细节过分精细而

---

① ［美］杜赞奇：《文化、权力与国家：1900—1942 年的华北农村》，第 55 页。

② 《牛津高阶英汉双解词典》，商务印书馆、牛津大学出版社 2002 年版，第 791 页。

③ Clifford Geertz. *Agricultural Involution: The Processes of Ecological Change in Indonesia*, Cambridge: Cambridge University Press, 1963: 82.

使其本身获得了刚性的既有形态。这种形态使爪哇岛农业无法向外延展，进而导致劳动力不断填充有限的水稻生产之中。① 狭义而言，是一种土地面积有限而劳动力增多并不断挤入生产过程的"农业内卷化"，尽管这种劳动力填充型的农业模式并没有产生人均收入大幅下降的结果，但它阻碍了经济的整体升级，且人均产值并未提高，其"主要特征是劳动密集化、系统内部精细化和复杂化"②；广义而言，则是一种印度尼西亚爪哇地区的经济与社会发展形态，即该种类型的社会具有相当大的弹性和广泛的可塑性，它可以允许局部的调整或方式的改进，但不允许社会形态的真正变迁。于是，这种社会系统很难通过社会形态的升级来达到现代化的目的，同时又由于社会生产中的个人和活动不断被定格以及精细化，最后只能"内卷"于既定的生产方式与社会结构之中。然而，无论是戈登威泽的文化模式内卷化描述，还是格尔茨对农业内卷化的系统论证，内卷化在此都被引用为一种字面意义，即内部的扩充与复制亦或退化复旧；它描述的是这样一种现象，即系统在外部扩展受限的条件下，不断地使自我内部作业精致定格和自我修饰，以此消耗增多的劳动投入并努力保持平均报酬水平。此时，"内卷化"这一概念成为一种描述社会或者文化迟滞性发展问题的特指概念。

　　第二阶段，黄宗智以经济量化的方式对格尔茨"内卷化"的定义进行再诠释，通过边际收益递减这个标准来界定内卷化的边界，但也使得这个概念可衡量化的同时，改变了分析的基本方向。黄宗智把内卷化这一概念用于中国经济发展与社会变迁的具体研究，并且引入了边际效益递减这个可量化的判定标准。用这个标准，他界定了"没有发展的增长"，具体描述了晚清时期，中国的商品经济发展与糊口农业共存，商品化并未推动经济结构转型，反而加固了糊口农业中单位土地上投入的劳动力的内卷程度。同时，还表明了，在长江三角洲地区农业商品化的主要形式体现为"剥削推动的商品化"，这种商品化是基于生存与温饱而非追求最大利润的理性行为。③ 在研究方法上，黄宗智认为一般微观经济学的理论可以赋予内卷化现象合理的解

---

　　①　郭继强：《内卷化概念新理解》，《社会学研究》2007 年第 3 期，第 194～207 页。

　　②　Clifford Geertz. *Agricultural Involution: The Processes of Ecological Change in Indonesia*, Cambridge: Cambridge University Press, 1963: 80.

　　③　［美］黄宗智：《长江三角洲小农家庭与乡村发展》，第 108 页。

释，从而将劳动密集化与劳动的边际生产率递减直接挂钩，并通过两种途径来对"内卷化"进行量化研究：一是用劳动的边际产量递减或劳动的边际报酬递减来界定内卷化；二是用企业行为理论和消费者选择理论来解释内卷化。据此，黄宗智对于"内卷化"的界定大致包括五个方面的内容：第一，"内卷化"的计算是指以单位劳动日边际报酬递减为代价换取单位面积劳动投入的增加；第二，"内卷化"的形式主要表现在特定时段长江三角洲地区扩大经济作物的种植和经营过程中；第三，"内卷"的动力来源于日益增长的人口压力，人口的增长推动农业密集化；第四，"内卷"的商品化是非质变性的商品化，它与推动近代发展的质变性商品化有着根本的区别；第五，"内卷"可能带来的发展是有限的，生产越是密集化，就越是难以把劳动力抽出而走上通过资本化提高生产率的道路。不过，黄宗智在引入格尔茨"农业内卷化"概念时所加入的劳动边际生产率论证，也使得这个概念与其原初含义之间产生了明显出入，改变了它的基本分析方向：一方面，量化定性的意义界定改变了"内卷化"概念的边界；黄宗智的理论将内卷化现象从水稻这种经济作物扩展到其他劳动密集型生产，甚至产业领域（如黄宗智所描述的"半工半耕"的经济形态），并阐释为只要以劳动边际报酬递减为代价来维系的劳动投入吸纳就是一个内卷化过程。另一方面，增长过程的加入改变了"内卷化"概念的静态描述性；黄宗智拓展了一个动态性的过程理念："内卷化增长"或"内卷的经济"，这个理念描述的是：家庭年收入的增长，不是来自单位工作日报酬的增加，而是来自对家庭劳动力更充分的占用。在某种程度上，这种经济增长方式直接阻碍了现代资本化农业生产的发展，并导致了小农经济的维系与内化。可见，"内卷化"概念在第二阶段的发展中，从经济学的意义上，具有了一个清晰的界定和可操作的评判尺度，其精髓就是集约型生产所致的边际报酬递减，并发展了"内卷化增长"这个更具争议性的理念，使得这个概念尽管争议不断，但还是迅速渗透到其他领域，被诸多学科作为一种解释框架广泛运用。

第三阶段，杜赞奇扩展了"内卷化"的解释域，使用这一描述经济现象的概念讨论政治过程。杜赞奇采用"国家政权内卷化"这个概念来描述清末民初国家权力向社会基层的延伸，他界定的"内卷化"是指国家机构并非通过提高既有或新增机构的效益，而是凭借复制或扩大已有的国家与社会关系来扩大其行政职能，如国家营利型经纪体制。"政权的内卷化是国家与社会旧模式的复制、延伸和精致化。"① 这里，"内卷化"概念事实上脱离了黄宗智那种经济量化式的阐释，也并不符合格尔茨的原初定义，它所指代的是另外一种过程：即国家政权不是通过提高自身效率，而是依靠诸如增设机构、增加税种，或者依靠非正式制度途径等膨胀方式来增加收益，其后果就是直接导致了国家财政收入与"营利型经纪人"贪污贿赂的同步增长。此处的"内卷化"与前两个阶段的"内卷化"定义有一些相近的意义：一是系统没有获得实际的增长，也就是没有发展；二是既有形态与生产方式，如水稻种植、小农经济以及权力经济人的复制与勉强维系。政权内卷化与前两个阶段的内卷化不同之处在于正式制度内的机构与内卷化力量常处于冲突之中；政权的内卷化过程伴随正式系统的功能性障碍。② 从这个角度来理解"国家政权内卷化"，显然有利于从国家权力系统构建及其职能效用层面看待国家"权力文化网络"，从而解释国家政权控制力量加强与民众经济政治权利维护之间一些隐性的联系与过程。

（二）内卷化的界定条件

通过上述"内卷化"概念的涵义分析，可以发现对内卷化机制的描述基本可以归结为三种现象："（1）农业内卷化或经济内卷化，即农业或经济有增长无发展的状态；（2）国家内卷化或政权内卷化，即旧有的国家或社会体系的复制、延伸和精致化，社会逐步丧失容纳新成长因素和制度创新的内部机制；（3）文化内卷化，即旧有的习俗、习惯参与的社会复制与精致地定格各种秩序。"③ 不仅如此，"内卷化"还可用来描述事物变迁过程中的一种时态联系性，且这种时态关联并非简单或单向的线性变化，而是变迁过程中不断变幻的复杂迟滞因素之总和。从社会科学界来看，内卷化所指代的这种现象与过程在具体研究中应用广泛且内涵丰富，大致可以归纳出这样几方面的基本规定性：

其一，"内卷化"表达了一种事物的发展形态或类型。这种事物可以是

---

① ［美］杜赞奇：《文化、权力与国家：1900—1942 年的华北农村》，第 54～55 页。

② Prasenjit Duara. *Culture，Power，and the State：Rural North China*，1900～1942. edition. Stanford：Stanford University Press，1991：51～85.

③ 范志海：《论中国制度创新中的内卷化问题》，《社会》2004 年第 4 期，第 6 页。

经济生产方式，也可以是权力系统的结构或职能，还可以是社会文化的构成与变迁，但在这些各有差异的表现形式背后，这个概念实质上是其状态的形象描述：即事物的发展阶段状况或一定时空条件下所形成模式。一方面，形态或者类型的概念提供了一种已形成且固定化的直观解释，另一方面，从经济可量化指标来分析，内卷化所体现的是投入与产出或者价值增量之间的非线性关系，即当投入的增加持续到一定阶段后，即使总产出可能会有所增加，却无法获得效益增加，相反，边际效益却递减直至为零，形成所谓"没有发展的增长"。由此，"内卷化"具备了两种内在规定性：从生产角度看，内卷化指在资源、土地等被限定的条件下，为了持续地吸纳劳动力增量而不断划分定格既有生产方式的过程，简单说，就是一个无效投入的持续状态或阶段；从系统角度看，内卷化意味着社会或文化系统在外部扩张收到约束的条件下，囿于发展边界的自我精细化过程，它同样也指代了一种系统发展机理。

其二，"内卷化"表达的这种发展形态或类型是具有"刚性"的。"内卷化"的模式成形后即具有一定程度的"刚性"特征，即该种发展形态一旦形成，就会开始不断地自我巩固，有意或无意地约束和限制了事物的进一步发展，强调自我边界的封闭性，从而成为控制发展方式和发展目标的界定框架以及形塑力量。如果从事物发展的定性层面来抽象描述，可以认为"内卷化"特指发展的这样一个阶段：事物在发展中已经有了相应的量变积累，但这种积累始终无法达成质变结果，变化动因与能量在一个边界之内不断分化和沉淀的过程。而这个边界的形成与存在，无疑就是"内卷化"控制力量的客观证明，同时也以一种隔离性状来相对阻碍事物的自然发展与外延，使其只能在自身内部不断繁衍和细化，关注于自我修饰和技术细节的完善，不能获得质的飞跃。

其三，"内卷化"所表达的这种具有"刚性"的发展形态或类型有着自己的独特性，不同于"瓶颈"之意义。"内卷化"所界定的发展，仅仅指在一种为既有状态约束的有限变化却不具有趋向性，即事物的发展状态陷入内卷化之后，体现为无效益的投入，而并不必然会有前进或后退的进路选择。"内卷化"被用以描述迟滞性的发展，与"瓶颈"这个概念容易产生性质的混淆。这里，可以这样对两个概念进行比较区辨："瓶颈"重点指的是事物发展受阻的一个临界点，是发展转折的静态量，可以是一种停止状态，也可以是一种缓慢发展的状态，甚至可以是一种倒退折返的状态，每一个事物在发展过程中都会遇到。这个临界点需要的只是事物变化中量的积累，也就是说，一旦量变动因积蓄到一定程度，就可以突破这个临界点；而"内卷化"的重点在于事物发展受阻的阶段性情态，体现为动态的过程和特殊的变化形式，并非每一个事物在发展中都会经历。其独特性在于，"内卷化"同样存在持续性发展，但这种发展不具有前进或后退的方向性，而且这种无效益的自我修饰过程并不一定会被突破或者超越，它有可能作为一种持续现象不停地在"蠕动"，直至事物的消亡。

其四，"内卷化"所表达的这种发展形态或类型是在一定的条件下产生和形成的，这些条件继而成为限制和约束外展性变化的巩固力量；由于"内卷化"并不是每一个事物发展的必经状态，所以它所指代的发展迟滞情势的产生必定需要相应的客观条件。根据这些约束性条件的来源不同，大致可以将内卷化的产生与延续划分为内部性约束条件和外部性约束条件，其外因是外部存在对事物扩张的条件障碍与限制，内因则是事物自我繁复细化所形成的惯性约束。也就是说，"内卷化"含义的变化主要反映为这种特殊发展模式内部复杂化的具体表现或者具体途径的不同，格尔茨描述的"精细化"，黄宗智采用的"劳动生产率边际递减"，抑或杜赞奇诠释的"旧模式的复制"都并不妨碍理解"内卷化"状态产生和形成的特定性，以及已有条件网络对内卷化状态持续加固的累加性，只是形构了"内卷化"现象的内部以及外部条件，从而使内卷化具有了不同的指代意义。

三、内卷化概念的定性分析

准确地说，"内卷化"这一由戈登威泽提出，之后又被广泛应用于不同领域学术研究中的描述性概念，至今远未达成意义指代的完全清晰固定化。不过，虽然其使用所体现的歧义性表明学术界对于这个概念未有共识，却也恰恰为它能够形象地描述不同领域的相似现象开辟了空间。与此同时，每位学者根据各自研究的需要，对"内卷化"这个概念所进行的不同条件界定，也使得该概念的内涵和外延愈发复杂多变，显示出不同程度的差异性，从而使其应用范围大为扩展，具有相当的广泛性和开放性。从这个角度出发，"内卷化"事实上是一个可以用来回应、分析和解释许多层面现象和问题的概念，通过对已有的各种对这一概念的具体运用和规定中，归纳出一些基本的具有共性的要素来应用于相应的学科研究，无疑是其重要的工具性价值所在。

（一）从经济层面看，有增长无升级

经济学领域对"内卷化"的系统论述首推格尔茨和黄宗智。格尔茨关于农业内卷化现象的描述是在土地面积有限而增长劳动力不断进入农业生产的过程的背景下展开的，[①] 通过分析得出爪哇农业生产只是不断重复简单再生产的结论，并指出这种生产方式的特点在于其尽管并未导致人均收入的急剧降低却阻止了经济发展，即并未提高人均产值。[②] "内卷化"被借以描述特定区域中的一种劳动密集型产业经济，由于外部条件限制而具有了生态稳定性、内向性，并以人口快速增长的高密度作业和有效方法要素引入的缺乏为主要表现。从农业产业的角度来说，这个界定表明一种集中投入而无模式进步的状况。黄宗智对此亦提出了内卷化的衡量标准，即缺乏生产效率。他在研究中国华北地区小农经济时，用"内卷化"概括了"边际收益递减"之"有增长无发展"的经济发展特质，从经济层面阐释为，总产量的增加非机遇生产力或生产效率的提高，而在于劳动量的投入所致，即使在劳动力通过生产获得的报酬低于其生存所需的情况下，仍然会在生存压力下而不断投入劳动力，从而使边际报酬低于市场工资直至趋向于零。[③] 由此也将"内卷化增长"引入了人们的视野，清晰界定其有增长无发展的经济发展状态。延伸开来，对于小农经济这一长期存在的经济形态而言，黄宗智对"内卷化"的判断对小农经济长期而稳定存在现实有着极为有效的说服力。进一步从农业生产方式来看，"内卷化"亦是传统农业部门将农民的人均收入水平界定为生存工资之侧面反映。此时，"内卷化"已经上升成为一种具有普适性的概念，开创性地深化了对相似条件下所存在的同类经济形态的认识与理解，而这种普适性，也同时使其在经济领域具有了工具性分析价值。

以"内卷化"分析进路为基本思考工具，中国学者主要将其应用于对

---

① Clifford Geertz. *Agricultural Involution*: *The Processes of Ecological Change in Indonesia*, Cambridge: Cambridge University Press, 1963: 80.

② ［美］杜赞奇：《文化、权力与国家：1900—1942 年的华北农村》，第 54 页。

③ ［美］黄宗智：《长江三角洲小农家庭与乡村发展》，北京：中华书局 2000 年版，第 77、427 页。

农业内卷化或经济内卷化的史实诠释或者现状描述。侯杨方以盛泽为例，通过详实数据分析明清时期长江三角洲地区经济的"内卷化"；① 畲纪国的相关研究分析了明清时期以来长三角地区小农经济的内卷化，以及在此状况下的小农家庭如何规避风险。② 宋欣欣通过对农业内卷化经济根源的考察，用计量方法分析了影响农业内卷化的主要经济因素。③ 郭继强对格尔茨的"农业内卷化"概念进行了重塑，认为"'农业内卷化'是对劳动力填充型农业模式的描述，是在吸收更多劳动力的同时却又不至于降低人均收入水平的'一个自我战胜的过程'"。④ 单云军、崔月琴以内蒙古 G 村为例分析了产生内卷化的原因并提出相关建议。⑤ 李培林、张翼通过数据调查，从社会成本方面分析了国有企业内卷化。⑥ 王国伟将内卷化的理论引入到国有企业改制过程中，以抚顺市老虎台矿和怡和公司之间的关系为例，分别从企业内部的发展状况和企业外部的支持性资源入手，系统地分析了国有企业改制中内卷化发展模式得以形成的机制。⑦ 在这些研究中，除了侧重于对某种经济过程尤其是某种农业经济过程的"内卷化"描述，同样还有关于"去内卷化"路径与方法的探讨。如将农业内卷化与刘易斯模型相关联，来考察农村剩余劳动力转移及其与工业可容纳性的关系；现阶段所存在的细小和分散的小农经济改革中，市场化、工业化和城市化等社会经济条件的提供；国有企业要摆脱功能内卷化和人员过密化困境，国家提供诸如社会保障、劳动力市场等多种外部替代性资源的必要性。

综观以上研究可以发现，从经济层面认识和运用"内卷化"这一分析工具，其实质性的判断在于，研究对象是否"有增长无发展"，这至少需要

---

① 侯杨方：《"过密化"论质疑——以盛泽为例的个案实证研究》，《复旦大学学报（社会科学版）》1994 年第 2 期，第 53、59 ~ 63 页。

② 畲纪国：《"过密化"条件下小农家庭风险：防范与启示》，《山东农业大学学报（社会科学版）》2008 年第 1 期，第 25 ~ 29 页。

③ 宋欣欣：《内卷化与中国农村劳动力的转移》，《商业文化（学术版）》2008 年第 6 期，第 149 页。

④ 郭继强：《"内卷化"概念新理解》，《社会学研究》2007 年第 3 期，第 194 ~ 246 页。

⑤ 单云军、崔月琴：《内卷化：新农村经济发展的瓶颈——以内蒙古 G 村为例》，《沈阳大学学报》2008 年第 2 期，第 27 ~ 30 页。

⑥ 李培林、张翼：《国有企业社会成本分析》，《中国社会科学》1999 年第 5 期，第 41 ~ 56 页。

⑦ 王国伟：《国有企业改制中的内卷化研究》，[硕士学位论文]，吉林大学，2007 年。

从两个要素进行判断：一是研究对象向外延展、发展形态转变是否受到限制；二是这种外向发展受到限制的条件下，研究对象自身内部是否处于一种有投入或总产出的增长而无平均收益增长，或者边际效用递减的状态。

（二）从政权层面看，有汲取无控制

对于政治权力系统尤其是权力在社会基层的延伸过程中所出现的"内卷化"，以杜赞奇的理论分析与界定为典型代表。在他的理论中，国家权力系统的功能障碍与内卷化过程同时出现，即权力系统功能的复制性扩展与隐性的内卷化力量共存于同一时空载体，并且湮没了社会变迁前进的脚步。在这里，杜赞奇采用"内卷化"来描述和阐释大规模的政权"营利经纪化"现象，以及由此所形成的一种恶性循环。"由于20世纪前期的中国，无论中央抑或地方政权都经历了急剧更替，然而在华北，国家政权扩张的一个重要方面却基本没有中断，即深入基层与对下层资源的汲取：所有中央和地方政权都企图将国家权力延伸至社会基层并相信这些新延伸的政权机构是控制乡村社会的最有效的手段。[①]"国家政权在官僚机构和村庄之间建立直接联系的意图，使其在政权层面上实际表现为两种能力的亟待加强：财富汲取能力和权力控制能力。这两种需求不仅使得国家权力机构迅速膨胀，而且催生了一个营利型经纪层，营利型经纪层摧毁了传统的"保护型经纪人"而成为国家与乡村之间联系的实际控制者。于是，国家税赋的增加滋生了营利型经纪层，而营利型经纪层的增生又需要更多的税赋供养，并且这种依附性还使其在汲取基层财富时具有着更强的彻底性。在此，"内卷化"的普适性意义体现为，以权力系统为背景，在人均国民收入并未增长的情况下，系统机构的盲目扩张所带来的财政压力，使得权力系统以一种非常方式来汲取资源，而这种非常方式虽然获得了资源绝对量的增加，却伴随着系统成员收益和系统边际效益的递减，以及系统对自身膨胀的机构失去控制。进一步说，杜赞奇结合国家权力来诠释"内卷化"，重点反映了国家财力增长和地方无政府状态及机构膨胀之间的同生关系，从而大大增加了内卷化在政治领域应用的普适性。

以"内卷化"的逻辑推演为基本分析工具，国内学者主要将其应用于

---

① ［美］杜赞奇：《文化、权力与国家：1900—1942年的华北农村》，"前言"，第2页。

对国家与社会关系或国家政策问题的思考与探索之中。孙远东在《"内卷化"的中国历史》中进一步扩展了"政权内卷化"的适用范围,将其用来描述中国封建社会专制政体的发展变迁历史。甘满堂以"国家政权内卷化"为主要背景设定来解释城市农民工问题的成因与对策。① 范志海认为,政权内卷化、农业内卷化和文化内卷化是统一的内卷化机制的不同表现形式,认为杜赞奇不但部分解释了农业"内卷化"的原因,也扩展了"内卷化"的适用范围,用这一概念来描述政治过程而不仅限于经济现象,是对格尔茨"农业内卷化"理论的一个很大发展,可以依之解释许多社会、经济现象及其部分成因。② 夏金梅将中国农业的内卷化归因于中国政府机构"膨胀——精简——再膨胀"不断恶性循环的"政权内卷化"。③ 何艳玲、蔡禾更细致地阐释了国家与社会旧模式的复制与延伸的"政权内卷化"概念。④ 贺东航进一步扩展了杜赞奇"政权内卷化"的适用范围,而用它来描述中国封建社会专制政体不断"精致化"的历史过程。⑤ 徐斯俭通过对中国地方人大从"述职评议"到"监督法"的制度变迁的研究,提出了一个重要课题:"如何防止被创新出来的制度产生制度内卷化"⑥。王思斌则认为目前中国社会福利的投入总量增加现象背后是国家投入比例的减少与个人投入比例的逐渐增加——最高时 2000 年甚至达到 60%——而这种增加并未能带来社会风险的降低和社会福祉的提高,因此呈现为内卷型的增长或"没有发展的增长"。当然,他们也都讨论了"去内卷化"这一命题,如王思斌提出了"国家回归"的建议,即国家在社会福利领域发挥更为积极的作用,承担资金投入和建立社会福利发送体系的应有责任。张小军提出以政治、文化和历史传

---

① 甘满堂:《社会学的"内卷化"理论与城市农民工问题》,《福州大学学报(哲学社会科学版)》,2005 年第 1 期,第 33 ~ 38 页。

② 范志海:《论中国制度创新中的"内卷化"问题》,《社会》2004 年第 4 期,第 4 ~ 7 页。

③ 夏金梅:《我国农村土地制度创新的"内卷化"分析》,《安徽农业科学》2008 年第 36 期,第 27 ~ 28 页。

④ 何艳玲、蔡禾:《中国城市基层自治组织的"内卷化"及其成因》,《中山大学学报(社会科学版)》2005 年第 5 期,第 104 ~ 110 页。

⑤ 贺东航:《中国村民自治制度"内卷化"现象的思考》,《经济社会体制比较》2007 年第 6 期,第 100 ~ 105 页。

⑥ 徐斯俭:《中国大陆城市基层民主与城市治理的民主化意涵》,收录于朱新民主编:《中国大陆城市基层民主研究》,台北市:财团法人两岸交流远景基金会,2004 年版,第 109 ~ 139 页。

统理解中国乡村在改革中出现的问题。同时，在理论上，不少论者还认为，"内卷化"概念的周延是可以跨越的，以进入对中国社会整体的长时段的分析。这一概念不仅能够与金观涛的"超稳定结构"说相衔接，也与诺斯的"路径依赖"理论有很大的干系，同时与韦伯、哈耶克、黑格尔等对中国社会的理解相互契合。

由上可见，结合权力与经济的分析，可以从两个层面来考察政权的"内卷化"：一是研究对象的资源汲取性质；对象本身的系统结构（以机构为代表的可操作性因素）的增加与人均税赋、或是国家财政增量之间的关系，以此可以分析研究对象虽然获得的资源总量在增加，但整体的经济效益是否随着规模的扩大而逐渐递减。二是研究对象的权力控制力度；研究对象对自身权力机构和人员，以及为获取资源所增加的机构和人员，是否施行了有效控制，即系统的机构膨胀与权力系统的职能效用是否为反比关系。

（三）从文化层面看，有惯习无突破

文化层面所界定的"内卷化"事实上是经济与政治视角的一个延伸，戈登威泽早在对爪哇地区农业生产的研究中就提到，"内卷化"同时意味着相应生产方式之下的旧习俗、习惯所定格的社会和文化秩序。格尔茨在"农业内卷化"的定义中，已经明确上升到文化模式的层面，即从文化传统与现代化的关系出发，将"内卷化"理解为一种社会或文化模式发展至某一特定阶段而获得确定的形式后便陷入停滞或无法上升为一种更高级模式的现象。塞维斯（Elman Service）则从文化的角度阐述了内卷模式的"修补"性①。而黄宗智在论及华北农村小农经济内卷化时也曾问道："为什么那些家庭农场的边际收益低于成本仍然继续投入劳力？"他认为这从纯经济学角度是无法解释的，因为中国的小农并非独立的"经济人"，分析的时候需要考虑其所处的自然环境、制度背景和文化传统等因素，从而为用"内卷化"概念深入理解中国特定时期文化状况提供了新的切入点。值得注意的是，杜赞奇从权力系统与乡村关系出发，对中国特有的社会文化"内卷化"现象有着更为深刻的认识和系统详细的论证。杜赞奇认为，权力的各种因素存在

① 塞维斯认为内卷化也是一种革新的形式，不过这种革新试图保存现存的结构，通过"修补"来解决新问题。[美] 赛维斯著：《文化进化率》，黄宝玮等译，北京：华夏出版社1991年版，第9～12页。

于宗教、政治、经济、宗族，甚至亲朋等社会生活的各个领域及其所形成的关系之中，这就是"权力的文化网络"。作为组织结构的文化网络是一种解释框架，体现为地方社会中获取权威和其他利益的源泉，"象征性价值赋予它一种权威性的权力，促使人们在其中追求领导地位"①，同时，文化网络也"界定了追求公共目标的个人或集团的活动半径，构成了乡村社会及其政治的参照坐标体系。"对于中国当时的社会而言，这个社会网络的特征则是"通过由保护人的地位和面子而形成的保护体系，使个人的财富及影响力转化为自己的政治资本"②。于是，处于此权力文化网络中，"人人都清楚知道，通往真正富贵之途，不在农场经营，而在进入商业与仕途"③。正由于这种复杂的关系结构使个人单纯的经济行为实际获益远远小于理想获利，所以地主阶层更多依附国家政权来增加收益，同时国家政权为了特定时期目的的需要直接控制小农成为税源，两种力量的共同作用使国家政权成为小农经济的有力支持者，进而导致中国社会政治、经济的内卷化。从这个角度来看，文化领域的"内卷化"实际上形容了国家与社会之间被固定化了的关系模式，以及其中个人行为选择的惯习性，从政治权力或是经济制度得以运行的社会基础分析方面使这个概念具有了相应的普适性。

国内学者对于"文化网络"的研究同样也颇具影响力。例如，费孝通论及的乡土社会中成员行为动机构成时，认为个人的独立和自主在传统中国乡土社会中并不存在，其道德体系和社会关系呈"差序格局"④，这是一个没有任何独立个体所组成的团体，只有分散的、而非独立的个体的结构。另一些学者则在这些宏观与微观分析的基础之上，进一步以文化"内卷化"来描述和解释中国历史或现实中所存在的一些问题。孙远东围绕中国传统社会的政治文化，提出在王权主义政治文化的限制下，整个社会所固有并沿袭的社会秩序与惯习，最终导致了秦代至鸦片战争时期两千年内中国社会的历久不变与文化停滞不进。范志海在制度创新领域运用"内卷化"理论并通过对制度创新和制度变迁的概念辨析，指出要警惕在制度创新中出现的"内

---

① ［美］杜赞奇：《文化、权力与国家：1900—1942 年的华北农村》，第 9 页。
② ［美］杜赞奇：《文化、权力与国家：1900—1942 年的华北农村》，第 127 页。
③ ［美］黄宗智：《华北小农经济与社会变迁》，第 186～187 页。
④ 费孝通：《乡土中国》，北京：三联书店 1985 年版，第 28 页。

卷化"现象。① 王申贺对中国的阶层"内卷化"现象进行了研究，同时，他还提到，"农业内卷化"或"经济内卷化"属定量分析范畴，主要从数量上考虑它的发展状态；而"政权内卷化"和"文化内卷化"则属于定性分析，是从发展状态上看它能否进入一种新的发展状态。② 吴廷俊和阳海洪指出，当前中国新闻史研究领域出现了"学术内卷化"③。陈坚从教育功能、农村义务教育阶段培养目标、教育改革和教育观念几个方面分析了农村教育的内卷化现象。④ 夏骏则表明他对高等教育规模扩大的担忧，担心规模扩大而教育资源相对短缺会带来高等教育发展的"内卷化"。⑤

从以上几个具有代表性的命题研究来看，以文化系统为研究对象，可以从以下两方面对"内卷化"概念加以应用：一是对象内部关系结构以及个体行为选择的惯习性。即研究对象本身内部各种关系因素构成的系统，以及所处其中的个人行为选择，因既定的各种制度限制所形成的惯习是否呈现出惰性，而这种惰性反过来又导致了不同领域的内卷型增长；二是对象内部关系结构以及个体行为所谓"创新"或"突破"的程度。即研究对象对已有之稳固的发展模式在结构、制度等方面有多大程度的改进，亦或个体行为者突破严格约束机制的行为对既定结构所产生的影响力。

总之，黄宗智对"内卷化"概念的引介，激起了国内外学者的讨论，使这一概念受到关注。基于对社会现象提升与解释的需要，不同的专业均将内卷化概念具化至各自的研究领域，由此赋予了"内卷化"概念以不同领域的描述与解释。"内卷化"概念的提出及其意义扩展，在社会科学的各研究领域具有了广阔而灵动的适用空间。

第三节　结构功能主义、内卷化理论与农垦研究的契合

鉴于上述对结构功能主义的方法论梳理，以及内卷化理论的工具理性总

---

① 范志海：《论中国制度创新中的"内卷化"问题》，《社会》2004 年第 4 期，第 4 ~ 7 页。

② 王申贺：《阶层"内卷化"现象研究》，《中共福建省委党校学报》2007 年第 3 期，第 65 ~ 68 页。

③ 吴廷俊、阳海洪：《新闻史研究者要加强史学修养——论中国新闻史研究如何走出"学术内卷化"状态》，《新闻大学》2007 年第 3 期，第 5 ~ 12 页。

④ 陈坚：《内卷化：农村教育研究的新视角》，《教育发展研究》2008 年第 17 期，第 31 ~ 34 页。

⑤ 夏骏：《高等教育内卷化增长探讨》，《教育评论》2012 年第 3 期，第 12 ~ 14 页。

结，结合相关的农垦研究文献综述，本研究以既有理论成果为基础，试图构建一种新的理论框架来更好地解释农垦组织的对象特征。因此，研究首先面对的是如何选择理论分析框架，而框架的选择同时也决定了整项研究的理论逻辑。比较现有理论框架选择的方式方法，研究者往往更倾向于选择已形成之理论框架，且一般的范式是，根据先验性理论模式来筛选相应的经验事实进行验证，而非依据特定的情景和事实，对比先验性的结论，最后做出适宜的选择。或许，我们应该考虑，以中国自己的实践素材来考量西方已有理论的适用性，或者反证其未能予以检验的内容，从而完善相关假设，延伸理论语境，以完整而客观的经验事实充分论证变量之间的因果关系，构建适合自我研究的理论框架。

一、组织结构功能研究理论的借鉴与反思

在本书理论逻辑建构过程中，组织结构功能的分析视角构成研究整体的重要理论支撑与逻辑进路：

第一，组织的含义与研究对象特征具有契合性。从客观实际存在来讲，组织是现代社会运行的一种基础性单位，并在现代社会中起着重要的作用。"直到现代工业化社会，我们才发现这么多组织在我们周围，而且几乎所有社会运转功能都离不开它们。从自古以来的军队、行政和税收。到当今的发明与发现（研发机构）、儿童与成人的社会化（学校和大学）、再社会化（精神病医院和监狱），……各种组织无处不在，无所不包。"①对于本研究设定的研究对象——云南农垦组织，不仅是一种组织，而且其本身就处于一个组织所构成的环境之中，因为它符合大多数分析者对组织共性的界定："个人创造的社会结构，用以支撑对特定集体目标的追求"②。

第二，组织研究的领域与方法。从发展历程追溯，组织研究源于三种途径：一是早期研究工作方法合理化技术与行政系统设计所形成"理性系统的组织"研究方式，这种方式注重于组织的技术属性，强调其理性与合理化的

① ［美］W. 理查德·斯科特、杰拉尔德·F. 戴维斯著：《组织理论——理性、自然与开放系统的视角》，高俊山译，北京：中国人民大学出版社 2011 年版，第 2 页。

② ［美］W. 理查德·斯科特、杰拉尔德·F. 戴维斯著：《组织理论——理性、自然与开放系统的视角》，第 10 页。

工具功能；二是随之兴起的人际关系、心理等方面的研究所形成的"自然系统的组织"研究进路，这种范式注重于关注人、社会以及自然系统，强调个体利益与能力；三是晚于理性系统视角和自然系统视角所出现的"开放系统视角"，持此观点的研究关注于组织各个组成部分：包括参与个体和参与群体的复杂性和变动性，对组织过程的强调程度远强于组织结构。此后，开放系统的视角促使组织研究不断发展扩大，组织研究"越来越被认为是一个多学科交叉的研究与培训领域"①。正如第一点中所提到的，由于现代社会中组织遍布于生活的各个领域，组织研究涉及了经济学、社会学、政治学、心理学等众多学科，因而对组织研究做一个严格的学科意义的划分显得非常困难。一般来说，不同研究背景的研究者对组织研究的区别更多体现于分析视角和方法手段的运用：是组织情境下个体或群体行为研究，还是将组织作为一个对象单位进行研究？是对国家整体进行社会结构分析，还是对组织结构属性抑或形成过程进行分析？

第三，以组织结构与过程分析为基础，融合不同视角的研究范式。斯科特明确指出，在开放系统视角下，组织研究在分析层面的一个发展是："从组织被作为分析个体行动者的情境，到将其视为一个整体作为集体行动者，或是更大的组织系统的构成部件"②。这种分析对象的工具性设定，在相当程度上与结构功能主义不谋而合。社会结构功能主义"在描述性而非说明性的意义上提供了一种社会各部分间相互关系的一般图景，它认为社会是由彼此联系相互作用的各要素所组成的、多元的与开放的系统"③。显然，如果我们将组织理解为社会系统，或者是社会系统中具有特殊目的或功能的部分，使得组织与社会系统的含义具有同质性的话，那么，社会学中结构功能主义理论对组织结构和过程的理解将有着相当大的帮助。进一步说，这种研究视角的融合对于本研究理论框架的构建有着以下几方面的有利性：其一，结构功能主义不仅关注结构而且关注行动，这使其具体研究路径上显得既注

---

① ［美］W. 理查德·斯科特、杰拉尔德·F. 戴维斯著：《组织理论——理性、自然与开放系统的视角》，第8页。

② ［美］W. 理查德·斯科特、杰拉尔德·F. 戴维斯著：《组织理论——理性、自然与开放系统的视角》，第114页。

③ ［美］亚历山大：《论新功能主义》，《国外社会科学》1991年第3期，第3页。

重实践与手段的选择，又注重目的与价值性的判断。该研究范式有助于完善组织研究中对结构和过程的双重关注，并将组织理论中"理性系统"与"自然系统"研究视角整合起来；其二，结构功能主义有着详细而完整的社会整合以及社会控制变化过程的理论阐释，映射到组织体系中，有助于对组织系统的整合与变革过程有一个比较全面的理解与认识，能够加强对组织过程及其相关动因的理性把握；其三，结构功能主义提出分化是社会变革的主要形式，这为组织变迁从结构功能层面形成分析视角，并由此进行较为系统的理论假设和理论推论，建构更具说服力的理论模型奠定了良好的基础与发展空间。

　　研究中借鉴和使用结构功能主义的一些概念，如整合、分化、利益结构，制度学中的一些界定，如制度环境、非制度环境、成本效益，还有公共选择理论中关于委托—代理特性的分析等①。同时，如上所述，将社会结构功能主义对系统的理解引入组织理论的理解之中，综合融通形成"组织结构功能转型"的基本理论逻辑框架。研究整体思维进路为：组织的产生和发展与组织所处的环境是紧密相联互为影响的，总要随时空的变化而变化，在这个变迁过程中，当资源与利益分配失序时，组织的相关利益主体不能在现有组织结构功能体系下获得利益诉求的满足，就产生新的获利需求，进而推动组织变革以重获新的利益结构。具体到相应的变迁过程，则本文试图通过对不同的利益相关主体在利益结构的解构与重构行动分析，如组织的成本收益比较、相关主体利益属性的多元性、利益博弈中的取舍动机、组织资源依赖等，来辨析宏观环境变迁下的组织偏好变化，以及组织结构功能转型过程中的内卷化约束条件。

　　此外，结构功能主义理论虽然构成本研究基本的理论逻辑，但并不意味着本研究将以该理论的全部因果归纳来证实研究对象的发展必然。本书的研究对象是一个中国区域特有事物，并且在不同的区域表现为不同的环境限定和发展路径，因此，必须要对结构功能主义理论选择性汲取，融合相关更符合客观实际的概念逻辑来综合建构可行的理论框架。也就是说，西方诸多理

---

①　本文有选择地借鉴了结构功能主义一些表达术语用于组织结构与行动过程的表述，并力求在系统与组织含义上具有同质性的基础上使用这些概念。

论或概念的形成几乎都源于特定语境中实证观察的"不完全归纳"或是抽象理论的"推演"验证。因此对于理论的采用，需要根据客观实际有一定的检验修正。针对云南农垦组织结构功能转型与内卷化循环这一中国区域具体的问题而言，结构功能主义的一些假设和结论似乎并不具有相应解释力，其原因无疑在于西方理论建构时经验基础的时空局限性。以结构功能主义及其新功能主义发展中的主要代表论作为例，其理论构建的实证资料主要源于欧美等西方发达国家的经验总结。① 如果我们承认中国社会的历史积淀以及当代社会转型中经济政治变迁的特殊性，就必须用特殊的经验资料再检验相应的理论假设。例如，根据客观实际情况，关于书中对制度环境和非制度环境的分析就引入了特殊公权力组织在组织转型第一阶段的特殊定位与作用。特殊公权力掌控者政治经济的特殊双重身份，并不符合组织发展的应然之意，但特殊时期这种形式对于僵滞经济体制的穿透又确实产生了相当的影响。然而这种模糊属性的特殊公权力运用在产生成效的同时，也埋下了组织衰退的伏笔。随着时代的发展逐渐凸显出权力越位的缺陷，并最终迫使组织结构功能进一步变化。

于更深层次来看，"源于西方社会的认识工具一旦移译到中国，往往失其所指而单纯成为'应该'。"② 一些颇具影响力的逻辑设定往往并不符合特有的经验事实。以 D. C. 诺斯提出"路径依赖"（Path Dependency）理论为例，其基本逻辑具有两个推论：一是制度的自执行（self-enforcing）机制③，二是制度良性或恶性的路径依赖。但从云南农垦组织转型与内卷化循环的实际情况来看，此逻辑似乎并不具备完全性。之所以由农垦组织来看制度安排的发展逻辑，是因为农垦组织这样由政府主导的组织，其发展与变革体现了对制度安排的相当依赖性。云南农垦组织变革过程表明，即使制度环境已经形成了潜在制度收益或者为环境中的组织提供了变革的外部可能性，但农垦

---

① 结构功能主义主要代表人物的代表著作与论文，可反映出其理论建构的经验基础。[美] 亚历山大：《结构和意义》（1989 年）；[美] 亚历山大：《行动和它的环境》（1988 年）；[美] 亚历山大和柯罗米：《分化理论与社会变迁》（1990 年）；[美] 艾森斯塔德：《帝国的政治体系》（1963 年）；[美] 芒奇：《帕森斯与行动理论》（1980 年）；[美] 芒奇：《微观互动和宏观结构在一个复杂的与偶然的制度秩序中的相互渗透》（1987 年）；[德] 卢曼：《社会分化》（1984 年）等。

② 曹锦清：《黄河边的中国》，上海：上海文艺出版社 2000 年版，第 2 页。

③ Lewis. A *Theory of Economic Growth*. London：Harper& Row，1955：146.

组织并没有在制度变革开始之后以一种累加的方式一直朝向某种正面或者负面的方向发展，而是在获得一定阶段收益之后就开始进入内卷化亦即"无实质发展"的状态，直至政府主导的外源式组织变革，才促成组织结构功能分化的改革。

在这个过程中：（1）从组织的角度看，组织发展的正向"制度自执行"，即报酬递增的良性发展路径并不必然形成和累积；农垦组织在每一阶段的转型变革初期都能获得一定时期的增量收益，但这种收益似乎只是对原有体系突破后的一种反弹，即便体现为一定时期突破式的绩效增长，仍未能进入所谓的良性发展路径循环；（2）对于一定环境下制度的反馈机制的形成和累积，未能深入考量其程度；农垦组织的特殊性使得组织的低效和衰退状态源于一定的制度安排，在这个层面观察，组织变革的制度安排以相当的强制力固化着既有的反馈机制。这种固化通过一个政策体系来完成，逐渐加深了组织模式的低效与衰退，直至一些有足够影响力的事件发生，才引起权力体系上层的关注与意愿改变。可见，既得利益主体对组织反馈机制的作用也是一定环境下的重要影响因素；（3）"路径依赖理论"逻辑脉络忽略了制度网络的互动性；在制度安排主导的组织变革中，所形成的利益结构在发展之中蕴含了衰退，而在衰退之中亦孕育着重构的动因，这种累加式的强化机制，只是多重利益诉求综合交织的合力推动，或许并不能导致必然好或坏的结果①。由此，根据实际观察以及相关数据的比较，关于书中对组织结构功能转型的假设，不是将这个过程视为一种更高效率抑或更多增量收益的结构功能体系对原有结构功能体系之必然替代，而是将其设定为变化了的情境中，一种结构功能的公权力介入式的制度安排，这种变迁的过程可以是进步的，也可以是倒退的，但书中采用了"内卷化"的概念界定，即一种模式维系但无实质性发展的状态描述。

农垦组织变迁过程中出现的发展与内卷化交替现象表明：在变化的宏观环境尤其是制度环境中，组织结构功能的变革可能并非因为单纯的功能需求而导致组织的结构性压力，而是陷入一种有缓慢增量而无实质性提升的发

---

① "路径依赖"理论倾向于强调，由于成本沉没所导致的路径选择必然性，这与其实证观察对象是有关的。从西方中心主义的经验视野出发，容易观察到的世界就是发达国家的良性锁定、落后国家的低效锁定。本文由于观察对象的不同而提出一些相应的逻辑不完备之处，并非否定。

展。这种特点表现为：虽然组织变革的动因相当多地来自于外因——政府的主导，但组织内部的突发性"分化"行动，如群体事件、群体关系格局变化等往往打断或者加快了变革的进程，甚至改变了进程的方向。虽然既有资源依赖使组织变革卷入一个长期而持续的过程，但绝不是组织功能变化施压于结构，或是既定条件产生所谓"路径锁定"这样直线式的权力运行过程，而是陷入一种内卷化的困境态势，并表现为组织不同属性与多重利益诉求交替切换的过程。

二、相关理论的契合性

得益于大量已有经验事实，本研究将农垦视为社会环境中的一个系统存在，试图从一个新的研究视角——组织的角度，来探索农垦组织的形成、变迁以及这个过程中组织本身的结构功能调整与所遇到的问题。当然，选择这样的理论框架源于对上述既有研究结果之共识、局限于理论空间的认识与思考，也是将所建构的理论应用于研究对象的实证探索。

首先，从理论范式的选择出发，将结构功能主义对系统的阐释运用到更为具体的组织分析中，结合组织结构与过程两种思考逻辑，可以形成对农垦系统观察的立体性视角。如上所述，结构功能主义的系统分析范式为其他学科研究提供了新视角和动态模式，也提供了分析现实问题的理论框架条件。鉴于此，农垦组织改革与变迁过程虽然可从政治、经济、社会、文化诸多视角加以分析，但现有研究大多停留在事实与数据的描述与总结，以及在农垦政策价值层面上的争论，尚未形成相对"中立"且系统全面的研究框架。在理论范式层面，已有的制度研究中历史学范式强调农垦变迁的政权价值与路径依赖，经济范式强调企业式的成本收益对比，社会学范式则更注重农垦系统中的个人或群体的行为选择或者集体行动。然而，当代农垦所历经的改革不仅是一种国际环境的改变抑或政权需求的调整，更是一种组织生存与发展的环境适应性需要。因此，采用结构功能主义来分析农垦这一组织系统，突破了原有的农垦研究分析范式，对静态、宏观的制度文本分析与动态、微观、个体式行为主义进行了双重批判与继承，既区别于传统制度主义，也区别于行为主义，综合结构功能主义与新功能主义的整体观、历史观、规范分析、个案描述等研究方法，并把制度文本、体制环境、组织结构（如利益）、意义结构（如博弈）等都看作是系统或是组织的构成部分，这为农垦系统研究扩展了较大的研究空间。映射到农垦系统发展，它既受制于国家正式的授权和制度、政策的安排，也受区域经济政治、文化观念等诸多因素影响，因此，结构功能主义理论及其分析方法能够解释农垦组织发展过程中存在的问题与原因，能够为农垦组织改革与变迁提供良好的理论基础。

其次，从概念界定层面来看，将农垦视为社会的系统存在，进而以一类更具明确边界的概念"组织"来定位农垦系统，有助于农垦研究进路的设定。一方面，组织学以组织本身以及组织间关系为关注点，在宏观层面上把组织看作是相应资源环境中的嵌入存在，通过对之分析重新强调了制度环境对屯垦组织发展的重要性；在微观层面上，分析其内部结构以及成员个人或集体行为、意识对农垦组织发展的影响，而从农垦组织改革变迁过程看，结构功能主义也强调系统变迁中结构与行为功能的互动及系统整体的合意与稳定性。因而，本研究借助于"组织结构功能关系"进行分析，并对"利益结构"、"冲突博弈"等概念引入农垦组织变革过程加以验证，同时，侧重和强调国家主导下，区域发展经营和管理方式背后所体现的客观环境的影响以及组织变迁的过程与策略变化分析。这样，既可以通过严谨的考证较为全面地对组织变迁进程进行研究，又可以加大对现实问题研究的力度，有利于从整体上把握组织变迁的规律和逻辑。这一定位使得本研究能获得比较全面的已有实践总结和经验研究的资料来源。另一方面，对于农垦组织变迁而言，通过考察农垦组织不同阶段的改革举措与效果，能够反映和体现其所需要的观念转化和利益诉求，从而促使国家在法律、政策等方面进行调整与完善，分析不同时段农垦组织对区域社会稳定的影响。同时，在此理论基础上，结构功能的整合与分化也能有力地解释农垦组织对某些阶段性问题的承受度及自身存在的连续性。进而言之，组织结构功能的分析视角能够有效诠释农垦发展变迁中的内外互动关系，从而有助于立体和动态地观察与分析这个系统的不断调整与改革过程。

再次，从研究对象出发，本研究不是孤立地研究农垦组织及其改革过程，而是将组织结构功能的生成与变迁引入本研究，结合组织变迁的历史与现实，对农垦组织本身、组织变迁与政府和地方社会之间的关系进行系统研究，不仅可以运用相应理论框架理性地分析现实问题，而且可以通过具体研究对象来拓展结构功能理论的运用范围，这一定位，可以明晰研究的实证建构空间。现有对于农垦的研究集中于农垦组织改革后的整体经济效益，尤其关注部门行业发展绩效的研究，而对农垦组织的可持续发展及其个人利益关注不够；倾向于从全国范围探求农垦体制改革思路，缺乏对区域性的农垦组织改革与发展的适应性研究；集中于对西北农垦制度尤其是新疆建设兵团的研究，对边疆其他区域农垦制度改革与发展过程中遇到的诸多问题研究相对较少；对国家和领导人关于农垦制度的思想关注较多，很少根据这种战略思想并结合当地实际情况对农垦制度做具体深入的、有针对性的研究等。可见，当前在农垦制度研究中如何分析屯垦组织与地方政府关系、农垦组织与社会组织关系、农垦组织与民众关系，以及如何考虑地域、文化、社会因素等对农垦组织发展的影响与作用等方面仍存在极大的研究空间。例如，中国边疆面积广大，各地区环境差异显著，农垦制度改革中所出现的问题与其区域文化积淀有着直接的联系，在面临农垦体制改革这一地域化具体而现实的问题时，大而化之地套用其他地区的改革模式并不具有普遍的解释力。因此，本研究将组织变迁嵌入"地域特殊性—农垦组织结构功能—改革内卷化—未来组织改革探索"这一整体连续统一体，以"农垦结构功能失衡——改革与相对优势——再失衡——改革探索"作为根本出发点，基于结构功能的再检验，结合云南区位特点，探索历史发展过程中的制度变迁规律，对农垦改革这一现实命题进行系统研究，分析原因，按照逻辑提出未来发展设想。值得一提的是，国家从社会整合的基本需求出发，仍然通过其设置在边疆区域的农垦组织维护着对区域的相应影响。而现实情形是，由于环境和建设目标的变化，国家利益在组织职能中的体现变得更为间接和社会化，这使得组织的性质常常模糊不清。而且，在农垦系统的组织结构尤其是领导集团方面，双重代理人身份的特质，即一是代表国家政治利益需求，一是代表组织的经济利益需求，使得农垦组织的改革在区域中呈现出了非常特殊的景象。因而，农垦组织改革是经济过程，更是政治过程，正是各利益主体围绕着权力而进行的利益博弈和分配，持续推进组织的变迁。本研究侧重于从组织角度来分析，从农垦组织改革与变迁，考察变迁背后制度相关主体的利益得失，及其利益博弈、谈判、互动、妥协、合作与集体行动，以探索现阶段农垦改革中的矛盾和冲突根源，阐释组织的存在和运行的方式。

最后，用结构功能主义分析农垦发展过程时，根据研究对象在一定发展阶段的特点，引入"内卷化"这一概念以期描摹农垦改革历程的阶段性困境，可以为阐释组织发展过程提供崭新且形象的分析视角。尽管关于"内卷化"的诠释随时间和领域不同而有所变化，但其意义理解中仍有着同样的发展机理意义指代。具体说，从格尔茨到黄宗智、杜赞奇，无论从何种层面或量化或描述来使用这个概念，都意指为一种发展的非常状态，亦即没有获得所研究对象常理意义的实际发展。正是基于这个意义，本书借用"内卷化"这一概念来概括农垦组织在改革一定阶段中所出现的状况，或者说描述研究对象的特定发展境况：从组织目的来说，虽然新的组织形式要素在改革中产生或被加入，但组织变革真正要指向的组织性质和功能运作机制却没有根本改变，一些特殊因素，如双重身份的存在，使得组织变革达到一定阶段时逐渐远离了原初的改革期望；从组织功能来说，组织的规模扩张，是一种在资源依赖波动情况下意图靠拢政权系统的"内卷化增长"，非生产部门的细化是在外延受限条件下朝向内部复杂化、精细化发展的"内卷化"，面对日益增加的管理任务，组织不断增设机构、增加人员，以致冗员过多，机构臃肿，效率低下，造成"组织内卷化"；对组织结构来说，由于受到国家、市场等多种因素的外在制约，组织的重新发育相当迟缓，停滞于一种性质混合的模糊状态，无法向着被赋予的理想模式进一步转化，只能通过组织结构的简单复制、内部矛盾的不断累积等因素加剧其内部结构的复杂化，进而呈现出一定程度的内卷化趋势。在这个层面上，本书的基本观点是：90年代末，随着环境的变化，农垦组织双重身份相对优势的逐渐衰落，人均负担的增长速度快于成员收入的增长速度，以及后续引起的一些制度化和非制度化的群体行为，都从侧面反映了一个问题，在国家主导的变革过程中，云南农垦组织在第一阶段改革后期实际上陷入了组织"内卷化"状态。这里，本研究认为"内卷化"能够对农垦组织在变革过程中组织本身所发生的变化及其对于环境格局的适应性作出有说服力的描述与解释，从而可以采用为探索农垦组织变迁过程中的权力结构及其功能发挥变化的有效分析工具。

三、农垦组织、组织结构功能相对优势与组织内卷化

（一）农垦组织

在组织的含义层面上，关于组织的诸多理论大多始于一些类比式的界

定，如一部完成任务的机器，一个由部分组成的有机体，具有特定功能的有序结构等。每种类比都反映了组织的不同层面，强调了组织分析的不同范式。巴纳德是这样描述的："正式组织是一种人与人之间有意识、经过协商和有目的协作。"① 马奇和西蒙则更为抽象地定义为："组织是互动的人群集合，是一种具有集中协作功能的系统，而且是这类系统中最大的。……与非组织人员之间和组织之间的松散且常变关系不同，组织内部具有高度专门化和高度协作的结构，使得组织成为一种社会单元，就像生物学中有机体的个体一样。"② 之后，布劳和斯科特概括为："组织的区辨性特征是它们都直言不讳是为了实现特定目标而正式建立的，因此应称之为'正式组织'。"③ 这里事实上给出了组织的两个独有特征：一是，组织具有特定的目的性，即组织使成员行动有序化的基本前提就是具有清晰而明确的目标追求；二是，组织具有正式化的结构，即通过正式规则所界定的成员之间的权义关系是组织运行和利益分配的重要基础。以此为基本出发点，从理性、自然和开放系统三种不同视角，斯科特和戴维斯认为组织可以有三种不同的定义：从理性视角出发，"组织是意在寻求特定目标且具有高度正式化社会结构的集体"；从自然系统视角出发，"组织是这样一种集体，其参与者追求多重利益，既有共同的也有不同的，但他们共同认识到组织是一种重要的资源以及保持其永续长存的价值"；从开放系统视角出发，"组织是相互依赖的活动与人员、资源和信息流的汇聚，这种汇聚将不断变迁的参与者同盟联系在一起，而这些同盟则根植于更广泛的物质资源与制度环境"④。显然，三种定义的对象范畴虽大为不同，但却通过组织特质反映了三种不同的分析范式的思路，而并非是一种固化且全面涵盖的概念。

从这个角度来看，首先，农垦系统是符合组织的区辨性特征的，而且，根据上述三种视角的定义，可以从组织结构功能的理性视角、组织利益冲突调适的自然系统视角，以及从文化、观念交织的环境系统与组织关系的开放

① Oliver Williamson. *Organization Theory: From Chester Barnard to the Present and Beyond*. New York: Oxford University Press, 1995: 172~207.

② James March and Herbert Simon. *Organizations. Cambridge*. Mass: Blackwell, 1993: 21~23.

③ Peter Blau and Richard Scott. *Formal Organizations*. London: Routledge. 1966: 5.

④ ［美］W. 理查德·斯科特、杰拉尔德·F. 戴维斯著：《组织理论——理性、自然与开放系统的视角》，第27~29页。

系统视角等分析范式来对农垦组织作出相应的认识。其次，农垦组织是一种特殊的组织，这种特殊性既源于组织本身在产生和发展过程中所具有的特定目标，以及由此而形成的利益结构，又源于组织外界宏观环境尤其是制度环境为组织提供的资源依赖与激励系统。再次，农垦组织在其变迁过程中，由于其特定目标和利益诉求等特殊性，在相当程度上受到制度安排的主导影响，因此，制度环境是农垦组织变迁的重要观察因素。

（二）农垦组织变迁与结构功能的相对优势

组织一旦形成，其结构功能变迁就成为组织发展的必然。在组织的利益结构变化以及功能转换等过程中，又同时存在着种种技术和社会环境的条件约束，如组织成本收益的量化比较、组织变迁中利益主体新旧利益的得与失、主体之间利益博弈的力量对比、组织的目标、技术条件，等等。不同类型的组织在特定目标和利益偏好的比较与驱动下，为获得目标效益最大化而进行的结构与功能变革过程各有不同，其中各利益主体在初始谈判与博弈过程以及最后形成新规则体系中的影响与作用力亦大为不同。从组织结构功能变迁过程中最终决定性的主导力量来看，通过力量是来自外环境还是组织内，是自下而上还是自上而下的权力推动两个方面，本书将组织变迁分为"外源强制型"、"外源诱致型"和"内生强制型"、"内生诱致型"四种（如图 3.1 所示）。

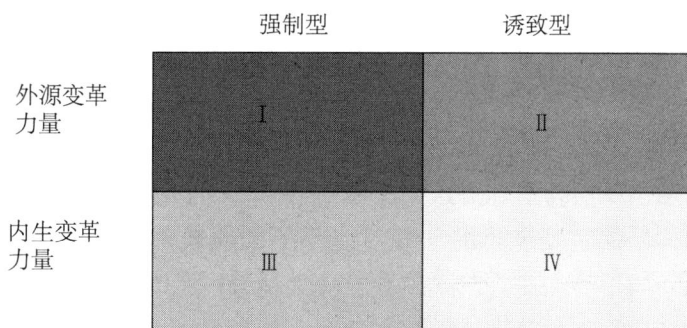

	强制型	诱致型
外源变革力量	Ⅰ	Ⅱ
内生变革力量	Ⅲ	Ⅳ

Ⅰ：外源强制型；Ⅱ：外源诱致型；Ⅲ：内生强制型；Ⅳ：内生诱致型。

图 3.1　组织变迁类型示意图

组织所处的社会经济政治环境，某种程度来说也是一个能够提供资源的组织集群。在这个组织集群中，国家与社会是两种不同人类组织形式的典型代表，而如果将公权力视为一种自上而下的结构性力量，将社会中的个人或群体视为自下而上的力量的话，那么他们对应的就是两种反方向的权力向量。以此理解为基础，则"外源强制型"变迁意指主导组织变革的力量来自于组织外部的宏观环境之中，且是外环境体系中由公权力掌控者或机构所主动发起的对组织的重构行为；"外源诱致型"变迁中，变迁的主导力量同样来自于外部的宏观环境，但这种力量主要源自外环境体系中的个人或群体对系统不均衡所产生的反应；而"内生强制型"变迁意指主导组织变革的力量来自于组织自身，且是组织内部结构中领导或领导集团主动进行的改革；"内生诱致型"变迁中的主导力量仍是组织自身，只是这种力量是由组织成员个人或群体为追求相应获利机会所引致的。如前所述，组织在各种类型的变迁过程中，利益主体以及利益结构的形成是其中的关键动因。因而，在这四类组织变迁范式中，都包括着预期利益诉求者、既得利益者与规则制定者之间的互动与博弈。在诱致型变迁中，是以利益诉求者为主导的，利益诉求者、既得利益者与规则制定者三者相对独立，产生两两对弈；在强制型变迁中，却是以规则制定者为主导的，由于规则制定者所掌握权力具有强制性，利益诉求者与既得利益者都会倾向于能够影响规则制定者的意识与规则制定行为，甚至试图与规则制定者形成利益同盟，从而形成更为复杂的利益博弈过程。不过，无论是权力自下而上的变迁还是自上而下的变迁，由于这三方利益诉求主体的利益目标往往并不一致，对组织的期望与要求也各不一致，组织变迁的过程并不必然地是一种均势博弈，而变迁的结果也并不必然地实现结构功能的进阶。

于组织结构功能相对优势这个命题而言，中国农垦体系的相关研究中未有从组织结构功能角度进行的"相对优势"的比较性思考。从学科研究层面，比较是一类重要的研究范式。在经济学领域，成本—收益的比较无论在定量还是定性研究中均是理论发展的重要资料与基础；在政治学领域，国别或不同制度体系的比较更是历时悠久的研究路径，同时，近年来经济学中相应概念的意义延伸也大大拓宽了政治学比较研究的视野。受此启发，本书在进行农垦组织的研究中，亦开始关注其发展中取得绩效时期的影响因素及其影响效力，试图通过对这些因素的分析，来阐释一定时期组织结构与功能的形成以及变迁缘由：其一，在含义上，本研究的"相对优势"指在组织变迁过程中，随着环境变化及其制度安排的更替，一种组织结构功能形式相比另一种组织结构功能形式，具有更大的资源汲取能力以及更多的潜在收益机会，这种优势使得那种能够获得更多利益增量的结构功能形式得以巩固。与"比较优势"相较，这个概念意义具有更强的动态意味，即不仅关注了组织结构功能的构成，而且关注了组织变迁的过程性。其二，在研究范式上，"相对优势"命题隐化了比较研究范式的逻辑，也就是说，文中并未出现明显的农垦组织与其他类型组织的对比，但每次在组织发展与内卷化出现阶段中，所分析的相关因素事实上蕴含了与相同条件下纯经济组织相比较的意向。进一步说，以量化效益为目标的纯粹经济性组织，其结构的意义倾向于借助交易成本的降低来推动组织在市场中交换的发展和功能的扩张，减少经济活动中的不确定性和偶然性，以求得自我的绩效增长因素如技术进步、规模经济、资本积累等得到强化。但由于农垦组织的目标价值上具有多重诉求，相比较而言，其发展与此种纯粹的经济组织是有很大差别的，然而现实种种制度安排又无不体现着公权力对其转型的一再期望，因此，本研究所提及的"相对优势"主要暗含相同条件下农垦组织与纯粹的农业经济组织，或者泛化为以经济效益作为主要目标的组织之间的比较。

（三）农垦组织内卷化

组织形成后必然需要随宏观环境的变化而变化，当组织已有的利益结构失衡，相关主体收益不能在现有制度安排中得到满足以及保障，就会开始追求新的利益架构，呈现出组织解构与再结构的变迁状态。因而，组织变迁并不是限定为以一种绩效收益更高的结构形式替代原有的结构形式，而是一种组织结构功能发生变化之现象与过程，或者说，并非必然导致有效结果出现的一种结构功能变化状态。当然，这种变迁过程中还包括着那些仅以增加组织收益为目的对原有利益框架的规则与运行机制的边际调整行为。有鉴于此，本文引入"内卷化"概念以求能够获得对类似现象比较贴切的描述。

内卷化（involution）最初被用来形容"一个既有的形态，由于内部细节过分的精细而使得形态本身获得了刚性，因此爪哇人的农业无法向外延展，劳动力也就不断地填充到有限的水稻生产中去"① 在社会领域中，这个概念被用来描述劳动力投入产生收益的人均值递减大于平均劳动力的边际报酬递减的情境。在政治学领域，它又被用来描述国家权力对整个社会的扩张意图："靠复制或扩大旧有的国家与社会关系——如中国旧有的营利型经纪体制——来扩大其行政职能，政权的内卷化是国家与社会旧模式的复制、延伸和精致化。"② 综合以上观点，本书将这些对"内卷化"的描述置诸于"组织"这个载体之中，从组织结构功能角度而非以经济绩效（即不以经济增量为基础）来界定"组织内卷化"：组织内卷化意味着组织陷入了一种无实质性发展的状态，这种状态表现为组织结构没有质的突破，仅限于不停地复制和细化原有结构格局，或是组织功能没有获得新成长动因，循环于原有功能不断重复和延伸的运行机制。

由此，本研究重新定义了"组织内卷化"机制的三种意义层次：第一，组织结构没有质的突破，仅限于不停地复制和细化原有结构格局，即在组织结构层面，一种利益格局及其结构形式在某一发展阶段形成为固定化模式之后，未能够转化为更高级或者更具有发展适应性的另一种利益结构，而是靠扩大旧有模式或机构的影响程度，不断在组织基层复制既定结构形式来膨胀组织，使其看起来"有增长"，但组织并未获得实际效益的递增；第二，组织功能没有获得新成长动因，循环于原有功能不断重复和延伸的运行机制，即在组织功能层面，组织原有的功能已经作用到了所需程度，或者功能需求发生了转变，但这种功能仍旧运行，既不能有所调适也不能转变到新的形态，不断在组织内部重复和延伸着既定运行机制；第三，组织内卷化意味着组织陷入了一种无实质性发展的状态，于组织整体而言，组织的基本形态被锁定，功能特征被固化，其对环境的适应性在一定程度上被遏制，但组织仍然在发展，其发展表现为愈发精致地定格组织的各种秩序。这就如同一张可以延展的纸，当它延展到四周被限定的区域时，由于它本身改变不了自己的状态和特性，就只能在自身内部产生卷曲和褶皱。

在具体衡量指标方面，不同领域的认知造成了选择方式的差异，有黄宗

---

① 郭继强：《内卷化概念新理解》，《社会学研究》2007 年第 3 期，第 195 页。
② ［美］杜赞奇：《文化、权力与国家：1900—1942 年的华北农村》，第 54～55 页。

智之农业经济分析的"边际生产率递减"，也有杜赞奇之国家权力体系"旧有关系模式的复制"。但这并不妨碍"内卷化"概念被用来阐释特定发展僵滞现象的生动与形象性。本研究主要是从组织角度来界定和观察"内卷化"，指组织结构功能在一定发展阶段中停滞徘徊、无法实现升级的一种状态。在云南农垦组织发展过程中，环境尤其是制度环境的变化，使组织结构功能变迁从变革产生开始，由于组织特殊的双重身份利益属性，就形成了变迁初始阶段相较于其他类型组织而言资源支持的相对优势，这种优势在一定时空阶段，能够使组织获得发展与获利的暂时有利地位。然而，社会经济转型、资本累积、公民权利意识增强等环境的发展，势必影响到组织原有各利益主体的诉求，进而对组织的目标设定、既有结构、功能发挥等各个方面产生新的影响与指向。此时，若是组织变迁的新结构功能总是滞后于相应环境对组织的压力，那么组织将总是无法获得实质性提升，从而不得不徘徊于旧有结构功能的惯性阴影之中。笔者认为，从上述研究对象的实际发展过程来进行观察，云南农垦组织通过两个阶段的政府主导性改革来实现国家以及组织本身对组织转型的诉求，但是由于受到原有结构功能惯性、资源依赖、给定制度安排等多种因素的影响，农垦组织的转型过程相当艰难，囿于一种在多重利益属性间反复的结构状态，无法实现组织功能的彻底明晰与转化，在改革进行的一定阶段，只能通过简单复制扩大原有组织结构、加剧组织既定功能的复杂化等方式，来获取组织总收益的增加或者组织发展的表象。因而，"内卷化"这一概念比较契合于对农垦组织这一特殊公权力组织结构功能变迁中所遇到的困境描述，并能够很好地指引相关影响因素的寻找与分析。

第三章　组织结构功能转型与内卷化理论建构

　　本书对于云南农垦组织的研究，将主要以上述结构功能和内卷化为基本理论支撑。农垦组织作为一种特殊公权力组织，它的结构功能发展是以特殊公权力组织理性为前提，在既有区域资源禀赋的条件限制下，以渐变的方式勾勒出组织整合与分化的演进过程，这个过程又展示了组织变革结果与最初期望的偏离性。由此，形成了本书的理论框架与相关命题，为下文的研究建构了理论进路。

第一节　"特殊公权力组织理性"的前提分析

　　不同学科研究中常用的方法很多，而且受学科背景的影响，不同研究领域的方法论传统也不尽相同。但是，西方关于政治或经济的理论范式或理论框架一般总以一定的主体假设为前提，或者说社会科学学科体系中主体理性取向是其方法论提出的基础。特定学科皆对限定领域内所讨论的限定行为主体之行动以及意识取向有所界定，从而讨论相应场域内主体的行动及行为结构，并建构理论。从政治学与经济学两个大领域来看，经济学早期已经形成了关于"经济人"的理论假设，而在政治学领域，则并不存在如经济领域那样纯粹统一的前提设定，而主要存在两种明确的理性假设：一是"经济人"假设的移植，即将经济学领域中对主体自我利益比较与选择的理性行为扩展为政府行为主体的理性取向，假定其通过对利益得失的量化比较而决定行为方式；二是"道德人"的理性假设，即一种能够站在价值"中立"立场来全力谋求和维护公共利益，将个人理性与社会角色理性的不同诉求截然分开，从而实现严格自我约束的理性设想。综合上述两种理性，"政治人"理性假设则提出，政府或者政治精英被另类角色权责所赋予，具有部分的"道德人"自我约束意识，同时又在政治市场背景下有着类似于"经济人"的自利式行为，形成了以权力为最终诉求的价值判断。以这种理性设定为基础，政治学领域对于政府行为主体的研究开始深入到数理模型、数据量化等研究范式。

由此，不同类型的组织目标设定与其所处不同环境下利益的存在实际，都有必要分开解析，确立基本和客观的理性假设。于是，在本项研究中，基于农垦组织的特殊性及其权力来源、权力行使、资源依赖以及组织发展等方面的实际情况，需要超越对组织单一的"经济人"或是"政治人"的理性假设，扩展为"特殊公权力组织"的概念。由于新中国成立后国家产权制度的大规模施行，许多社会组织的存在事实上与国家公权力都有着或多或少的联系。改革开放后国家着力于培育社会力量，有意识地从社会领域退出，虽然使得社会组织尤其是公共组织获得了一定的发展空间，但其社会资源汲取能力的孱弱使得这些与公共利益或者国家利益相关的组织，在结构与功能层面反复摇摆于政治性与经济性之间。从这一角度说，上述组织在理性取向上在相当长的时间里与政府组织是趋同的，甚至在特定时段里替代了部分政府的作用。本书所研究的中国农垦组织显然属于这一类型。因此，在以下的理性设定中，本书将类似的公权力组织与现实各层级政府的理性取向特征有所概括，并在此概括之下进行有差别的分析，以相应行为人的理性界定为基本背景，来思考新中国成立以来农垦组织权责分配结构和功能行为的逻辑过程。

一、从"经济人"到"政治人"

之所以在理论建构之前一定要有理性的假设，是因为人的行为本质是理性的，正如夏特莱所描述的那样，"理性是人的本质，只有人才能说出句子，一个又一个序列的、具备某种含义的句子。"① 而当人们构成社会并且开始社会生活时，理性更是人与人之间关系与行为方式的有力控制。德国哲学家黑格尔（Friedrich Hegel）在思辨理性的过程中，认为理性代表着能够揭示真理的一种至上性，因而人类社会的最显著特征在于其被赋予的理性。同理，社会系统中各种类型的组织的产生与发展也正是人类社会活动中理性选择的结果。组织，为具有一定的目标而结合在一起的人群所形成，有序是组织能够运转的基本规范，组织的这种目标性与有序性恰恰就为人类理性所构建，并为人类理性所确保进行。由此，逐步形成的一系列人与人之间的关系规范以及行为界定，使得人们得以协调行为并控制自身的精神意志活动，为人们所接受且形成模式，从而塑造出组织存在和发展的基础。在此意义上，德国古典哲学家费希特（Fichce）认为"如果理性不是实践性的，它就根本不能是理论性的，也就是说，如果人没有一种实践能力，他就不可能有认知能力。"② 因而，任何认知都应有一定的理性假设分析前提，这种理论建构的价值才能真正提升人类认识与实践的品质。同理，在社会实践中，无论政治领域还是经济领域，处处体现着作为人类本质存在的理性，单纯从个人角度来说，典型的有"经济人"和"政治人"两种理性假设。由于对政治领域中政治人的理性假设无论是"经济人理性"还是"政治人理性"，都是在最初经济领域的"经济人"假设基础上比较和延伸而分析得出的，那么首先需要从"经济人理性"来谈起。

英国古典经济学家亚当·斯密（Adam Smith）首先明确而完整地界定了经济人的内涵。斯密在其理论建构中，认为经济领域的人类活动中，客观存在着一种普遍状况，即参与经济活动的个人，其行为和交往的根本动机，就是追求自身利益的最大化。由此即抽象出"经济人"之自利性特点，并将之延伸开来，认为每个人经济活动的最终目的在于实现自身最大化利益的诉求。以此假设对应英国工业革命时代的经济活动，亚当·斯密构建出了古典自由主义经济学理论体系。③ 此后，该理论作为西方经济学界的长期经典命

---

① ［法］弗朗索瓦·夏特莱著：《理性史》，冀可平、钱翰译，北京：北京大学出版社2004年版，第60页。

② ［德］费希特著：《全部知识学的基础》，王玖兴译，北京：商务印书馆1986年版，第185页。

③ ［英］亚当·斯密著：《国富论》，唐日松等译，北京：华夏出版社2005年版，第10~70页。

题，不断地在实践与理论构建层面获得完善，且在对经济活动人性的深入考察与归纳抽象方面渐趋客观和完整，从而，不仅为理论本身提供了市场经济下宏观现象与微观个人行为之间的联系桥梁，更一直成为经济学各种理论模型建构的基本假设前提，将人类认识与实践的理性总结提升到全新的高度。事实上，斯密的古典经济学假设与理论，除了不断印证着第一次工业革命后日趋激烈的市场竞争之外，还以此为基础发展了经济学精确模型计算之研究方式。如英国古典经济学家约翰·穆勒（John S. Mill）所总结的那样："'经济人理性'是从人类行为的各种动机中抽象出来的经济动机，其中最基本的就是使财富最大化的动机。经济人能够通过成本——收益算计对所面临的一切机会和目标及实现目标的手段进行理性的优化选择。"① 从而说明了斯密的"经济人"假设对于经济数理化范式发展的重要性。由此，"经济人"理性假设被不断加入客观化概念化表述，成为经济学研究领域的"公理"，在开拓着其他领域理论研究视野的同时，逐渐成为社会科学研究的普适性命题。到 20 世纪 40 年代，诺贝尔经济学奖获得者赫伯特·西蒙在这个经典假设基础上，提出了一个更加符合实际情况逻辑的"有限理性"命题：个人尤其是领导者在实际决策的时候，由于环境变化、信息获得不完全以及个人认识与能力的有限性，是不可能将所有的影响因素综合到最终决策考虑之中的。有限理性的界定从更加客观和真实的角度深入探讨了经济人假设的应有内涵，也对这个重要理论前提进行了不断发展与完善。现代经济学理论开始从心理学、政治学等不同角度丰富着经济人假设，如经济人个人效用最优的诉求应不止于纯粹的物质追求，还应包含有心理满足程度、社会身份、权力需要等许多不可量化的因素在内。在这个角度来理解经济人的理性追求，它包括了个人社会生活所涉及的方方面面，因而人们的最优选择也不限于经济效益的计算，还有其为取得最优整体效用而在物质与非物质利益之间的平衡结果。由此，"经济人理性"可涉及的范围就大大扩展了，家庭、组织、社会、政治等都在其意指之中。1992 诺贝尔经济学奖得主美国学者加里·贝克尔就主张，各类人的不同活动都是以自身效用最大化为最终目标追求的，

---

① ［英］约翰·穆勒著：《论政府经济学的定义》，见马克·布劳格：《经济学方法论》，石士钧译，北京：北京大学出版社 1990 年版，第 68 ~ 69 页。

由于这种效用最大化动机的存在，人类一切活动都可以用经济理论来进行分析和阐释，即"经济分析提供了理解全部人类行为的可贵的统一方法。"①可见，"经济人理性"假设可能成为其他社会学科关于个人理性的基本理论前提。

将这个假设引入政治学领域，一些学者指出，"经济人假说因与人性和社会实际的巨大契合……避免了一些学科避讳人性本真而常常陷入虚妄无奈的期许之中，并导致说教与现实的无法对接之苦"，因而也可将政治行为主体界定为"政府市场中的经济人"②。如"公共选择学派"就明确将"公共选择理论"定义为"对非市场领域的经济学研究"，并以之为基础将许多经济学研究方法应用于政治学领域。当然，对此也有持反对意见的学者，如乔治·索罗斯（Geore Soros）就将这种将"经济人理性"假设当作个人行为普适性原则的论点斥之为"市场原教旨主义"（Market Fundamentalism）③。不过，从该命题本身的内涵来看，经济人理性对社会其他学科领域的理论发展虽然有着巨大的启示，但是，由于其本身正处于不断发展与完善的过程当中，且因不同场域行为目标的差异存在，纯粹经济人假设如果被完全套用于政治领域的实践活动的话，显然不符合客观实际。政治人本身以及政治人所组成的群体如国家、政府、政党等政治组织，皆存有自身独特的行为规律与价值取向，因此需要设定其基本的理性假设才能继续相应的理论探讨。将应用领域扩展开来，如前文所述，新中国成立之后的特殊情况与社会组织建构，使得社会系统中存在大量公权力以及代表公权力的组织，本书所选择的研究对象——云南农垦组织，恰恰属于一种特殊而又对边疆区域颇有影响力

---

① ［美］加里·S. 贝克尔著：《人类行为的经济分析》，王业宇、陈琪译，上海：三联书店、上海人民出版社1995年版．第19页。

② 王振海：《公共职位论纲——政府职位的属性与配置机制》，郑州：河南人民出版社2002年版，第97页。

③ ［美］乔治·索罗斯著：《开放社会——改革全球资本主义》，王宇译，北京：商务印书馆2001年版，第4页。

的公权力组织①，同时，又因本研究侧重于从中国现实的政治体制来分析农垦组织的结构与功能变革过程，故需要于理论框架构建之前先探析与界定相关主体的基本理性假设前提。

二、"政治人理性"与公权力组织

从方法论角度而言，经济学对理性假设的不断完善亦对当代政治领域的研究有着相当的影响。公共选择理论、集体行动理论、制度经济学理论之所以能够在规范量化研究、行为主义研究基础上获得更进一步的理论成果，一定程度上是因为其将经济人理性这个分析前提引入政治活动，将纯粹个人效益最大化诉求扩展到了政治人行为选择以及政治活动的过程分析与理解，从而使政治学理论的研究前提似乎更能契合个人行为动机。以公共选择理论为代表，对经济人理性假设的扩展应用在于：不仅将政治主体的行为取向赋予"经济人"式利益最大化的理性假设，而且将政治过程也涂上了成本利益计算的色彩，认为政府过程与经济过程是同样的交易过程，政府部门及个体官僚亦同样具有"经济人"的最基本诉求。也就是说，由于所有公权力行使的行为都以具有自我利益诉求的个体为载体，因此以政府名义所作出的政策制定与行政行为实际上受制于个人或者制定集体的"经济人"利益权衡与理性判断。因此，对于试图在选举竞争中胜出或连任的政治家，其行为与在市场竞争中追逐利润的企业家存在类似之处：前者制定对其当选最有利的政策；后者生产能获得最多利润的产品。② 公共选择理论代表者布坎南更提出，在"经济"和"政府"、或在"市场"和"政府"之间，以及公私部门间并不存在严格的界线，因此经济学家不必将视野拘泥于市场中的个人行为，交易经济学领域的方法与观察视角同样可以用来观察政府和政府过程。③ 在这个理性假设下，公共选择理论将政府以及政治活动整个过程当作

① 一般可以从两个层面来理解公权力组织：在相对狭义的层面上来理解公共权力组织，主要指的是组织的权力合法性来源于国家公权力，并且行使公共管理权力，提供公共产品与公共服务，即源于公共权力且行使公共权力的组织；在相对广义的层面上来理解公共权力组织，主要指的是组织合法性来源于国家公权力，组织既可能具有公权力行使的权责，也可能不具有公权力行使的权责。新中国农垦组织自建成之日，其生存与发展的合法性基本都源于公权力，从这个意义上，可以将其视为广义的公权力组织，本书将之界定为特殊公权力组织。

② Anthony Downs. *An Economic Theory of Democracy*. New York：Harper&Row，1957：295.

③ ［美］布坎南著：《自由，市场与国家》，平新乔等译，上海：三联出版社1989年版，第31页。

市场的一种类型来加以分析，而这种政治市场上行为主体的行动也当然以自利追求为最终假设。

不过不同于市场竞争，政治博弈首先体现为政治过程中行动者对权力的需求。自亚里士多德时代以来，人们普遍持有这样一种观念：政治关系总以某种方式涉及权威、统治或权力。① 现代政治学理论的奠基人马基雅维里（Machiavellian）就以"权力"作为其政治学学说的核心。② 可以说，如果说经济人活动的核心是效益以及市场，那么"政治人是追求权力最大化的人……'政治人'是这样一种人，他们要求关乎他们所有价值的权力的最大化，希望以权力决定权力，还把别人也当作提高权力地位和影响力的工具。③"同理，从利益需求——行为选择逻辑出发，公权力组织一旦有实现自己利益的需求，就必须通过各种途径来获取公共权力，从而可以运用和行使公权力来争取分配公共利益的主动权，公共权力之于公共利益分配的权威性和有效性由此凸显。

此外，政治人假设并非"理性经济人"概念在政治领域的简单引申，而表现为一系列更加复杂的问题：例如，政治领域与经济领域行为者的根本行为动因是否等同？如果"经济人理性"设定了行为者以满足其自利性为行为动力，那么政治人的需求是否能以物质需求进行主要衡量？政府或者公权力组织如果仅以自利需求为根本目的，那么其公共利益与公共行为的代表性又如何体现？与经济人理性引入的思路相反，有学者对行为人理性的假设另辟蹊径，从人的意识调控等精神层面来分析公权力行使的过程，这种假设对政治伦理、道德等方面的研究具有一定启发与创新影响，但同样存在如经济人假设一样的问题：政治人如果单凭道德伦理需要就能约束自己的自利诉求，控制公权力行使的正当性的话，何以解释现实政治领域的官僚以及官僚集团自利行为，何以解释公权力运行过程中所出现的政府主体的物质诉求，政府职能部门的绩效倾向，甚至官僚和官僚集团的贪腐行为？显然，对本书

---

① ［美］罗伯特·A.达尔著：《现代政治分析》，王沪宁译，上海：上海译文出版社1987年版，第16页。

② 拉斯韦尔和卡普兰明确指出："政治学是一门经验的学科，研究权力的形成和分享"，"政府行为则是觊觎权力而采取的行为。"参见 Harold Lasswell and Abraham Kapla. *Power and Society*. New Haven：Yale University Press，1950：78.

③ Harold Lasswell and Abraham Kapla. *Power and Society*. New Haven：Yale University Press，1950：78.

的研究对象而言，这两种理论假设均难以拥有充分的解释力。因此，本书试图在分析对比已有成果的基础上，尝试将之扩大为公权力组织理性，以为本研究之假设基础。

按照从物质需求到精神需求的理解，利益最大化的追求源于人们的基本需要，这无疑是一个从物质到精神的过程，是人类从生存到发展的自然过程。物质的需要源于人们对生存条件的基本要求，同时，物质条件的满足又派生出人们对于精神生活等方面的情感需要。政治人同样也是自然人，其本性决定其必然具有自利的需求，但在此基础上，政治人在政治活动过程中建立了更为复杂和频繁的交往与联系，这使其行为动机在一定程度上不再局限于单纯的物质需要。同理，政治人所构成的组织不仅对于组织生存与发展所需的物质资源有所需求，而且开始有了组织特殊利益的追求。随着人类社会进步与物质资源的丰富，人的物质需要与精神需求渐趋多样，环境复杂化也同样导致了政治人以及政治组织利益需求的多重性，即政治场域中多样主体不同利益诉求的情境现实。

行动者作为个体的"政治人"，其利益需要主要源于物质与精神的双重需求；而以组织或集体形态出现的"政治人"则会在双重需求的基础上衍生出多重利益结构，这种作为组织的"政治人"通常体现为公权力组织，对其理解存在狭义与广义之分。在相对狭义的层面上来理解公共权力组织，主要指的是组织的权力合法性来源于国家公权力，并且行使公共管理权力，提供公共产品与公共服务，即源于公共权力且行使公共权力的组织；在相对广义的层面上来理解公共权力组织，主要指的是组织合法性来源于国家公权力，组织既可能具有公权力行使的权责，也可能不具有公权力行使的权责。农垦组织从建成之日，其生存与发展的合法性基本都源于公权力，从这个意义上，可以将其视为广义的公权力组织。作为以组织形态出现的理性"政治人"，公权力组织作出的选择包括但不限于组织成员个体利益，也涉及公权力组织本身利益与公共利益：第一，组织成员的个体利益。从行为者角度来说，成员个体是公权力行使的基本载体，是政治社会活动中主要的客观存在，个体的存在不可避免地有不同层次的物质与精神需求。因而，即使组织成员个体在政治场域中有着自己的组织身份，其仍然具有自我的自利性追求；第二，组织利益。作为政治人集合而存在的组织也会具备自身利益，在马克思笔下的阶级理论中，这种组织以阶级统治工具的形式出现。随着宏观环境变化与市场经济的发展，当代社会结构中，组织利益更多地表现为社会阶层分化后相对独立的利益诉求及其相互联系，政治领域中公权力行使的过程，就是多元化利益组织的参与和介入以形成和实现特定利益目标的过程。第三，公共利益。一定范围内人们公共生活产生共同需求，这种需求既有物质需求也有精神需求。一方面，这种共同利益肯定首先源于人类社会生存与发展中对物质生活的内在需求。按照契约论的理论逻辑，为了构成社会以及满足人类公共生活的基本需求，人们以契约的形式建立了国家与政府，按照一定的规定交付相应的个人权利形成公共权力，并委托国家与政府来实现其生存与发展的共同需求。另一方面，精神需求同样亦是共同利益的重要组成部分。获取与实现精神的满足亦会促使政治人正当行使公共权力。

理论上，公权力的行使应该代表着所交付权利群体的公共利益，因此它的行使者必须以公正价值观来分配社会活动中的各种利益并协调其中的各种利益冲突，以维持契约秩序的稳定。但在权力的实际运行过程中，更具体地表现为阶段性。在公权力人产生需求到特定利益形成阶段，基于社会资源的稀缺性和公权力对资源配置的权威性，公权力人主要致力于在政治场域中通过制度或是非制度化的途径来获得公共权力。而在公权力人需要将特定的利益通过所掌握的权力予以实现阶段，权力所属已经不是最终目标，权力如何运行以实现行为者所特定的利益需求成为公权力人的终极行为诉求，从而成为一种行政理性。由此，公权力在其行使的两个阶段分别体现出价值与工具之不同理性。

综上所述，基于政治人的公权力理性是指在特定的组织环境中，基于相应群体的物质需求与精神需求，公权力人或公权力组织获取公权力并使用公权力，对公共资源和公共利益进行权威性分配以实现特定的利益诉求，从而实现不同阶段公权力组织结构与功能的转变，实现组织不同特质的辩证统一。由此可见，公权力组织理性和政治人理性行为均以需求为发生基础，但两者在利益形成以及行为实施方面却存在本质差别：政治人理性的行为假设产生于个人利益最大化诉求或是纯粹的道德理性约束，而公权力人理性的行为产生于利益多元化的诉求。这种多元化利益诉求既包含着以社会系统为主体的公共利益、以权力人或组织为主体的个体利益，又包含着以特定群体为主体的公权力组织利益。三种利益共存于政治场域之中，彼此间在形式上共存，在实际运行中又存在冲突与调适，形成一个既矛盾又统一的系统。同时，这个系统又通过已形成的结构，以利益为动因来诱使权力主体通过结构明示的路径去追求、获取并实施权力，完成公权力的应用行为，最终实现资源与利益的权威性分配。

三、本研究前提："特殊公权力组织"理性

上述"公权力组织理性"为本研究提供了相对客观和理想的理性假设前提。然而根据本研究对象——农垦组织的特殊性，书中在将获取以及使用公权力的主体、即各层级政府设定为"公权力理性人"的同时，考虑到农垦组织的自身特点而将其定义为"特殊公权力组织理性人"。将农垦组织称之为"特殊公权力组织理性人"的原因首先在于农垦组织与"公权力理性人"的共同之处：就职权而言，农垦组织在权力的获得与行使方面与作为公权力理性人的各级政府存在共同之处，不仅体现在农垦组织产生与存续的正当性来源于国家权力，同样体现在农垦组织承担的相当一部分公共服务职能；此外，农垦组织及其成员活动与任何其他公权力组织相同，均源于物质需求与精神需求在公共利益、个体利益和组织利益交织的驱动之下追求并运用公共权力，权威地分配资源与利益来满足特定群体的诉求，其行为也相应体现为精神与物质的双重需求与多元利益在政治场域内的交织；另一方面，尽管农垦组织与一般公权力组织在职权、行为与利益结构方面存在诸多相似之处，前者在提供公共服务的同时承担的经济生产职能又使其具有不同于一般公权力组织的特性：其组织利益既体现在对权力的获取，也体现为对经济利润目标的追求。

因此，本书试图以"特殊公权力组织理性人"来构建研究的基本逻辑。"特殊公权力组织理性人"的基本内涵是：在特定的环境约束条件下，政治人与政治组织基于其物质或精神的诉求，在多元利益（公共利益、个体利益、组织利益）交织与诱使下，获取并运用公权力，以满足相应利益诉求的资源分配需要，从而实现组织结构功能转换与价值特质的有机统一。该逻辑关系直接表现为：物质与精神需要——特定利益诉求——权力应用行为，相应的公权力组织的运行也就表现为不同目标设定之下两阶段理性的转换。这

三种属性共存于同一权力载体之中，并在组织运作的实际过程有着反复的冲突与协调。当公权力呈现公共性，公权力组织即以公共利益为作用目标，由于公权力运作与其应然本质的一致性，此时公权力能够达成公共利益的最大化。当公权力呈现自利性，公权力组织及其权力机构往往以权力部门甚或官僚个人的利益需要为组织目标，自利目标作用于掌握社会资源配置权力的组织会赋予后者采用最可能实现自身利益的方式行使权力的动机，而组织基于自利取向而做出的资源配置与安排又不必然完全符合公共利益，由此导致的社会资源不公正分配便极有可能影响社会的契约秩序。当公权力呈现组织性，则更多表现为随着社会阶层的分化与分离，公权力组织与各利益阶层或利益集团进行利益妥协与平衡。进一步说，公权力组织权力运作过程实际上属于三种利益属性：公共利益、个人利益与组织利益的交织。以当代中国各层级政府组织为例，政府组织中的各级官僚个体的自我物质需求表现了公权力自利性；横纵向上部门职责与隶属关系下的部门需求，表现了组织性利益；同时，权力体制改革后中央地方各自的利益需要，亦是组织性利益诉求的表现。

在本研究中，"特殊公权力组织理性"亦构成农垦组织结构功能发展与内卷化模式循环的基本理性假设前提。书中将政府组织赋予"公权力组织理性"的同时，认为农垦组织本身遵循与"公权力组织理性"存在很大程度相似性的"特殊公权力组织理性"。农垦组织变革之从发展到内卷化再到发展的过程中，也清晰表明着"特殊公权力理性人"在结构功能上随环境变化而发生组织理性进阶的特征。总的说来，在农垦组织变革的路径选择中，组织理性的变革路径及其最终结果是多元利益博弈平衡所致，各级政府——农垦组织——组织成员基于各自的利益偏好，以权力为核心进行的谈判与妥协，并通过这种互动而达成组织结构功能变革的一致性目标函数。此时，在组织之外环境中，各级政府既存在实现公共利益的组织目标，又存在实现相应层级利益或者部门利益的强烈愿望，同时也不乏改革中官僚对自身利益的关注；在组织之内结构中，农垦组织本身基于所处的权力构成环境，根据区域政府和组织本身的三元利益理性的动态变化，依靠公权力完成自身利益偏好最大化的组织变革。此处，将"特殊公权力组织理性"诉诸于农垦组织结构功能分析时，可以进一步发现主体理性的这样一种变化：在农垦组织变革过程中，组织的结构功能变化源于诸多有着不同偏好的利益主体——中央政府、省级政府、地方（州市）政府、组织本身、组织中的领导集团以及组织成员。但各利益主体在实际政治活动中并不是单个的、分散而孤立的存在，而是经常以利益组合的方式发生着变化。也就是说，在不同的宏观环境中，一旦不同利益主体间存在能够达成一致利益目标追求的可能时，分散的利益主体往往为了更有效地实现利益而进行协商、妥协、结盟等一系列互动，以求得增强目标实现的保证。而一旦环境发生了变化，各自的利益诉求的妥协结果发生失衡，利益同盟就会迅速瓦解并开始新的重构过程。在整个过程中，政府、政治精英以居于权力中心的地位来主导和组织着公权力组织的变革行动，成为此类型变革不同于其他组织变革的最关键因素。

第二节　理论框架构建与命题

借鉴既有理论研究，结合事物发展的客观情况与相应的区域特征，本研究进而构建出总体研究框架，即以"特殊公权力组织的理性"为既定前提，通过有机联系的三个层面，来更有效解释转型时期农垦组织结构功能变革的间隔性内卷化状况，以及组织的改革发展预期。

一、第一层次：环境既定情境及其与组织的互动

组织的生存与发展总是蕴含于一定的区域综合资源结构之中的，组织在其提供的限制与范围内展开行动，同时又不断地突破限制和创造新的发展条件。单就组织变革的路径选择而言，区域资源禀赋情况无疑是构成政治人或政治组织基本政治行为的政治、经济、社会背景，从而对组织行动产生有形或无形的制约与影响。这种区域综合资源结构就是组织变革的环境既定情境。它主要由两类因素构成：区域历史文化与地理状况，以及在这种客观基础上形成的区域族群、血缘、乡土关系、习俗沿革等非正式制度的综合情况；区域各种生产要素资源条件，如人力资本、经济资本、社会资本等，以及对这些资源与利益进行权威性分配的制度安排。

1. 非正式制度环境

区域历史文化与地理区位是一种客观存在，作为分析变量来看，是最具

有长期稳定性的固定变量，构成区域内组织存在与变迁的基础。既有的历史与文化总是以这样或那样的方式，不着痕迹地限制或促进着区域中相关事物的变迁和发展。"人们不能自由地选择自己的生产力——这是他们的全部历史的基础，因为任何生产力都是一种既得的力量，以往的活动的产物。……单是由于后来的每一代人所得到的生产力都是前一代人已经取得而被他们当作原料来为新生产服务这一事实，就形成人们的历史中的联系，就形成人类的历史。"① 以此为基础所形成的特定群体非正式制度构成区域综合资源结构的重要组成部分，特定社会的非正式制度就是基于血缘、民族等群体或个人之间关系的格局，以及相应习俗、惯例的形成与沿革。这是理解农垦组织形成与兴起的重要角度。

2. 正式制度环境

区域生产要素资源，包括人力、技术、资本等资源条件，以及对这些资源和利益进行分配的制度安排。区域中组织变革的过程正是组织利益相关主体基于区域生产要素资源的现有结构，试图寻找更有效率的资源的配置方式以获取更多效益，或者仅只为了避免冲突使系统稳定而重构利益分配的格局。一旦相应的配置方式和利益格局形成，为了保证和巩固即得利益，利益相关者一般倾向于以制度安排的形式获得合法性和权力支持。资源依赖条件及其相应的正式制度安排格局也是制约组织变革路径选择的重要影响因素。

环境既定情境为区域内组织的变革提供了一种条件给定，但这种设定并非对组织行动是单向的限制，组织也不是单纯被动地服从已有制度环境的安排，机械地履行社会角色。组织作为行动主体，"随时随地都在对其所处的社会文化环境进行解释和谋划，制定出自己的行动策略，做出自己的行动选择。"② 也就是说，环境既定情境与组织之间实质上是一种互动关系，"社会环境只是为行动者的行动限定了一个变化和选择的范围，而行动者所作出的行动选择反过来也会影响整个社会环境的变化。"③ 具体到本书研究对象所处的客观实际，政府构成区域发展以及区域内公权力组织生存和转型的主导力量，即政府既是组织主体的一部分又是组织环境中的制约因素，源于利益

① 《马克思恩格斯全集》（第 27 卷），北京：人民出版社 1972 年版，第 477 页。
② 杨善华主编：《当代西方社会学理论》，北京：北京大学出版社 2001 年版，第 152 页。
③ 杨善华主编：《当代西方社会学理论》，第 152 页。

偏好基础上的政治（组织）精英行动往往是组织变迁的直接动因。当政治精英行动推进组织利益格局变迁取得组织功能的相对优势时，则增加了组织收益或者增强了组织绩效。这有利于扩充区域环境既定情境的要素容量，从而夯实了组织变革路径选择的资源基础。反之，当政治精英所推进的组织变革没有实际绩效，不能增加组织收益，将弱化环境资源的给定，导致利益相关者推进组织变革之资源空间的严重限制。[①] 此时，资源是组织效益增长的条件，但不是决定经济增长的唯一因素，组织变革在一定程度更受到权力掌控者的经济观念、行为和制度安排所影响。于是，在中国改革开放开始发展市场经济的过程中，其中的公权力成分具有了与西方理论所界定的公权力完全不一样的角色意义，即本身介入了利益占有的公权力掌控者，在市场经济尚未完善的非制度化环境中，一是利用其政治属性优先占据或垄断了接近稀缺资源的位置，运用公权力制度化了有利于自己的资源配置格局；二是在经济属性方面，除了广泛借助政治资源的帮助以外，以双重身份支配和影响着生产、交换和分配等一系列活动，甚至成为经济交往中交易主体信用保证的屏障，决定性地影响着相关产权结构安排；三是在社会领域，由于个人没有能力突破国家制度环境或者政策壁垒，往往寄希望于公权力的代表能够成为获得稀缺资源的桥梁甚至捷径，因而，公权力的掌控者亦常常成为社会动员的直接号召者，以及期望破灭时社会集体反抗行动的直接指向者。事实上，在改革开放之初突破计划经济壁垒的过程中，省级政府、地方州市政府都是此类公权力掌控者的代表，而农垦组织的最初利益性亦属此类。当然，在社会转型的艰难起步时刻，这种属性极大地刺激了制度安排的僵滞状况，有效促成了对计划经济体制环境的突破。但随着制度环境的完善和发展，这种属性不仅使人们怀疑农垦组织权力行使是否具有正当性，而且其组织结构与功能逐渐呈现内卷化态势，也使人们不得不重新对环境既定情境及其与组织互动的命题进行深入的思考。

---

① 关于这一逻辑，是林毅夫先生用来论述沿海经济发展的路径的，即中国25年改革开放，经济发展的政府主导轨迹。（参见林毅夫：《中国的奇迹：发展战略与经济改革》，上海：三联书店、上海人民出版社2002年版。）而这个逻辑在西部农垦组织的变革中同样有所体现，本书借用并有所修改。

二、第二层次：组织结构功能转型——整合与分化

"组织结构功能的整合与分化"这一命题的提出受到帕森斯关于社会结构描述的启示。传统功能主义从结构角度将社会定义为一个独立于个人的有机整体，这个有机体由不同部分和层次所组成且相互联系、相互制约。帕森斯超越了对于社会结构作为完全孤立的客观存在的理解，他结合了韦伯关于社会结构是个人社会行动之集合的思想，将传统结构功能主义对社会结构相对独立特性的界定与个人行动综合在一起，首先提出了"行动体系"的概念及其结构分析的模型——AGIL 四功能模式。按照帕森斯的描述，所谓"行动体系"是一个多层次结构系统，其中每一层次都具有四种功能：适应、目标达成、整合和模式维持，并对应了四个子系统来执行相应的功能。于是，社会结构具有行动性质的同时，行动又具有结构—功能性质。不过帕森斯在这里更为强调行动的社会结构性质和行动结构的功能特性，即行动受到结构的制约以及行动本身仅作为功能协调合意系统的存在价值。这使其理论建构凸显出系统的"整合"意义。具体来说，就是通过两种路径来达成一种社会理想状态：一是有机整体对个人的能力、规范、价值等方面的要求期望灌输到个人的人格结构当中，同时个人也努力接受这些社会要求，实现个人"社会化"；二是建构社会控制机制，以预防或者纠正与社会期望不吻合的差异行为，从而加强以及恢复为社会统一规范行为，维持社会正常秩序；通过以上两种方式，最后达成理想的"整合"——社会系统的全体成员在某种共同认可的社会意识、社会规范以及社会整合机制的作用下，相互协调、相互配合，共同致力于满足各种社会功能的需要。社会运行则是理想状态的合意、协调与均衡的达成过程。当然，有"整合"就会有"分化"，社会系统的整合与分化是关联互动的。新功能主义理论在"整合"思维之下进一步对"分化"进行了阐释。亚历山大、罗西和芒奇等主要是从强调行动对结构的反作用为切入点，艾森斯塔德则是用冲突论的有关思想明确描述了分化。艾森斯塔德认为，在资源稀缺的一定条件下，社会必然产生冲突与失序，由此会产生出一些特殊的结构来回应这些冲突，从而产生"分化"，社会系统分化为许多相互联系的子系统。既定结构框架内行动者自主追逐自身利益与目标的过程造成了冲突与分化持续不停地产生。这使得"分化"

有这样的特征：其一，社会分化总是最先由一些在主要制度领域内占据"策略性角色"位置的人所倡导，因为这些人企图扩大自己的影响范围和发展他们各自领域的潜在可能性。"新的分化结构仅仅是通过按自己的利益来行动的那些群体确立起来，这一事实解释了为什么通过社会变迁而产生的制度反过来又会产生它自己的新问题。"① 其二，这种新的分化结构由特定群体实施，并依赖于从其他群体中获得资源予以维持，因而分化的过程必然内在地引起群体冲突。"任何社会或集体中的大多数群体，在他们对任何此类制度的态度方面都倾向于显示出一定的自主性，并且，在他们向新的系统提供所需资源的意愿的程度和能力方面有着很大的差异或变化。"② 本书的框架构建认同结构功能主义关于"系统结构功能整合与分化"的理解及其与系统内行动者互动影响的观点。鉴于对象背景、逻辑路线、研究目标等存在差异，本书借助于这个理论体系，将之引入组织理念范畴，通过"体系结构功能"来分析"组织结构功能"之整合与分化变迁的行动逻辑及其动因。

　　"组织结构功能的整合与分化"这一命题的提出源于结构功能主义理论的启示，但主要仍是基于"特殊公权力组织理性"假设进行逻辑推理。云南农垦组织经历的两次变革非常清晰地展现了"特殊公权力组织理性"假设的典型特征。在此变革过程中，事实上存在两种权力的交织，一种是区域政府权力介入。由于中国政治权力分权体制以及制度安排的客观情况，地方政府既存在实现公共利益的指向，也存在实现地方利益与部门利益的指向。另一种是农垦组织的复杂权力。同样，由于中国政治经济的历史积淀与组织本身的特殊属性，农垦组织既有公共利益的属性，又有组织本身的利益需求，还存在组织领导集团的利益需求。这两种权力组织在时空范围中共存，以冲突与矛盾行使共处于同一社会体系之中。然而，以农垦组织为研究主体的视角出发，区域政府理性的设定在本研究中本应仅作为一个环境因素出现，但因为农垦组织的每一行动无不跟这个权力组织息息相关，政府组织每

---

① ［美］亚历山大和柯罗米著：《走向新功能主义》，载柯罗米编《新功能主义社会学》，埃加出版公司，1990年版，第9页。（转引自杨善华主编：《当代西方社会学理论》，北京：北京大学出版社2001年版，第164~168页。）

② ［美］艾森斯塔德著：《制度化与社会变迁》，《美国社会学评论》第29卷，第246页。（转引自杨善华主编：《当代西方社会学理论》，北京：北京大学出版社2001年版，第166页。）

一次的利益指向变化都会极大地影响着农垦组织，因此书中对于政治组织的利益指向及其制度安排进行了详尽描述。对农垦组织的分析而言，组织本身基于所处"政府——农垦组织——组织成员"的多方利益结构之中，其变革过程就是组织在与相关利益主体的互动中三种利益属性的对比与动态变化，以及如何选择实施自身利益偏好最大化的途径。当运用"特殊公权力组织"的理性逻辑来分析农垦组织发展过程时，可以发现在区域实际的政治经济活动中，各种不同利益偏好的主体存在：中央政府、省级政府、地方（州市）政府、农垦企业、基层农场等，并不是以一种分散和孤立的形式存在，而是以一种动态的利益组合来从事相应行为的。"政治是发生和运行于上层建筑中的一种社会历史现象，它是某些特定的社会主体维护自身利益的特定方式和由此结成的特定关系。"① 组织变革过程中，层级政府组织与农垦组织之间各种利益相关主体不是分散、孤立的存在，而是在一定结构中形成各自利益的交叉与重合。当不同利益主体间利益交叉或重合，即形成一致性的共同利益"整合"结构，利益诉求重合部分越大，利益主体间所形成的同盟就越牢固，越有可能组成有效的"集体行动"；当不同利益主体间利益逐渐分离或对立，则原有结构就开始"分化"，不同利益需要者开始寻找新的共同利益持有者，构建新的利益同盟。同时，这种"整合"与"分化"往往在交替中进行，其过程中利益的组合方式也在不断地变化。本研究中，"组织结构功能的整合与分化"指农垦组织变革过程中，特定宏观环境下，政府组织各层级、农垦组织各层级基于整体利益诉求一致性而形成的"组织整合"，以及基于利益诉求的改变将组织内不同部分结构与功能细分而形成"组织分化"的动态化利益结构建构过程。"组织结构功能整合与分化"内涵主要体现为四种特征：

1. 组织结构的利益性

组织变革在形式上表现为组织结构与功能的变迁，在过程上实质为各利益主体基于一定时期相对稳定的利益共识而进行的谈判与妥协，以求取能够实现自身利益最大化的规则制定。也就是说，在区域政治经济活动中，具有不同利益偏好的相关主体，为实现各自利益偏好进行博弈，这就形成了组织

---

① 李景鹏：《权力政治学》，哈尔滨：黑龙江教育出版社1995年版，第12页。

结构功能变革的过程。在这个利益追求与实现过程中，多种利益需求的主体存在：中央政府、地方政府、农垦组织、组织成员等，往往不是单独进行行动的，而是以利益组合的方式形成共同利益的诉求同盟，集合分散的各利益主体的力量来实现所达成的共同利益契约。可见，组织变革的实质是利益分配格局的结构性变迁，而这种变迁又常常通过利益主体的集体行动促使组织功能发生转变来进行。农垦组织变革取决于各层级政府与组织本身之间多元利益的博弈与互动，以及最终形成的关于资源获取与利益分配的一致性合意安排。例如，在 20 世纪 80 年代初农垦组织变革过程中，中央政府、省级政府、组织领导集团、组织成员尽管各具相对独立的目标函数，但区域经济发展成为各主体利益诉求中交叉与重合的部分，构成首要的共同利益目标。只有实现了区域经济的发展，中央政府才能实现边疆区域的稳定与农业现代化的提升；省级政府才能增加区域财税收入并发展区域经济，政府官员才能因此而达成职位晋升的政绩实效；组织领导集团才能提高组织绩效，扩大在政治权力系统的影响力；组织成员才能提高收入水平；垦区所处地方才能得到相应的扶助与基础设施的改善。主要目标的一致性，构成了组织相对稳定的利益结构形式和具有相对优势的组织功能发挥。

2. 组织功能的差序性

差序性源于"差序格局"之概念。"差序格局"是费孝通先生对中国传统乡村社会性质的一种描述。他认为西方社会可被视为以团体为基本单位"一扎扎捆起来"的结构，形成特有的"团体格局"。而中国乡土社会的基本结构却是由"私人联系所构成的网络"，从而形成乡土社会基层结构的"差序格局"。[①] 同理，在组织的利益结构中，权力的得到与资源获取也并非均衡，用差序格局来形容，权力和利益分配亦是沿着"核心—边缘"这样同心圆式的序列进行分配的。各相关主体在环境既定的制度安排格局中，能够获得的资源与利益的多少，取决于主体与权力中心的间距，取决于主体在政策中的影响力，取决于主体能够在多大程度上使用权力。这样以权力为圆心的差序性利益分配格局决定性地影响着公权力组织的功能设定。对于公权力组织而言，组织主体距权力中心的距离越近，以公权力和公共决策来获得

---

① 费孝通：《乡土中国》，北京：北京大学出版社 1998 年版，第 24～31 页。

资源和影响的能力越强，越使得组织增强了政治色彩，组织目标的设定也逐渐倾向公权力意愿；组织主体距权力中心的距离越远，其政策话语权与对公权力运行的影响越弱，越使组织不得不减少许多政治色彩，组织目标的设定也逐渐关注于自身发展或者说现实经济效益。此外，"控制资源的一方能够对需求资源的一方制造依赖，从而产生权力。一般来说，资源的重要程度、稀缺程度和是否存在替代方式（机会）是决定依赖程度，因而也是决定权力关系的主要因素"①。

从云南农垦组织的功能变迁来看，组织每一次的功能指向变化都是源于国家宏观政策对权力体系的重新安排，政府通过权力体系对组织的定位来提供资源，而组织通过权力体系对自己的定位来获得不同比重的各类资源。这直接导致了组织根据资源比重而增强或减弱甚至摒弃某项功能，显示出农垦组织功能变迁的时序特性：组织资源的获得随制度安排变迁而有所不同：当制度安排使得组织靠近权力中心时，组织可以获得更多的行政资源支持，那么，组织中的公权力利益被强调，其政治功能由此取得比较优势；当制度安排使组织远离权力中心，组织的生存和发展需要依赖经济、社会等其他类型资源时，组织的政治功能不再具有比较优势，组织必须发展其他功能，否则将无法获得充分的增量收益，组织本身也就难以维持。

3. 利益分配的排他性

对组织体系而言，排他性的利益分配是组织稳定以及组织边界构成的物质基础。在理论层面，组织获取的利益应在组织范围内进行分配，这是强化组织边界意识，增强组织成员对组织集体与资源依赖，保障组织稳定以及组织权威体系的基本条件。但从实际运行层面看，利益分配的范围事实上围绕的是能够提供资源的相关利益主体，按照对权力为圆心之利益分配体系的理解，利益分配与权力掌控是成正比的，同样也是一个差序分配的格局。由于特殊公权力组织与纯粹的经济组织在资源依赖方面是不一样的，它或多或少地与公共权力和公共利益相联系，无论制度安排使之处于权力体系的何种位置，它始终在权力体系中游弋。因而，在利益分配方面，特殊公权力组织仍

---

① Jeffrey Preffer and Gerald Salancik. *The External Control of Organization: A Resource Dependence Perspective.* Stanford: Stanford Business Books, 2003: 39~62.

然与特定政治利益联系在一起，且由于组织效益与社会行为需要权力体制的确认，才能获得相应合法性，其利益分配势必以政治意图为主要依据。云南农垦组织变革过程中，组织利益结构的维持正是以利益分配排他性为基础的，改革初期组织内相关利益主体，之所以接受和维持组织身份的双重性，主要源于能够从权力体系中获取增量收益，获得排他性利益分配。只要组织现有利益体系能够提供稳定的收益与增量分配，组织成员并不倾向于主动打破现有组织结构。但是随着改革的深入以及宏观环境的变化，利益的排他性分享开始向组织内部延伸，即农垦组织的持续变革过程中，各级政府在不同时段充当了资源配置的权力中心，政府组织、组织领导集团、组织成员各自所拥有的政治资源、经济资源、社会资源成为利益谈判前提，客观上使得相关主体能否真正进入利益博弈场域，以及进入之后能否真正获得话语权和影响力都是一个未知数。由于资源信息的不对称，农垦组织改制变迁过程一直显示为政府主导的特性。

4. "整合—分化" 之动态性

组织的结构与功能不是静态而是动态的存在，是随着环境尤其是宏观环境的变化而变化的。一定时期内，组织结构功能获得相对优势，能够满足相关主体的利益诉求，组织的结构功能就得以在这一时期内维持和发展；当组织结构功能不再拥有优势，无法获得充分的增量收益来满足相关主体的利益诉求，组织结构与功能必然走向分化。整合与分化的动机共存于同一行为载体之中，两种矛盾动因的权重动态地导致了组织结构功能整合—分化过程，促使着组织的变革：从初始利益结构演变到组织结构功能的整合，继而演变到组织结构功能的分化。云南农垦组织结构功能变迁过程中，由于相对原先的收益而言，改革后的组织获得了比原有收益更好的收益而满足了相关主体利益需求，各主体愿意维持和巩固改革后组织的集团化整合战略，各方的合意使得组织获得了相对的稳定性，以及组织功能调适的连续性。而在新的环境与制度安排中，农垦组织结构功能的 "政治经济双重性" 逐渐失去相对优势，随着组织收益的减少，之前一直维系的利益结构与功能设定无法继续满足相关主体的利益需求，利益分配矛盾日益显现，原有组织结构功能体系无法维持稳定存在，逐步走向分化。

三、第三层次：组织变革方向的期望与其偏离性

按照上述分析，利益结构及属性的变化与组织结构功能变革形成双向互动。一方面，利益结构及属性构成组织结构功能变革的前提。利益相关行为者就相同的利益诉求目标形成利益同盟，达成资源利益分享的一致契约，从而才有可能组织集体行动和推动组织变革的实施。另一方面，组织结构功能变革所获收益的增长量影响着变革后组织的稳定性。组织变革只有取得功能的相对优势，获得足够的收益增量才能满足相关利益者的需要以及行动初衷，从而维系组织现有结构功能模式；当组织失去这个相对优势，无法获得能够满足需要的增量收益时，必定会引起利益同盟的不满与分化，相关利益主体即开始为自己的利益诉求而采取新的行动。由此，产生了从组织初始结构之后的一次改革、二次改革，进而形成组织结构功能变革与利益结构及属性变化两者间的动态互动。从这个角度讲，组织变革的目标设定或者说预期应该是以组织结构功能的升级为指向的，是以组织能力提高和效率增长为主要结果的，至少组织变革的推动者们是这样理解自己所主导或参与的变革进行时：组织结构功能的转型无论是整合还是分化，都是对环境的适应性升级，是组织进化的结果。然而，组织变革的方向是否一定是一种"进步性"的？在现实多重利益的交织下，由政府所构想的组织进步性变革是否达到了制度安排的预期？效率的增长与能力的提高是理论以及经验上的可能结果还是必然结果？从云南农垦组织的改革发展历程来看，制度安排所主导的组织改革还具有着与变革预期并不相同的偏离性。这种特性是从组织发展的实际过程中逐渐显露出来的。

从云南农垦组织变革的内卷化过程来看：在宏观环境的制度安排变化中，组织结构功能变革既非以自下而上方式自发完成组织对环境适应的过程，也不是由于既有资源依赖而陷入所谓"路径依赖"这样直线式的权力运行范式，而是形成一个间隔有"内卷化"的长期持续过程，其背后体现为组织结构功能五个阶段内在逻辑的切换：

1. 组织结构功能产生阶段

组织的形成阶段是组织发展过程的第一阶段。由于特定宏观环境的限定，农垦组织初始利益诉求的主体与目标都非常单一。从经济学的角度分

析，彼时组织的成本—收益是完全不符合理论上组织的生发条件的。但对于初建国家政权的政治需求而言，基于地理政治经济及历史积淀等环境给定情境，兴建农垦组织具有相当的相对优势。"相对优势"指的是一种路径选择对于另一种或者多种路径选择的相对优越性，从利益层面讲就是在特定的宏观环境下具备获取更多收益能力的方式方法。由于新中国成立初期稳定政权是当时各行动主体的首要利益需求，农垦组织的收益计算可以说几乎全部以政治诉求为主。新兴政权以提供全部资源支持的方式来构建和巩固组织的可存性，并依靠政府直接性的政治动员促进和激励相关利益主体维系组织的"集体行动"，实现组织初始收益及其增量。在这个阶段，中央政府由于所拥有的组织资源、经济资源，天然地成为组织建构的主导者，同时亦成为组织功能设定的关键主体。由于资源依赖和利益取向的单一性，组织显然缺乏基本的变革动因。

2. 组织结构功能"整合"与变革期望

随着宏观制度环境的变化，农垦组织变革由生发阶段进入到发展阶段，组织发展战略由于主体双重身份的占有而获得经济体制改革之初的相对优势，也就是与区域内其他社会经济组织相比，农垦组织具有权力与利益的先占性。此时，又由于原有资源和技术等生产要素的积累，组织变革的风险成本相对较低，中央政府——省级政府——农垦组织——组织成员基于当时各自的利益诉求，在互动中就组织经济发展效益达成一致契约，初步完成组织结构功能"整合"的意愿与制度安排。在此阶段变革中，由于管理权属和资源依赖在权力体系中的下沉，省级政府成为农垦组织改制的主导者，并与农垦组织领导集团共同成为组织变革的第一行动主体。同时基于制度环境提供的潜在收益暗示，省级政府与组织领导集团选择了组织内多重利益的"整合"路径，并利用各主体对于经济利益达成一致契约的时机，主导了政府——农垦组织——组织成员推动组织集团化的"集体行动"[①]，建构起组

---

① 在奥尔森《集体行动的逻辑》一书的视角下，个体理性与集体理性往往存在冲突，导致集体行动并非能够经常产生，其行动成立的逻辑主要是有组织或者存在制度化约束。本书将制度安排僵滞状态下组织成员对个体收益的长期不满足状态视为引发集体行动的主要诱因，即这种制度化所造成的个体无法突破的困境，造成了组织成员对此低效制度联合起来进行抵制的冲动，这一冲动最终引发了有组织的规模化集体行动，成为突破现有经济秩序的一种力量。

织结构功能转型之区域经济发展的变革期望。

3. 组织结构功能原初期望的偏离

本阶段属于内卷化阶段。随着组织结构功能的变革，组织收益达到高峰，变革前期的收益增长情况导致组织开始习惯于现有组织类型，视组织双重身份渠道的资源占有为当然，模式化了组织转型所形成的利益结构，试图通过既有利益结构来维系稳定的收益。但从利益结构层面分析，组织变革前期的收益及其增长无疑带有相当"权力介入的垄断性"。由此带来了"权力介入的垄断性收益"，即农垦组织在转型过程中，与本区域内其他普通社会经济组织相比，由于公权力的介入而具有了资源和利益分配方面的特殊性，且这种特殊性有着极强的排他性，从而赋予了组织在经济、政治等领域中不同程度的获利优先性。组织结构功能类型一旦被模式化，组织收益的分享方式亦由此固定下来。基于组织双重身份政府之结构功能特质，组织利益分配体系不仅体现为再生产性收益分配，而且包括政治性收益分配，如政府或组织领导作为官员的政绩与晋升；政策性收益分配，如向地方村寨提供技术支持；以及社会性收益分配，如支援地方基础建设等多重要求；并且这种模式会被政府和组织精英视为固化应然状态。由此，在这个阶段，虽然利益结构稳定性得到加强，但对组织一定时空条件下相对优势理解的恒定及模式化思维，极大地影响到组织变革主导集团对宏观环境变化敏感性和应对机制的速度性，组织惰性的产生最终导向了组织的僵滞。

4. 组织结构功能"分化"与变革期望

在区域市场经济发展中，随着各种类型竞争组织的崛起，组织原有的结构功能相对优势逐渐失去其部分特有的作用，也就是一定程度上"权力介入的垄断性"利益主体没有能够提供资源获得的捷径时，模式化的组织必然产生收支的不平衡。同时，新的宏观环境下，制度安排的意向也开始出现了新的变化：一是在公民权利意识与自主性日渐增强的社会氛围下，制度安排开始注重自身公权力行使的公益代表性，逐渐有意识地规范和约束政府对社会与经济领域的全面控制；二是在政治经济联系日益紧密的国际交往下，制度安排开始对农垦组织的功能进行重新定位，逐渐有意识地促使其远离权力中心，从利益结构上强调其生产要素的市场化，从功能设定上扩展其目标指向的经济化。此外，组织第一次变革后利益分配的僵化，使得组织成员的利益诉求无法得到满足，在改制出现基层成员抗争的"集体行动"，这些都使得处于内卷化状态的组织原有利益结构最终解体，"分化"的意愿逐步达成。在这个阶段变革中，管理权属再次下沉，由省级政府移至地方（州、市）政府，同时组织的政治性和经济性开始以明确的政策安排形式予以分开：组织领导集团明确其政治属性——省级农垦总局归入公务员管理；组织基层生产单位明确其经济属性——农场作为独立的法人实体落实生产经营自主权。可见，此阶段所构建的组织变革目标是，期望能够重新构建新的以生产要素为主的利益结构，强调组织以生产获取收益的经济功能属性，也期望能够使得地方（州、市）政府精英重新被激励。

5. 组织结构功能的二次变革

组织对于潜在获利机会的相互竞争必然使得变革过程持续不断，反过来这也使得组织的相对优势不可能恒定不变。虽然这一阶段的改革才起步不久，但在这个组织利益关系的解构与重构过程中，经过仔细观察可以发现组织变革的问题：其一，组织目标市场定位并未明晰。组织现阶段的经济生产性功能意向已经十分明确，而组织赖以生存和发展的首要问题就是资源来源，一旦被市场化，组织的资源必须完全依靠市场，市场定位将是组织存续中至关重要的条件之一。对于现阶段获得生产经营自主权的农场而言，其市场目标是什么？大多数农场停留在生产加工出售的简单环节上，未能很好地与国家政策和国际经贸环境相联系。其二，组织变革中成员的缺位。现代民主政治和公民社会的发展不断地增强着基层民众的权利意识和参与意识，就组织所推行的变革而言，与第一次变革中政府直接介入时的环境相比，现阶段组织变革不仅在环境以及群体组成方面有很大变化，而且更多地涉及组织成员个人的利益得失。但是在组织变革的过程中，组织成员仍然缺乏话语权，且他们在公共政策和组织制度安排中的影响力显得更为孱弱。这种基层成员缺位的状况会随之影响到随后的利益分配，如果利益分配失去约束，势必使组织再次陷入内卷化的矛盾情境。

总的说来，"组织结构功能转型与内卷化"这一理论分析框架属中观层次，以观察现象和研究问题为中心，寻求符合研究对象发展特征的理论分析平台。它借用关于结构功能主义基本理论以及内卷化的概念描述，为本书的逻辑思路提供了良好的分析工具，对研究对象的发生过程具有较强解释力。

本研究将围绕和运用这一理论框架，对云南农垦组织结构功能的变迁及其内卷化的过程进行剖析，对提出问题进行实证解答，并检验所建构的理论与命题假设的逻辑设定。

第三节　研究的相关命题

"范畴是区分过程中的梯级，即认识世界的过程中的梯级，是帮助我们认识和掌握自然现象之网的网上纽结。"[1] 美国学者 A. 拉德克利夫-布朗从科学研究角度亦提出："科学最重要的任务，亦是长期的任务，就是要找到用作分析的正确的概念。"[2] "术语革命"和"概念创新"对科学研究十分重要，但在社会科学研究中，作为一种意识或观点的活动，不应是纯粹意识的产物，而应是意识对现实概括和抽象的产物。[3]

一、云南农垦组织的嵌入环境：层级权力体制及其利益形构

农垦组织在变迁过程中，由于所设定目标和利益诉求等特殊性，在相当程度上受到政府主导之制度安排的影响，因此，制度环境是农垦组织变迁的重要观察因素。正如迪玛奇奥和鲍威尔所言："影响科层化和其他方面同质化的主要力量是国家和专业人士，他们已经成为 20 世纪后半叶最大的制度化推动者。"[4] 在本书研究的对象关系场域中，制度体系并非是广义所指的，那种为调适和约束人们相互关系以及社会行为的一系列正式规则和非正式规则的集合，而是狭义上的，那种嵌入政体或政治经济结构中的程序、规则、规范形成的"正式制度"，或者说，是科斯笔下"用于降低交易费用的制度、用于影响生产要素的所有者之间配置风险的制度、用于提供职能组织与个人收入源流之间联系的制度，以及用于确立公共品和服务的生产与分配的

---

① 《列宁全集》第55卷，中共中央马恩列斯著作编译局编译（中文第2版），北京：人民出版社1984年版，第78页。

② Alfred Radcliffe-Brown. *A Natural Science of Socity* . Illinois：Free Press，1957：28.

③ 林尚立：《当代中国政治形态研究》，天津：天津人民出版社2000年版，第32页。

④ Paul DiMaggio and Walter Powell. 1983. "The Iron Cage Revisited：Institutional Isomorphism and Collective Rationality in Organizational Fields." *American Sociological Review* . 48：147～60.

框架的制度"① 中那些明示成形的部分。值得注意的是，这里，对正式制度的分析提供的不仅仅是一种环境描述而已，作为影响农垦组织的重要因素，正式制度通常更多地提供了一种社会压力来源的剖析——环境利益结构如何作用于组织的目标、结构和功能。正如帕森斯从社会系统的角度将制度的作用描述为构造社会利益那样，"我们不能设想的是，一套制度规范能够给共同体内部成员带来好处，就证明这些规范的存在主要或专门依赖于其所提供的利益和为其有效执行而实行的制裁。一方面，因为共同体的道德所具有的规范性力量将倾向于以一种符合规范的方式引导着利益的流动。于是对个人的主要奖赏，首先是社会尊重，将倾向于给那些遵从它们的人。另一方面，道德忠诚的同样力量倾向于把不赞同和有时公开的惩戒、惩罚给那些违背它们的人。"② 同理，正式制度安排抑或组织规范形成的重要意味在于，这套运行规则一旦确立，就定格了组织维持和发展的资源来源和利益分享，定位了各种利益主体的角色和行为，形成了完整的利益复合体。本书对政府和农垦总局等部门的正式政策文件进行详细分析的目的在于，通过组织外以及组织内不同层次制度框架的形成和巩固过程，来解析组织结构功能转型中各种利益主体对自身利益的界定和维护。

从环境角度来看，农垦组织的形成发展与我国政治体制有着密切联系，可以说政治体制直接影响着农垦组织的运行与发展，因此，对政府层级关系进行相应描述也是组织结构功能研究的应有之义。在我国，中央人民政府是最高一级的国家行政机关，受最高国家权力机关全国人民代表大会的领导，并作为全国人民代表大会的权力执行机构，统一领导全国各级人民政府的工作。《中华人民共和国宪法》（2004 修正）第八十五条规定：中华人民共和国国务院，即中央人民政府，是最高国家权力机关的执行机关，是最高国家行政机关。③ 就权力运行体制而言，我国实行的是单一制权力结构形式，全国各级人民政府从属于中央人民政府，是中央人民政府权力运行机制中的组成部分，其机构运行需要服从中央人民政府的决策与领导（文中简称中央政

---

① ［美］科斯等著：《财产权利与制度变迁》，刘守英等译，上海：上海人民出版社 1994 年版，第 253 页。

② Mary C. Brinton and Victor Nee edited, *The New Institutionalism in Sociology*. New York：Russell Sage Foundation，pp. 1–16.

③ 《人民日报》，2004 年 03 月 16 日第二版。

府）。于区域层面，宪法第三十条规定：中华人民共和国的行政区域划分如下：全国分为省、自治区、直辖市；省、自治区分为自治州、县、自治县、市；县、自治县分为乡、民族乡、镇。直辖市和较大的市分为区、县。自治州分为县、自治县、市。自治区、自治州、自治县都是民族自治地方。① 也就是包括省级、地级市、县级、乡级人民政府四级行政设置。在这个体系制度安排中，"中国政府从中央政府到乡镇政府构成一个长长的等级体系。不能想象乡镇政府与县级以上的政府有同等性质的权力和功能。"② 省级人民政府（文中简称省级政府）是地方政府划分中最高一级的国家行政机关，而这里对地方政府的理解可以有三个层面：其一，地方政府主要指县乡镇层级的行政机构，即以国家权力最基层身份出现的权力行使主体；其二，地方政府是一种中观层面的，州市层级的政府权力机构，在这个角度说，这也可视为省级政府之下一个一个的小层级权力系统；其三，从全国范畴来讲，地方政府指中央政府之下，包括省级政府在内的各个行政区划中的各级行政机构。基于研究对象的权属归口以及改革中权力下放的过程，本研究所指的地方政府主要是宏观层面的地方政府，即省级以及自治州市政府。

这样的权力运行体系安排，可以反映出地方政府的两方面的重要特征：一方面，地方政府以其"中位"性，在权力运行的层级体系中具有承上启下的双重角色属性，既作为国家政权延伸的权力节点，又作为相应行政区域管理的公权力运作机构；作为国家政权延伸的权力节点，是由于居于中位的政府在行政过程中主要受到其上级政府的辖属和影响，也就是在这个单一式权力运行结构中，省级或地方政府在管理本区域时，必须按照上一级政府的方针政策去指导和组织所辖区域的社会活动，而且需要以上一级政府所赋予的政策目标实现程度作为自身政绩的最终衡量标准，实现"承上"；作为相应行政区域管理的公权力运作机构，这种中位政府的职能发挥又受到其所辖区域社会需要的影响。因为，改革开放以后随着国家发展目标的调整，无论是出于政绩检验还是地方政府之间竞争的需要，中位政府与自己所辖区域社会经济发展情况之间的联系日益密切，这就促使中位政府更加倾向于发展本

---

① 《人民日报》，2004 年 03 月 16 日第二版。

② 洪银兴：《新苏南模式及其对建设全面小康社会的意义》，《江苏社会科学》2006 年第 2 期，第 207～212 页。

区域，获得绩效与竞争优势，实现"启下"。另一方面，地方"中位"政府在层级体制形塑的利益结构中具有一致和差别的双重利益诉求；中位政府在权力层级体系中的双重角色扮演同时也产生了两种利益需要，即秉承上级政府的战略意图或政策导向使用公权力过程中，源于绩效衡量所产生的与权力体系高层一致的利益诉求，以及基于地方资源禀赋差异和相关中位政府财政需要等因素，所形成差别性利益诉求。这两种利益事实上构成了两种动态的利益同盟结构与解构的过程。

这一点可以借助于奥尔森的"共容体益"（encompassing interest）这一概念来进行分析。奥尔森在其"固定匪帮模型"中指出，固定匪帮由于有着比个人狭隘利益更为普遍的"共容体益"，因此，它具有为所辖地区的社会提供必要增长之公共资源的内在驱动力。推而广之，由于国家与社会发展之间维系着某种"共容体益"，权力掌控集团都会致力于发展经济与社会，既使这种愿望有可能并非源于良善。他认为"共容体益"指"理性地追求自身利益的某个人或拥有相当凝聚力和纪律的某组织，如果能够获得特定社会总产出增长额中的相当大的部分，同时会因该社会产出的减少而遭受极大的损失，则他们在此社会中便拥有了共容体益"。① 根据这一概念，以及前文对"特殊公权力组织"的理性假设，在农垦组织变迁所处的环境中，地方"中位"政府利益诉求动态变化及其"共容体益"的归属，显然在相当一段时间内成为组织变迁的关键影响因素。亦即，中位政府的双重利益诉求在形式上是共存的，在冲突与矛盾中动态地共处于同一载体。这种动态性的根本表现就是，中位政府倾向于根据宏观环境以及制度安排的变化，运用权力实施自身利益偏好最大化的制度变迁，形构着为达特定目标的利益同盟。于是，通过"共容体益"逻辑可以发现：由于上一级政府所界定的绩效指标与政府职能的重点不同，省级或地方政府在不同时期的政治与经济活动中，对所辖区域实行的制度安排指向会随之有着不同变化，从而形成不同领域的一致性利益主体间的结盟，此中，哪些利益主体可以被吸纳，其利益结构的边界是什么，在很大程度上与相关政府的利益诉求是密不可分的。以边

① ［美］曼瑟尔·奥尔森著：《权力与繁荣》，苏长和译，上海：上海世纪出版集团2005年版，第4页。

疆区域政府为例，新中国成立初期的各种国际国内环境使其与中央政府必须保持高度的一致性，此时对边疆统一稳定的需要成为一种压倒性的利益诉求，层级权力体制及其社会延伸之公权力组织皆表现为上下一致的利益同盟；而改革开放以及权力体制调整之后，不同层级政府着眼于相应区域的发展，利益诉求的权重开始发生变化，如在改革开放近十年的时间内，中央政府对边疆仍然以稳定为主要战略指向，而省级和地方中位政府则开始努力地发展区域经济，部分基层政府甚至片面地将绩效当作主要利益诉求，此时，层级权力的利益分歧会部分地表现于公权力组织的结构与功能的重构过程之中，形成利益分布的交叉与重合。这种重合部分越大，一致性的理解结构就能得到巩固，反之如果重合部分小而分歧大，则利益同盟就越容易解体，并重新开始寻求利益一致性的过程。

可见，层级权力体制及其农垦组织的"特殊公权力组织"特性，使得组织环境以及组织结构中不同利益主体间完全的利益重合不可能存在，利益同盟的形成是不同利益主体间部分的、暂时的、有限的、动态的利益一致达成，同时，又随着制度安排与主体利益诉求的变化，相应发生着边界范畴的变动。这种利益形构的动态性还表明，当组织的结构功能取得相对优势，获取足够的收益增量来满足利益主体需求时，所形成的利益同盟就能得以维持和发展；当失去这种相对优势时，利益同盟走向解体。整合与分化的双重动机循环导致了组织利益结构的变迁，也明证了"特殊公权力组织理性"假设。

二、云南农垦组织结构功能变革

对组织而言，结构与功能是紧密相联，互为依托的。从静态视角来看，组织结构指的是系统中相关角色之间关系的固定化形式，既包括横向的机构设置，又包括纵向的部门系统之间的权属关系，还包括组织与外界资源依赖之间的互动，体现为一种由各相关利益主体构成的格局模式，以机构、人员、上下级关系为规范化的表达。据此映射到实际运行过程，就表现为组织的利益分化、利益整合、利益规则、规则实施、收益衡量等一系列功能，因此，组织功能就是组织根据环境的变化与需要，为维系自身生存与发展所承担的效用职能，它以实践的方式体现组织行动的基本方向和主要意旨，事实上就是结构的动态反映。阿尔蒙德和鲍威尔曾对功能进行这样的划分：一为系统功能，包括社会化、录用、沟通；二为过程功能，涵盖利益表达和聚合、决策制定、政策实施及裁定；三为政策功能，分为提取、限制分配与输出①。这同样可以理解为是一个组织结构功能变迁与成形的过程，也是组织不同阶段效用主旨替换运转的动态过程。

按照农业部农垦局时任局长李伟国为农垦建立六十周年接受记者采访的总结，全国农垦系统的发展可以分为两个阶段——"从1978年的改革开放到2000年为第一个阶段，随着国家改革开放的推进，农垦系统也采取了大量的改革措施，包括在农业上实施以家庭联产为主的农业双层经营，在工业企业实行了改制改革和现代企业制度建设，在生产经营方式上推行了农工商综合经营等一系列措施，使农垦经济摆脱了改革开放前的大面积亏损，实现了整体扭亏为盈，盈利水平逐年提高，农业生产水平也有大幅度的提高。进入新世纪以后，农垦发展进入到了一个更新的阶段，这个阶段是改革的进一步深化，也是经济向着一个更高的水平发展。这一阶段提出了推进农垦企业集团化、产业化、股份化等改革措施，提出了巩固建设一批大型农产品生产基地，培育一批以农产品加工业为主的大型国有农业企业，形成有竞争力的农业主导产业，进一步的发挥农垦在推进现代农业建设中的示范带头作用"。② 这个总结反映出农垦组织改革的一个显著特点：即农垦组织的变革是伴随着国家建设这场有计划的、自上而下的制度改革来开展的。其隐含的反证条件就是：农垦组织的结构功能在变化了的实际环境中出现的偏差，组织的改革成为必需以及必然。

20世纪80年代以前，农垦农场在中国还代表着国家稳定和建设边疆的准军事意义，20世纪60年代后半期到70年代前半期，农垦实行军事化管理，以兵团建制为主要管理体制，虽然1974年中央开始撤销农垦兵团建制，1974年6月26日《关于改变云南生产建设兵团体制的批示》和云南省委、

---

① ［美］加布里埃尔·A. 阿尔蒙德、G. 宾厄姆. 鲍威尔著：《比较政治学》，曹沛霖、郑世平、公婷、陈峰译，上海：上海译文出版社1987年版。Galbriel Almond and Bingham Powell, Jr.. *Comparative Politics: A Developmental Approach*. 2nd edition. Boston: Little, Brown and Company. 1978: 77~90.

② 《农垦局局长李伟国谈农垦发展成就》，见中华人民共和国农业部网站：http://www.moa.gov.cn/。

昆明军区党委 8 月 30 日转批的《改变云南生产建设兵团体制会议纪要》的通知要求，10 月云南省委发出成立省农垦总局的通知，10 月 28 日，云南省农垦总局在思茅成立，29 日正式上报兵团撤销工作完成，但是，直至 1979 年 8 月，在国家农垦部颁布的《国营农场工作条例（试行草案）》中，仍将国营农场界定为"社会主义的全民所有制农业企业"，明确提出"国营农场要发挥既是生产队，又是工作队、战斗队的作用，地处边疆的国营农场，要坚持'屯垦戍边'的方针，建设边疆，保卫边疆"。

而对于农垦系统的改革来说，自 1978 年国务院国发〔1978〕20 号文件关于"为了加强对全国国营农场的领导和管理，国务院决定成立国家农垦总局，对黑龙江、新疆、广东、云南四个垦区，实行农垦总局和省、自治区双重领导，以省、自治区为主的体制"的规定。此后，在整个 80 年代，农垦系统如何变革受到了官方以至学界的关注，逐渐成为改革开放之初中国社会发展的重要议题。

此阶段国家将农垦系统划分为四种类型来进行相应的管理：一是兵团建制，主要指新疆屯垦系统以建设兵团形式所构建的党政军企高度统一的体制；二是企业化集团化改制，主要是在北京、上海等地区实行类似一般国企的农垦企业股份化与集团化，将政企彻底分开；三是政企合一类型的体制管理，主要指黑龙江、甘肃等地区所实行的"一套人马两块牌子"的形式，即系统内部行政和经济两种功能分离，但系统本身同时行使政企合一的双重职能；四是行业指导型管理体制，吉林、内蒙古等地的垦区全部属地化管理，行政和企业系统全部由地方接收为行政事业管理垦区。而从权属关系来看，又分为中央和省级直接管理两类（如图 3.2 所示）。

鉴于"在管理体制中管理权限的划分涉及到如何调节各方面的经济关系，是管理体制的核心内容，机构的设置及管理形式和制度是实现管理权限的组织保证和制度保证"[1]，从组织管理的角度来观察，这一轮农垦体制的变革主要体现在这样几个方面：

1. 农垦组织定位从国家准军事力量到准社会企业的转变。农垦组织在新中国成立以后很长一段时间内，是作为中央政府稳定区域以及辅助国家军

---

① 厉以宁主编：《市场经济大辞典》，北京：新华出版社 1993 年版，第 735 页。

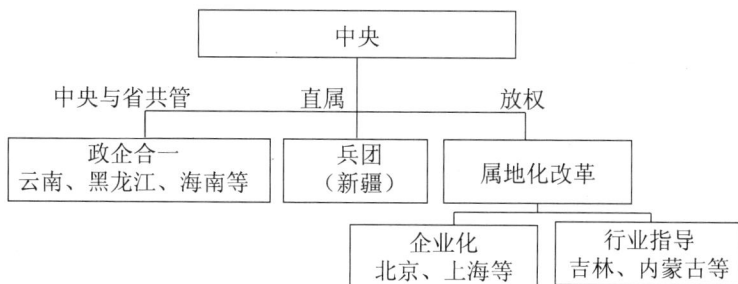

图 3.2 全国农垦系统管理权属示意图

事控制力而存在的，在政权控制层面，可谓之基层性质的准军事力量，这种组织目标无疑一直延续到"文革"结束。改革开放之后，基于对国际形势和国内发展需要的重新认识，中央通过对农垦系统的权属划分来确定重点防控区域，同时通过四种类型的改制来改变农垦组织之前以政治为主的组织性质，试图以准社会企业的形式来转换组织的基本目标。所谓"准社会企业"，在严格意义上指的是，"运用商业手段，实现社会目的"①，这是一种通过过商业运作营取利润，并将所得盈余用于社会扶助，以社会价值为主要追求的企业形式。本研究拟借用此概念进行界定，以描述政府对农垦组织改革前景的规则的规划与要求。

2. 农垦组织结构的改革。在农垦系统这场有计划的改革中，政府发挥了决定性的主导作用，这种主导性是以官方定性的制度安排为完全进路的，因而明显体现为组织结构的外源强制型变革。从中央 1978 年批发 20 号文件《全国国营农场工作会议纪要》，要求各省、市、自治区党委普遍加强对农场的领导。健全管理机构、整顿农场之后，1979 年颁布了《国营农场工作条例》，一直到后来各省出台的区域性改制文件，如《云南农垦企业扩大自主权的暂行规定》、《江苏省农垦农工商联合总公司关于扩大农垦企业自主权的通知》等，都为各地农垦系统的定性和相应的组织机构、组织资源、组织权义等提供了详细改革方案。

3. 农垦组织功能的变迁。农垦组织结构的变革带动了组织功能的变迁，

① Social Enterprise Coalition. *There's More to Business than You Think：A Guide to Social Enterprise*, London：Social Enterprise Coalition, 2003：7.

基于上述农垦系统改革中的中央的权属定位和各省不同的资源禀赋及地理位置情况，各地农垦组织的功能开始发生不同的变化，不过从农垦系统的总体情况来看，仍然兼具着经济、政治和社会三种功能属性，只是不同区域的组织功能属性权重有所不同而已。当然，这种权重的不同，最终决定了农垦系统在不同省区的转型结果。

20 世纪 90 年代之后，农垦系统开始经历改革以来最为严峻的时期。从 1997 到 2001 年三年时间内，农垦全系统经营亏损，2002 年之后方逐步改善。与此同时，不同区域农垦组织由于结构功能改革的目标定位不同而不断拉大差距，这种差异性最先由经济收益层面有所体现。中国农垦经济发展中心学者贾大明分析道："由于农垦体制和所处区域自然、经济的多样性、复杂性，东西部沿海地区、大中城市与内地、边疆垦区在管理体制改革、经济发展速度、经营业绩、职工收入水平等方面的差距较大并呈扩大的态势。仍有不少垦区的改革缺乏动力和新的思路，且进展缓慢；或习惯于用行政手段来指挥企业生产经营；或幻想靠行政主导或主要依靠国家投资来振兴农垦；或过分强调农垦的特殊性，忽略农垦的企业属性，习惯于企业经营、社会管理、政企合一的传统管理模式；或不重视研究学习市场规律和市场需求，强调客观困难，不愿主动探索和改革，等等。"同时"许多传统的优势产业和产品不能尽快地调整以满足市场不同层次的需求，特别是大宗农副产品依旧处于提供原材料的初级阶段，产品的科技含量和附加值较低。社会负担依旧较为沉重，职工收入增长缓慢，收入差距呈扩大态势，人才流失，事业后继乏人。"① 这种分析在一定程度上又确实反映了当时农垦系统的发展状况。

在此背景之下，云南农垦也在寻求自己的发展之路。20 世纪 80 年代初，云南农垦以"包干上交，超收（或降亏）留用，短收不补"的财务包干办法为发端，以成立农垦工商联合企业公司为引擎，开始改革和发展社会经济。在随后的改革进程中，从管理体制来看，云南农垦系统最先归属于中央直管垦区，80 年代中末期开始实行央省双重管理，90 年代中期以后省管权属加重。从组织发展类型来看，云南农垦组织一直体现为政企合一的组织

---

① 贾大明：《浅议我国农垦系统改革、发展、稳定的思路》，《经济研究参考》2006 年第 57 期，第 15～18 页。

形式，并从 90 年代末开始着力于推行企业集团化战略。期间，为了组织的生存与发展，云南农垦系统先后有过一些改革试点：1984 年，云南人民政府批转云南省农垦总局《关于在国营农场内部兴办职工家庭农场的报告》，开始全面试办"职工家庭农场"，推行家庭农场承包经营责任制。继而，1985 年 1 月，根据国家关于改革劳动制度的规定，云南省农垦总局在各垦区开始实行"关于国营农场试行劳动合同制的办法"，由之，原来的"国营农场职工是国家职工"的提法变为"国营农场职工是农场（企业）职工"，职工需要与企业签订劳动合同确定劳动关系。这些举措亦成为 20 世纪末前推动云南农垦系统橡胶产业发展的基本政策。除了土地制度，云南农垦系统还开展过提高经营能力的尝试。根据文件资料记载，1996 年开始，云南农垦相继签订职工家庭与企业的土地承包经营合同，开始实行"三自理"和"四到户"、"六统一"等制度，同时，以组建天然橡胶集团为起点，开始进行集团化、产业化和股份化改造。然而，现实却是：家庭承包，作为 1978 年始被证明适用于中国农业、并在全国农村实行的基本土地制度，在云南橡胶种植中却走走停停；云南农垦集团总公司的集团化努力在经济效益上并不见十分显著，基层农场的改制中却显现出许多矛盾；而按照现代企业期望建立的企业总公司，也一直处于与云南农垦系统总局行政体系"两块牌子一套班子"的合并办公状态。这些情况使得云南农垦组织的第一轮改制多少显得"有增长而无发展"，引发新的改制需求。

　　进入 21 世纪之初的十年，云南农垦系统在新的国际与国内环境下，再次进行了新一轮的改革。2009 年 12 月，云南省人民政府办公厅印发了《中共云南省委、云南省人民政府关于推进农垦改革发展维护垦区稳定的若干意见》，开始推行农场"属地化管理"，总体思路是"体制融入地方，管理融入社会，经济融入市场"。在具体施行的方式上，明确要加快农场属地管理进程，将 39 个农场划 93 所在州（市）实行属地管理，垦区经济社会发展纳入属地统筹规划；而且提出要明确农垦总局职责，省农垦总局参照公务员法管理，撤销农垦分局，人员和资产整体划归所在州（市），以及改造重组云南农垦集团公司，实行政企分开。此次云南农垦系统的属地化改革与之前持续近三十年的政企合一的双重管理体制改革存在诸多不同：首先，宏观环境不同。双重管理体制改革始于国家的社会经济体制刚开始转型时期，当时原有的计划经济体制仍然居于社会经济生活的主要地位，计划经济模式的强大惯性是改革发展所面临的主要问题；属地化改革则处于当今全球化和信息化之国际环境中，国内的社会经济制度经过相当一段转型时期以后也已逐步改进。其次，改革目标指向不同。双重管理体制改革是为了打破原有纯计划经济模式所带来的僵滞局面，加大农垦组织的经济功能属性的权重，从而逐步实现和形成组织的企业化和集团化；属地化改革则是针对组织上一轮改革所陷入的困境，试图彻底将组织的政治与经济社会功能分离，通过经济发展来维系垦区稳定。第三，改革所采用的方式方法不同。双重管理体制改革主要采取加强农垦组织经济功能属性的措施，如扩大企业计划自主权、生产自主权、利润留成资金使用自主权、产品销售自主权、工资支付形式和奖励办法自主权、机构设置和人员配备自主权、物资购销自主权、保护企业财产自主权等等，来推动组织向准社会企业类型发展，促进组织企业化的发展路径；属地化改革则主要采用明晰农垦系统管理体制的政策，如明确农垦总局职责、改造重组云南农垦集团公司、对农场公共管理和公共服务人员合理定编、定员、定岗等，来促使屯垦组织不同属性的结构功能分离，从而进一步寻求明确的组织目标及其市场发展的定位，实现组织转型的预期。

总之，属地化改革是双重管理体制改革发展到一定阶段的动态结果，双重管理体制改革是属地化改革的形成基础。以扩大组织生产经营自主权为发端的农垦系统企业化改制，为云南农垦组织经济功能的转变与增强奠定了相应基础，但在这个过程中，由于组织多重利益目标的诉求导致不同类型结构功能的混杂，组织本身发展的停滞状态以及组织成员的不满情绪，都使得组织为摆脱现状的进一步改制成为必然。鉴于边疆区域经济社会稳定与发展始终是国家利益诉求的重要前提，属地化改革成为云南农垦现阶段发展的政策选择。据此，本书亦试图通过云南农垦组织发展过程的考察和影响因素的分析，来总结此类组织的变迁特征、发展规律及其不足之处，以扩大屯垦体制研究的理论视角，并能够对组织变迁实践有所裨益。

三、云南农垦组织的内卷化

社会经济体制的转型直接导致了农垦组织结构功能的变迁。对国家而言，其本来目的是要改变农垦组织的性质和功能，或者是实现农垦组织主导功能属性的转换（从政治属性为主转换为以经济属性为主），以适应新的国际国内环境的需要。然而，根据云南农垦系统自 20 世纪 80 年代改制之后运行至今的情况，在某种程度上，组织变革陷入了无实质性发展的内卷化困境之中。本书拟从这样几方面来进行分析：

其一，云南农垦组织结构内卷化。从组织结构层面而言，内卷化意指组织结构没有质的突破，仅限于不停地复制和细化原有结构格局。即结构上表现为，一种利益格局及其结构形式在某一发展阶段形成为固定化模式之后，未能够转化为更高级或者更具有发展适应性的另一种利益结构，而是靠扩大旧有模式或机构的影响程度，不断在组织基层复制既定结构形式来膨胀组织，使其看起来"有增长"，但组织并未获得实际效益的递增。1978 年前，云南农垦组织的党政关系设置遵循这样 4 条原则：（1）农垦系统各级党的领导在地方，行政关系在系统。地方的党的领导负责农垦企业党的组织关系，参与领导班子的审定，统一部署大的政治运动、政治学习等事宜。企业的人、财、物、产、供、销由系统管理。（2）主管机关（省农垦总局）与企业的关系，主要是通过设在地（州）的 6 个农垦分局实行垂直领导。（3）农场内部实行统一核算、分级管理，即由分场或管理区、生产队实施管理。（4）农场职工为国家职工，工资实行等级工资制，职工子女就业实行自然增长。1978 年以后陆续对农垦系统进行改革，1984 年根据十二届三中全会精神制订了《加快云南农垦企业改革的实施方案》，管理体制改为：总公司（总局）、分公司（分局）和农场实行"三级管理、逐级承包、分级经营"的管理体制，总公司、分公司和农场在行政上是上下级关系，经济上通过承包合同联成一个整体。如果将农垦组织中总局、分局和农场三级的机构设置和职责进行梳理，并逐级与其上一级领导机构相比较，则可以清晰地看到屯垦组织每一层级的机构职位设置以及每一部门的功能职责与其上一级行政机关的同一性。从这个角度来看，虽然云南农垦组织改革的目的是为了加强组织经济方面的功能与属性，但在改革后，农垦组织每一层级的实际结构以及由制度安排所形成的功能，都使农垦系统仍旧囿于行政组织的构成与运行特性。甚至由于所谓"两块牌子，一套人马"的组织干部兼职方式，使得农垦组织带上了相当重的行政色彩。为了区别于法定政府组织又显示农垦组织组织相应的特点，本书将其称为"公权力组织"的类行政结构特性。这类行政结构特性由此成为农垦组织以政治功能为中心的组织结构功能体系的一个重要组成部分。其中，党的组织系统在农垦组织中以提拔批准领导干部岗位的角色而存在。那么事实上，在农垦组织的改制中，无论在组织目标上如何加强其经济诉求，现实中，组织领导集团的角色职责属于集党政于一身的情形，使得农垦这一组织形式在区域发展中的定位变得模糊和复杂：一方面，作为区域中以经济发展为主要目标的企业化组织，组织需要代表组织成员的利益，以绩效增收为最高诉求，其机构设置与功能设定应具有区域经济竞争的最优选择性；另一方面，作为实际情形中公权力的延伸，农垦组织又成了区域政权体系的最外围组织，其机构设置与功能设定又客观地具有了履行政府职能、实现部分政治与社会需要的实质性权力；再者，作为党支部，农垦组织每一个层级也参与到了相应区域的政党系统中去，同时兼具了某种政党稳定以及代表等作用的派生性功能。于是，至少在组织结构中科层制的细化，使得组织在变得膨胀繁复的同时，很难得到实质性的经济增长。

其二，云南农垦组织功能内卷化。就组织功能层面而言，内卷化意指组织功能没有获得新成长动因，循环于原有功能不断重复和延伸的运行机制。即在功能上表现为，组织原有的功能已经作用到了所需程度，或者功能需求发生了转变，但这种功能仍旧运行，既不能有所调适也不能转变到新的形态，不断在组织内部重复和延伸着既定运行机制。具体到农垦组织，改制后的农垦组织依然被各个条条块块部门视为下属单位而轻易地将自己承担的职责延伸到组织中的部门，从而使农垦各个层级的职能扩张和泛化。如农垦组织自成立之后，其基本任务就有打击土匪、保卫边疆民族地区的和平安宁；修桥架路，出动人力物力参与地方基础设施建设；带动帮助各族群众靠科技致富；在文化教育卫生方面给予群众帮助；发展民营橡胶等社会事务性工作。除此之，农垦组织还要承担难民、侨民安置，军队专业人员安置等社会性工作。林林总总的任务使农垦组织承担了越来越繁重的社会事务。而在另一层面，对于组织成员而言，组织在改制中的各种职工代表大会、改革委员会，基本上是形式意义大于实质内容，许多职工大会中组织成员只是政策宣讲的受众，而职工参与在许多时候仍然只是一种装饰性功能。或许，在大多数职工看来，农垦组织尤其是其行政系统更像是政府在组织所设置的派出机构，更大的功能在于动员和组织职工执行和完成政府的相关行政性事务，而并非是将职工组织起来有效获得经济收益的载体形式，甚至，组织的领导集团为了获得政绩，有时还会将组织用于再生产的收益用作政策性支出。由此，农垦组织功能的行政化，使得组织成员对于农垦组织的活动尤其是生产性活动，产生严重的怠工甚至对立情绪，更多地表现为一种出于尽义务的道德感而去进行。此时，组织的功能再增加和扩展的同时，很难有实质的经济增量产出。

其三，云南农垦组织无实质性发展的状态。就组织整体而言，内卷化意指组织的基本形态被锁定，功能特征被固化，因而对环境的适应性在一定程度上被遏制了。农垦组织第一次改制之后，组织成员与领导集团具有着不同的身份，如中央在 1979 年发布的《国营农场工作条例》中，将农垦组织成员定义为"国营农场的职工，是我国工人阶级的组成部分，是国家职工。国营农场职工，同其他国营企业的职工一样，享有国家职工待遇。"也就是说，农垦系统职工从事的是植胶割胶等农业生产，管理体制属于国营农场，因而属于城镇户口，享有职工工资和城镇福利福利保障，这使得农场在 20 世纪 80 年代招工用工过程中，得到极大的资源支持。20 世纪 90 年代末的改革中，农垦系统基层以"职工家庭经营"形式从事农业生产的人员，需要"自主经营、自负盈亏"，实行"三费自理"，对从事第二、第三产业生产的农垦企业职工和农场的经营管理、科技人员，执行"省统一的企业职工基本养老保险政策"。实质上，已经产生了不同人员性质的划分。2007 年云发（2007）12 号《中共云南省委、云南省人民政府关于深化改革加快农垦发展的若干意见》的文件中，开始采用"农工"一词来指代农场从事种植生产的职工。而组织领导集团具有的双重身份虽然使得组织在特殊时期获得了发展的相对优势，但同时又使得他们与组织基层成员之间的诉求联系性相对减弱。另外，农垦组织的人事任免基本还是由政府主导和确定的，直至 2007 年农垦"二次创业"的改革，规定"云南农垦集团有限责任公司管理层正职由省委直接管理，副职由省农垦总局会同省国资委进行考察"。在这一过程中，大多数基层成员还是游离于选择之外，其诉求并没有在组织领导选择中得到充分的表达。从组织运行来看，确定领导之后的农垦各层级系统由于仍在相应权力机构（双重领导体制）的领导下进行工作，接受工作布置的政策性和统一性仍然很强。在农垦组织与政府的关系主要为领导与被领导关系的情况下，组织的具体工作有相当一部分是面向政府，来自政府的各种考核、评比以及各种活动成为组织的主要行政功能，使得组织不得不把大量的时间、精力放在整理资料与工作汇报方面。由此，组织整体的基本形态与功能发挥被锁定，无法获得实质性的升级。

通过上述几方面维度的衡量，云南农垦组织在第一阶段近三十年的改革中，虽然在组织目标上更多地指向企业化的经济组织，但实际上却体现为深刻而全面地复制了政府的科层特征，始终未能在结构和功能上达成组织改革的预期目标与性质改变。可以说，由于组织的人员选拔、经费来源、机构设置等在改革后趋向于更为"精致"的正式化和程序化，组织结构科层化以及功能行政化的特点更为明显。因此，在改革进行到一定时期，组织所面临的外环境有所变化时，改革陷入了"内卷化"困境。如今，面对正在进行的第二轮改革，或许作为主导者的政府已经开始正视这个问题并试图以制度安排的方式重新洗牌，其中，既有对组织多元网络化发展的期望，又有分化组织结构以明晰组织功能的意图，这也将是本书所要关注并分析的。

第四章 云南农垦组织的发生与结构功能演进

本章主要从组织的形成环境与发生机制——组织结构功能演进——组织结构功能扩展过程来剖析云南农垦改制的组织变迁过程。云南农垦组织作为一种特殊的公权力组织，是新中国建立之初特殊的国际和国内政治背景下的产物，它作为国家管理策略的特殊手段，肩负着地方整合与国家认同等政治社会功能。随着社会转型与发展，农垦组织也开始进行了相应的改革，其内容主要是改革传统的国有制和集权控制的资本组织形式，调整传统的国家所有制结构，目的在于使组织能够逐渐适应市场经济并相应转化为市场主体。这段时期农垦组织从结构与功能方面都发生了较大的变化，本研究即选取了云南德宏傣族景颇族自治州农垦组织作为相应的实证样本。

第一节 组织的形成环境与发生机制

"每个组织都存在于特定的物理、技术、文化和社会环境中，并要与之相适应。没有任何组织可以做到自给自足，所有组织的生存都取决于该组织与其所在的更大系统建立的各种关系。"[①]

---

① ［美］W. 理查德·斯科特、杰拉尔德·F. 戴维斯：《组织理论——理性、自然与开放系统的视角》，第19页。

一、云南区域自然历史状况与文化积淀

作为组织来说，总是存在并发展于一定的区域资源结构之中，这就是组织的生存环境。"环境指的就是组织之外所有影响组织生存和实现其目标的能力的重要因素。环境可以看作资源的汇集，是机会与约束和需求与威胁的来源。"① 环境中不同的地域资源禀赋构成了组织及组织精英主导组织生存和发展范式的政治、经济、社会等背景，形成组织行动的环境制约。其中，区域政治、经济与文化所形成的历史积淀，则如同一只看不见的手，以这样或那样的方式制约或推动这个环境中各种组织的变迁进程。同样，"组织不仅受当前情境的制约，也受过去历史的影响"②，因此，云南地区早期的历史环境无疑构成了当代区域中各种组织发展变迁的基础。

（一）云南区域地理与历史状况

云南省位于中国西南，地处北纬 21°9′~29°15′，东经 97°31′~106°12′，面积为 39.4 万平方公里。东邻贵州和广西，北接四川，西北角与西藏毗邻，西面、西南面与缅甸接壤，南面、东南面与老挝和越南交界。其自然地理条件复杂多样，处在亚洲三个特色极不相同的自然地理区域的结合部位，东侧连接东亚季风区域半湿润的热带和亚热带，南面和西面连接着南亚次大陆和中南半岛所属的亚洲热带季风区域，滇西北则与青藏高原相连，特殊的自然地理环境实现了三大自然地理区域的相互连接和过渡，同时呈现高山阻隔效应和纵横水系的分布。

中原王朝对云南地区的整合过程，也是云南地区惯习与风俗形成的重要历史积淀。从 170 万年前的元谋人算起，昭通人、西畴人、丽江人、蒲缥人等人类遗迹表明着云南本地先民的繁衍生息。战国时期，楚国大将庄蹻入滇，开启了云南与中原之间的往来交流，庄蹻也变服称王，统治了滇地区。秦统一中国后，王朝势力正式延伸到云南地区，公元前 221 年秦始皇为加强对滇控制，派常頞修五尺道通滇，并对云南部分地区开始了直接统治。西汉

---

① ［美］W. 理查德·斯科特、杰拉尔德·F. 戴维斯：《组织理论——理性、自然与开放系统的视角》，第 19 页。

② ［美］W. 理查德·斯科特、杰拉尔德·F. 戴维斯：《组织理论——理性、自然与开放系统的视角》，第 230 页。

时，中央王朝逼降了滇王后设立了益州郡，公元一世纪，王朝势力扩展到滇西、滇西南，设立永昌郡。东汉末至三国，南中大姓和原住部落首领各自称雄一方，直至公元225年诸葛亮率兵南征，平定南中地区稳固后方，开始长期奉行羁縻政策。诸葛亮死后，爨氏家族日益发展壮大并据滇为王。唐初，云南地区夹于中央王朝与吐蕃之间，摇摆不定，唐王朝遂选中蒙舍诏奴隶主贵族加以扶植，逐渐统一南诏，封其首领皮罗阁为云南王。天宝战争之后南诏从此脱离唐王朝控制，成为南诏国，区域版图急剧扩大，扩展到今滇西剑川、鹤庆、丽江一带，滇东金沙江北部广大地区，以及滇南西双版纳地区，南诏在其势力最盛时，东接贵州，南括西双版纳，西抵今缅甸北部，北达大渡河，东南接越南边界，西南骠国，西北与吐蕃为邻，东北达黔、巫。公元902年，南诏政权灭亡。在以后的36年中，云南出现过长和国、天兴国、义宁国。公元937年，段思平夺取政权，建号大理国，直到公元1253年忽必烈率兵攻占云南，大理地方政权，一共存在了三百多年。

云南地区自元朝开始被正式纳入中央统一版图，设立行省，成为中央政府直接管辖的一个多民族边疆省份。元王朝通过实行土官制度，使当地少数民族初步认同了王朝统治。明朝在元代经营的基础上，加强在云南设治与经营的力度，实行了设置卫所以及较土官制度更为规范和严格的土司制度，推行较元代更为有力的屯垦戍守和局部归流等措施，并通过教育、政区设置等措施，使封建王朝对云南的统治更为深入。同时，云南的诸多土司，也逐渐形成盘根错节的地方势力。清朝则废除了弊端日益突出的土司制度，并对云南的政区进行较大幅度的调整，把原属四川的乌蒙、东川和芒部划归云南，巩固了对彝族主要聚居区三省分治的局面。对紧邻边疆的地区则大力推行土司制度，先后在这些地区册封三百多家土司，在这些文化和习俗不同的地区保留了传统统治方式。事实上，伴随了清代向云南的大量移民，云南地区的社会发生了深刻的变化，当地各民族的封建国家观念逐渐形成，具有了初步的国家认同。

可以说，封建王朝与边疆地区在集权与分权方面关系的演变，始终贯穿边疆整合的过程。在云南加强管理与不断开发的过程中，社会经济的发展和各民族之间的交往和融合，是促进云南社会进步和管理水平提高的重要动力。以武力开路并实行强制性的措施，是封建王朝经营边疆所常用的手段。

云南民族众多且部落林立，权力争夺是中央政府与民族地方势力关系的一个方面，两者之间的权力斗争，也是影响云南政区演变及其经营的重要因素。在从元代至清代的五百余年，云南由一个闭塞落后的少数民族集聚区，逐渐发展为一个中央政府能有效管辖的较规范政区，社会经济发展的水平也逐步提高。透过元明清时期云南的变化可以看出，边疆是多种政治力量角逐并交错运行的一个中间地带，边疆地区的形成与巩固，是以边疆的经济文化逐步发展为主要条件的。

（二）多样的民族文化及其特点：组织发展的文化基因

从民族源流及语系角度看，云南各少数民族主要是由先秦时期就居住在境内的氐羌、百濮、百越三大族群经过二三千年的民族融合和民族分化以后逐渐发展而来的。氐羌族群逐渐形成藏缅语族中的白、彝、哈尼、拉祜、阿昌等族；百越族群逐渐形成壮侗语族中的壮、傣和水等族；百濮族群逐渐形成孟高棉语族中的布朗、德昂、佤等族。此外，从唐宋到元明清时期，逐渐迁入云南的民族有藏族、苗族、瑶族、布依族、蒙古族、回族和普米族等。各个民族载负着不同的文化进入云南，使云南民族文化呈现出多源性。多样的族源同时也带来了多样的宗教，从宗教的角度看，云南地区并存有原始宗教文化、佛教文化、道教文化、伊斯兰教文化、基督教文化等众多宗教文化。其中，小乘佛教主要为居住西双版纳地区的傣族、布朗族、德昂族所信仰；藏传佛教为主要居住在滇西北的藏族、普米族所信仰；基督教主要被居住在怒江和临沧地区的傈僳族、景颇族、拉祜族、佤族所信仰。伊斯兰教主要为滇东北、滇南一带的回族所信仰。中国土生土长的道教为彝族、纳西族所信仰。丰富多彩的民族宗教文化，创造了丰富多彩的宗教形态。从地域文化的角度看，云南各民族在独特的历史和自然条件下创造了具有地域特色的文化亚型。几乎每一个地区，每一个民族都有自己鲜明而特色浓郁的地域文化，如曲靖地区的爨文化、傣族地区的贝叶文化、彝族地区的毕摩文化、昆明地区的滇池文化、大理地区的洱海文化等。文化的多样性同样造就了多样的社会制度与惯习，新中国成立前夕的云南有着相当复杂的政治形态：同汉族混居的平坝及丘陵地带多为地主制经济生产方式，远离汉族地区的坝区和广大山区则为领主制经济，部分边缘的山区残存着奴隶制经济或其遗痕，更为边远的高寒山区则保留着古老的原始公有制经济形态或其残余形式。与其复杂的社会形态相适应，各少数民族的政治制度也呈现出多样性的特点，主要有长老制、山官制、家支制、土司制，等等。反过来看，多样的民族、语言系统和宗教信仰也增强了不同族群之间相互了解的潜在资源与内在动力。

总的来说，云南地区的政治社会形态体现为这样几类特点：其一，独特性。云南地处边疆，历史悠久，民族众多，再加上山高水远，交通不便，直到 20 世纪 50 年代初，云南还处在一个相对封闭的状态之中，因此许多极为原始的、极古朴的民族文化资源，得以在各个民族中保留。比如云南各族在历史上曾实行过羁縻制度、土司制度以及相应产生的文化遗存，在民主主义革命前还在一些民族地区存留着。位于思茅地区孟连县娜允镇允贺军寨的孟连宣抚司署，就是傣族世袭土司刀氏的衙署。另外，由于经济发展不平衡，直到 20 世纪 50 年代初，云南地区还共存着原始公社制、奴隶制、封建领主制以及在半殖民地、半封建社会下的畸形资本主义成分等，一些尚处于原始公社制、奴隶制时期少数民族，在其文化中，则较多地保留了种种古朴的原始风貌，如云南独龙族以血缘为纽带的氏族公社制，摩梭人的母系制的家庭结构和阿注婚，傈僳族刀耕火种的生产方式，普米族的见者有份的平等分配办法，纳西族的东巴文字、洞经音乐，沧源彝族的壁画，剑川的石窟艺术等，都是不同文化独特性的表现。其二，包容性。于区域族群发展而言，云南虽然地处边陲，但它气候温和，环境宜人，资源丰富，再加开发程度低，成为多民族共居共存的极好选择。早期南下青藏高原的氏羌系各民族先民，北上的白濮各族先民以及秦汉以后南迁的汉族等就形成了各有统属的文化体系。之后，历史的沉淀、民族的沿袭、高原的习作、封闭的环境，多重因素承袭了云南区域文化的多样特性，同时也形成了一种无主流文化的分散形态。于区域地理条件而言，云南虽然地处中国的西南边疆，但又位于中南半岛的北端，是中国边缘文化尤其是与东南亚诸国文化的交汇区。早在公元前 4 世纪，随着西南地区成为中国和南亚、东南亚文化交往的传输带，云南不仅汇聚了汉族为主的儒家文化，而且也汇聚了印度文化和东南亚诸国文化。多元文化资源的共生，成就了云南区域社会的博大包容性。现实中，这两种特性既是云南社会经济文化的主要特点，同时也是云南区域发展乃至各种制度政策选择的一个重要影响因素。

二、新中国成立初期的国家整合需求与农垦

尽管学界有过这样的命题：新中国农垦的出现，是在新中国建立之后由于经济、政治以及国际环境等因素影响而形成的一种大规模临时举措。但事实上，历代以屯垦戍边来加强国家整合与安全的举措，早已开启了新中国成立后农垦组织的大规模建设以及农垦制度的广泛推行的路径。同时，人民公社时期的社队生产体制作为国家战略性制度安排，在边疆以农垦体制的方式构成了国家对边疆整合的重要范式选择。因而，云南农垦组织的规模化并非一个突然出现的新事物，它是在历史演进过程中出现的一个必然产物。

从组织的角度分析，人们结成一定形式的组织，主要是为其成员的共同利益而服务。纯粹的个人利益可以通过个人的非组织方式去实现。但当一些人拥有共同的利益或公共利益，单纯的个人行动根本无法实现或不能充分地实现这共同的利益时，组织的形成才有可能。当代西方研究利益集团的学者中，几乎所有的人都意识到共同利益是利益集团存在和发展的基础。例如，利益集团理论的奠基人阿瑟·本特利认为："不存在没有其利益的集团，集团的利益才是基础，没有集团的利益就没有集团。"① 曼瑟·奥尔森在其著名的《集体行动的逻辑》一书中也指出："尽管组织经常也能服务于纯粹的私人、个人利益，他们特有的和主要的功能是增进由个人组成的集团的共同利益。"② 也可以说，利益环境的需求创造出组织和组织结构。作为国家整合发展过程中的一项组织创新，农垦组织的兴起，就是基于国家权力阶层共同的利益需要，是统治精英阶层的一个理性的选择，即为了满足国家整合以及统一安全等需求，是获取政权的新兴权力阶层的利益聚合、利益协调和利益表达的需要，从而以组织的力量扩大和保护本阶层或群体的利益，整合不稳定因素。

事实上，新中国成立以后，百废待兴，国际的封锁禁运以及紧张的战争备战状态为农垦组织的创建发展奠定了活动空间和政治经济基础，但这并不必然导致组织的充分发展。国家政府组建并且扩大农垦组织的目的即在于以

---

① Arthur Bentley. *The Process of Government*. Evanston：Principia Press，1949：211.

② ［美］曼瑟·奥尔森著：《集体行动的逻辑》，陈郁等译，上海：三联书店1995年版，第7页。

组织的力量控制边疆区域、防范边境的不安全与不稳定，消除国家整合初期的无序与混乱，从而建立一个新的权力运行秩序。由于历史上云南特定的地理环境和中央王朝"分而治之"政策，使云南不同地区、民族间的政治、经济、文化发展不平衡的特点十分突出，表现为分割以及发展不平衡的经济立场，行为理性的差异标准，民族认同的预期程度不同，信息的极度不完全不对称等，使得边疆地区的初期整合不能仅仅依赖分散的族群行动者的自我管理以及政府部门的强制权力管制，还必然需要依赖一种能够充分反映和满足宏观权力主体（政府力量）和微观权力主体（地方民族管理）的共同需求，能从多方面涉入民族区域并能体现国家利益需求的组织载体。从这个角度，农垦组织在边疆社会经济领域的出现并得到蓬勃发展，客观上取决于以下几个条件：

第一，国家组建农垦组织以适应区域发展的需要，并且在经济领域借助农垦组织这样一种组织载体，致力于边疆农业整体化的合作，推动农业现代化发展，以促进和发展地方经济，实现地方整合与国家认同。

解放前，云南虽然在民族商贸以及境外贸易方面有所发展，但农业经济发展水平非常低，基本上没有商品经济的发展。新中国建立后云南在非常短的时间内完成了经济和社会制度的跨越，但其存在的先天性不足也是显而易见的：农业生产工具、技术落后，经营规模小、效益低、品种落后。这一事实表明，在公有制经济成为全国统一制度的新形势下，云南原有农业经济形势的滞后性。而中央政权也开始意识到，如果没有基本的经济发展，没有有效的经济组织形式来介入当地的发展，或者说依旧维持原有的分散型经济发展方式，将会不利于对区域的稳定以及安全。从长远来看，势必难以获得有效的民族国家认同。换句话说，只有形成组织并运用组织的力量，才能有效地维护中央政府的利益，促进区域的国家整合进程。从这个角度说，农垦组织作为一种由国家创建和支持发展起来的国家权力组织，从建立之日起就以维护国家边疆安全与稳定、提供必需战略物资以及发展边疆经济为宗旨，充分发挥组织政治、经济、社会等方面的功能，为边疆农业的发展提供各种服务。如，根据行业实际和实际环境的需要，农垦组织开展相关作物的可行性论证、检验检测和技术培训，及时施行政府的方针政策、法律法规，传递市场信息、新技术、新工艺、新动态和新经验，推动相关技术革新和进步。同时，有效地为政府与当地少数民族，以及军民之间的沟通和交流提供了平台。值得一提的是，农垦组织的建立为农业现代化尤其是机械化提供了相当重要的条件，机械化程度的提高意味着劳动生产率的增加，20 世纪 60 年代的机械化主要为使用拖拉机进行耕耙，如表 4.1：

表 4.1 20 世纪 60 年代云南农垦垦区拖拉机作业项目及工作量情况表   （单位：万标准亩）

项目 年份	开荒	耕耙	播种	运输	拔树	其他	工作量
1961	6.45	33.98	0.74	12.78	12.53	12.50	78.96
1962	2.28	26.99	0.88	17.93	7.12	11.02	66.22
1963	1.33	26.58	0.66	23.39	3.31	9.99	65.26
1964	2.85	22.91	1.13	20.42	4.48	9.61	61.46

资料来源：云南省地方志编纂委员会总编：《云南省志》第 39 卷，昆明：云南出版社 1998 年版，第 228 页。

到 70 年代左右，机械化的项目也有了比较大的提高，比如机械插秧、水稻收获、烘干、场上作业等。以 1976 年为例，耕地机械化程度为 59.76%，机械播种、插秧占 8.12%，机收面积占粮食作物播种面积的 5.19%，机脱面积占当年脱粒面积的 37.81%，橡胶林地机械耕种 5278 亩，占当年总面积的 1%。农业机械化的发展在促进区域经济发展，带动农业现代化的同时，稳定了边疆区域，为地方区域的国家认同奠定了坚实的基础。

第二，在当时的经济条件下，农垦组织创建、运作的预期收益远远大于预期成本，组织的初始合法性得到广泛认可。

科斯曾经对组织存在的经济特性作过颇有说服力的解释。科斯认为，在交易成本收益的层面评判，组织的存在可以有效地节约交易成本：当组织存在时，契约不会被取消，但却大大减少了，固定的、长期化的组织关系大大加强了人际关系的确定性，减少了交易的数量（组织就是关于若干事项的长期有效的契约）和每一次交易时的变数，从而有效地节约了交易成本。因此，组织只不过意味着一系列明确的、稳定的契约，组织因其提供确定性而有效地提高了交易效率。实际上，组织的存在，还具有一系列的功能，如合并和转化资源；通过统一意志、统一目标、统一行动而凝聚力量，从而更有效地实现目标。相应地，作为当时经济困难、百废待兴的国家整体情况而言，中央政府从理性上说，如果农垦组织产生的净收益小于所付出的成本，是没有动力去进行这样的组织创建的。当然，这里我们必须要扩大所谓制度收益的概念，它应该不仅仅指经济收益，还应包含着政治收益的成分。农垦组织的组建首先就是基于中央政府自身利益的要求，正是边疆区域在建国初期的国家认同状况参差不齐，以及边境的不稳定状况，致使中央政权的利益受损，中央政府在追求更大政治以及经济利益需求下，才有动机去创建并且大规模地组建农垦组织。因此，农垦组织的潜在制度净收益的存在既为组建和运作组织提供了可能，也保证了其合法性得到国家层面上的认同。

同时，美国公共行政学家埃莉诺·奥斯特罗姆教授指出，当人们面对公共池塘之类公共资源问题时，通常都会面临很强的规避责任、搭便车和机会主义方式行事的诱惑，如果人们觉得现有的规则运作得还不错，他们就不会有什么动机去继续寻求更好规则的昂贵过程。此观点体现于农垦建置层面，农垦组织在建国初期的大量涌现，实际上隐含着一个假定，那就是，从国家的层面上来衡量，这种组织具有特定的优势，而且从组织中获得的受益将大于所付出的成本。

三、云南农垦组织的发生机制

（一）组织的产生与作用

农垦组织是国家政府按照国家内外环境需要结合边疆具体情况创建起来的，从对云南农垦组织章程的梳理和分析发现，国家对特殊功能的需要先于组织的形成，也就是说，农垦组织是先有功能需求后有组织发生，这一发生机制就为其组织性质设定了基本框架。这一阶段主要包括 1951 年第 100 次政务院会议通过的《中央人民政府政务院关于扩大培植橡胶树的决定》、1956 年《云南省农业厅热带作物局第一次场长会议总结》、1959 年《农垦部、化工部党组关于大力发展天然橡胶的报告》、1960 年《中央复云南省委关于发展天然橡胶问题的报告》等政策文件。

1951 年到 60 年代的政策文件，以强调天然橡胶种植的重要性、任务分配以及种植可行性为主。1951 年第 100 次政务院会议通过的《中央人民政府政务院关于扩大培植橡胶树的决定》明确提出："橡胶为重要战略物资，……为保证国防及工业建设的需要，必须争取自给。……为争取橡胶迅速自给，对巴西橡胶及印度橡胶应采取大力培植的方针，要求自 1952 年到 1957 年以最大的速度在大陆上广东（除海南岛以外）、广西、云南、福建、四川等 5 个省区共植巴西橡胶及印度橡胶 770 万亩。……决定任务如下：广东 200 万亩；广西 300 万亩；云南 200 万亩；四川 50 万亩；福建 20 万亩。" 1959 年农垦部、化工部的报告中进一步强调"橡胶是国民经济各部门及人民日常生活中所不可缺少的重要物资。使用橡胶制品，不仅可以节约劳动力，而且还可以代替钢材。世界橡胶消费量约为钢产量的 1.5% 左右。……全世界生胶总产量约为 380 万吨，其中天然橡胶与合成橡胶各占一半左右。……按人口平均的每人消费量苏联约为 2 公斤，美国约为 10 公斤，全世界平均约为 1.5 公斤，而我们还不到 0.1 公斤。"

　　基于上述目的，云南农垦组织于 1951 年成立，40 多年里，先后近 20 万来自不同地区、不同战线的拓荒者投入这个承先启后的伟大事业。50 年代，昆明军区 13 军、14 军及 49 师，华南林一师、林二师，昆明军区直属部队、后勤部、野战军、步校，云南省军区 0058 部队，思茅军分区兵役局，共 3.14 万名官兵相继转入农垦战线，成为开拓农垦事业的骨干力量。60 年代，湖南省祁东、祁阳、醴陵县的 3.7 万名支边农民，带着湘江两岸先进的耕作技术，投入云南农垦事业的建设。70 年代，来自北京、上海、重庆、成都、昆明的 10 万知识青年，给农垦事业的开拓和发展注入了新的活力。50 年代以来，还有大批省市下放干部、昆明垦荒队员、大中专毕业生、四川支边青年和本省内地农民相继投入到云南农垦事业中。从建场开始，农垦就担负起屯垦戍边的艰巨任务，把建设边疆、保卫边疆作为自己的神圣职责。农场以转业官兵、退伍军人为骨干的民兵队伍，在开荒生产的同时，站岗放哨、巡逻执勤，积极参加军民联防，配合部队搜山堵卡，为稳定边疆发挥了重要作用。在对越自卫反击和收复老山的战争中，地处边境一线的农场为保卫祖国领土完整作出了重大牺牲。与此同时，农垦组织也是带动边疆地区经济文化发展、建立良好的场群关系、推动社会进步的重要力量，还承担着缴纳地方财政税金、支持重点工程建设、支持民营橡胶发展、兴办公益事业等诸多任务。

　　（二）组织变迁分析视角

　　对组织结构功能的探索事实上可以借助于对组织制度的分析，从组织制度分析的方法来看，许多学者在给制度下定义时都将制度作了区分。按照道格拉斯·诺斯的说法，制度是"人为设计出来的和构建政治的、经济的和社会的互动关系约束，由非正式约束（奖惩、禁忌、习俗、传统及行为准则）和正式的规则（宪法、法律、产权）组成"①。丹尼尔·布罗姆利主张将制度分为两类：惯例与规则或权利。而柯武刚、史漫飞则把制度分为外在制度和内在制度，内在制度被定义为群体随经验而演化的规则，而外在制度则被定义为外在地设计出来的并靠政治行动由上面强加于社会的规则②。同时，这些制度经济学家对制度的分类还遵循着这样一种标准：外在制度可以正式制度表现，也可以非正式制度表现，正式制度是组织中的利益相关者以一种成文明示的方式，所表达的合作均衡结果。这种规则以正式的章程、规章、法律、制度等形式出现，并由组织以有效的强制方式予以执行。因此，从组织的正式制度入手分析可具有这样几方面的的优点：第一，权义明晰。制度的成形明示了一定阶段相关行为者的权义分配；第二，有据可查。其利益的分配方式和结果以文字的形式规定下来，并且还有规定的执行机制。非正式制度则是指组织成员之间由于习惯、传承、教育和经验等方式所形成的默定规范，这种规范不仅使得成员在正常活动中自发地服从，而且往往已经转化为个人偏好，内化于成员的行为之中并获得成员的自觉遵从。"内化规则既是个人偏好，又是约束性规则。在激烈的纷争中，其作为规范而发挥作用，使人们免受本能的短视和机会主义之害，并常常能够减少人们的协调成本和冲突。"③非正式制度一般没有规定的惩罚机制，而是通过精神层面的赞扬或谴责等心理代价来实施惩戒。

　　鉴于农垦组织本身的特殊性，本书对农垦组织分析的进路主要采取考察政府对组织的外在制度安排。同时，在云南农垦组织的发生与演进分析中，一方面，外在制度始终以大量以及有效的正式规则形式存在并发挥作用，或者说，正式制度的有效供给和实施是农垦组织得以产生，以及获得改革和进

---

　　① ［美］道格拉斯·诺斯著：《制度、制度变迁与经济绩效》，刘守英译，上海：三联书店1991年版，第10页。

　　② ［德］柯武刚、史漫飞著：《制度经济学：社会秩序与公共政策》，韩朝华译，北京：商务印书馆2000年版，第119页。

　　③ ［德］柯武刚、史漫飞著：《制度经济学：社会秩序与公共政策》，第123页。

一步发展的关键，如从中央政府一直到地方政府的各种政策文件；另一方面，组织治理中也存在相应的内化制度，如农垦成员在建设过程中所遵行的农垦精神等，配合正式制度在组织治理过程中发挥重要作用。因此，书中对云南农垦组织结构功能的分析视角以正式制度为主，包括相应政策文件的文本分析，同时，兼以访谈、案例等方式来分析组织治理过程中的非正式规则。

第二节　组织结构功能的演进与扩展

从组织理论的视角来审视，任何组织都是立足于特定问题的解决，组织的合法性在于其角色的设计顺应了某一群体的利益需要。而组织要成功地扮演好自身的角色需要相适应的运行机制，反过来组织角色履行的有效性，又会大大促进其资源的动员和集聚能力。本节通过考察云南农垦组织，来透视农垦组织在边境区域经济社会中的角色设计以及其组织化运作所依赖的运行机制，探讨农垦组织在角色扮演和结构功能方面的互动机制。

一、农垦组织角色设计

农垦组织是以维护国家边疆稳定、促进社会经济发展和边疆农业现代化发展而获取其合法性地位而存在。从1950年第一个农场的成立，到80年代改革开放初期，云南省已建立起一个完整的农垦体系。

1. 政治性：代表国家稳定边疆区域，是国家权力的延伸

在社会的多元化发展中，任何组织都必须要尽可能明确它所代表的特定群体或者特定利益，以赢得对应群体的支持。就此而言，倘若我们强求农垦组织与其他经济组织一样去奉行所谓的"中立"立场，这就无异于抽拆了它的立足之本。从组织的成立背景、经费来源和领导构成等条件分析，农垦组织最初的角色设计不折不扣地表明了其政治主导性（见表4.2）。

自成立之后三十多年的时间里，农垦组织的资金大部分依靠国家拨款和农场的生产性收入，其经费来源于国家，这就天然决定了屯垦组织必须为国家利益服务。而且，从组织领导层面看，农垦组织成立之初的领导成员基本是军队、兵团的复员军人或国家委派或下放的干部。以云南部分垦区的主管

人员为例（如表4.3所示）。

表4.2 1951～1985年云南部分垦区国家投资及所占比例表（单位：亿元）

投资量＼分局	西双版纳分局 1951～1985	临沧 1955～1985	德宏分局 1958～1985	思茅分局 1974～1985	文山分局 1970～1985	红河分局 1956～1985
国家投资	4.946	0.918311	1.11	0.17991	0.246083	1.29
建设投入	5.82	1.32	1.22	0.291749	0.320791	1.64
占垦区收入比	85%	70%	91%	62%	76.8%	78.6%

资料来源：根据云南省地方志编纂委员会总编：《云南省志》第39卷相关资料整理。

表4.3 部分农垦组织领导干部简况表

姓名＼总量	籍贯	民族	最高职务	任职时间	原职位
江洪洲	云南	汉	局长、书记	1957～1966 1970～1977	1935参加红军，1936年入党。曾任第四野战军一四六师政治部主任，林业工程第一师政治部主任，华南垦植工会主席
李有桂	山西	汉	副局长	1959～1966 1975～1980	1939年参加抗日决死队，1943年入党，曾在华北军区、军委总后、农垦部任职
许鸿章	山西	汉	德宏分局局长	1952～1974	1939年参加八路军，1943年入党，曾任政治指导员、师直工科长、保山专署粮食局长，检察院检察长等职
李旭光	河北	汉	文山分局党委书记、副局长	1963～1976	1938年参加农民抗日军，1943年入党，曾任区委书记、昌黎支队、四野团政委
魏天柱	河北	汉	飞龙农场场长	1956～1982	1939年参加八路军，1941年入党；曾任朱德警卫团班长、排长
杨树才	山西	汉	盈江，陇川农场场长、党委书记	1955～1981	1944年参加八路军，1946年入党；曾任四十一师后勤处供应股副股长

资料来源：根据云南省地方志编纂委员会总编：《云南省志》第39卷资料整理。

他们既是国家权力的代表者，又是农场的经营和管理者，这种双重角色的统一，有利于农垦组织既不脱离国家控制，又能维护生产性的效益，从而防止分开设置可能造成的领导危机。应该说，在当时的政治经济环境下，农垦组织的这种集中角色设置体现了国家政治与经济利益的统一要求，也是其产生和运作的根本基础。1951年8月，政务院第100次会议所确立的农垦组织的行动宗旨，恰当地表明了农垦组织代表政治与经济立场："橡胶是重要的战略物资，帝国主义对我们进行经济封锁，为保证国防及建设需要，必须争取橡胶自给。"

另外，农垦组织历年来所担负的一系列屯垦戍边任务也很好地实践着"国家政治利益代言人"这一角色。如，云南农垦所属39个农场，分布于全省7个地州、28个县市，多位于亚热带适于橡胶生长的边疆地域，有20个农场位于国境线上。在接壤的国境沿线，不少农场又处于对外来往的交通要道上（见图4.1）。

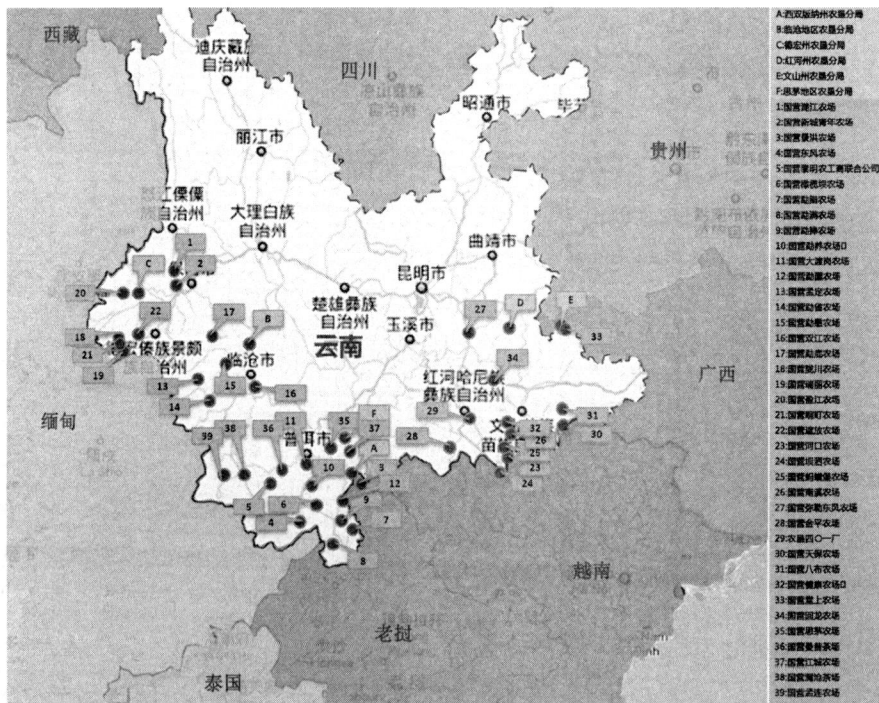

图4.1 云南省各农垦分局与农场分布示意图

资料来源：资料来源：根据《云南省志·农垦志》资料自行整理设计。

50～60 年代，农场的建立弥补了边防部队和地方政府保卫力量不足的问题，在其国家戍防和保卫边疆和平的任务中，以歼击土匪、残余匪特为主要任务；70 年代，主要有配合公安部门、当地驻军捕获走私、越境偷渡、畏罪潜逃、行凶杀人等犯罪分子等工作。期间，云南农垦组织还经历和参与了 3 次重大支前参战，分别是 1961 年 7 月，隶属思茅农垦局的景洪、东风等农场，选派 2000 余名民兵配合部队扫除中缅边境障碍作战，1979 年 2 月对越自卫还击作战和收复老山的战斗，河口农场 1605 人，金平农场 512 人，天保农场 240 人①等直接参战。这些都非常形象地说明农垦组织在边疆区域政治经济生活中扮演的重要角色。

2. 经济性：倡导垦植行为的集中化与组织化，扩大农业科技的辐射效应，引导帮助边疆农业发展

于农业劳动的组织层面，分散的农业种植之所以会组织起来并进行相应的集体行动，是为了分享个体行动无法实现的潜在净收益。如在技术、资金、市场等方面以及外部环境的博弈中的无能为力，使得组织成为它们拓展技术、市场甚至制度空间的有力依靠。同样，作物种植的规模化也是为了分享组织效应所实现的共同利益。因此，农垦组织角色设计的合理性在于，一是浓缩了原有个体分散种植中存在的技术等差异，淡化单个种植户之间的市场需求差别，以便将分散的农户力量整合起来，实现集体行动；二是帮助种植个体解决具体的实际问题，以农场的整体力量解决个体问题，从而赢得个体的尊重和认同，扩大其合法性基础。对于当时的政治经济状况而言，农垦组织的特性不仅在于获得经济现代性，更在于依靠规模效应大量节约政府与企业、企业与企业、企业与社会之间博弈的交易成本，以便较大程度地提高集体行动的成功概率。此时，农垦组织在恶劣的外环境条件下，农场式的经营优势显示了在国家整合进程中的积极意义。

因此，尽管农垦组织在某种程度上是政府权力控制的代表，甚至不同程度地作了政府的代言人。但在名义以及自身的实体利益上，它必须遵从"边疆稳定与发展"这个初建原则。从这个角度说，无论是政策生成的，还是组

①　云南省地方志编纂委员会总编：《云南省志》第 39 卷，昆明：云南人民出版社 1998 年版，第 37 页。

织所面临的环境形成的，农垦组织都是边疆农业自身需要以及现代化发展要求的代表性产物。这种需要对于国家以及边疆区域的稳定与安全是内在的、本能的和自发的，其本质是需要相应的组织以获得国家经济需要或者实现特定目的与利益。

3. 社会性：为周边村落和民族提供服务，提供教育和医疗的影响力，协调当地各种社会关系

农垦组织除了最初作为一种国家组织，具有一定的政治权威和强制力以外，还在吸纳与整合社会力量方面体现出一些独到的优势。对边疆区域的社会而言，服务性以及辐射效应是农垦最基本的组织功能，也是其赢得当地社会合法性的基础。作为国家组织又是区域经济利益实体——农垦组织，其立足的根本在于"服务"。尽管农垦组织已经拥有了国家公权力性质的管理权限，而且随着其影响加深，在当地的经济效益进一步加大，组织事实上获得的区域影响力或者管理权力会进一步增多，但组织的地域立足点仍在于服务，管理权的获得是为了更好地服务于地域稳定与发展。在一定程度上，农垦组织几十年的成长过程，就是一个服务意识不断增强、服务领域不断拓展、服务能力不断提高的过程。西双版纳傣族自治州走过的组织建设之路，就体现了这个整合过程。

西双版纳垦区自 50 年代建场后，主要从事大规模开荒植胶，当地各族群众予以了大力支持。如 70 年代后期，因知青大批返城，造成垦区劳力减员 70%，州、县作出并寨决定，下达就地招工 1.5 万人的指标，使垦区在短期内恢复了正常生产。与此同时，垦区各农场历年来也尽力帮助周围群众发展生产（见表 4.4）。据 1986 年的不完全统计，主要有①：

（1）划给地方群众已垦林地 8130 亩，橡胶中幼林 4201 亩，橡胶开割林 709 亩，橡胶苗圃地 702 亩。水稻田 8653 亩，菜地 2214 亩，甘蔗地 3924 亩，短期作物地 6578 亩，养鱼水面 5694 亩，果园和其他耕地 2.87 万亩。赠送耕牛 229 头，猪 50 头，现金 12.6 万元。（2）为支持地方群众发展民营橡胶生产，共无偿援款 58.35 万元，农场贴息为群众贷款 936 万元，还派出

---

① 云南省地方志编纂委员会总编：《云南省志》第 39 卷，昆明：云南人民出版社 1998 年版，第 491 页。

表 4.4　西双版纳农垦分局支援地方建设大额资金统计表　（单位：万元）

时间	项目名称	金额
1958 年	西双版纳民族医院	20
1965～1969 年	民营橡种植	58.35
1981～1985 年	民营橡胶贴息贷款	953.46
1985～1986 年	勐腊镇曼庄大桥	50
1985～1986 年	景洪至橄榄坝柏油路面	40
1985～1986 年	勐腊县南腊大沟	16.5
1985～1986 年	拉达勐水库	94
1985～1986 年	勐捧镇至勐满镇柏油路面	20
1985～1986 年	勐海打洛公路	125
1985～1986 年	西双版纳州民族体育馆（场）	100
合计		1447.31

资料来源：云南省地方志编纂委员会总编：《云南省志》第 39 卷，昆明：云南人民出版社1998 年版，第 490 页。

技术人员 4100 人次，提供橡胶种苗 282.68 万株（其中无偿 49.41 万株），提供芽条 30.25 万米（其中无偿 17 万米）。开梯田 1.83 万亩，定植橡胶 4.8万亩，培训芽接工 2402 人，割胶工 1.68 万人。支援胶碗 49.04 万个，胶桶1803 对，胶舌 53.46 万个，磨石 9143 块，切片刀 1771 把，胶架用铁丝 2.28万公斤，制胶设备 64 套。为方便群众生产，又专为 299 个村寨架通送电线路 442 公里（其中无偿 176 公里），提供水泥电杆 3324 根（其中无偿 1703根），免费送电 71 万度（折合现金 3 万元）。为 139 个村寨打了水井，安装自来水管 3.8 万米。为群众抢救火灾、水灾出动 10 万人次，共耗用物资折价 10.65 万元。（3）为支持地方群众发展教育文化卫生事业，为村寨小学建校舍 520 平方米，提供课桌 461 套，赠送电视机 31 台，收录机 16 台，广播设备 2 套。为村寨小学修公路 183 公里，安装自来水管 1038 米。各农场学校招收民族学生 1192 名，有的农场还专设了傣语班。为群众放电影 4445场，放录像 3828 场；治病门诊 21 万人次，接收住院 1.76 万人次（其中免费 5000 人次），抢救危急村民 2972 人次。逢年过节或庆典，场群都举行联欠。(4)开展场群共建"两个文明"活动,已结对子220个队(寨)。农场召开"共建"表彰会323次,受奖单位168个,其中村寨106个。在地方政府领导下。垦区对22个村寨进行重点扶贫,先后派出20人脱离岗位长期协助地方扶贫工作,已取得初步成绩。如小街乡曼扎罕丙村,嘎栋乡的曼公克村,勐罕镇的帕迁新寨,群众的生产和生活都有了很大改观。场群相互支持,生产同步发展,各族群众亲切地称呼农垦是"我们的农场"。

对云南尤其是周边这些新中国成立后才被完整意义纳入国家整合的区域而言,组织的凝聚力、号召力强不强,有时并不在于它的权力有多大,具备多少经济贡献,而在于给当地民众办了多少实事,在地区中发挥了什么样的作用。而组织凝聚力的增强、社会合法性的提高,其根本途径就在于很好地贯彻了其服务职能,使周边民众深切地感受到农垦组织的价值所在。

二、结构演进:组织制度与管理体制

本节关注的是,在云南农垦组织改革的过程中,各利益主体的权义是如何被聚合设定的,其利益诉求是如何被结构化的?在组织学理论中,一般从两种维度来衡量组织的结构化程度:一是组织行为的标准化程度;二是组织程序的制度化程度。以这两个标准来评判,可以说农垦组织自建立之日起就属于结构化程度较高的组织类型。因而,农垦组织改革与发展的问题集中体现于相关的政策法规中,又由于中国成文法的特点,即凡是政策法规中列举的事项,均属于设定对象行为的权属依据,由此,可以通过对不同时期国家对农垦组织政策文本的分析,梳理云南农垦组织权属制度的范围,从而把握组织所具有的权义与权力运行体制,寻找组织改革与变迁的脉络。

(一)组织形成与定位

农垦组织建立之后,国家即按照已有经验和特殊利益的需要,以一定的形式或外观来明确组织的结构体制,这样一种形式外观便是章程。章程是农垦组织存在的根本依据,是农垦组织建立和运行的原则,它体现了组织的宗旨、基本活动准则和治理结构等,从而保证了农垦组织的发展方向,并为组织的决策与自律提供重要依据。

1. 文本分析

这一阶段主要包括1962年中央发布的《中央关于转发〈国营农场领导

管理体制的规定〉的批示》、1965 年《农垦部党组关于发展民营橡胶问题的意见》、1969 年中央军委批准组建云南生产建设兵团，规定兵团行使军级权限、1970 年国务院和中央军委发布的《关于下放农垦部直属的云南、福建、广东、广西垦区的通知》、1974 年根据国务院、中央军委批示撤销云南生产建设兵团，省委、昆明军区批转《改变云南生产建设兵团体制会议纪要》等一系列政策。其中，1962 年《国营农场领导管理体制的规定》为关于农垦组织管理体制的专门规章，该文件是农垦组织自建成以来第一部组织权属规范的指导性政策文件，虽然 1970～1974 年期间一度被兵团体制所代替，但 1974 年兵团建制撤销，建立云南省农垦总局之后，仍然基本沿用到 20 世纪 70 年代末，故探讨云南农垦组织体制须从此开始。

组织的产生与初期发展是以国家战略需要为主要指向，其组织性质必然也就带有极强的政治色彩，经济性营利基本不纳入组织的目标范畴，因而，在管理体制上初步规定是这样的：《中央人民政府政务院关于扩大培植橡胶树的决定》提出 "中南、西南、华东各大行政区于农业部林业总局内设橡胶管理处（科），在广东、广西、云南、福建、川南、川东各省（行署）农林厅林业局内设橡胶管理处（科），在植胶区的专署及县人民政府内设林垦科，负培植橡胶树之责，为此，各级政府必须抽派较强干部充实此一机构。"《农垦部、化工部党组关于大力发展天然橡胶的报告》中具体涉及 "组织领导问题：种植橡胶的省、区，应将橡胶生产放在一定的重要位置上，重点地区的地、县委均应设专职书记分工领导植胶工作。同时应保留与加强原有的各级国营农场机构，实行中央与地方双重领导，以保证植胶任务的完成。"

1958 年 6 月，农垦部为贯彻执行中央 "关于企业、事业单位和技术力量下放"的方针，将省农垦局下放给云南省领导。同年 8 月 9 日，省委批转的省农垦局党组《关于国营农场领导分工问题的报告》规定：省农垦局仅负责国营农场计划的审核平衡，批准投资指标、橡胶生产规划、年度计划，解决农场所需物资等，政治思想教育、干部管理和劳力的调配等均由地、县委负责领导。1960 年 7 月 28 日，中央批复云南省委的报告，同意把云南省农垦局重新列为农垦部和省委双重领导的企业。1959～1960 年，德宏、红河、思茅（辖西双版纳）、临沧、文山农垦局先后成立，为地（州）管理农垦的机构。1962 年 11 月 22 日，中央转发《国营农场领导管理体制的规定》

（以下简称《规定》），农垦组织的权力运行体制才完全以章程的形式得到确立。该《规定》的条款主要体现了组织运行的两个主要权属原则。权属原则是政策价值取向的集中体现，是组织规范成立的理论依据。《规定》中，组织权属原则依据有二：第一，农垦组织属于全民所有制体制，其性质是"国营农场是社会主义全民所有制企业，它必须依靠职工群众，建立健全经济核算制度，厉行增产节约，提高劳动生产率，降低生产成本，提高农产品的商品率，为国家提供更多的商品粮和工业原料，为社会主义积累资金。"同时，在论述经济生产原则时，规定又明确提出"集中统一的精神"，这体现为政策的第二个原则。第二，"统一领导，分级管理"的原则。《规定》提及，为了改变"农场生产计划、物资供应计划、产权、人权、财权和产品的处理权等方面，产生一些混乱现象，带来一些损失"，"根据集中统一的精神，必须对国营农场实行统一领导，分级管理的原则"。因此，《规定》第1条提出"国营农场的生产计划权、产品处理权、资产管理权、人员调动权，集中于国家所指定的管理机关，实行统一领导，分级管理"。第2条规定"农垦部是国务院统一领导国营农牧企业、事业的行政业务部门。全国国营农牧场的生产财务计划和生产资料供应计划，都由农垦部审核汇总，上报国务院和国家计委。农垦部对全国国营农牧场，负责进行业务指导、经验交流和工作的督促检查。"这使1958年以前下放给地方的自主权重归于中央，而这一原则也成为农垦组织自60年代至70年代末权力运行的核心原则。按《规定》要求，国营农场的生产计划权、产品处理权、资产管理权、人员调动权集中于省农垦局。生产、财务、计划和生产资料供应计划经过农垦部审核，上报国务院和国家计委。国营农场党的工作归所在地的县委或地（州）委领导。

1970年3月，根据中央军委批准组建云南生产建设兵团和昆明军区党委的批复，中国人民解放军云南生产建设兵团正式成立，归部队建制。原省农垦局所属地（州）农垦局及国营农场组建成4个师、18个团和5个独立团，团下设营、连，兵团行使军级权限。按照同年1月国务院、中央军委《关于下放农垦部直属的云南、福建、广东、广西垦区的通知》精神，云南生产建设兵团归昆明军区领导。从1970年起，人员调配、物资供应、计划、财务、劳动工资的管理列入云南省的计划。1974年10月，遵照国务院、中央军委1974年6月26日批复和9月6日昆明军区的命令，生产建设兵团撤销，云南省农垦总局成立。4个师的建制撤销，成立西双版纳、德宏、临沧、红河、思茅、文山6个地（州）农垦分局，团改为国营农场。农垦总局对全省农垦企业实行业务管理，各分局接受省总局的业务领导。

2. 价值分析

该阶段对于组织管理体制起着比较重要作用的文件是《规定》，由于该条例主要是为了整顿国营农场发展中的无序状况而制定的，其初衷是重新调整中央与地方在管理农垦组织上的权力分配，恢复集权管理，因此《规定》中对权属有着相对强硬的"指令性质"，从生产计划到经营管理，从物资划拨到产品处理，从职工生活到后勤事业均有细致明确的权属分配。如第4条规定："新疆生产建设兵团、东北农垦总局所属的国营农场；广东省的海南、湛江、汕头，广西自治区的玉林和南宁，云南省的思茅、红河、临沧、德宏、文山和福建省的龙溪（包括同安）等地的橡胶和热带作物垦殖场，都是中央直属企业，由农垦部直接管理，'四权'属于农垦部"；第10条规定："国营农场所需要的由国家统一分配的物资（统配物资和部管物资），统一由农垦部归口申请，平衡分配，报经国家计委、经委及有关部门分别下达，由省、市、自治区组织订货"；第11条规定："国营农场实行统一领导，分级管理之后，凡划归农垦部直属或省、市、自治区管理的农场，产品直接归中央或者省调拨，不再承担县的购粮任务；划归农垦部直属的农场也不再承担省的购粮任务"，等等。可见，《规定》在农垦组织管理权限的划分上，自主的经济发展并未进入决策者的视野，对于组织的资金来源、产品经营以及品种等事务，均有详细的规定。因此，在这个阶段，中央政府对农垦组织实行的是明确的直线控制，农垦组织性质体现为亦政亦军的政治性。同时，从上述一系列的政策内容来看，新中国建立初期，国家对于天然橡胶种植的重视以及现实军事生产的需要，直接促成了云南农垦组织的形成与发展。而相应管理体制的文件如《规定》等，一方面明确了农垦组织的权属划分和权力运行体制，对组织的巩固与发展起到了一定的积极作用，另一方面就政策的价值取向而言，这一系列的政策倾向是一种典型的国家本位政策范式，政策的出发点以国家利益为基点，以集权管理为基调，因而，组织自主与政府控制的问题中控制占据了绝对主要位置。

（二）云南农垦组织的企业化转型

1978 年中共十一届三中全会召开，全党和全国人民的工作重点转移到经济建设上，并对国民经济实行"调整、改革、整顿、提高"的八字方针，农垦事业也执行此方针以恢复生产秩序。而继续沿用的《规定》仍然囿于"统一领导，分级管理"的指导，在改革开放的时代，传统的集权化管理使组织缺乏自主权，严重束缚了组织的生产经营活动，无法适应社会发展的需要。同年，国务院国颁布《关于批转全国国营农场工作会议纪要的通知》，其中明确提出："为了加强全国国营农场的和领导管理，国务院决定成立国家农垦总局，对黑龙江、新疆、广东、云南四个垦区，实行农垦总局和省、自治区双重领导，以省、自治区为主的体制"。1979 年先后发布国家农垦总局关于试行《橡胶栽培技术规程（试行草案）的通知》、《王任重副总理对〈关于云南省西双版纳的开发利用问题〉的批示》、《农垦部关于颁布〈国营农场工作条例（试行草案）〉的通知》，开始进行农垦体制的改革。在省级层面，双重领导体制下省的作用开始凸显。1980 年以后云南省相继出台《云南农垦企业扩大自主权的暂行规定》、《关于农垦扶持社队发展橡胶生产的贷款试行办法的通知》、1983 年《云南农垦总局胶园更新技术暂行规定》、1983 年云南省农垦农工商联合企业总公司《关于体制改革后若干问题的请示报告》等重要的原则性文件。1980 年开始扩大企业自主权之后，省级和地方出台了相关具体规章制度，如省政府批转农垦总局《关于在国营农场内部兴办职工家庭农场的报告》，省农垦总局制定的《加快云南农垦企业改革的实施方案》等。其中，1979 年的农垦部颁布的《国营农场工作条例（试行草案）》以及 1980 年根据国务院颁发的《国务院批转国家经委关于扩大企业自主权试点工作情况和今后意见的报告》而制定的《云南农垦企业扩大自主权的暂行规定》，第一次就农垦组织的性质任务、管理体制和基本制度、经营方针、经营管理等方面作出了详细的规定，继而又根据中央精神明确提出扩大农垦组织自主权，这些文件是探讨组织重大调整转型的关键性文本。

1. 文本分析

1979 年《国营农场工作条例（试行草案）》（以下简称《条例》）开篇就明确了农垦组织改革的指导思想："把工作重点转移到社会主义现代化建

设上来，为加速国营农场的现代化建设，努力奋斗。"简而言之，就是提高农垦的生产经营效率。《条例》的第一个部分明晰了国营农场的性质："国营农场是社会主义的全民所有制企业"。它的主要任务是："分别建成为国家可靠的商品粮食、工业原料、出口产品和城市、工矿区副食品的现代化生产基地；保证完成和超额完成国家计划，不断地提高土地利用率、劳动生产率、商品率和资金利润率；积极采用先进技术和科学的管理方法，努力培养人才，在实现我国农业现代化的过程中起示范作用，充分发挥全民所有制的优越性。"同时，"国营农场要发挥既是生产队，又是工作队、战斗队的作用，地处边疆的国营农场，要坚持'屯垦戍边'的方针，建设边疆，保卫边疆。"这说明，此时对农垦组织的定位从经济与政治层面都仍以边疆稳定与防戍为主，从而明确了政府放权的原则"以粮为纲，全面发展，因地制宜，适当集中"。由此在管理体制与经营权限方面提出了明确的改革方案：一是农场内管理体制改革；一是扩大农场在完成国家计划前提下的经营自主权；目的在于提高农垦组织主动适应市场经济的能力。由于《条例》是中央放权的一个纲领性文件，仅对农垦组织的自主权作了原则性规定，确定了国营农场"在遵守国家方针、政策、法令和保证完成国家下达的各项经济计划的前提下"，有六个方面的经营自主权，即：

——"有权因地制宜地决定种植计划、生产技术措施、经营管理方法"；

——"有权支配自有资金，兴办集体福利事业"；

——"有权根据农场主管部门的规定，制定对职工奖惩的具体办法"；

——"有权拒绝接受任意安排的人员"；

——"有权拒绝任何单位和个人随意向农场抽调人员、设备、材料、资金和摊派各种费用"；

——"为充分发挥基层生产单位的积极性，农场对生产队应实行定、包、奖的制度"。

这六个"权力"涵盖了组织计划、制度、人事、财务、资金费用等各个方面，不仅明确了政府放权的范围，而且以列举的方式明示了组织自身能够行使的权力。不过在六项自主权的后面还有补充限定："农场的主要经济计划，由农场主管部门统一下达。国营农场根据国家计划的要求，结合实际情况，制定长远规划和年度计划。……长远计划和年度计划要经过群众充分讨论，报上级农场管理部门批准。长远规划和年度计划不得随意改变。"同时，根据上述组织权力赋予，组织的管理体制与权限也有了相应调整。在体制方面，实行"农场和生产队两级管理，两级核算"，在管理权限方面，"国营农场实行党委领导下的场长分工负责制。农场党委的主要任务是，贯彻执行党的路线、方针和政策，做好思想政治工作，保证生产建设任务的完成。生产和建设方面的具体业务，由场长、副场长负责组织实施。"

由于《条例》对农场经营自主权的规定过于原则，为了贯彻落实这些原则，云南省于1980年12月14日颁布的《云南农垦企业扩大自主权的暂行规定》中，又把农垦组织的自主权扩充为八项：即计划、生产、利润留成资金使用、产品销售、工资支付形式和奖励办法、机构设置和人员配备、物资购销、保护企业财产。

以此为基础，这一阶段组织企业化转型的重要制度安排可以分为两大类：一类是组织自主权的拓展，包括：（1）实行财务包干制度；1980年，省财政改变过去统收统支的办法，对农垦实行财务包干。"六五"期间实行不交不拨，自求平衡；"七五"期间实行定额上交，超基数分成，即以年实现利润5000万元的基数，上交1500万元，超基数部分上交10%。总局对所属企业实行3种包干办法：盈利农场实行定额上交，留存部分按比例建立生产发展基金和职工福利基金；微利农场实行不交不补，自滚"雪球"；亏损农场实行定额补贴，限期扭亏。总局为了扶持粮食生产，从上交利润中提取粮食生产扶持金；1988年开始，从橡胶销售收入中提取生产扶持金，用于扶持贫困农场发展生产。财务包干增强了企业活力，提高了企业适应市场经济的意识和能力，基本上解决了企业吃国家"大锅饭"的问题，为企业的发展创造了良好条件，在大幅度减少国家投资的情况下，农垦生产规模仍然有较大发展。"六五"和"七五"期间，全垦区固定资产投资10.48亿元，其中国家预算内投资2.47亿元，占23.5%。企业自筹投入4.56亿元，占43.5%，使用银行贷款3.21亿元，占30.6%。（2）兴办职工家庭农场；1984年开始，国营农场内部试办职工家庭农场，实行大农场套小农场的双层经营体制。根据不同作物的特殊情况，各单位采取不同的承包办法：对投资大、周期长的橡胶实行联系产量、技术计酬的承包责任制，对水稻、甘蔗、茶叶等粮食经济作物实行土地承包、自负盈亏、上交三费（土地费、管理费、利税）的办法，对工副业和服务行业采取核定基数、包干上交的办法，这一改革冲破了国营农场长期沿用的大包大揽、生产者不承包经营责任的做法，基本解决了职工吃企业"大锅饭"的问题。几年来，小农场对大农场的依赖性逐步减弱，自我投入的积极性有所提高，自主经营的能力普遍增强。（3）推行承包经营责任制；从1985年开始，总局对分局、分局对所属企业开始了第一轮承包经营，承包经营责任制成了垦区经营管理的主要形式。进入"八五"后三年承包时，垦区把经济效益的增长作为考核重点，把效益年递增率定在确保30%、力争40%、奋斗50%的较高水平上，并建立了竞争机制和激励机制，使承包制更加完善。

另一类则主要是对领导管理体制进行的改革，主要是简政放权，扩大企业自主权。主要包括：（1）1980年12月，省农垦总局根据《国务院批转国家经委关于扩大企业自主权试点工作情况和今后意见的报告》精神，制定了《云南农垦企业扩大企业自主权的暂行规定》，对企业的计划生产、利润留成、资金使用、产品销售、工资支付形式及奖励办法、机构设置和人员配备、物资购销、保护企业财产等方面给予了一定的自主权。（2）1983年6月，省农垦总局贯彻国务院关于"尽快把国营农场办成农工商联合企业"的指示，经省委、省政府批准，成立省农垦农工商联合企业总公司，保留省农垦总局的行政名称，总公司（总局）两块牌子、一套人马，对所属单位行使政府职能和企业管理双重职责。6个分局成立农垦分公司，保留农垦分局的行政名称，职责与总公司（总局）相同。总公司（总局）仍由国务院主管部门和省双重领导，以省为主，归口省农牧渔业厅；财政在省，基本建设投资和统配物资由国家农牧渔业部直供。（3）1984年11月，省农垦总局召开全省农垦工作会议，根据党的十二届三中全会制定的《中共中央关于经济体制改革的决定》精神，制定了《加快云南农垦企业改革的实施方案》，就进一步改革农垦管理体制、简政放权、搞活企业等问题作了具体规定。在管理体制上规定，总公司（总局）、分公司（分局）和农场实行"三级管理、逐级承包、分级经营"的管理体制。总公司、分公司和农场在行政上是上下级关系，经济上通过承包合同联成一个整体。还具体规定了总公司（总局）和分公司（分局）的责任和权利，核心是简政放权，把生产经营等自主权真正给企业。具体规定了企业享有以下八个方面的自主权：（1）在确保完成国家计划，按承包合同承担经济责任的前提下，有权根据市场需要组织生产、加工和销售；（2）在保证完成上交利润的前提下，按照上级批准的资金使用比例，有权安排使用各项专用资金和利润留成，有权向企业外投资；（3）有权根据需要规定机构设置和人员编制，有权向外招聘各类专业人才。在上级下达的劳动指标内，有权招用合同工；（4）有权决定企业内职工劳动报酬的形式，有权对企业职工实行奖励（包括给有特殊贡献的职工晋级，但每年晋级面不得突破职工总数的3%）、惩罚、辞退直至开除；（5）有权决定100万元以下（含100万元）的建设项目，报上一级备案；（6）本着平等互利、搞活经济的原则，有权采取多种渠道、多种形式的对外开放，开展各种经济交往和联营协作；（7）有权择优选择供货单位，直接签订合同，直接进货；（8）有权拒绝对企业的一切不合理摊派和额外负担。

2. 价值分析

新中国成立后在高度集权的计划体制之下，国家采取了一系列强有力的政策指令，设置农垦组织以实现边疆稳定与防戍任务，并对组织生产、经营、管理建立了政府集权管理体制。这种制度对于恢复新中国建立初因政权更迭而备受冲击的边疆社会秩序十分重要，但是过于集中的管理不但抑制了组织本身生产效益的主动性与积极性，还忽视了组织发展的区域异质性，故改革开放之初，国家立即着手对农垦体制的改革。正是在此背景下，1979年从中央到地方，相继出台了一系列政策文件，以此打破农垦组织生产经营以及管理的僵滞状态。

《条例》的出台标志着自1962年施行的《国营农场领导管理体制的规定》的结束。《条例》以国家政策的形式肯定了农垦组织在计划、制度、人事、财务、资金费用等方面的自主权，初步对组织与政府之间的权利关系进行了划分，这在新中国成立以来有关农垦组织的政策章程中尚属首次。事实上，《条例》提出扩大国营农场自主权，使得经济体制改革引入了市场因素，提出了扩大组织生产经营自主的诉求，这使得组织在整个90年代中期以前能够获得一种相对快速的发展，在生产效益、功能拓展以及职工福利方面取得较好的成绩。但这个政策及其后续一系列相关政策的初衷是为了提高组织效率以满足国家需要，政策范式仍以国家本位为主，政府对组织的控制仍居主导。因此，90 年代末经济体制改革出现停顿时，经受越来越大的经济压力的组织开始试图寻求进一步的自主化，这种需求直接导致了云南农垦组织 2002 年开始逐步的集团化战略安排。从这个角度来看，这一阶段兴办职工家庭农场和推行家庭联产承包责任制等举措，朝着落实组织自主权的方向不断前进，同时也预示着农垦组织由国家本位向市场本位演进的努力。《条例》明确了组织与政府权义划分的原则，即政府开始从组织内部的琐碎事务中退出，专注于组织发展的宏观、长远规划，提高管理效率；农垦组织则在政府适当退出，市场开始介入下，获得法律保障下的权义，形成本身的部分生产经营自主权。不过，总的来看，尽管《条例》预示着市场本位的政策范式开始在中国确立，但国家本位的政策范式仍占据主导地位。对农垦组织而言，在组织制度的制定中，政府的影响远胜于市场的影响，而政府作为政策制定者，主要还是从社会区域而不是从组织的角度进行思考的。这使得这些政策措施中集中控制和强制服从的制度仍然很鲜明，如《条例》及其后的系列政策虽反复强调国营农场种植生产的自主性，但还是有着"农场的主要经济计划，由农场主管部门统一下达"，报上级农场管理部门批准的"长远规划和年度计划不得随意改变"等管控规定。

（三）云南农垦组织的大集团化战略

1996 年 2 月 6 日，云南省农垦总局实行改制，组建云南农垦集团，成立云南农垦集团有限责任公司，实施集团化战略。但是，长期以来计划经济体制下形成的政企不分、社企合一的农垦管理体制没有得到根本改变，企业办社会负担沉重，长期采取的岗位责任制的劳动用工形式，已不适应农业生产分散作业的特点。同时，由于农垦改革涉及领域厂，情况复杂，历史遗留问题多，因此，市场化改革进程滞后。2001 年，云南农垦集团领导班子在调查研究，深化对垦情认识的基础上，提出了农垦发展的新思路。2002 年 10 月，云南农垦集团被省委、省政府正式列入全省 10 个优势产业和重点行业整合重组范围。2002 年 12 月 10 日，省国企改革领导小组批准了云南农垦改革方案。2003 年 2 月 19 日，省政府正式批复了云南农垦改革方案。以此为标志，云南农垦系统全面开展了在农业生产一线的职工家庭承包经营、实行农场政企分开、组建云南天然橡胶产业股份公司等工作，以成为全省橡胶产业化的龙头企业、实现垦区的体制创新和机制转换为目标，来全面提升全省橡胶产业的整体水平和竞争力。

这一阶段出台的政策比较少，其中，以云南省人民政府颁布的《云南农垦集团有限责任公司关于深化国有企业改革的实施意见》（以下简称《实施意见》）为主要工作依据，内容以深化企业改革，加强集团化建设为主，包括1998年前后各农场陆续出台的减员增效、下岗分流的实施方案等政策。由于此阶段的工作基本以《实施意见》为主深化改革，期望能在组织经营自主权方面有一个深入发展，推动组织结构功能的演进，这标志着政府对农垦组织改革认识达到的一个新的高度，故该阶段的改革以此为基本依据。

1. 文本分析

2003年，中央经济工作会议将深化国有企业和国有资产管理体制改革列为当年四项改革之首，同年年初，云南省人民政府批复了《实施意见》，农垦步入新一轮的改革。2003《实施意见》主要包括三个部分：农垦系统改革的指导思想；加快农垦经济结构的战略性改组；改革措施与配套政策。其中，基于21世纪初深化中国市场经济改革之状况，《实施意见》比较详细地规划了改革的主要目标任务。

首先，指导思想是政策总体价值取向的集中体现，是相关具体措施实施的依据和理由。因此，理解《实施意见》中关于农垦组织改革的各种规定要从其中的指导思想入手。《实施意见》开篇为农垦改革的指导思想："经济体制和经济增长方式两个根本性转变"，并从国有资产重组与结构优化、国有农场改革的推进、减轻企业负担各项配套改革等方面分别确立改革原则，提到了"以国有农场改革为重点，以分立式改革和家庭经营为主要形式的体制创新和机制转换"。由此，设定了农垦企业改革的主要目标任务，分为以下几个方面：

第一，建立大集团化企业。对应国有企业改革中提到的"形成以国有经济为主导、多种经济成分共同发展的格局"，通过重组国有优质资产，优势资源。积极培育优势产业，集中力量建设富有市场竞争力的农业产业化龙头企业，同时"使垦区非国有经济比重有明显提高"。

第二，理顺企业的管理体制和运行机制。要求从垦区资产经营、社区管理、社会保障、宏观指导等方面来建设高效的管理体制和运行机制，于集团公司的层面，要"按照现代企业制度要求，建立健全法人治理结构"；于农场经营层面，要"形成以职工家庭经营为主要形式现代农业经营体制"。两者相结合，"形成比较完善的农业产业化经营体系"，这个体系以集团公司等农业产业化专业公司为主导，有机结合种植、加工、销售、深加工等环节形成相互促进的经营体制，以提高综合经济效益。

第三，为了实现上述目标，还需要落实政企分开，将农垦企业的政企、社企职能分开，移交社会职能，建立比较完善的社会保障体系，使"垦区的社会保障制度与当地城镇的社会保障体系接轨"，实现基本保险保障的社会化管理。

其次，在此基础上，《实施意见》具体规定了农垦企业在经济结构战略性改组中有关农垦集团（总局）、地（州）分公司（分局）、国有农场各层级的权限及其运作机制，有关云南天然橡胶产业股份有限公司组建意义、方式、范围和作用，有关农垦二、三产业企业改制的具体方式，有关推进农业家庭经营的方式等四个方面的问题，并列举了相关的改革措施与配套政策：如资产处理、劳动关系、社会职能分离、职工保险统筹、政府扶持等。

值得一提的是，此次改革提出了几个比较关键的意义界定，为此后的农垦集团化改革进行了定性规定：（1）云南农垦集团有限责任公司的法人资格；文件多处反复提到集团公司作为企业主体所具有的这种身份：在指导思想中提到"把企业改造成符合社会主义市场经济要求及产业特性的现代企业和市场主体"，在主要目标中提出"按照现代企业制度要求，建立健全法人治理结构"，在总公司与分公司之间的关系中，明确为"分公司是专业公司法人资产经营单位，直接从事产品生产、提供服务，对专业公司出资者承担资产保值增值责任。集团公司通过向控股的专业公司委派法定代表人保障法人资产合法权益。"（2）职工家庭经营的农业经营体制；明确了农业家庭经营，使家庭农场逐步成为适应市场的生产经营主体，并且规定：稳定和完善家庭农场的土地承包关系，土地承包期可延长到30年或一个生产周期，对开发性的土地，承包期可以更长。

2. 价值分析

严格来说，农垦组织该阶段的改革应该从1996年组建云南农垦集团有限责任公司开始，但相应的改革文件也就是权益划分规范直到2003年才颁布，前后相距七年，从某种意义说，这段时间恰逢中国社会主义市场经济体制改革的深化时期。《实施意见》也由此明确了云南农垦组织改革的主要目的：从组织的角度推进国有资源结构的战略性重组，确定组织各层级的管理体制、权限与经营方针，促进农垦企业的市场竞争能力。

此阶段的农垦改革是继80年代农垦管理权限从中央转移到地方之后的又一次比较重要的体制改革，再次强调政企分开，重点在加强组织自身结构功能的基础上，使农垦组织的生产经营权限从地方行政部门转移到农垦组织本身。从《实施意见》的章程来看，改革的目标任务显示了农垦组织运作范式由国家本位向市场本位的演进，这与20世纪90年代末东南亚金融危机以及国际橡胶价格大幅波动对云南橡胶种植的影响有着相当密切的联系。在日趋激烈的市场竞争环境中，政府对农垦组织的期望值也随之发生了重大变化，最突出的是：以市场需要、市场原则为基本出发点，来考虑组织生产经营的质量与效益，增强了组织产业化集团化在市场竞争中的优势意识，注重组织与市场的关系，明确组织以法人的身份参与市场竞争，成为市场主体。

不过，尽管《实施意见》体现着市场本位政策指向的确立，意味着对市场本位的价值诉求，但同时国家本位的诉求依然存在，两者交织在一起，使改革的权义分配在现实运行中反而变得很模糊。例如，文件规定"在改革过渡期为便于管理，保留省农垦总局牌子，行使对全省农垦系统的管理职能；负责衔接与农业部的联系，争取中央对云南橡胶发展的支持；协调农垦企业与地方各级政府有关部门的关系。"而所谓"两块牌子，一套班子"的管理体制一直延续到2010年的农垦属地化改革。相应的，文件中所提到的关于农场的分立式改革，即农场"生产经营职能与社会行政职能在机构、人员、资产、费用、核算五个方面内部彻底分开"的改革思路，也未能如期推行。或者说，市场本位的政策范式就意味着政府权力的退出，但政府权力退出与组织权力获取之间，若无完备的法制保障则必然会出现权力缝隙，此时，组织借助于领导机构保留双重身份，而不是以制度完善的途径来弥补这个缺陷，为之后改革过程中不断产生种种权义分配矛盾埋下了伏笔。此外，不同性质的权力在改革进程中的此消彼长，依赖政府所颁布的决定、意见、纲要来调整关系，然而这些权威性与稳定性相对有限的政策往往侧重于解决短期问题，依此所作的决策和行为往往缺乏连贯性和长期考虑，故亟待出台正式的相关组织权义文件作为法律的指导和规范。

三、功能扩展：组织资源与功能分析

对这个特殊组织需要关注的是，在云南农垦组织改革的过程中，上述制度安排下的各利益主体的权义如何被聚合设定自己的利益表达，怎样发挥组织自身公权力性质的积极作用？这就需要从农垦组织变迁与改革的实际运作中去发现，总结出正式制度与组织变迁之间的互动和影响，并且反证组织发展演化过程中，允许试验和重新解释。从而实证组织的制度基础"通常有能力根据实践和被认可的情况进一步演变，经受着共同体成员以分散的方式进行的检验，而且具有一种按具体环境定制贴切解释和惩罚措施的能力。"①按照这个思路，可以说资源依赖的同时也框定了组织的功能。

（一）农垦组织的行政资源与功能

当我们对组织进行角色设计并赋予其相应的社会职能时，应该一并考虑相应资源的供给，否则其组织性、代表性、服务性的角色设计，只能是一种存活于纸上的形容。农垦组织亦然，其形成和运作必须依靠一定的资源，而在众多的组织理论中，以普费弗（J. Pfeffer）和萨兰奇克（G. R. Salancik）为代表的资源依赖理论对此作出了比较详尽的理论引导。资源依赖理论从组织出发强调了组织对外部环境的适应，是将组织赖以生存的资源作为变量，通过组织对外部环境间的资源交换及能量流动进行分析，研究组织的运作行为。该理论的前提假设是，组织必须与环境进行交换才能生存。在交换中，环境为组织提供了关键性资源，这是组织得以形成和运作的前提。因此，组织对环境的依赖取决于资源的稀缺性与重要性，能否获得必要资源以及资源的分配状况是组织生存的一个重要条件。资源依赖理论认为组织资源的环境确定源于两个过程：第一过程是确定组织的需要及需要的来源；第二过程是寻求这种关键资源的获得途径。

作为国家权力延伸所形成的农垦组织，行政资源一直是其长期且稳定的资源依赖。农垦组织的发展显然离不开政府部门。在对云南农垦组织的发生机制、运作状况分析调查的基础上，可以发现，农垦组织生存与发展所获得的行政资源支持主要是两类，一类是政策文件；政策支持是政府为组织提供

---

① ［德］柯武刚、史漫飞：《制度经济学——社会秩序与公共政策》，第129页。

环境以及资源支持的最关键途径，对于农垦组织的政策支持主要分为三个层级，即中央政府、省级政府和农场所在的州市级地方政府，这些文件从上到下逐层确立了农垦组织的性质、管理体制、组织权限等原则性问题，甚至细致界定了组织的每项职能、财务人员管理，主要的技术指标等，在具体的运作过程中，许多农场因地制宜还获得了一定的地域性管理的职能，这在前文有着比较详细的分析。另一类就是资金划拨；资金是任何一种组织最基本的资源之一，农垦组织的资金问题也是组织面临的一个核心问题。组织必须拥有一定的资金，才能购买相应的设备、进行生产经营活动、支付工作人员的工资以及开展各项建设。就农垦组织成立以及发展的条件来看，国家资金的划拨是一个相当重要的来源。

从组织发展纵向过程而言，组织的资金来源大致经历了这样几个时期：第一阶段1951～1957年统收统支时期，该阶段农垦机构初建，经费由中央财政部管理，国家共投资事业费855万元，按制度报销738万元。第二阶段1958～1969年条块管理时期，该阶段农垦由中央财政统管改为中央和省条块结合双重财务管理，并从事业管理转向企业管理，有关财务会计工作逐步纳入企业化管理轨道。1963年1月起，农垦纳入省级财政，交拨关系在省，基本建设拨款列入国家计划，由农垦部根据国家计划委员会批准的基本建设投资总额分配下达。第三阶段1970～1974年三渠道管理时期，兵团建制期间，经费从兵团部、师部、团部三个渠道供给，中央农垦部拨基本建设基金，云南省军区拨国防军费，省财政拨流动资金，弥补亏损等生产业务资金。第四阶段1975之后，云南省农垦总局成立，恢复中央和省条块结合的双重财务管理体制，继而整顿财务，重点转向扭亏为盈和理顺内部财务管理体制的工作，1979年，省财政厅落实国家财政部财务包干政策，下达农垦亏损1850万元的指标，超亏不补，降亏全留。此后，全面推行这项制度，并下发《财务包干的暂行规定》，具体制定了总局、分局、企业三级全面推行财务包干的具体办法。根据调查，农垦组织的行政性资金划拨可分为固定资金、流动资金、专用资金等多种渠道。其中，固定资金在经济体制改革以前主要为国家预算内拨入基建资金，少量为农垦企业的专用基金；经济体制改革以后为贷款，少量为企业的专用基金，贷款又分为国家预算内拨改贷，农业银行种养业和设备贷款两种，如1985年统计显示，全省农垦实有固定资金 6.47 亿元，其中国拨资金为 3.48 亿元，占全部固定资金的 54%，企业自有资金为 2.08 亿元，占全部固定资金的 32%，利用贷款形成的固定资金为 9101 万元，占全部固定资金的 14%（如图 4.2）。

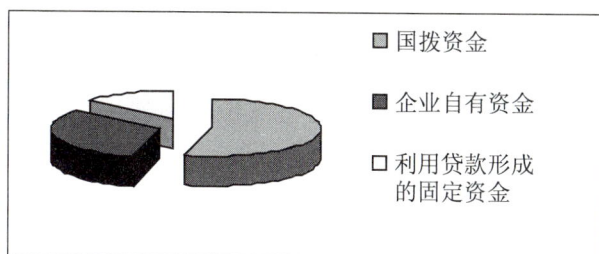

图 4.2　1985 年云南省农垦资金来源示意图

资料来源：云南省地方志编纂委员会总编：《云南省志》第 39 卷，云南：云南出版社 1998 年版，第 328 页。

表 4.5　1985 年垦区固定资金的实物形态构成表　（单位：万元）

项目	数量	金额
总计		85156.0
一、生产用固定资产原值		56330.3
经济林木（万亩）	106.49	29270.1
其中橡胶林地（万亩）	97.69	26056.5
其中开割林地（万亩）	40.06	9565.5
生产用房屋（万平米）	102.25	11757.8
拖拉机（台）	1216	1410.1
汽车（辆）	1094	1869.4
二、非生产用固定资产原值		27001.0
其中职工宿舍（万平米）	238.68	19598.3
三、未使用固定资产原值		1309.2
四、不需用固定资产原值		515.5

资料来源：云南省地方志编纂委员会总编：《云南省志》第 39 卷，云南：云南人民出版社 1998 年版，第 329 页。

组织固定资金的实物形态构成以 1985 年为例，如表 4.5 所示，自 1985 年到 2010 年的项目组成变化不大，从中可知农垦组织实物固定资金组成情况。

农垦组织的流动资金为国家财政拨款、企业利润包干结余转入和银行贷款三部分组成。1984 年以前，定额流动资金的最低需要由财政核拨，临时性、季节性的定额超储备由农场向银行申请贷款解决；1984 年以后，财政不再对农场拨付流动资金，改由全部向农业银行申请贷款的办法。农垦专用基金则由更新改造基金、利润包干结余、大修基金、职工福利基金、其他专用基金组成，具有特定来源及专门用途，主要来源为企业内部固定资产基本折旧、大修理、按工资总额一定比例计提进入成本的职工福利基金、企业实现利润完成包干上缴利润后的结余和其他来源的专用基金。

可见，行政资金划拨的方式所提供的组织物质资源是组织最重要的资源支持，也就是说，农垦组织获得行政部门的支持与资源给予是组织产生、发展所必不可少的资源。这部分收入的获取能力从一个侧面体现了农垦组织运作的好坏，为组织更好地发展奠定了经济基础。

（二）农垦组织的人力资源与功能

农垦组织创建之初，既承担着国家使命，维护边疆地区的稳定，又承担着自我经济发展使命，在经济文化落后地区开疆辟土，因此，其创建过程中精英式的人物一直起着非常关键的作用。

从环境尤其是自然条件来说，云南农垦组织是在不十分有利的政治背景和外部环境中生成、发展的。在这种环境中，要组建一个成规模并能产生效益的组织，所要克服的环境和意识障碍是难以想像的，普通人既没有能力也没有动力去提供组织成立所需要的资源。这时，精英人物的奉献精神和创新精神对组织的形成与发展起到了举足轻重的作用。在调研中可以发现，几乎所有的农场在创建之初都有无私奉献、鞠躬尽瘁式的人物作为榜样，这些组织内的精英分子或对农业专业技术有着深入的研究，或对区域发展的现状与趋势有深刻把握，其高度的社会责任感在组织创建过程中发挥了决定性的作用，也在一定时段内解决了集体行动的困境。

其一，精英人物的无私奉献为组织拓展了人力物力，甚至资金支持。虽然农垦组织最初有国家的拨款支持，但由于其创建之初的技术环境等条件限制，其收益有限，创建成本却十分高昂。例如，农场植胶之初，树种引种就多依赖于精英人物的支持。1952 年滇西林垦站布置到缅甸引种时，潞西县政府委员、芒市司署代办方克光（傣族）就曾写信到缅甸木姐街，委托熟人协助，并于 5 月 20 日运回第一批胶苗 536 株，交芒市林场培育。瑞丽土司衍景泰派司署干部魏应出境，6 月 1 日又运回 54 株胶苗。与此同时，在橡胶试种中技术精英的全力支持，也是极为重要的资源所在，如 50 年代西双版纳州政协委员李宗周就是一个典型代表。

李宗周，男，汉族，1914 年生于福建省古田县，12 岁离乡出国谋生，1926 年在马来西亚当割胶工，1940 年在泰国当割胶工。1948 年，李宗周等6 人作为暹华公司的先遣人员，驮运 2 万多株实生胶苗从泰国出发，途经缅甸到达西双版纳橄榄坝。他们以曼龙代为落脚点，建立华胶园，种植了第一批橡胶，实现了他"把橡胶种到祖国去"的愿望。1949 年，他得到傣族兄弟的帮助，将胶园搬迁到曼松满附近，并与当地傣族女子成婚。后因各种原因，其他 5 人先后离开橄榄坝，剩下李宗周一人管理胶园。1953 年泼水节前，因附近割草烧坝不慎引起大火，李宗周与妻子冒险砍倒芭蕉树，用芭蕉皮迅速裹住橡胶树，保留下 300 多株胶树。在其精心照料下，最后移交 91株胶树给特林试验场。1955 年 3 月，李宗周在胶树中试割 12 株，并用土办法加工成胶片。这些胶片经过海南、上海等有关科研单位鉴定，质量达到国家标准。版纳橡胶试种成功，为中国开辟第二橡胶基地提供了可靠的依据。1957 年起，李宗周先后担任版纳州政协委员、景洪县政协委员等职，勤勤恳恳工作，足迹遍及橄榄坝，为农场培养了大批专业技术人才，把毕生的经验和精力献给了橡胶事业。[①]

其二，精英人物的有效活动，赢得了当地民众认可的社会合法性。由于农垦组织在成立之初，基本上是由转业军人组成，覆盖面较为狭窄，当地村寨的民众对之没有认识，也有许多隔阂，处于观望态度。但农场建立后，农场在扶助当地农业生产、稳定当地社会秩序、维护村寨民众生命财产安全等方面进行了卓有成效的努力，尤其是组织精英人物为民众排忧解难、解决实

---

① 云南省地方志编纂委员会总编：《云南省志》第 39 卷，云南：云南人民出版社 1998 年版，第837 页。

际困难等方面的有效活动和沟通，提升了农场形象，提高了农垦组织的社会认可度。同时也使得组织的凝聚力不断增强，与当地民众的融合程度不断加大。如勐养当地干部刀新民是这样描述当地农场的：

我生在勐养、长在勐养，总的来说，我没有离开过勐养，对勐养的变迁、农场的发展，我是有发言权的。……1964 年成立了总场，各分场都配备了专职民族干事，并指示场属各生产队与附近村寨挂钩，有一名队干部做民族工作，还明确规定哪个队负责的村寨，生产任务没完成好，或出了其他问题，这个队的党支部和干部就负有直接责任，所以在这段时间，农场和村寨几乎没有发生过什么纠纷，生产上总是互相支持，互相帮助。村寨的农田中，洒有农场工人的汗水，在农场的胶林里也常有农村群众在劳动，那时农村还没有拖拉机，村寨群众凡在运输上遇到困难，都会有农场来帮助解决。当时，赵尚义任榕树农场的民族干事，我们傣族的男女老幼，都把他当成亲人，亲切地称呼他为"贯稳利"，意思是"自己的汉人"。①

在农垦组织巩固并走入正轨之后，组织的人力资源就体现为成员组成、干部任免及其管理权限等规范限定。由于农垦体制几经变化，农垦干部的管理体制与权限也随着各个时期体制的变化而不同。有由农垦系统直接管理的，也有由地方党委与农垦系统党委共同负责管理的。一方面，从人员组成来看，1953 年，垦殖局正式成批招收工人，1956～1985 年 30 年间，随着农垦组织的发展与转型，成员出现三次大的变动：1953 年大批干部调入后又调出，招收的工人绝大部分也进行了处理；1958 年开始接收省级机关下放干部、昆明军区下放军官和湖南支边青壮年共 3 万余人，后来下放干部多数返回原单位，湖南支边青壮年自动返回原籍 5000 余人；1969～1971 年接收安置城市知识青年近 10 万名，1979 年大部分返回城市，为了补充农场劳动力，垦区吸收了一批省内农村青年。从 80 年代开始，农场劳动力的来源主要是自然增长的职工子女。其中，以 1956 年以后农垦职工的来源最为广泛（见表 4.6）。

---

① 勐养农场：《勐养农场志》，昆明：云南民族出版社 2007 年版，第 613 页。

表 4.6　1955～1985 年云南省农垦职工来源变化表　（单位：人）

年份	1955～1956	1955	1958	1958	1959～1960	1968～1972	1956～1962	1956～1979	1955～1985
人数	594	550	6468	348	37200	104000	3182	5835	35000
来源	华南调入	垦荒队员	下放干部军官	华侨学生	支边青壮年	知识青年	昆明招工	专县招工	当地民族

资料来源：根据云南省地方志编纂委员会总编：《云南省志》资料整理。

　　另一方面，从干部任免及其权限等管理体制的变化来看，1951～1956年初创时期，农垦体制机构、人员变化较大，人员来自四面八方，机构时并时撤，因此干部直接由省委、省委组织部和省农林厅负责管理。1957 年 3月，省农垦局正式成立，接受中央农垦部和中共云南省委的双重领导，党的组织、思想政治工作和干部管理受当地党委领导。1958 年 6 月，农垦部为贯彻中央关于企业体制下放方针，将农垦局下放给云南省领导。同年 8 月，省委批转的省农垦局党组《关于国营农场领导分工问题的报告》中规定，关于干部管理等，均由当地地（州）、县委负责领导。这种管理体制和权限一直持续到 1963 年。1964 年，中央又将农垦系统的干部管理体制及权限改由农垦部和省双重管理，以省为主。干部管理权限是：省正副局长、正副书记由省委任免，局机关正副处长、分局局长（书记）、农场（包括省农垦局直属农场、直属县团级单位）场长（厂长）、书记由省委组织部任免，县团级单位的副职由地（州）委任免，其他干部分别由省农垦局、农垦分局、农场按干部管理权限分别任免，这一管理权限直到 1969 年。1970～1974 年生产建设兵团时期，干部管理的权限是：兵团领导干部、正师级以上干部由中央军委任免，副师长、副政委、团正职干部以及相当于此职的干部由昆明军区任免，团（含独立营）或相当于团级副职干部由兵团任免，正副营职、机关参谋干事、助理员、连队连长指导员由师任免，副连长、副指导员、司务长、排长由团任免。1975 年开始，总局的干部管理权限是：总局（总公司）正副局长、正副书记及相当这一职务的干部由省委任免，总局机关正副处长、正副部长、正副主任及相当这一职务的干部由省委组织部任免，各农垦分局局长、书记，农场场长、书记及相当这一职务的干部由省委组织部任免，其他各类干部分别由总局、分局、农场按干部管理权限分别任免。总局在任免各分局、农场的主要领导干部时，必须征求当地（州）党委的意见。

1984 年以后，按照中央关于"简政放权"、"原则上只管下一级主要领导干部"、"管少、管好、管活"的精神和云南省委批转省委组织部《关于改革干部管理体制若干问题的意见》，结合农垦的实际情况，总公司制定下发了《关于改革省农垦总公司干部管理体制若干问题的意见》，文件规定，总公司管理的干部范围是：分公司党政正副职、纪委书记、工会主席、总会计师、总工程师、总农艺师、总经济师、督导员、调研员，县团级农场（厂）及企、事业单位正职，总公司直属企、事业单位党政正副职、纪委书记、工会主席、总会计师、总工程师、总农艺师、总经济师、督导员、调研员，总公司机关各部委办处科室正副职、工会正副职、副总会计师、副总农艺师、副总经济师、副总工程师、督导员、调研员；分公司管理的干部范围是：所辖县团级农场（厂）或企、事业单位党政副职、纪委书记、工会主席、总工程师、总会计师、总经济师、总农艺师、督导员、调研员，分公司直属企、事业单位党政正副职、纪委正副书记、工会正副主席，分公司纪委副书记、工会副主席、副总会计师、副总农艺师、副总经济师、机关各科室正副职；县团级农场（厂），总公司直属企、事业单位管理的干部范围是：下属分场党政正副职、纪委正副书记、工会正副主席，县团级农场（厂）直属单位的党政正副职，县团级农场（厂）纪委副书记、工会副主席、副总农艺师、副总会计师、副总经济师、机关各科室正副职，总公司直属企、事业单位纪委副书记、工会副主席、机关各科室正副职、各单位党政副职。

此次干部管理体制改革的目的是使干部制度适合企业的特点，改变过去企业干部管理工作上层次多、审批慢、统得过死的状况，而这种管理体制基本延续到了 2008 年的属地化改革。总的来说，这种干部管理体制对于管理权限的设定，是为适应农垦经济体制改革的需要，采取对干部分级管理、层层负责、一级管一级的办法，主要特点在于管理权限下放后，各分公司和农场等企、事业单位的党委管理干部的权限扩大、责任加重。值得注意的是，这几次改革主要针对的是农垦组织分局、总场、分场这几级的干部管理体系，农垦组织领导集团即省农垦总局正副局长、正副书记一直是由省委任免，接受省委考核，具有政府公权力人的性质。现实中，1983 年 6 月，省农垦总局改为"云南省农垦农工商联合企业总公司"，变为经济实体之后，组织同时保留"云南省农垦总局"的行政名称，之后省委办公厅发布文件，确定各农垦分局改变成"云南省农垦农工商联合企业总公司"下属的分公司，为经济实体，同时保留"农垦分局"的行政名称。对其性质定位是"总公司既是企业性质，又兼有政府职能的经济组织，全省农垦系统所有企事业单位都是它的组成部分"，"省农垦农工商联合企业总公司，仍保留由国务院主管部门和省双重领导，以省为主的领导管理体制，归口省农牧渔业厅。基本建设投资和统配物资，由农牧渔业部直供"。[①] 1996 年，农垦集团化改制之后，总公司更名为云南农垦集团有限责任公司，但行政称谓不变。相应的，总局一级的领导也一直保持着双重身份，既属于总局的行政权力人员，又属于总公司的经济经营领导。也就是说，就农垦组织而言，在省总局这一层级，无论是组织定位还是领导集团的设置都始终保持了政治与经济兼有的双重身份。而这种身份在组织各层级所占的比例又有着不同的权重变化：在组织基层，其经济性权重高于政治性权重，这种比重随着组织级别的上升而逐渐反转（如图 4.3）。

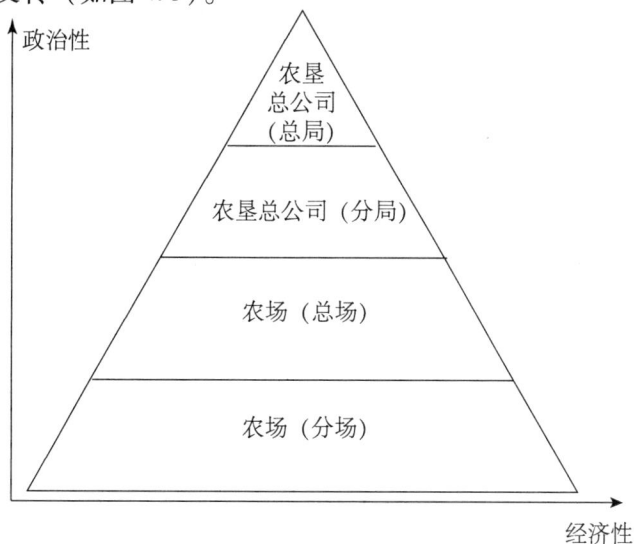

图 4.3　农垦组织结构功能属性示意图

资料来源：作者自行设计。

---

①　云南省农垦农工商联合企业总公司党委：《关于体制改革后若干问题的请示报告》，1983 年 9 月 24 日。

（三）农垦组织的社会资源与功能

组织的社会资源意指组织存在的社会合法性，这种社会合法性源于社会各类主体对组织的支持、拥护和认可程度。组织的建立与发展，必须具备社会合法性，它是组织运作和发展的根本性资源依赖。社会合法性的产生基础可以是传统形成，可以是特定利益的追求，也可以是共同的利益所在。农垦组织的产生，就是国家出于对特定利益的追求而采取的一种制度安排。对于在边疆设立的农垦组织来说，由于边疆民族生活习俗与社会惯例与内地有所不同，要取得当地民众的认同，不能单纯依靠政府设置这一权力来源，还需要使组织与当地民众拥有共同利益，即对调整其自身行为的规则能够达成共识，或者能够确信组织存在以及合作行动能够带来自身的发展和经济效益，只有这样，组织才能在本区域获得最基本的合法性，从而获得组织最本质的生命和最强劲的发展动力。由于农垦所属农场绝大多数地处少数民族聚居地区，民族关系的处理关系到国营农场的生存与发展，因此，场群关系以及场地关系①一直是农垦组织的产生和发展所需的重要社会资源。这就是农垦组织的一项比较特殊的职能：场群建设。

由于历史的原因，边疆地区生产力低下，经济不发达，少数民族人民生活贫困。建场初期，国营农场一方面向群众宣传科学卫生知识，破除迷信和落后习俗，一方面教群众学会精耕细作，使用肥料。当时，边疆地区缺医少药的状况十分严重，农场经常派卫生人员到村寨帮助群众防病、治病，因此，"摩雅"（医生）成了最受群众欢迎的人，卫生工作是接近群众的最有效途径。建场后，各分场、农场通过开展各种形式的场群共建活动，帮助和推动边疆文化、教育、卫生等事业的发展。各农场与"共建"社队、挂钩单位普遍制定了共建公约，帮助村寨规划建设，解决群众用水、用电、医疗卫生、子女读书上学的困难和开展文化娱乐活动等。例如，以 1988 年以前计，西双版纳分局各农场为村寨打水井 129 眼，架设钢绳吊桥 15 座，架设高压线路 176.8 公里，安装照明线路 62.7 万米，使 299 个村寨共 2.77 万户群众用上了电灯。其中，黎明农场七分场同拉祜、哈尼、布朗、傣族等 12 个村寨开展"共建文明"活动后，分场建起电视接收台，覆盖面积为半径

---

① 场群关系：指农场与当地群众的关系；场地关系：指农场与当地村寨、政府之间的关系。

10 公里。分场还帮助群众修路、架设高压线路，为乡政府安装水管等，共投资 30 余万元。德宏分局从 1960～1985 年的 25 年中，共拨出专款 259 万元，为当地修公路、桥梁，架设输电线路，修建水库、水塔。1970 年，临沧分局所属农场电站建成后，就为靠近线路的近百个村寨供电。孟定农场向镇康县投资 200 万元，支援地方修凤尾河电站，又为贫困的福荣山区架设专线。农场还无偿为河外区南棒寨架设了自来水管，将山泉引进竹楼。据不完全统计，1970 年以后，在邻近乡、镇修建电影院、文化站、组织文体表演等大型活动中，农场都在人力、物力上给予大力支持，仅孟定、勐撒、勐省 3 个农场近几年捐助的现金就达 17.7 万元。文山分局的健康农场 1985 年元月投资 3.5 万元，在平坦生产点建成 1 座 50 瓦机差转台，除本场各队外，使附近 4 个区、100 多个村寨的群众都能收看到电视节目。1982 年，红河分局金平农场向银行贷款（利息由分局负担）75 万元给金平县兴建金河 3 级水电站，1984 年建成发电，借款逐年归还。1985 年，金平农场又投资 3.5 万元，为当地田头村架设长 42 米、宽 2 米，能通过手扶拖拉机的铁索吊桥 1 座，解决了群众出门要趟水的困难；同年还为田头、曼丈、纳埂村寨无偿安装室内外电灯线路，支援 3 万元为金平县修建电视接收站。1974 年，弥勒东风农场将本场水稻良种 417—12 推广给弥勒前哨公社，种植 4000 余亩，平均单产达 450 公斤；1975 年后，向路南、泸西、易门、通海等县推广种植 20 多万亩；到 1985 年，农场共外调良种 1000 多吨。1980 年后，该农场还将直杆桉推广到弥勒、建水、泸西及个旧等县市，提供种苗 30 多万株。

值得一提的是，为了帮助当地群众脱贫致富，农场加强了对地方民营橡胶产业的扶持。按发展状况可分为两个阶段：第一阶段从 60 年代初开始，西双版纳的省热带作物研究所、景洪农场等单位就有组织地派出技术人员、民族工作干部去帮助附近的曼景兰、曼么等村寨种植橡胶。农垦从规划土地、开垦梯田、提供种苗、定植橡胶、抚育管理直到投产割胶，从人力、技术到各项生产工具等，均无偿提供支援，为群众性的种胶起到了样板示范及推动作用。此阶段帮助群众种胶计约 5 万亩，由于"文化大革命"的干扰破坏，损坏了一部分，据乡镇企业局 1978 年统计，实存 2.63 万亩，当年产干胶近 300 吨。第二阶段，中共十一届三中全会以后，民营橡胶归口由乡镇企业局管理，省委、省政府确定的发展方针是：在我省边疆民族地区，在林业

"三定"的基础上，要大力发展以民营橡胶为主的热带、亚热带经济作物，让边疆的兄弟民族同国营农场一道，走共同富裕的道路。不仅经济上真正富裕起来，还要实现边疆政治上的安定团结。特殊扶持政策包括：（1）技术扶持；省委、省政府要求农垦组织在技术上应对民营橡胶进行全面、有效的扶持，包括植胶、制胶技术和科技、管理人员的培养、提高等。农垦组织认真执行扶持政策，为民营橡胶的发展做了不少工作。西双版纳的省热作所等单位从60年代初、临沧及其他各垦区先后于60年代中期，都不间断地派出技术人员或帮助地方培训技术人员。"六五"期间，省财政又安排专项培训费委托农垦组织举办以橡胶为主的专业技术培训班，为各地（州）培训了技术骨干2000多人次。农垦组织主办的省热带作物学校为地方输送热作中专生数百名；农垦总局、分局、农场有关技术经验交流的各种会议也邀请各地区民营橡胶主管人员参加。通过上述各种方式，大大提高了民营橡胶的技术和管理水平。（2）资金的特殊扶持；省委、省政府颁布文件确定，农垦每年从盈利中提取6%（1986年后改为7%）的资金，交地（州）财政扶持民营橡胶的发展。同时还确定，新发展橡胶种植成活验收后，每亩由农垦组织补助有偿无息贷款50元，待获得效益后逐步偿还。这一阶段为扶持民营橡胶，农垦组织从利润中提留地方2993.71万元，每亩有偿贴息贷款50元，共2700万元，两项合计为5693.71万元。此阶段民营橡胶共发展54万亩，累计已达到56.6万亩。[①]

表4.7　1979~1986年西双版纳垦区利润提留地方金额表（单位：万元）

年 份	1979	1980	1981	1982	1983	1984	1985	1986
金 额	467	301	622	354	390.13	301.88	237.70	320
合 计	2993.71							

资料来源：云南省地方志编纂委员会总编：《云南省志》第39卷，昆明：云南人民出版社1998年版，第432页。

---

① 根据云南省地方志编纂委员会总编：《云南省志·农垦志》，昆明：云南人民出版社1998年版，第420~430页，以及西双版纳农垦分局的部分资料综合。

表4.8　1981～1985年西双版纳垦区扶持民营橡胶情况表　（单位：亩、万元）

年份	项目	总　计	版纳	临沧	德宏	红河	思茅	文山
1981	种植面积	32276	22000	7306	2000	500	470	
	扶持资金	161.38	110.00	36.53	10.00	2.50	2.35	
1982	种植面积	48200	21500	12700	9000	4500	300	200
	扶持资金	241.00	107.50	63.50	45.00	22.50	1.50	1.00
1983	种植面积	50737	23259	17000	4087	1105	5286	
	扶持资金	253.68	116.30	85.00	20.43	5.52	26.43	
1984	种植面积	27910	19500				8410	
	扶持资金	139.55	97.50				42.05	
1985	种植面积	155732	100832	36007	3847	4612	10434	
	扶持资金	778.66	504.16	18.04	19.24	23.06	52.17	
总计	种植面积	314855	187091	73013	18934	10717	24900	200
	扶持资金	1574.27	935.46	365.06	94.67	53.58	124.50	1.00

资料来源：云南省地方志编纂委员会总编：《云南省志》第39卷，昆明：云南人民出版社1998年版，第432～433页。

　　可以说，农垦组织通过帮助云南边疆地区各民族发展以橡胶为主的热带经济作物，使得80年代全省大约200万人民脱贫，民族关系日益和谐稳定（见表4.7、表4.8）。同时，这些工作对于区域尤其是农村社会有着相当广泛的影响，例如，在调查中，当问到"农场对当地经济与社会的作用"时，19.3%的村民认为是"重要的经济带动与社会稳定"，65.6%的村民认为是"较好的经济辐射与社会治安"，14.1%的组织成员认为是："有作用，但也有矛盾"，如图4.4所示。

　　正是这种社会功能的发挥，使得相关的利益个体形成了对组织的共识与承认，也使组织得以运用所获得的社会合法性，吸引组织内成员的自愿资源投入，如劳动、技术等，以及组织周围社会的资源支持，促进了边疆民族经济的蓬勃发展，也巩固了边疆区域的安全与稳定。

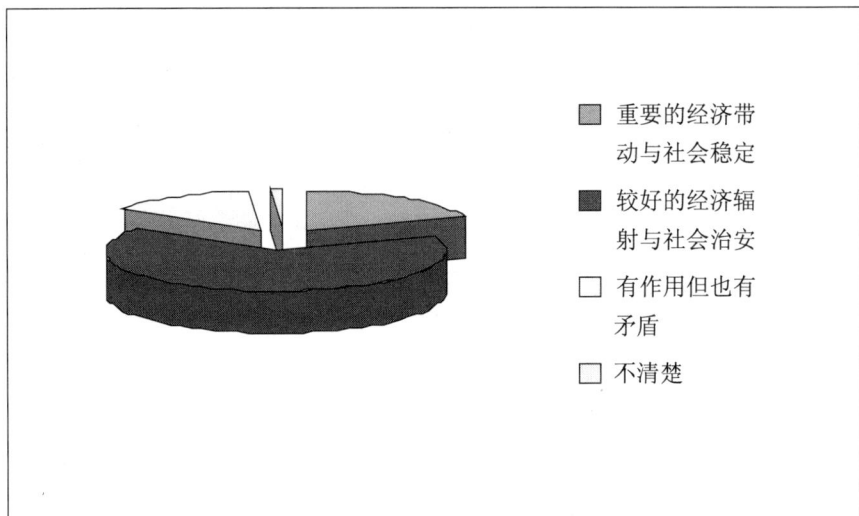

图 4.4 农场对当地影响问卷认识

资料来源：根据问卷统计数据，作者自行整理。

第三节 微观透视：德宏傣族景颇族自治州的农垦改革

一、调查对象选择

（一）德宏州农垦情况

德宏农垦位于我国西南边陲德宏傣族景颇族自治州境内，地处东经97°31′~98°43′，北纬23°50′~25°20′之间。德宏农垦所在区域，是横断山脉西南部，高黎贡山南麓的滇西峡谷区。地势的特点是东北高而陡峻，西南低而宽缓；峻岭峡谷相间排列，高山大河平行急下。区域的最高点是盈江县北部的大娘山（大雪山），海拔3404.6米；最低点是盈江县西部羯羊河河谷那邦坝的拉沙河与穆雷江交汇处，海拔210米；一般海拔在800~2100米之间。区域的位置、地貌、地形，形成了具有较大差异的北热带、南亚热带、中亚热带、北亚热带等立体气候。区域年平均温度18.3~20.0℃，年降雨量1376~1649毫米，年平均湿度79%~81%，年日照2320~2466小时，年静风率42%~57%。德宏垦区的土壤主要有，森林红壤、草地红壤和水稻土。

2010 年末，德宏农垦有土地总面积 15289.87 公顷，已开垦利用 11738.40 公顷，其中，橡胶 4487.57 公顷，耕地 4039.64 公顷，水田 2306.06 公顷，旱地 1733.58 公顷，茶园 518.70 公顷，果园 468.93 公顷，林地 288.98 公顷，热作地 68.5 公顷，苗圃地 18.85 公顷，居民点 956.42 公顷，工商用地 24.18 公顷，道路 195.47 公顷，水面 286.96 公顷（见表 4.9）。

表 4.9　德宏傣族景颇族自治州农垦分局所辖各农场地理位置表

农场名	所在地	地理位置		场部		
		东经（°）	北纬（°）	驻地	距县城（千米）	距分局（千米）
遮放农场	潞西市	98.08～98.33	24.13～24.30	遮放镇	54	54
畹町农场	瑞丽市畹町经济开发区	97.97～98.05	24.05～24.08	混板乡	20	78
瑞丽农场	瑞丽市	97.60～98.05	23.88～24.15	勐卯镇	/	/
陇川农场	陇川县	97.75～97.95	24.22～24.37	陇把镇	15	110
盈江农场	盈江县	97.72～98.08	24.47～24.80	平原镇	/	156

资料来源：根据德宏州农垦分局提供资料整理。

德宏地区的"屯垦戍边"事业，历史悠久，源远流长。以现有史料，可追溯到明朝。据《明书·戎马志》记载："卫兵所在，有闲旷田，分军立屯堡，令且耕且守。""边地三分守城，七分屯种。"另据有关史料记载，明洪武十九年（1386）九月，明太祖诏准平西侯沐英在潞江以西（今德宏地区）屯田屯兵，共屯田 58000 余亩，屯兵 6693 名。明万历二十四年（1594），云南巡抚陈用宾在勐卯（今瑞丽）筑平麓城的同时，又在勐卯、南甸（今梁河）、遮放、畹町、干崖（今盈江）及缅北等地大兴屯田，开设二十二个屯甸、以营兵驻屯，并招内地百姓前来屯垦。每甸设甸头管理，由沐昌总管，收储粮赋，以供守官军需。清雍正二年（1724），在理清明朝所设屯田的同时，又新开九个屯甸，使屯甸达到 27 个，村寨达到 151 个。清光绪初年，在清查屯田时，元远甸、洪福甸、遮东甸、碗顶屯、蛮育屯已为勐卯土司所有，每年向腾越厅上缴银赋二百余两。到民国时，屯甸已为土司和百姓所有，屯政废弛。

新中国成立后，各级党委、政府在农垦系统建立了行政、党组织、工会、共青团等各种机构，领导和组织农垦各项工作。德宏农垦各级行政机构，是德宏农垦事业的行政领导和组织者。其间，行政机构不断有所调整。1951 年 12 月，芒市林垦工作站建立，垦区有职工 37 人。后扩展为下辖盈江、陇川、遮放、瑞丽、畹町、芒市、潞江、新城等 8 个农场及 26 个分场、253 个生产队和机械厂、橡胶厂、大盈江硅厂、建筑公司、商业公司、电力公司、职工医院、热作所等 8 个直属单位。德宏农垦人口最多的是 1973 年，有 51814 人。德宏农垦职工最多的是 1977 年，有职工 25576 人。2010 年末，德宏垦区有总人口 41858 人，其中在岗职工 12400 人，离退休人员 8826 人，家属小孩 18818 人，其他 1914 人。德宏农垦人来自五湖四海，除港、澳、台、西藏、新疆等少数省区外，全国其他绝大多数省区市都有人员在德宏农垦工作。德宏农垦人来自全国 56 个名族中的 26 个民族，他们是：汉、白、回、彝、苗、壮、傣、景颇、傈僳、德昂、阿昌、纳西、哈尼、拉祜、布依、土家、佤、藏、普米、布朗、土、黎、窑、蒙古、满、侗。2010 年末，德宏垦区有少数民族人口 2766 人。

（二）个案选择原因

橡胶生产是德宏农垦的主要农业生产。1951 年开始引种试种，当年盈江、莲山林场等筹备组播种 1768 粒。1953 年开始定植，当年盈江、莲山林场定植 100 亩。1960 年开始割胶，当年产干胶 130 公斤，其中盈江岸坎青年农场产干胶 15.2 公斤。垦区橡胶面积最大的年度是 1990 年，达到 7.55 万亩。垦区年产干胶最高的年度是 2003 年，当年产干胶 4837 吨。2010 年，全垦区有橡胶面积 76992.75 亩，生产干胶 4372.67 吨。1992 年，垦区开始胶园更新达到 17274.6 亩。据统计，1960～2010 年，垦区累计生产干胶 11.25 万吨。

在橡胶生产中，德宏农垦有几个突出的特点。一是有两个世界之最。德宏农垦橡胶种植达到世界纬度最北点——24°59′，此橡胶园在垦区潞江农场。德宏农垦橡胶种植达到世界海拔最高点——1306 米，此橡胶园在云南省德宏热带农业研究所的瑞丽市南京里橡胶种植试验点。二是有一个中国之最，中国最早（1904 年）种植的橡胶树——中国橡胶母树，在垦区盈江农场平原分场 8 队胶园中。三是有一个云南省之最。德宏农垦橡胶种植在云南最早，从 1951 年起步。四是有农垦之最。德宏农垦橡胶种植在垦区众多的行业中坚持时间最长，从 1951 年到 2010 年，整整 60 年从未间断财力最多，最高时的 1972 年达 9077.17 万元，累计达 32902.08 万元。德宏农垦的橡胶生产单位人口最多，达到近 3 万人，占总垦区人口的近四分之三。

德宏农垦的橡胶生产，有一突出的不利因素，即在国际公认的植胶禁区北纬 17°以上区域植胶，容易受寒害影响。与此同时，德宏农垦也取得了在高纬度地区植胶的成功经验并分别于 1982 年 2 月获得国家农业委员会和国家科学技术委员会共同颁发的"云南抗寒植胶技术推广"一等奖，1982 年 10 月获得国家科学技术委员会授予的"橡胶树在北纬 18 ~ 24°大面积种植技术"一等发明奖。在发展橡胶生产的同时，德宏农垦也利用一些不宜种植橡胶的山地发展用材林和薪炭林。1962 年首次造林 12.5 亩。其后，垦区每年坚持造林。垦区年末造林面积最大的是 2003 年，达到 9563.4 亩。2010 年末，垦区有造林面积 4008.3 亩。

二、组织改革与资源分析

（一）德宏垦区改革过程

德宏垦区于 1955 年开始建场布点，起步时的经营方针是"以橡胶为主，兼营其他热带亚热带经济作物"，1957 年由于垦区粮食蔬菜无法自给，云南省农垦总局多次作出调整。1957 年 7 月，经云南省人民委员会批准，"根据具体情况适当安排粮食作物面积，力争粮食、肉类和副食品自给"。1959 年 6 月，在云南省国营农场工作会议上，提出"以短养长、长短结合、多种经营、综合利用、就地加工"的经营方针。1960 年 4 月，云南省农垦总局对植胶农场提出的经营方针是"以橡胶为主，粮畜并举、多种经营、全面跃进"，该方针一直执行到 1978 年。1980 年以后，由于粮食低产亏损，垦区制定了"以橡胶为主，大力发展茶叶（或咖啡）生产，开展多种经营"的方针。

1979 年，根据国家农垦总局要求各垦区尽快把国营农场办成独立核算、自负盈亏的农工商联合企业，实行生产、加工、销售一条龙的指示，德宏农垦开始步入企业化改革时期。当年，垦区所属国营陇川农场开始试办农工商联合企业，在保留原农场建制的同时，平行设立了"国营陇川农工商联合企业公司"，实行"一套班子，两块牌子"的管理模式。农场所属的各个分场更名为公司，分公司再辖若干的专业队（厂）。1980年7月，国营瑞丽农场更名为"国营瑞丽农场工商联合企业公司"，此后，盈江、遮放、畹町等农场也相继更名为农工商联合企业公司，德宏农垦分局所属国营农场至此完成了联合企业实体的建立工作。1985年，经德宏州人民政府批准，在保留德宏农垦分局行政建制的同时，建立了"云南省农工商联合企业总公司德宏分公司"。农工商联合企业公司在全民所有制经济组织不变的前提下，改变了国营农场长期单纯生产原料产品的状况，实行生产、加工、销售一条龙的经营模式，扩大了企业的经营自主权，在遵守国家政策法令和完成国家计划的前提下，企业享有了因地制宜，决定生产布局和措施的权力。期间，垦区开展了一系列改革，主要有：1980年，开始实行"两定两包""四定一奖"的生产责任制，即定岗位、定产量、定成本费用、定工资含量、超产和节约成本有奖；1983年2月，农牧渔业部、国家工商行政管理总局发布《关于全国农垦农工商联合企业商业经营范围的通知》，国务院批转农牧渔业部《关于发展农垦农工商企业若干问题的规定》，明确了建立农垦商业网点的性质和经营范围，结束了农垦系统长期不能经营商业的历史。农工商综合经营促进了农场的生产结构调整和横向经济联合，使国营农场走上农林牧副渔全面发展，以商品经济生产为主的道路，增强了企业的市场竞争力；1984年，农场贯彻"大农场套小农场"双层经营体制，开始试办职工家庭农场；1985，全面铺开兴办家庭农场；1989年，开始推行承包经营责任制；1990年，各农场推出国营农场（企业）法人章程；1995年，垦区农场实行职工全员合同制；1996年4月，为了进一步适应市场经济飞速发展的需要，德宏农垦分局按照云南省农垦总局的要求，转制为股份制的"云南省农垦集团有限责任公司德宏分公司"，同时保留原分局的行政建制，这一体制至2010年末未再做调整。

（二）组织的资源依赖

云南的农垦组织分布较多，仅就德宏垦区的情况来看，共有五个国营农场，组织建立之初的经济来源是多形式和多渠道的，从图4.5中可以看出。

一方面，从1976～1980年的第五个五年规划时期，到2006～2010年的第十一个五年规划时期，各种形式的投资比例发生了明显变化。国家预算内投资与其他专项拨款占总投资额的比例从"五五"时期的5%和70%，共占

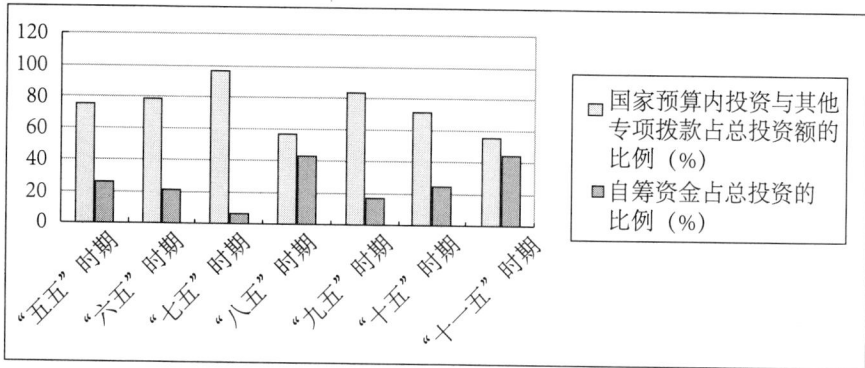

图 4.5 德宏垦区各五年计划时期资金来源比例图 （单位：万元）

资料来源：根据德宏州农垦分局提供资料整理。

75%，到"六五"时期的 15% 和 63%，共占 78%，"七五"时期的 25% 和 72%，共占 97%，即从 1976 年到 1990 年，国家投资占德宏垦区全部经济来源由 75% 增加到 97%，几乎成为其经济来源的全部。从组织收益的角度出发，此期的利益主体是国家。到了"八五"时期，国家预算内投资与其他专项拨款占总投资额的比例的 11% 和 46%，共占 57%；"九五"时期的 5% 和 78%，共占 83%；"十五"时期的 21% 和 53%，共占 74%；最后到"十一五"时期的 21% 和 34%，共占 55%，在总体下降趋势的背景下有时呈现出明显的上升和波动，从 83% 到 55%，尽管利益份额发生了比较明显的变化，但国家依然是农垦组织的最大主体。

另一方面，从 1976～1980 年的第五个五年规划时期，到 2006～2010 年的第十一个五年规划时期，自筹资金在"五五"规划时期占投资总额的 25%；"六五"规划时期占投资总额的 22%；"七五"规划时期占投资总额的 3%；"八五"规划时期占投资总额的 43%；"九五"规划时期占投资总额的 17%；"十五"规划时期占投资总额的 26%；"十一五"规划时期占投资总额的 45%。自筹资金从 25% 到 45% 总体呈上升趋势，但与国家利益份额相比，组织和个人利益依然屈居于相对次要的地位，可见，时至今日，农垦组织还是更多表达了政治利益（见表 4.10）。

表 4.10　德宏垦区各五年计划时期投资情况表　　（单位：万元）

时期	投资总额	国家预算内	占总额	自筹投资	占总额	其他专项	占总额
"五五"时期	2750.87	158.2	5%	667.52	25%	1925.15	70%
"六五"时期	4700.24	691	15%	1062.68	22%	2946.56	63%
"七五"时期	7768.16	1912.24	25%	283.22	3%	5572.7	72%
"八五"时期	13905.4	1442.49	11%	6171.23	43%	6291.68	46%
"九五"时期	19227.45	808.98	5%	3191.53	17%	14926.94	78%
"十五"时期	6452.6	1311.64	21%	1718.67	26%	3422.29	53%
"十一五"时期	8953.2	1878.55	21%	4035.00	45%	3039.65	34%

资料来源：根据德宏州农垦分局提供资料整理。

三、组织结构的变迁

（一）组织结构的演进

首先，就云南农垦组织的结构而言，无论是行政机构还是党群机构，其始建之初的情况都比较简单，尤其是其行政机构的设置十分简单，农场直接下设场长、生产、经营、管理区等办公室。这种情况从 1957 年一直持续到 1963 年（见图 4.6 和图 4.7）。但其党群机构的情况有所不同，与后来的党群机构相比，它的机构设置有一个明显的特点，即它多出了人保部（即 70 年代的武装部），这个人保部有两个功能，一是人事功能；二是训练民兵功能，这一点可以从图 4.8 和图 4.9 所示的情况一目了然。

其次，到 1963 年，对农场的组织机构来说，无论是行政机构还是党群机构都相应地发生某些变化。从云南农垦农场层面的行政机构看，其层级和规模都在增加和扩大，很多农场组建为总场下面开始建立起分场，以国营盈江农场为例，1963 年 1 月，盈江农场总场成立后，下面开始设置了平原、岸坎、蛮允、芒线、小辛街五个分农场，共 20 个生产队（见图 4.10），这种情况一直持续到 1993 年。

从云南农垦组织（农场）的党群机构看，同样发生了层级和规模的变化，并且这种变化更复杂些，从 1964 年开始建立了分场党委并下设书记、副书记、党委办公室和生产队党支部等，党组织的规模也同样发生了扩展

（见图4.11），这种情况持续到1970年组建云南生产建设兵团实行军队建制。

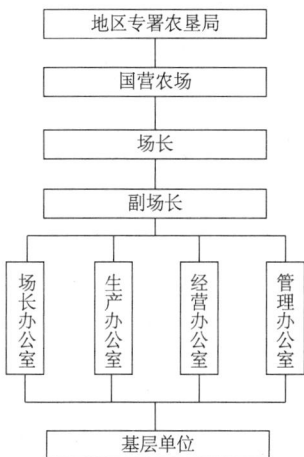

图4.6　1957年国营遮放农场行政机构图
资料来源：根据德宏州农垦分局提供资料整理。

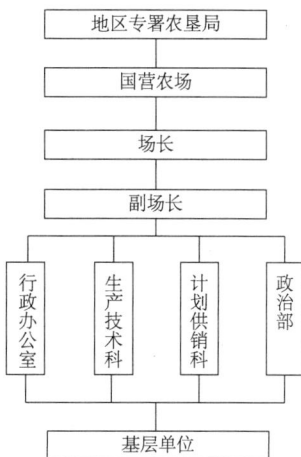

图4.7　1963年国营遮放农场行政机构图
资料来源：根据德宏州农垦分局提供资料整理。

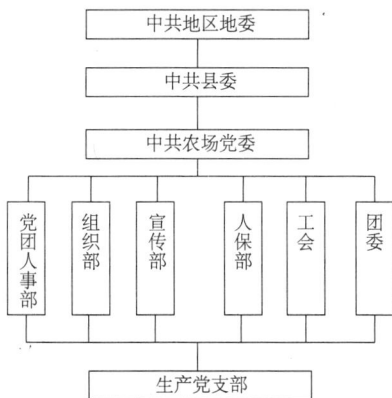

图4.8　1958年农垦系统党组织机构图
资料来源：根据德宏州农垦分局提供资料整理。

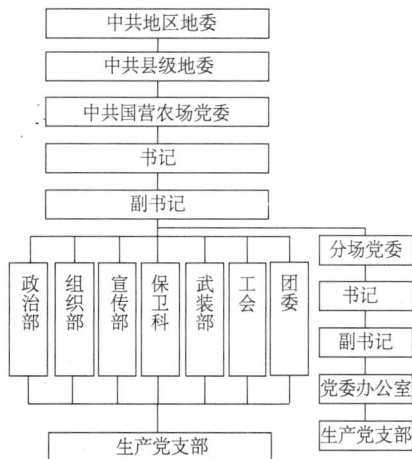

图4.9　1964年农垦系统党组织机构图
资料来源：根据德宏州农垦分局提供资料整理。

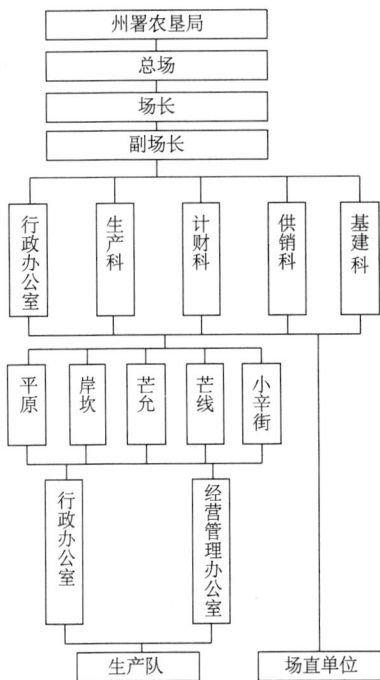

图 4.10　1963 年国营盈江农场行政机构图

资料来源：根据德宏州农垦分局提供资料整理。

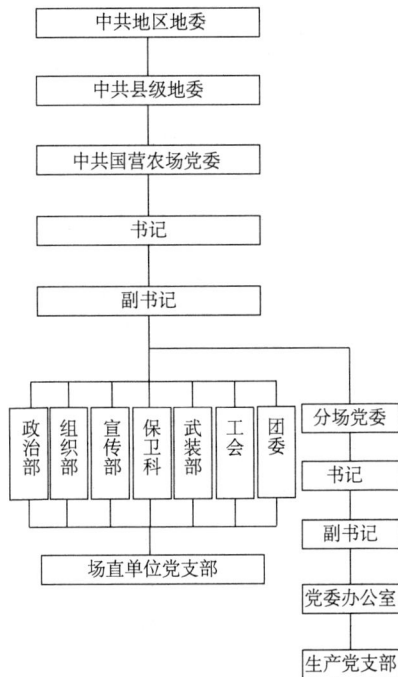

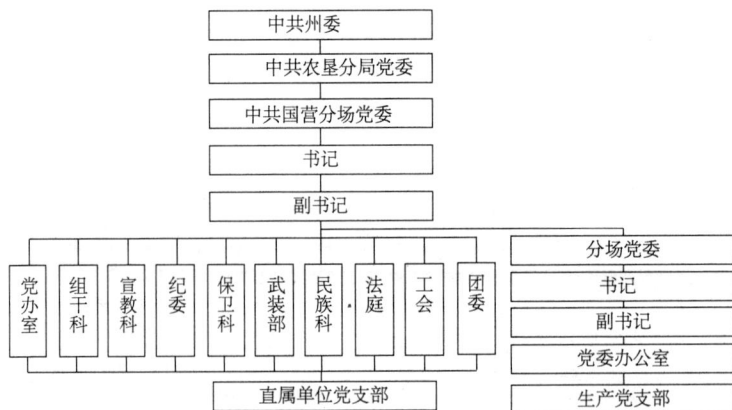

图 4.11　1964 年农垦系统党组织机构图

资料来源：根据德宏州农垦分局提供资料整理。

图 4.12　1974 年农垦系统党组织机构图

资料来源：根据德宏州农垦分局提供资料整理。

从 1974 到 1980 年，云南农垦组织的党群机构再次发生变化，其人事和行政关系，实行农垦系统和地方政府双重管理，同时，农场机关系统又增加了组干科、直教科、纪委、保卫科、民族科和法庭等职能部门（见图 4.12）。

（二）组织结构行政与经济功能的扩展

到了 90 年代，云南农垦组织的规模从小到大，从简单到复杂，但从 1994 年开始建立了云南农垦集团公司，农垦组织此时开始细化各种职能部门，力图充分发挥其功能，但与此同时也开始表现出了内卷化，这种端倪尤其体现在其行政机构的变化上（见图 4.13）。整个组织不仅增加了一个层级的橡胶公司，在这个公司之下又增设了劳资社保医保办、生产经营办、非公经济办、卫生办、社区服务办，以及公司办公室、财务结算中心、人力资源部等部门，而且在这些部门之下进一步细化出复合肥厂、医院、物业管理中心、养老院、水泥队、茶厂、水果队、幼儿园、农林生产队以及制胶厂等功能专属的机构，职能部门开始全面扩张。

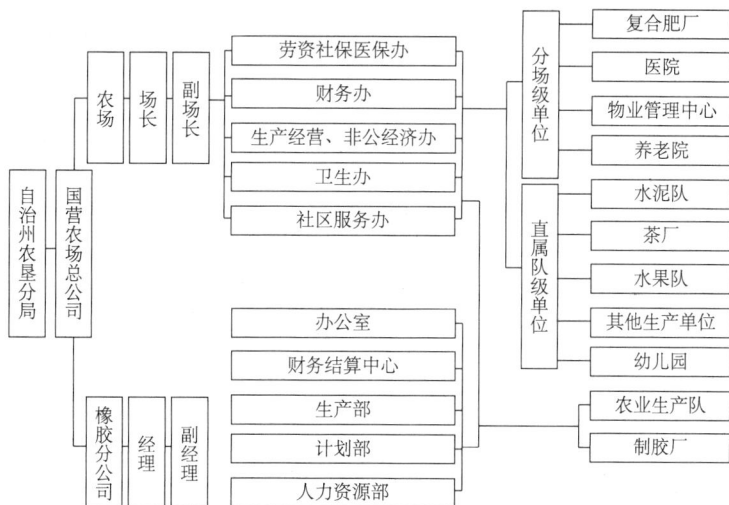

图 4.13　1994 年农垦行政机构图

资料来源：根据德宏州农垦分局提供资料整理。

在此期间，其党群情况却是另一番景象，不但没有细化和复制机构的现象，反而出现了机构简化的现象（见图 4.14）。党群机构的简化现象从 1986

年之后一直持续到 2006 年，2006 年之后到 2010 年基本没有发生大的改变。

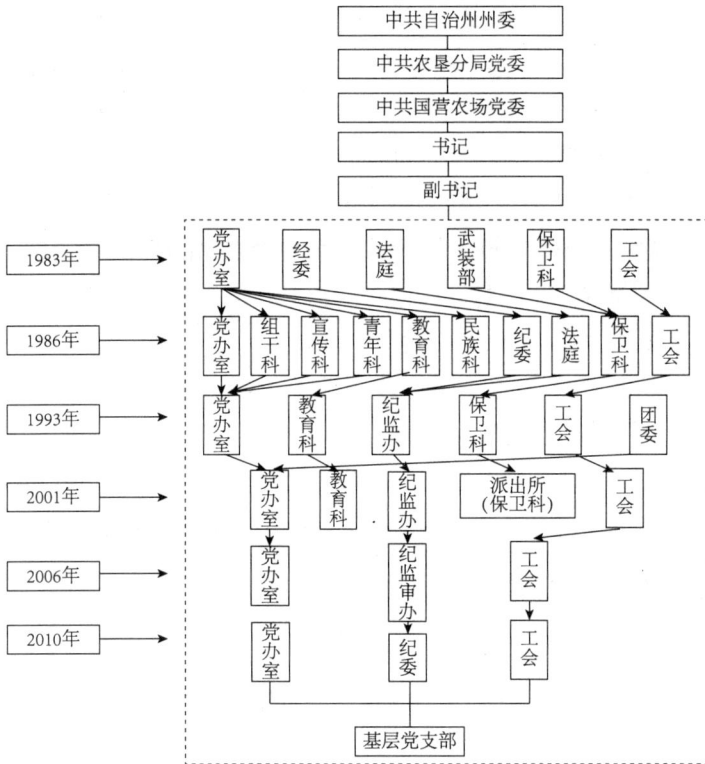

图 4.14　1983~2006 年农垦党组织机构变迁图

注：1986 年，民族科合并至行政办；2006 年，云南各垦区派出所（保卫科）开始陆续移交地方政府。

资料来源：根据德宏州农垦分局提供资料整理。

（三）小结

可见，云南的农垦组织行政结构日趋复杂化和细化，但相比之下其党群组织却日趋部门简化和功能弱化（见图 4.15）。伴随着农垦组织机构职能的定格与日趋精致化，其组织开始显现内卷化趋势，这一问题我们将在组织功能分析中进一步阐述。

由此可以看出，农垦组织的结构发生了较为明显的变化，即随着时间的推移农垦组织的宏观规模虽有一定程度的扩展，但相对该组织的精细化发展来说就显得有些滞后和微不足道了，而这种精细化的组织发展方向也就是我

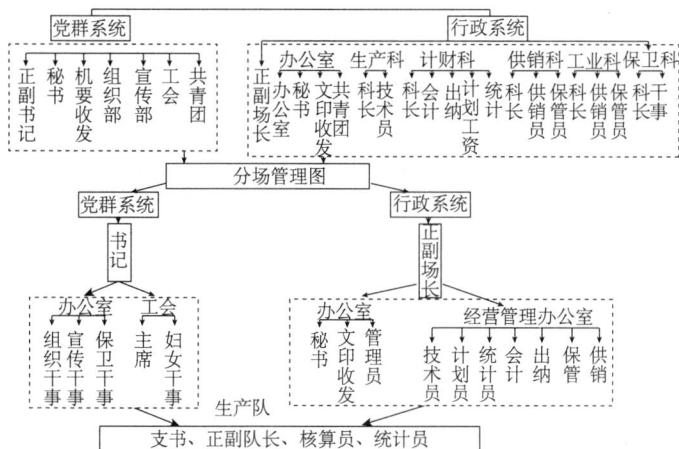

图4.15　2004年后农垦党政层级管理图

资料来源：根据德宏州农垦分局提供资料整理。

们在上文中提及的组织内卷化的表现之一。这种内卷化同时也使组织的功能
发生了相应的改变，关于农场组织功能的变化，可以从农场始建以来的经营
项目规模的变化进行直接和间接的分析。

四、组织功能的扩展

（一）初始戍边功能的衰退

对于这一问题，是十分简单也是十分明确的，武装部、宣教科、民族科
等民兵性质的组织在1980年以前一直是云南农垦组织的一个重要机构（见
图4.16）。但到了90年代，此类组织相关的多个部门消失了（见图4.17）。
同时，随着机构的消失，该类机构所担负的功能也不存在了。

（二）组织经济功能的崛起

对于农垦组织的经济功能而言，是随着时间的推移不断增强的，从农场
的经营项目和不同项目在不同时期的规模中可以充分说明这一点。首先，农
场的经营项目有所变化。众所周知，咖啡和茶叶是经济效益较为明显的经营
项目，但在1956～1970年间，农场既不种植咖啡，也不种植茶叶，而是以
橡胶种植为主。橡胶是国防工业不可或缺的原料，此时期农场的经济功能只
是戍边功能的一种附带功能。从1971年开始，农场开始种植了4.5亩茶叶，

```
                    ┌──────────────┐
                    │   中共州委    │
                    └──────┬───────┘
                    ┌──────┴───────┐
                    │ 中共农垦分局党委 │
                    └──────┬───────┘
                    ┌──────┴───────┐
                    │ 中共国营分场党委 │
                    └──────┬───────┘
                    ┌──────┴───────┐
                    │    书记      │
                    └──────┬───────┘
                    ┌──────┴───────┐
                    │   副书记     │
                    └──────┬───────┘
```

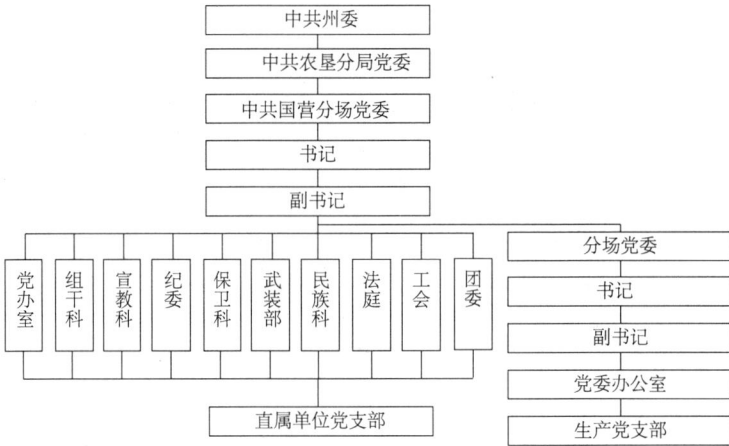

图 4.16　1974 年农垦党组织机构图

资料来源：根据德宏州农垦分局提供资料整理。

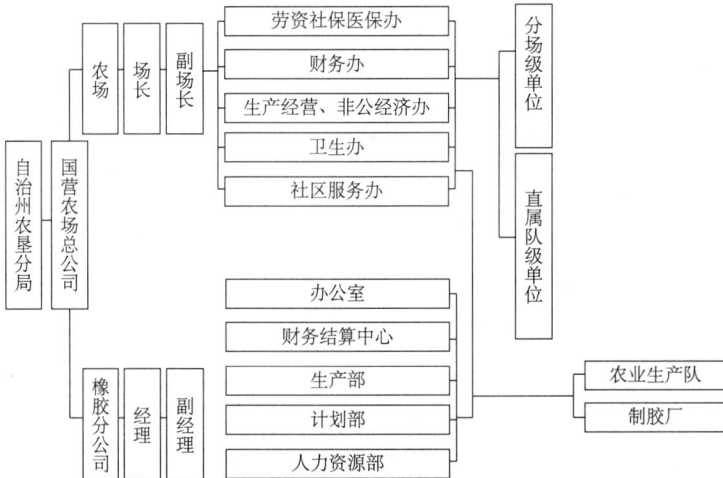

图 4.17　1990 年农垦行政机构图

资料来源：根据德宏州农垦分局提供资料整理。

种植茶叶目的并不是为了组织的获利，该种植面积也不可能有一定程度的获利。可是从 1981 年的情况看，茶叶的种植面积增加到 6772 亩，是 1971 年的 1504 倍，此时组织的经济意图开始增强。到了 1998 年，茶叶的种植面积进一步增加，达到了 19118 亩，是 1981 年的 2.8 倍，1971 年的 4248 倍（见

图4.18）。

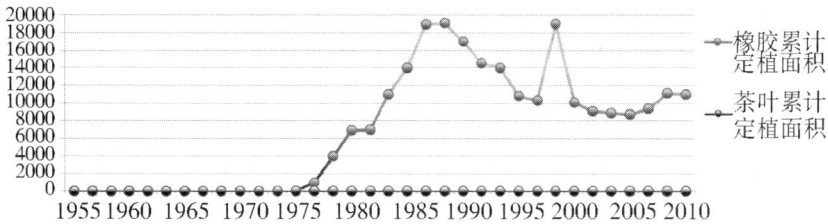

图4.18　茶叶与天然橡胶种植面积的比较

资料来源：根据德宏州农垦分局提供资料整理。

从1981年的情况看，农场开始种植咖啡，但仅有257亩，到了1998年咖啡的种植面积也进一步增加，达到了3287亩，是1981年的13倍（见图4.19）。

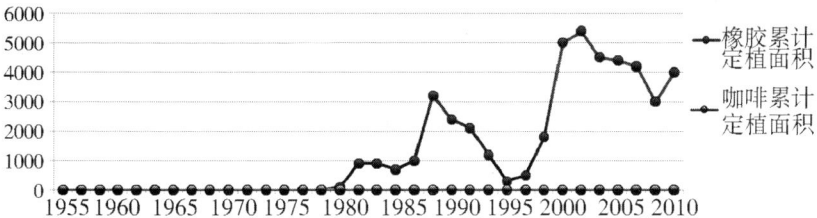

图4.19　咖啡与天然橡胶种植面积的比较

资料来源：根据德宏州农垦分局提供资料整理。

另外，蔬菜、水果的种植面积也大幅增加，其中蔬菜的种植面积为1579.5亩，是1955年6亩的263倍；水果的种植面积为371亩，是1960年10亩的37倍（见图4.20）。

水稻、甘蔗的种植面积也在增大，其中，水稻的种植面积为33126亩，是1955年200亩的166倍；甘蔗的种植面积为28653亩，是1956年15亩的1910倍（见图4.21）。

畜牧业年末存栏数也发生了很大变化，由1955年的1055栏增加到1998年的85165栏，增加了81倍（见图4.22）。

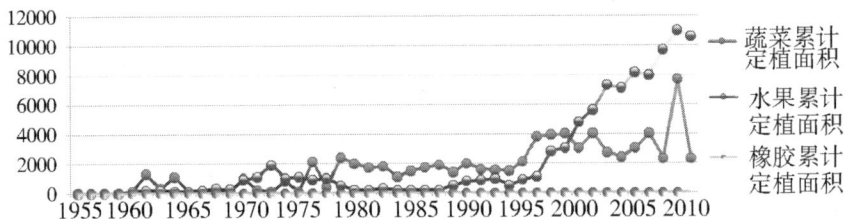

图4.20　蔬菜、水果与天然橡胶种植面积的比较

资料来源：根据德宏州农垦分局提供资料整理。

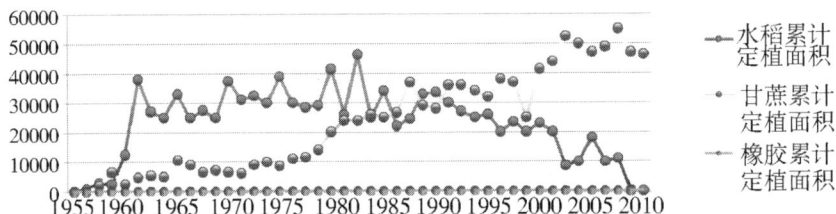

图4.21　水稻、甘蔗与天然橡胶种植面积的比较

资料来源：根据德宏州农垦分局提供资料整理。

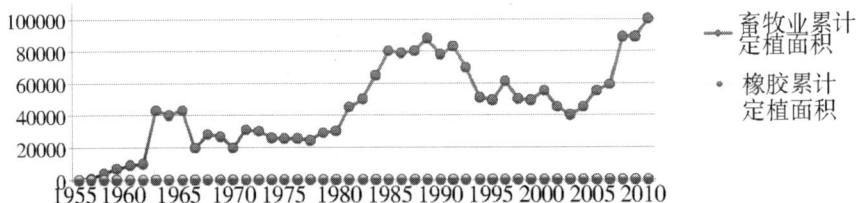

图4.22　畜牧业年末存栏增长情况与天然橡胶种植面积增长情况的比较

资料来源：根据德宏州农垦分局提供资料整理。

通过咖啡、茶叶、甘蔗、水稻、蔬菜、水果种植情况以及畜牧业年末存栏情况与橡胶种植情况的比较，我们可以明显看出，橡胶的种植面积基本上没有什么变化，甚至与上述的七种经济项目的变化情况相比，呈现相对萎缩的局面，从经济利益而言，种植橡胶属于国家任务性质，其他作物则属农场本身经济收益项目，因而从一个侧面反映了组织经济项目的发展趋势的逐渐增强。以上情况亦可以说明农垦组织的功能发生了较大程度的转型（见表4.11）。

表4.11　德宏垦区历年经营项目一览表

年份	橡胶累计定植面积（亩）	甘蔗累计定植面积（亩）	咖啡累计定植面积（亩）	茶叶累计定植面积（亩）	水稻累计定植面积（亩）	蔬菜累计定植面积（亩）	水果累计定植面积（亩）	畜牧业年末存栏（头、匹、只）
1955					200	6		1055
1956	0.14	15			900	9		1841
1957	0.15	199			112	11		3122
1958	0.15	1500			3107	53		4847
1959	0.15	6600			2241	96		5466
1960	0.19	2219.1			12326	480	10	8351
1961	0.30	3497			36982.2	1060		9501
1962	1.27	4408.2			26355.08	1478.1	158.74	23906
1963	2.17	5785.6			25788.2	317	101.9	41725
1964	2.79	4565.7			25663.5	1177.1	70	44966
1965	3.42	10441			32971	113	36.7	41575
1966	4.10	8808			25637.5	164.4	305	45231
1967	4.94	6714.5			27353.7		391	19227
1968	4.90	6969			25342		382	27694
1969	5.06	7435			27360.7	246	267	26799
1970	5.96	7022			37710	1047	845	19370
1971	8.30	6968.7		4.5	30189.9	227.9	1169.3	32466
1972	8.93	7581.5		4.5	31137.5		1294.3	30588
1973	9.36	9268		10	32998.8	711.9	1760.9	30591
1974	9.81	9718		10	30404	12	1170.94	25791

续表

年份	橡胶累计定植面积（亩）	甘蔗累计定植面积（亩）	咖啡累计定植面积（亩）	茶叶累计定植面积（亩）	水稻累计定植面积（亩）	蔬菜累计定植面积（亩）	水果累计定植面积（亩）	畜牧业年末存栏（头、匹、只）
1975	10.16	9126		7	39202.7	2225	1106	25079
1976	10.31	11304			30119	2349	946	25102
1977	10.63	11761		829	28661	463	941	25062
1978	11.03	13682		1904	29395	84	570	23961
1979	11.54	16758		3124	29750.8	2424	461	28172
1980	12.05	19349		6772	41605	1991	197	31557
1981	12.56	23877	257	6772	28475	1564.8	181	44206
1982	12.86	23945	910	12541	26528	1668	243	45746
1983	12.99	26435	888	14024	46324	1152	168	49969
1984	13.04	25594	695	14203	25420	1219	141	64325
1985	13.10	25210	638	14111	33797	1446	134	79415
1986	13.20	26159	699	13902	21815	1535.5	161	76823
1987	13.25	37027.8	1015	18786	23679	1799	200	78960
1988	13.25	28653	3287	19118	33126	1579.5	371	85165
1989	13.27	28381	3412	18880	33251	1434	622	81409
1990	13.28	29447	2437	17943	33226	1818	686	75654
1991	13.29	32083	2196	17074	30761	1517	764	82210
1992	13.31	36617	2070	16937	26558	1543	896	77828
1993	13.34	36866	1806	14421	25382	1469	646	69631
1994	13.34	33521.2	1215	14083.05	25143.6	2281.4	544.95	51721
1995	13.34	32652.9	346	10879.35	25899.3	2950.1	873.75	47901
1996	13.34	37708.5	387.29	10664.85	21171.5	3759.9	1260.9	61619
1997	13.34	37027.5	583.33	10447.8	23626.6	4002.8	2937.6	49429
1998	13.39	38811	1692.57	19118	22058.2	4075.5	3113.4	49777
1999	13.40	25431	3338.17	10433.55	19667.5	2891.4	3755.85	48445

续表

年份	橡胶累计定植面积（亩）	甘蔗累计定植面积（亩）	咖啡累计定植面积（亩）	茶叶累计定植面积（亩）	水稻累计定植面积（亩）	蔬菜累计定植面积（亩）	水果累计定植面积（亩）	畜牧业年末存栏（头、匹、只）
2000	13.46	41709	4969	10186.8	21995.2	3941.6	4788.6	55094
2001	13.46	43780.5	5375	10189.8	19509.5	2646	5650.2	45274
2002	13.47	48514.5	5346	9207.3	12689.4	2673.3	5509.65	39518
2003	13.67	51852	5006	8875.8	8681.5	2320.8	7324.8	43346
2004	14.18	50169	4523	8832	9697.9	3093.8	7428.15	45429
2005	14.76	47149.5	4338	8757	17994.6	2775	8331.15	54159
2006	15.19	48744	3524	9567	10155.3	4102.4	8140.05	57963
2007	15.54	55015.5	3404	10004	10669.3	2381.9	8093.7	87874
2008	14.83	52018.5	3045	10365	772.86	2589.8	9729	87581
2009	14.73	48109.5	3035	10425	875.88	7506.3	11015.55	99015
2010	14.91	47007	4084	10203.3	908.46	2903.3	10517.85	98922

资料来源：根据德宏州农垦分局提供资料整理。

第四节　小结

一、组织结构功能改革的特征

通过以上对农垦组织结构与功能的分析，体现了这样的特征：

一是农垦组织结构具有政治、经济职能的同构性。在组织结构方面，呈现为典型的垂直型层级治理结构，政治性强，缺少经济组织的结构灵活性。

从管理学理论角度，从权力运作关系看组织结构，一种是直线式的权力垂直层级管理结构，其特点是按照不同层级划分的权责规定进行权力运作；另一种是新兴网络式的横向联合管理结构，它是通过任务目标把具有所需的组织资源和成员联系在一起。在直线式组织结构中，以不同级别的支配与从属关系为主要构成特点，组织成员的参与通过支配者的命令和从属者的服从体现出来，其中处于从属地位的成员很难获得较高水平的参与积极性；而在网络结构中，则以相对平等的形式来促成成员合作，构成相互协调的结构体系，组织成员能够获得较高水平的积极性。制度理论家鲍威尔就认为，网络、市场和等级模式三者作为经济组织典型化的代表存在着根本上的区别。管理学家钱德勒则把组织科层称作"看得见的手"。① 农垦组织从其政策设定的组织构成、部门设定、干部任免及权限等方面，体现了比较强的组织层级式结构，而且，层级结构从一开始就延伸到组织经济功能的发挥，并且在组织转型要求加大组织经济功能的情况下，以"两块牌子、一套班子"的制度安排，同构了组织的政治性结构与经济性结构。这种层级治理模式的基本目标是控制，即参与者在战略、决策与行动上的层层限制，从而保持对权威决策的有效执行。其规范基础在于行动者严格遵循彼此之间的权义规定，基于组织设定的职位与职责关系来促使和维持行动者之间的合作，且组织内成员的关系固定化和明确化，有利于决策执行的快速有效以及责任的明晰。但是，如果以经济功能的发挥来看待这种治理类型，对于组织而言，此类治理结构不适应于市场环境演化下组织的生产经营灵活性，其互动机制和整合机制两个重要的功能机制在信息、资源、文化、信任、利益与风险等多层面上都难以发挥作用。而且，层级管理运作方式是上级选定目标并控制预期效果的命令，在面对信息快速变化的环境时，往往会产生市场失灵与组织本身控制失灵交织的现象。

二是在组织功能层面，基于政策安排而运行的农垦组织同时承担着政治、经济以及社会性的职能，其资源的依赖性使之在组织转型过程中，很难突出经济功能的发挥。

首先，从农垦组织的行政资源看，农垦是政府公权力利益与边境区域适应性之间不断磨合和交融，为降低相互沟通成本、提高效率而作出的一种制度安排，是国家主体为谋求其整体利益而建立的一种执行制度，是国家意愿的结果。农垦系统行政级别定位的结果，决定了组织成员之间存在严格的等级关系，且组织结构基本是政府组织结构的复制。从调查问卷的结果来看，其中对"农场（农垦组织基层）中，农场与生产队之间是什么关系"的提问，几乎全部被调查者都选择了"上下级关系"，而当问到"属地化改革之

---

① Rikard Larsson. 1993. "The Handshake Between Ivisible and Visible Hands." *Intemtional Studies of Management & Organization.* 23：1.

前生产队的生产经营任务是以什么样的方式确定"时，有高达82.1%的回答者选择了"等级命令"。

其次，从组织人力资源层面来看，农垦组织的主要机构和领导成员都是由政府直接派驻或者任命，并按照组织的章程赋予行政职权，实质上组织各机构最终是对政府相应的统管部门负责的。从组织的决策行为主体，以及所规定的组织干部配备和决策——执行机制、组织的领导成员——正副场长以及党组成员的任命程序来看，基本以服从和执行上级命令为主要的执行方式，而组织的执行机构——农场和具体的生产单位及部门的组成人员本身又是经济经营的决策者，因此，组织从决策者到基层执行者都以终端执行者的形式出现，以遵从的方式发挥组织政治的以及经济的功能。这种层级的决策——执行机制，有利于最初农垦组织的形成与规模化的发展，保证了政府可以有效动员和组织所有力量来开展活动，而权力最终掌握在中央政府手中。改革开放以后，在市场经济条件下，农垦组织功能权重有了新的变化，即经济效益的诉求，从而逐渐增强了其经济活动者的色彩。此时的农垦组织基本上拥有四套子系统：农垦党政纪检系统、农垦行政系统、分场支队等生产性系统、营利性副业经营系统。这看起来组织的政治经济功能是分开的，即组织内部的工、农、商、贸等机构被纳入公司管理模式，生产经营机构公司化，但在所组建的农工商以及后来改制形成的集团公司里，总局的主要干部出任正副总经理，构建经理集团。对总局而言，事实上就是党政干部的双重身份，当然，这对农垦组织而言，更符合其特殊性组织的角色扮演，其结果必然是，其行政机构在人事制度上以经济组织的形式直接任命从事经营事业的负责人，在经济上则公司内部高级管理人员仍享有"干部"待遇，总局以公司的形式享有参与政府决策、对外投资、争取担保、获取土地、对外贸易等权力。

最后，从组织的社会资源层面看，基层农场是组织存在和发展的基础，而农场基本建在民族聚居的农村地区，当地民众对农场的认识和主体评价，也影响着组织的生存与发展。从这一点说，农垦组织除了要为其成员提供生产资源和生活保障外，还要使周围社会能够从中得到直接和间接的好处，说到底，就是分享组织所具有的规模效应和外部经济。如前所述，组织从建成之后，就一直非常关注场群关系，并且在经济带动、维护治安、经营扶助方面做了许多工作，当地民众的社会信任与社会选择力量为其构筑了深厚的民间合法性。组织在公权力系统之外这些潜在社会合法性的获得，是组织发展的另一种资源依赖，或者从另一个角度来说，那些社会合法性较强的农场可以获得较为充足的资金以及较为丰富的行政资源。不过，从另一个角度看，农垦组织从经济利益开始扩展所获得的这种社会合法性，是建立在特定的政治意识宣传与共识之上的，这种共识在实际运行中加深了组织的政治代表意义，从而约束了组织经济转型的社会合法性认识，限制了组织结构功能的转型进程。

二、"结构功能双重性"的相对优势

从农垦组织的结构功能特征可知，农垦组织事实上集政治、经济、社会性质于一身，主要呈现为组织实际运行中的两种利益诉求：一是由于国家政权对其创建与控制的需求所产生的政治性利益诉求，即国家边疆稳定以及控制的权力延伸；二是由于国有产权所产生的对于经济发展的需要，这种经济诉求既包括中央政府对国有经济发展的需要，又包括省市级政府基于区域发展的农业企业营利需要，还包括农垦组织自身及组织成员的生产经营发展需要，两种诉求给予了组织政治职能和经济职能合二为一的双重作用。从20世纪80年代农垦组织改革和经济发展过程来看：

第一，将农垦组织纳入企业范围并进行企业自主权扩大的改革，有利于改善新中国成立以来农垦组织的经济僵化状况。因为这种制度安排使得利益相关的各方达成了可接受的权利和义务分配结构：中央具有一定的合约规定的控制权力和收益分享的权利；省级和地方政府拥有剩余的控制和决策权力；企业组织享有的是合约享益权，即参与剩余分配。农垦组织由此与上级政府形成了某种形式的财政承包关系，即农垦组织只要财政上交财务包干的基数，超额的经济收益可按比例归组织自己支配，这在改革开放初期形成了对农垦组织发展营利事业的巨大刺激，构成组织发展的重要动因。

第二，农垦组织的政治经济双重功能在上述已形成利益格局中，对组织经济的发展起着关键作用。鉴于农垦组织本身在产生之时性质功能、管理体制、运行机制的界定，农垦的双重身份使其与政府之间的联系尤其紧密，组织在与政府各职能部门的沟通方面，具有相对于其他纯经济组织、或者说民

营企业无法比拟的天然优势，可以借助于政策获得有利于自身的资源或者发展条件，创造有利的环境。从组织生产经营来说，组织的双重身份便利了组织与政府之间的沟通，从而获取行政支持，而且能够以"行政力量"使组织的一些政策获得合法性，为组织发展及其各项活动的开展扫清制度障碍，增强组织功能实现的有效性；从组织内的领导集团来说，有相当数量的政府官员有着在农垦组织任职的经历，而任职总局或分局领导职位的人也有着政府任职的经历，这样的状况不仅使得相关官员比较熟悉农垦行业情况，也使得组织的领导具有较强的组织协调能力，能够运用他们在政府部门的任职经历积累社会资本，或者通过正式或非正式的沟通以获取行政资源。从这一点来说，在改革开放初期农垦组织的结构功能转型过程中，尽管组织分享和借用了政府的权力资源，但也绝非意味着组织单纯依附于政府来获得发展。恰恰相反，在当时的思想意识环境中，也可将之视为一种巩固组织自主权、畅通经济发展的理性选择。因为，在国家——社会的结构中，起着承上启下部分执行公权力的农垦组织必然要分享国家权力资源，同时借助社会资源才能拓展经济生存空间，增加其社会合法性。

第三，由于组织双重身份优势在改革之初对组织经济发展的巨大推动，这个结构功能继而被延续到组织的进一步改革之中。农垦组织改革，既源于国家宏观政策激励，也源于组织所具有的政治经济双重身份。因为在这个过程中，农垦组织的结构功能设置具有高于其他单一功能组织的资源支持与经济效益，尽管并不符合市场经济以及自由竞争的原则与要求，但却借助于外力优化和改善了组织的生产经营要素配置，因而在组织变革的初始阶段，形成和具有了相对的结构功能优势。可以说，在这个时期，农垦组织所具有的政治、经济双重职能是组织拓展资源空间的关键。也正因为如此，随着组织变革的展开，组织变迁由发展阶段进入到深化扩展阶段，组织在经济上获得了初步的功能改革收益之后，寄希望于巩固此种结构的稳定性，在满足利益共容体内各利益主体的利益需求的基础上，促进和激励农垦组织进一步深入其功能的变革与转向，推进功能变迁，获取更大收益。反映于改革现实之中，就是组织从企业化农工商联合经营到集团化改革这段进程中，组织虽然明确了"政企分开"的功能，但在管理体制上，却始终在"两块牌子，一套班子"的权力运行机制中徘徊。

第五章　云南农垦组织结构功能的内卷化与重构

　　组织的发展实效往往并不符合其发展预期，农垦组织的演进过程就证明了组织发展的这一困境。随着宏观制度环境的变化，组织原有的相对优势随之消失，组织逐渐陷入"内卷化"困境，表现为组织结构层面的行政取向与部门复制化，以及组织功能层面的目标模糊与平均劳动收益递减。自2007年末开始，云南农垦组织再现重构的端倪，云南省政府相继出台一系列政策，使组织重构步入了探索阶段。而这种组织结构功能重构的探索由于其关注点的不一致，使得云南农垦组织未能完全摆脱内卷化困境，实现组织结构功能的现代性。

第一节　宏观环境变化与组织危机

　　组织变革受到宏观环境的制约，在这个各种组织相互竞争持续不断的环境空间里，组织所具有的任何有利因素都是相对以及暂时，同样也处于不断变化之中，而所谓改革模式的形成又大大影响着改革的实效。"'模式'不是比较、相对的概念，而是一个静态、绝对的概念，在一定程度上一定时空条件下比较优势模式化后更容易被理解为恒定优势。这一思维一旦被政府精英集团吸纳为潜在行为逻辑，将阻碍政府精英集团相对于环境变化敏感性和快速反应机制，从而导致制度僵化与制度惰性"。①

一、宏观制度的变化

自 1978 年实行改革开放之后，中国整个社会经济结构发生了根本性的变化。随着市场化进程的推进，公民的权利意识和主体意识日益增强，党和政府也有意识地逐步结束计划经济体制管理模式，为市场经济的发展和社会组织的自主治理腾出相应的空间。与此同时，80 年代农垦组织在经历萧条后转入发展比较繁荣的阶段，政府主导的农垦组织结构在国家原有的宏观制度环境中达到边际效益最大化，组织原本设定收益达到组织现有结构发展经济所允许的上限，构成组织集中管理的最优化。但是随着宏观制度环境的变迁，农垦组织"政治经济双重性"缺乏市场灵活性，缺少严格的激励约束机制等缺陷逐渐显现。其原有的中央与省政府双重管理体制逐渐失去相对优势。

20 世纪 80 年代国家宏观政策的允许和激励，为云南农垦组织发展提供了直接驱动力，中央发布的《国务院关于批转全国国营农场工作会议纪要的通知》中，明确提出云南垦区实行农垦总局和省、自治区双重领导体制。其后，根据扩大企业自主权的精神，在经济政策上对农垦有所放开，农场呈现出较快发展和较高效率。这一时期，党中央、国务院从国民经济发展的角度来看待农垦组织的发展，农垦组织充当区域防卫与军需生产的特殊利益诉求开始减弱，但仍然要求农垦在稳定区域、发展区域经济以及难民侨民安置方面有所作用，以免产生对改革开放的不利冲击；投资农业稳定农业生产，直接促进了农场周围当地农民的个体经济发展。此外，在 80 年代宏观体制调整中，随着农村剩余劳动力的大规模转移、农业技术的迅速扩张、改革开放初期巨大的消费品市场空间和国营企业经营体制束缚放开，处于"正式"经济体系之内的农垦组织面临一些市场与经济发展的机遇。省农垦总局组织借助行政、经济等各方面的力量，开始了较大规模的改革，将农垦组织改建为集团公司制，实行集团化战略以发展农垦经济。初始下的集团化模式为农

---

① 汪波：《间隔性制度变迁与比较制度优势——诺斯"路径依赖"理论之中国区域经验实证检验》，《江苏社会科学》2007 年第 1 期，第 65～69 页。

垦组织提供了比较好的经济收益，区域农垦经济得以迅速地规模化。集团化经济发展优势初步形成，此段时间规模种植尤其是橡胶种植亦享受到比较优势所产生的制度收益，组织的利益结构稳定存在。

1996年以后，随着宏观经济秩序全面转向社会主义市场经济体制且稳定发展，卖方市场转向买方市场，经营灵活的个体私营经济日益壮大，国外的水果、农作物以及橡胶等开始进入国内市场。农垦组织集团化模式的比较优势逐渐衰减。

具体说，90年代初，农垦组织发展模式的缺陷被政府推动下的高涨投资冲动所掩盖，但是1994年国家宏观调控实行紧缩财政政策和货币政策，以及之后受到1998年东南亚经济危机中橡胶价格暴跌的影响，农垦组织在初尝了改革的甜味之后开始领略到了市场的寒意。紧缩政策以及国际农产品以及橡胶市场的不景气，导致了农垦企业严重亏损与资金短缺，同时出现了大额负债以及自负盈亏的压力。以德宏傣族景颇族自治州垦区为例（见表5.1）：

表 5.1　1996~2003 年德宏垦区经营盈亏表　　（单位：万元）

年份＼项目	总收入	总支出	经营盈亏
1996	23290.87	25541.20	−2250.33
1997	22334.49	25867.28	−3532.79
1998	22365.36	26771.53	−4406.17
1999	20254.66	24258.16	−4003.50
2000	20841.98	22408.57	−1566.59
2001	21481.97	22827.13	−1345.16
2002	19861.13	21640.14	−1779.01
2003	22572.15	23443.12	−870.97

资料来源：根据德宏州农垦分局提供资料整理。

如前所述，组织本身在竞争的环境中必须保持适应性和灵活性，尤其是与市场联系紧密的经济组织，任何优势都只能是一定时空条件下的，暂时与局部的相对性优势，不可能形成绝对优势。由此，80年代后期到90年代初期，省级管理下农垦组织的集团化战略经过发展期步入转折期。随着宏观制度环境变迁，农垦集团化的比较优势不再存在，显现出资源约束、需求约束、制度约束等局限。90 年代中期以来，随着改革开放的深入，整体集团化模式的效益开始出现下降，利益分配的矛盾也逐渐显现，经济活力由此受到抑制，进入"内卷化陷阱"。

二、组织原有相对优势的解体

如果说宏观制度环境变迁是构成农垦组织结构功能失衡的外因，那么，组织"结构功能双重性"的潜在问题则是构成组织内卷化的内因。在新的制度环境中，农垦组织原先的"组织双重身份"制度安排路径逐渐失去环境中的相对优势，并随市场经济发展而日益凸显出"异质性权力交织"的缺陷。异质性权力交织导致组织内部成本大幅度上升，从而抵消了降低市场交易费用而采取的专业化和规模化经营所获的收益。东南亚金融危机后，云南农垦组织的营利性经营遭受沉重打击，显现出组织结构功能双重性相对优势的丧失趋势，在边疆农业领域的影响力开始缩减。

云南农垦组织原有的权力结构与功能发挥体现了从政府（包括中央以及省级地州级政府）到农垦组织（包括总局、农场以及组织成员）不同层级的利益诉求。其中政府是自上而下权力责任的委托人，将部分政治经济乃至社会责任交给了农垦组织，而组织成员则将自己的利益需求自下而上集中于组织层面，通过农垦组织来实现和表达，甚至希望通过组织来申诉和对抗一些不合理的制度损害。农垦组织变革初期，政府——农垦组织——组织成员三者对于农垦组织的双重性质和实现预定的政治、经济以及社会利益方面的认识，甚至其中不同性质利益的实现比例都是高度一致的。这种高度一致的目标认同形成极强的凝聚力，构成主体之间的信用与道德自律，消解了"集体行动"外部性，形成对组织结构功能双重性内在缺陷的抑制，但这不意味着这种组织结构功能双重性的缺陷不再存在。

随着外部宏观环境的变化，这个缺陷逐渐显现，表现为两个层面的问题：

一是异质性组织权力的不同运行方式在同一结构体系构成矛盾。政治组织一般以权力维系为主要目标来建立组织结构，而纯经济组织则一般以经济效益为主要目标来结构组织，两种不同目标使得组织有着不同的权力运行机制。而农垦组织一直是以政治性的结构来框定组织的两种权力诉求，并以政治诉求为主。在市场经济条件下，经济诉求的逐步加大使得组织原有框架很难满足新的要求，经济诉求与政治诉求在其中产生了越来越明显的矛盾。

二是从委托代理理论层面来看待这个矛盾，存在两种不同的诉求路径，即政府自上而下以政治利益为主的诉求和组织成员自下而上以经济利益为主的诉求，两种诉求形成了对组织层面的双重委托——代理，即政府权力的委托和组织成员的委托。委托代理通常有这样的假设：由于契约双方信息不对称性的存在，委托人的代理人基于利益追求各自效用最大化，代理人在代理活动中不会完全按照委托人利益目标行事，这就可能产生利用委托人的权力授予来获取自身效用的问题，必将增加代理成本，而且一旦获得效用的过程损害了委托人的权义，就陷入了委托——代理困境，成为委托代理关系运转的障碍。同理，市场经济下，农垦组织结构功能双重性所体现的双重委托代理关系也会产生类似的问题，那么在组织层面就有可能出现组织的一个两难境界：最大实现政治要求偏差与最大实现经济要求偏差的交织。

具体来说，农垦组织在其运行初始阶段，作为代理人的政府或是组织成员委托人在农垦事业发展这一委托代理事项上，委托人与代理人在特定历史条件下达成目标函数高度一致，形成了特殊的激励约束机制，不仅避免了代理人问题，对双重委托代理内在缺陷形成有效抑制，而且使得委托人与代理人能够充分利用区域环境的历史机遇，极其有效地实现特定时期的战略意图。在改革开放初期，则充分发挥区域综合资源禀赋优势，特别是利用农垦组织特殊双重身份进行改革动员，通过"结构功能双重身份"的资源依赖和组织权力运行安排，迅速推进了农垦组织企业化的变迁，实现改制绩效。也就是说，农垦组织变迁初期，之所以能创造出效益的相当增长，正是"政治经济双重性"的组织结构功能相对于传统中央直管以政治性利益为主的结构能形成相对优势。但这种结构所需要的环境资源与条件同样具有稀缺性和时间性等限制，因此，所形成的结构也不可能永远地从既定制度安排中获取无限收益，一旦现有组织所拥有的优势消耗殆尽，现有结构功能就不可避免地走向解体。

在市场经济确立及深化的环境中，云南农垦组织结构功能双重性的体制安排路径逐渐失去相对优势，"双重委托代理"的偏差矛盾日益凸现。传统共有产权的非排他性导致资源使用中的成本以及收益均摊在全体成员的身上，每一个成员对其都没有实质意义的管理权义，很难要求每个成员去关心资产效率或资产的安全和增值，甚至最终造成资源的滥用。由此，组织结构功能双重性的这种委托代理关系缺乏严格的激励机制，两种委托路径都缺乏相应的激励和监督机制，且组织领导集团职能的重叠使得监督环节变得更加复杂，来自初始委托的监督动力在衰退，给予组织中间环节以极大的监督空间，因而双重性质的结构功能从兴起之初，就潜藏了组织的衰退因子。在组织集团化改革后期，代理人与委托人目标函数由"一致行动"转向行为分歧，伴随农垦组织的发展壮大、经济实力的增强，不同层级政府、农垦组织、组织成员之间由一致性目标向差异化目标转变，或者说，组织成员的经济诉求日渐强烈，而政府的制度安排以及组织的章程规定却明显滞后。在这个过程中，一方面，层级结构的延续使得代理人的委派始终以上级意志为主，这使得组织的行为关系带有政治"内耗型"色彩，即沃尔德所指的："作为层级控制分配体制下的制度化组织，单位的主要分配原则是'德治原则'而非'绩效原则'。在单位制中，最重要的激励因素之一就是通过各种庇护关系或派系关系去获得严重短缺的资源特别是权力，而单位中权力最重要的基础也在于社会关系。因此，处理社会关系即通常所说的'做人'的重要性总是远甚于工作本身即'做事'，这就注定了单位中的人际关系是内耗型的。"[1] 农垦组织的双重身份使其组织环境更接近于单位制环境，组织内的人际关系长时间体现为内耗型，从而使组织无法集中于经济转型。

另一方面，代理人与委托人的目标差异也使得组织层面的目标追求产生了混乱，由上至下以及由下至上的信息不对称也使得监督困难，监督成本增高。随着环境变化，组织经济、政治和社会性功能的发挥与不同层级政府的要求、组织发展、组织成员需要都有着不同的差距。各利益主体不能通过组织来满足自身利益诉求，遂对既有的制度安排和利益格局产生不满，政府和组织以政策规定等形式来完成调整，而组织成员由于远离组织变迁的权力核心，最终以群体性组织的"集体行动"来表达自己的利益分配期望。与此

---

① Andrew Walder. *Communist Neo-traditiondism: Work and Authority in Chinese Industry*, California: California University Press, 1996: 20~28.

同时，代理人和委托人之间目标分歧还导致激励约束机制缺失，使得双重委托代理中"代理人问题"凸现，从而导致农垦组织收益能力的不断下降与绩效损失。

第二节　云南农垦组织内卷化
——以勐养、东风农场为例

一、个案选择与实证方法

（一）个案选择

个案调查对象以西双版纳垦区和德宏垦区为田野调查范围，着重选择了西双版纳垦区国营勐养农场、东风农场，以及德宏垦区的陇川农场进行调研。

国营勐养农场位于云南省景洪县勐养镇勐养坝，昆洛公路 694～708 公里一线的东西两侧，跨东经 100.80°～100.97°、北纬 22.07°～22.15°。坝子为东南向西北走向，东西长 15 公里，南北宽 4 公里。农场所属各单位分布在曼纳庄、曼景坎、曼洒浩 3 个村周围，场部机关坐落在镇政府附近，距州府所在地允景洪镇 33 公里，距昆明市 700 公里。农场总面积 32060 亩，已开垦利用 28400 亩，其中橡胶园 24776 亩，茶园 1257 亩，果园 308 亩，生产水面 534 亩，耕地 1015 亩，橡胶种植占 87.2%。

国营东风农场位于景洪县勐龙坝，场区跨小街与勐龙两乡，在东经 100.58°～100.83°，北纬 20.50°～21.77°之间，南靠勐宋村，西接帮飘村，南边场界距国境线 2 公里，场部距景洪县城 50 公里，距昆明市 785 公里。其中橡胶园 11893.2 公顷，因毗邻缅甸，与缅甸掸邦东部第四特区政府联合开发种植橡胶 2 万亩。"东试早柚"标准化种植示范园 1000 亩，年产 450 吨，香蕉 3530 亩，年产香蕉 2114 吨。

国营陇川农场位于云南省德宏州陇川县境内，地跨东经 97.75°～97.95°、北纬 24.22°～24.37°，与缅甸山水相连。农场场部驻地陇把镇，距陇川县城 18 公里，距自治州首府芒市 160 公里，距省会昆明 960 公里。场区西南面与缅甸接壤。蔗糖产业为支柱产业，拥有甘蔗原料基地 5 万余亩，建有1万亩的甘蔗"双高"示范园和1.5万亩的"吨糖田"样板基地，良种种植率为95%。

（二）实证分析方法

本项研究首先通过问卷调查来了解普遍情况，以西双版纳地区东风、勐养，德宏地区陇川等几个农场为主要对象，选取第一产业人员（种植、割胶）、第二产业人员（产品加工）、第三产业人员（服务）、管理人员、植胶村民（农场人员）等五类社会群体作为研究样本，共发出问卷600份，收回537份，回收率89.5%，其中有效问卷498份，有效率92.7%。调查对象具体情况如图5.1所示：

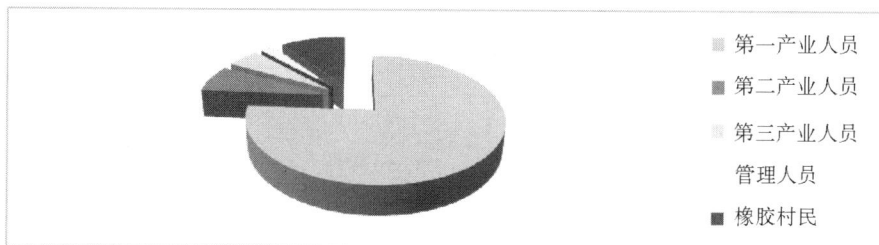

图5.1　问卷调查对象类别

资料来源：根据问卷统计数据整理。

在问卷调研中，我们发现一些问题难以用数据来论述清楚，遂采取访谈的方式来进一步说明问题。访谈的对象主要有农场管理人员、农场胶工（收入比较富裕以及收入相对贫困两类）、农场附近的三类植胶村民，主要来自德宏、西双版纳、红河、文山等垦区。

二、云南农垦组织的内卷化困境

统计数据表明，2002～2008年，云南农垦组织的经济收益处于缓慢增长与波动的状况，组织既有结构功能的弊端日益显现，组织生产总值在波动中不断下降的趋势（见表5.2）。

当然，作为农业企业，而且以橡胶为主要种植经营对象的云南农垦组织而言，其生产经营效益受到许多外界因素的影响，如当年的气温气候、自然灾害、国际橡胶市场价格等，企业的利润效益只能反映出一个侧面的问题。

不过，组织经济收益的波动大致可以让我们对组织的经营状况有一个大体的了解。更为重要的是，在调研中我们观察到，虽然组织从 80 年代开始进行企业化改革，到 90 年代末以集团化战略来探索实现组织企业化转型，并且获得了相当一段时期的发展，但是组织没有获得一种实质性的结构功能升级，这种状况主要有两个方面的表现：一是组织结构的行政化，二是组织功能发挥的模糊性。

表 5.2　2000～2008 年云南农垦生产总值情况表（单位：万元）

年份 \ 项目	国内生产总值	农业总产值	职均国内生产总值（元）	营业盈余	生产税净额
2000	125743.20	133096.90	13878		
2001	107799.41	115336.20	12526.20	−15269.60	14991.65
2002	134718.16	134023.19	17371.10	6405.46	15838.22
2003	180425.88	191663.22	24429.57	41900.44	20689.29
2004	189094	204180	24969	40096.39	8160.07
2005	200945.38	142860.97	22464	38871.01	6959.22
2006	221356	341548			
2007	269944.90	343647	30856		
2008	243692.80	334197.70	26738	44876.30	10601

资料来源：根据云南农垦统计年报整理。

三、组织结构内卷化分析

农垦组织由于其产生之初的特殊性，组织结构具有明显的政治甚至军事色彩。随着国家宏观环境变迁，组织企业化改革的目标确立之后，组织结构在行政与经济方面有所扩展，不过这种转变并不完全，而且组织部门与政府部门的对应性很强，这使得组织在结构上始终未能获得根本性的转型，并逐渐陷入了结构内卷化的困境。

（一）组织部门设置取向

农垦组织是以农场为基层单位，选择农场组织进行系统分析无疑是其中的重要环节。以勐养农场为例：1963 年云南农垦总局根据《关于调整农场规模有关具体问题的通知》开始筹备勐养农场，1964 年正式成立国营勐养总场，下辖银河、榕树、金山、关坪、大渡岗 5 个农场共 29 个农林生产队，24 个直属单位，总场行政部门设有行政办公室、生产科、计财科、基建加工科、供销科等，党组设有党委办公室、组织部、宣传部、监察委员会、武装部、保卫科、团委会、工会等部门，各农场设党委办公室行政办公室、经营管理办公室等部门（如图 5.2）。

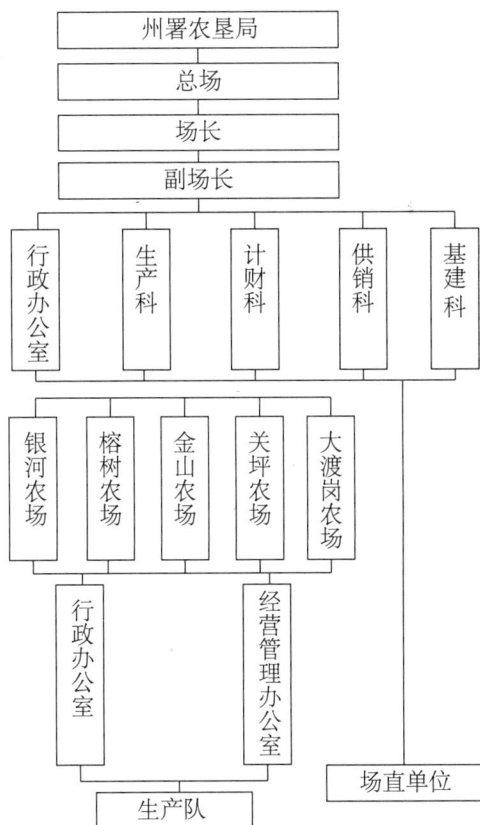

图 5.2　1969 年勐养农场行政机构图

资料来源：根据《勐养农场志》，云南民族出版社 2007 年版，第 70~80 页资料整理

　　1974 年撤销兵团建制，恢复农场体制，农场分别于 1986 年和 1993 年进行了比较大的行政机构改革。1983 年 11 月 11 日，农场调整场部机关机构，撤销离退休办公室，撤销工业、基建、运输公司，改设工业基建科和机务运

输科；保留党办、纪委、工会、行政办公室、法庭、生产科；恢复组干科、宣传科、青年科、教育科、民族科；保卫科、派出所、武装科合并办公；撤销经营管理办公室，单独成立财务科、供销科、劳资科。

1993 年 10 月 28 日，农场机关由原来 18 个科室精简为 12 个科室：青年科、宣传科、组织干部科、老干科，武装部合并为党委办公室，纪委、监察、法庭、审计合署办公，工会和计生办合并为工会办，民族科和场办合并为场办，生产科和科办合并为生产科技办，计财科和项目办合并为计财科，保留保卫科、劳资科、供销科、工业基建科、教育科、卫生科。在之后的工作中，由于各种原因，部分已合并的科室又重新分立开展工作，至 2001 年形成 16 个科室。2001 年 12 月 7 日，这 16 个科室重新合并为 10 个科室，2002 年 4 月 8 日，农场动员全厂职工自愿入股 50 万元，组建兴业橡胶有限责任公司，兴业橡胶有限责任公司为独立法人，收购民营橡胶产品，按公司制运营，按期分红。

2003 年 9 月 3 日，农场决定成立非公有制经济办公室。12 月，农场机关设为党政办、纪监办、经管办、民族土地办、劳资社保办、生产科技办、卫生医保办、工会办、派出所（保卫科）、教育科、非公经济办等部门，下辖 4 个分场级单位，6 个直属队级单位，22 个农林生产队（见图 5.3）。

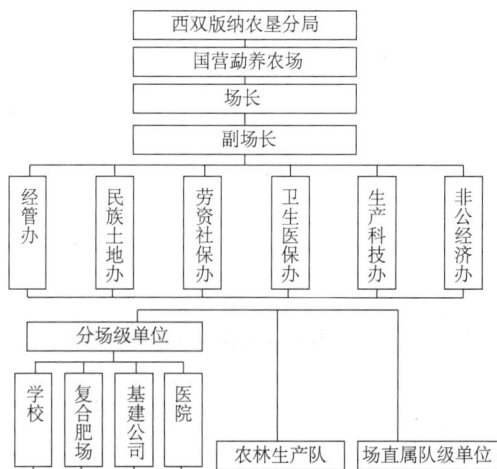

图 5.3 2003 年勐养农场行政机构图

资料来源：根据《勐养农场志》，云南民族出版社 2007 年版，第 68 页资料整理。

2003 年 12 月末，农场收到云南农垦集团公司《关于勐养农场政企分开改革实施方案的批复》，根据《云南农垦政企分开改革实施办法》开始实施政企改革。原农场划分为农场和橡胶分公司两个单位，对原场直单位和生产单位进行重组，农场机关设 8 个部门，40 名工作人员；橡胶种植分公司设办公室、财务结算中心、人力资源部、生产计划部等部门，机关工作人员20 名，农场不设作业区，合并生产队，缩小管理跨度，农林生产队由原来的 22 个单位合并为 14 个单位。2004 年 1 月 5 日，农场和橡胶分公司正式分别开展工作，两个单位的领导体制属于"两块牌子，一套班子"。2004 年 3月，农场直属派出所移交西双版纳州勐养镇派出所，2005 年，农场职工子弟学校移交地方政府管理。2006 年以后，农场行政机构变化（如图5.4）。

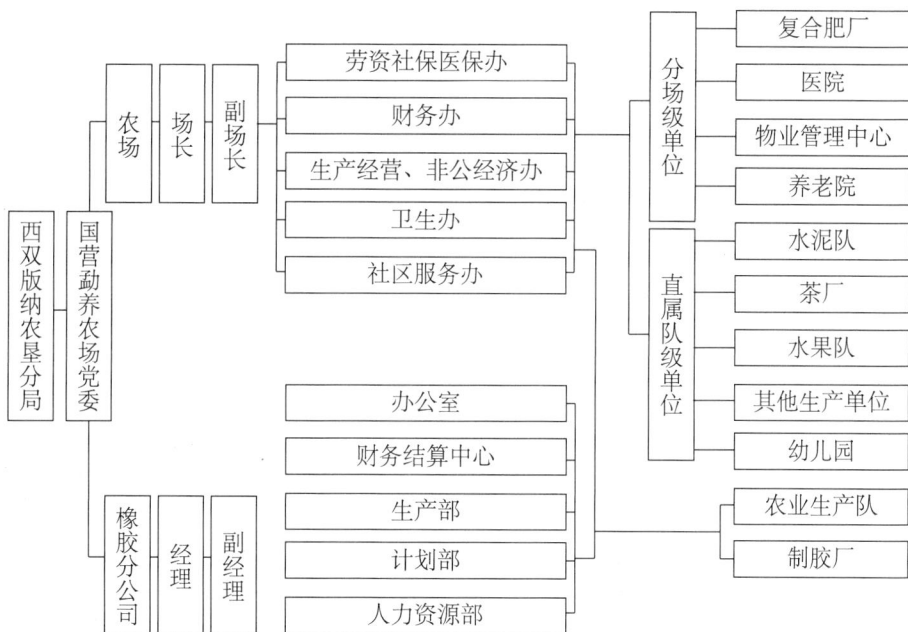

图 5.4　2006 年勐养农场行政机构图

资料来源：根据《勐养农场志》，云南民族出版社 2007 年版，第 72～310 页资料整理

综观勐养农场的组织发展过程，可以发现，其农场场部机构的精简与膨胀多发生于党团部门，相应的行政以及经济性部门的变化比较小，2006 年政企分开的改革是促进组织及部门有所发展的一个台阶。值得注意的是，虽然从部门的数量上有所变化，但仔细分析就会发现，党团部门的压缩一般是

合署办公的结果，即几个分立的部门合并为一个部门来行使权力，其职能效用并没有减少。而经济性部门虽然在这个过程中有所发展，且在 2006 年的机构改革中增多并显现出一定的生产经营性，但作为企业性质的经济发展机构效用是远远不足的（见表5.3）。

表5. 3　1957～2008 年勐养农场党政机构变化情况表

年份＼机构	政治性（党团）机构	行政社会性机构	经济性机构
1957～1963	党团人事部、组织部、宣传部、人保科、工会、团委	行政办公室	生产科、财务科、工业基建科
1964～1969	党委办公室、组织部、宣传部、监察委员会、武装部、保卫科、团委会、工会	行政办公室	生产科、计财科、基建加工科、供销科
1970～1974	司令部、政治处、后勤处、营连办公室		
1975～1982	政治部、组干科、宣传科、保卫科、工会、团委	行政办公室	生产科、计财科、供销科、机运科
1983～1992	党办室（宣传科、民族科、组干科）、保卫科、法庭、纪委、武装部、工会、团委	行政办公室	经营办公室（计财科）、生产技术办公室（生产科）、基建机运办公室
1993～2002	党委办公室*、纪委、监察、法庭、审计合署办公、工会办、保卫科	行政办公室、场办（民族科和场办）、教育科、卫生科	生产科技办、计财科、劳资科、供销科、工业基建科
2003～2005	党政办、纪监办、工会办、派出所	民族土地办、卫生医保办、教育办	经管办、劳资社保办、生产科技办、非公经济办
2006～2008 农场场办	党政办、纪监审办、工会办	社区服务办、卫生办	劳资社保医保办、财务办公室、生产经营办、非公经济办公室
2006～2008 橡胶分公司		办公室	财务结算中心、生产部、计划部、人力资源部

注：*青年科、宣传科、组织干部科、老干科、武装部合并为党委办公室。

资料来源：根据《勐养农场志》，云南民族出版社 2007 年版，相关资料整理

由此，农场部门的设置反映出组织整体机构设置的价值倾向一直未有根本性的改变，即政治性为主，而经济职能一直未能突出，或者说，组织并未完成转型以获得经济发展的现代性，组织的集团化战略也未能见效，机构设置及其效用没有取得质的突破。

（二）组织结构的复制性

从上述农场分析可见，农垦组织在经历扩张——精简——再扩张——再精简过程中，组织的生产经营性部门几乎没有太大变动，而行政组织系统的机构则显现出反复性的变化。对比不同层级的组织结构，宏观的部门机构设置来分析（见图 5.6）。

从上述组织结构的变化可以发现，行政组织部门的同化结构不仅呈现于农垦总局、分局以及农场总场的不同层次，而且延伸到分场、分场级单位。行政组织层级之间体现为一种部门复制性，这种复制特性不仅体现为部门之间的上下统属性，而且这种复制化倾向于行政职能的细化和对应化，使得行政组织的政治和社会职能不断向下延伸，甚至在经济职能方面也有所控制，限制了农垦组织生产经营的自主性。

四、组织功能内卷化考察

一般来说，对组织功能的考察比较注重数据的量化分析，不过，在实际调研中我们发现了几个难题，一是由于云南农垦以橡胶为主要的种植对象，橡胶至今仍属于国家战略物资储备品，并不公布橡胶的产量与种植情况，这一点在农垦总局无法查到。在国家所公布的农垦数据中，橡胶一项也并不公开，因而对组织的橡胶生产情况并无详实数据。二是关于收入的问题，农场胶工的收入与当年所交胶乳量是直接相关的，但是影响胶乳产量的因素非常复杂，诸如当年的自然灾害、气候、树龄、可割胶时间等，都直接影响产量，而且国际市场的石油价格以及收胶价格，也直接影响到经济效益，因而并不能以产值或人均收入进行测算。因此，本问题主要以访谈的方式解决。

（一）组织多元目标的延续

农垦组织最初的性质明确定位于国家以及省级政策文件中，即坚持"屯

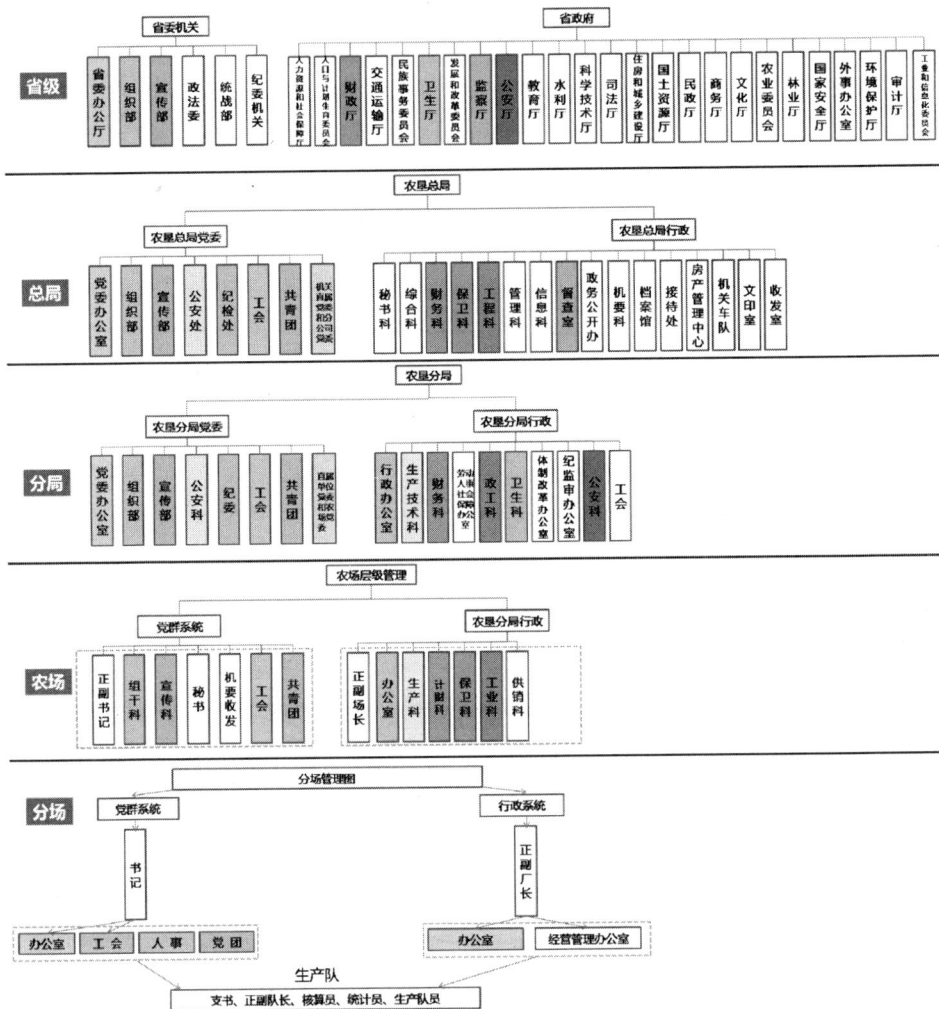

图5.6 农垦组织各层级机构设置与政府部门机构设置比较图

资料来源：根据省政府、农垦总局、德宏农垦分局勐养农场提供的资料自行整理设计。

垦戍边"的方针，发挥生产队、工作队、战斗队的作用。这个目标一方面是国家利益需要以及组织特殊性的定位，另一方面也引发了在社会转型，尤其是国家开始以经济建设为工作中心时期，组织目标多元所致的功能紊乱。关于这一点，在对农垦分局的相关领导访谈中可以有所感受。

笔者："农垦这些年来的主要发展目标是什么？"

分局领导："屯垦戍边，生产队、战斗队、工作队。"

笔者："在改革开放以及农垦系统的几次改革中这个目标有变化吗？"

分局领导："没有。80年代以后的几次都是涉及管理体制的问题，性质没变。"

笔者："生产经营工作是农垦系统的主要目标吗？"

分局领导："应该是的，和平年代搞生产，我们农垦主要就是农业生产，经济发展应该是主要的。"

笔者："那实际情况呢？"

分局领导："这个跟不同的层级有关系吧。农场肯定是生产为主的，分局和总局肯定不同，它们还要承担许多政府和社会责任。"

笔者："那农垦主要还要承担哪些责任？"

分局领导："这个就多了，以前有安置转业军官、难民侨民，90年代以后基本没有了。有例行的党团工作，像共青团、社团、工会、思想教育、治安是肯定有的，以前还有法庭、派出所管治安，现在交出去了，学校和卫生院也交了。不过，发展民营橡胶，支援地方建设是一直有的，这个80年代就有规定，橡胶农场要返还6%的利润给地方帮助发展民营橡胶和多种经营。2000年以后主要是对口帮扶活动，这些相应的资金技术基本也是有农场承担的。"

再来看一下农场这一层面的情况。笔者在对德宏地区陇川农场的调研中与一位干部有过如下访谈：

笔者："这些年农场的主要任务都是什么？"

农场干部："生产，还有搞好农场与当地群众的关系，尤其是民族关系，不过与地方关系上花的力气不小。"

笔者："力气不小？"

农场干部："是啊，1979以后及80年代的时候，是相当重视的，上头（总局和分局）还有群工科（民族工作科）专门管这个事。80年代修路造桥什么的是常事，还经常有维持治安、捐款救灾什么的。大到国家，小到群众生孩子，什么都管，只要群众找到农场，就必须管，跟个小政府似的。农场跟周围群众关系好得很。"

笔者："那费用怎么办？"

农场干部："农场出呗，80年代初专门有文件要求农场6%～7%的利润支援社队生产的。"

笔者："近些年还有这些任务么？"

农场干部："有的，有对口帮扶。陇川县把陇把镇下面的帮外、弄安、吕良三个村对口我们农场，这几个村主要是景颇族和傈僳族，从2005年开始帮的，种植的肥料、农膜、种籽、技术都是农场出，几年来也投了几十上百万吧。"

笔者："这对农场生产会有影响吧？"

农场干部："那还用说？好多农场这几年收入不太好，垦区普遍有亏损，上面几次改制也向着生产队自负盈亏的方向走，农场再负担地方建设的费用让许多职工都不愿意。有的说，咱们又交税费，还担负地方建设、无偿捐助，比政府还累。这话也有点道理。"

农场相应的资料显示，陇川农场所属的陇把糖厂，每年仅技术改造工程所需的资金就达50万元～70万元，基本依靠向银行申请贷款来解决，加上生产期间的其他流动资金，致使该厂每年向银行支付100万元～150万元的利息，企业负担很重。而2005年之后，陇川农场每年固定投入民族团结工作经费10万元左右，基本是从农场生产经费中拨出的。

以德宏垦区为例，据不完全统计，从1960年到2010年50年，垦区累计实现总收入569489.48万元，总支出587728.11万元，总利润为负18165.83万元。其中，缴纳税金35114.37万元，上缴利费3681.89万元，支援地方资金743.9万元（见表5.4）。

此外，对西双版纳勐养和东风农场的问卷调查中也显示，农场职工以及附近村民，对目前农垦组织的性质和功能也存在一定程度的模糊认识。被调查的对象中，81%是农场人员，9%是附近植胶村民，在问及"您认为农场的主要作用是什么？"时，农场人员有32%认为是"企业经济生产"，57%的人认为是"经济生产和政治社会责任兼有"，10%的人认为就是"为了戍边维稳"，1%的人表示"不清楚"（如图5.7）。

而对于周围的植胶村民来说，其认识又不一样，有18%的人认为是"企业经济生产"，63%的人认为是"经济生产和政治社会责任兼有"，12%的人认为就是"为了戍边维稳"，7%的人回答"不清楚"（如图5.8）。

表 5.4 德宏垦区 1965～2005 年部分年份事业费及社会性支出情况表 （单位：万元）

项目\年份	学校经费	政法民政经费	民兵值勤经费	民兵工作队支出	支援地方支出	小型农田水利支出	带薪上学人员工资	农村医院经费	集转官兵补助费	其他	合计
1965	7.6			0.60						27.50	35.70
1970	5.8		1.00	0.80						28.10	35.70
1975	51.64		1.08	1.30			0.83	1.50			56.35
1980	104.36	0.39	23.68				0.94				129.37
1985	144.63	10.14	8.73				0.71			9.14	173.35
1990	298.3	33.29	1.34						64		396.93
1995	459.28	75.38	7.79			55.52			478.8	46.77	1123.54
2000	472.63	155	1.12		14.80				178.1		821.55
2005	624.41	98.98			99.12			1408.02			2230.53

资料来源：根据德宏农垦分局提供资料整理。

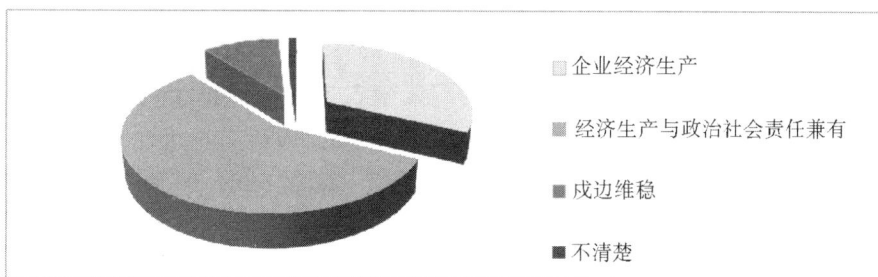

图 5.7 农场人员对农垦组织性质功能的认识

资料来源：根据问卷调查统计数据，作者自行整理。

从年龄段来看，25～35 年龄段的职工大多认为是"企业经济生产"，50 岁左右有少部分人坚持就是"为了戍边维稳"，中间部分的人多倾向于是"经济生产和政治社会责任兼有"。

总的说来，对组织目标的多元认识在很大程度上造成了农垦组织在改革中功能发挥的紊乱，这在实际生产中又表现为组织无法确立生产经营功能的

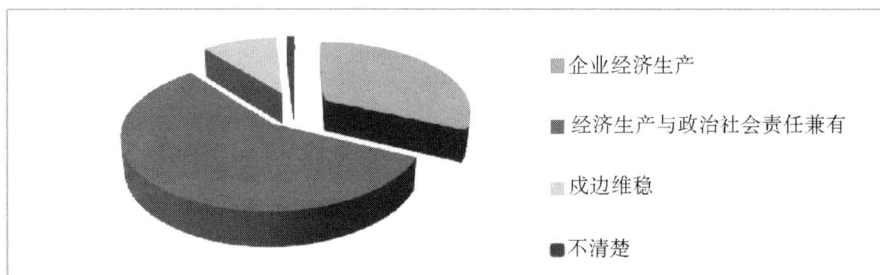

图 5.8 周围村民对农垦组织性质功能的认识

资料来源：根据问卷调查统计数据，作者自行整理。

主要地位，从而使企业化改革流于形式，而不能真正使组织转型并获得提升。

（二）生产增量与劳动收益边际递减

云南农垦的干胶销售从 1964 年开始。大致经历了两种方式：1964～1985 年统购统销时期，这一时期主要是各植胶农场负责完成国家下达的指令性生产计划指标，产品由国家统购统销；1986～2003 年自主销售时期，1984 年起，在国家政策调整的基础上，云南省农垦总局允许各植胶农场对超额完成的干胶可自主销售 5% 的等外级产品，到 1986 年，农场作为独立核算的经济实体，开始进入市场，保留与云南农垦总局供销公司的联营关系，橡胶初级产品自主销售，自负盈亏。也就是说，1986 年之后，农场就开始作为一个经济组织来适应市场的变化，此时，1984 年开始试办的"职工家庭农场"制度遂成为组织经济化转型的一项重要制度安排。在农场市场化过程中，1996～1998 年橡胶价格的波动，尤其是 1998 年橡胶市场价格的下跌直接导致了云南农垦组织内部的转岗分流改革。"主要形式有：（1）提前退休；（2）资源配置；（3）自主经营。提前退休就是职工还未到国家退休年龄，30～40 多岁就办理退休；资源配置就是把部分割胶工人从割胶岗位上调整到其他岗位，如水稻、咖啡种植等岗位；自主经营就是自谋生路。农场在转岗分流中的政策是保证每一户职工家庭有一个割胶岗位，这是因为对农场一线生产人员而言，割胶岗位是一个较其他生产岗来说收入相对高而且稳定的岗位。一般来说，如果每户家庭保证一个割胶岗位，那么每户家庭的生计就得以维持，尽管家庭中另一职工被转到了其他低收入岗位。"① 对此，农场职工有着不同的看法：

笔者："90年代的家庭农场改革和转岗分流改革是怎样的一个过程？"

职工C（经济条件相对好）："承包方式的改革跟胶价是连在一起的。应该是1989年开始改制，个人交钱认树，有认得多的也有认得少的。好像1994、1995年以前橡胶是战略储备物资，国家统一收，一吨大概五、六千元吧，反正没有超过七千。有没有进口、国外卖多少价和我们都是没有关系的。1994年左右我们才关注胶价的，1994年的市场胶价涨的很快，大概从七千左右一直涨到一万五，那几乎是睡一觉起来涨五百，收入一下就多了，那认得多的收入就好。转岗分流那是因为当时第一代农场人将近退休，第二代补进来，人多了割胶岗不够。所以压缩每家一个。"

职工D（经济条件相对差）："我们这边的农场搞得挺乱的，90年代以前国家统一管还好说，放开以后，1996年左右搞承包那是因为1996年橡胶价格低，1997年也低，1998年跌了以后又涨回去一万三，后来就收回去了，变成转岗分流，那是橡胶价格涨了有利润呗。"

在对勐养农场的调研中，《勐养农场1957-2006年职工总数结构表》显示：农场割胶工由1997年的1221人减少到2006年的595人，人均割株达1150株，人均年产干胶5.16吨。也就是说，转岗分流人员逐渐增加的同时，干胶总产量逐年上升（见表5.5）。

表5.5 1996~2006年勐养农场割胶工与干胶产量情况表

年份	割胶工（人）	干胶总产（吨）
1996	1185	2108.24
1997	1221	1993.42
1998	1049	1849.60
1999	930	2261.76
2000	930	2228.17
2001	920	2284.6
2002	661	2467.76

① 和渊：《西双版纳：二十一世纪整合中的中国边疆》，[硕士学位论文]，云南大学，2000年。

年份	割胶工（人）	干胶总产（吨）
2003	629	2684.40
2004	625	2514.92
2005	606	2427.32
2006	595	2582.84

资料来源：根据《勐养农场志》（昆明：云南民族出版社 2007 年版）资料整理。

由此可知，转岗分流之后胶工的劳动强度是在不断加大的。这个劳动强度不仅体现于每个人所承担的割胶量，而且还在于时限，这从以下的访谈笔录中可以得知。

笔者："能请教一下割胶的过程么？"

割胶工："割胶其实蛮辛苦的，首先是时间，按这边的气温来说，每年3月中下旬一直到11月下旬，气温高点到12月上旬可以割胶，原来有过规定是3月20号左右到11月5号左右停割。而且割胶需要凉的时候，一般是凌晨3、4点到天亮，夏季还有2点就开始割的。还有，割胶是个技术活，要学一两个月，下刀深浅，割面、割线都有要求的。"

笔者："这样说，割胶的时候平均工作多长时间？"

割胶工："凌晨那几个小时。"

笔者："那每个岗位增加割胶数的话应该还有时间完成吧？"

割胶工："不行的，一般天亮日晒就不割了，不然容易伤树，还有，每棵树月平均刀数也是有要求的。而且还不仅仅是割呀，指定的数要养，要防病虫害，低割线转高割线要涂封，还要给胶树安装防雨帽。收好的胶水也需要人工挑回农场。天亮以后的活不少。增加割胶数的话，要看时间来不来得及，还得看后续这些活能不能跟上。"

笔者："那这几年割胶的技术上有没有大的改进，比如机械作业之类的？"

割胶工："这个没听说。割胶这个很靠经验的，树龄长短，哪个位置，深点浅点，怎么下刀怎么收刀那都是技术，机器怎么弄？就说最简单的运胶水，这山林陡坡，有没有路，车怎么开上来，还是得靠人。要说技术改进，也有，就是胶碗大点小点，用药，用防雨帽，这些算不算？"

笔者："一般来说，一个人每年能割多少胶树？"

割胶工："400 棵左右吧。"

在有关东风农场的人类学调研中，我们也找到了这样一段描述："三分场的割胶工人从 1996 年 425 人压缩到 2000 年的 108 人，共有 317 人被调整出割胶岗位。……在这几年中，三分场总的橡胶林地面积没有减少，反而稍稍有所增加，总产量也在增长，这只能说明割胶工人的劳动强度不断增加。20 世纪 80 年代初是 240 株/岗位，之后慢慢增加。在 1999 年以前三农场分场割胶工人的劳动量平均是 600 株/岗位，1999 年全面改革后就是 900 株/岗位，以前三个人的工作量现在两个人来完成。可是，900 株/岗位的工作量一般人无法完成。像三分场八队那样山高、坡陡的连队，每次 1 个胶工要挑100 多斤胶水，来回 3~4 挑，路程最远 1 公里，最近的也要 200 米，故每个岗位实际需要 1 个半工。所以每户家庭虽然只有一个割胶岗位，但实际上这个岗位往往还是由两个人来干。一个割胶岗位的劳动量提高了很多，可工资没有相应的增长，故而每户人家的收入至少减少了三分之一。农场的退休工资是不会降的，而且偶尔还会涨一点，所以在农场常听到退休职工接济自己儿女的事。"[1]

根据上述情况，在组织生产层面，20 世纪末农垦减员增效的改革确实产生了一些问题，即总产量增长的情况下，胶工的劳动收益实际上是递减的。同时，在组织整体层面上看，也存在农垦企业化改革以后的成本费用问题，农垦集团属于五级管理体制：总局、分局、总场、分场、生产队。以2000 年为例，企业办社会的体制使 2000 年垦区教育、卫生、社会事业支出13247 万元，除去财政补贴，企业负担 10414 万元，占 78.6%，其中，集团各级管理人员费用 16606 万元。这使得农垦一线职工人均分摊的管理、养老、财务、税金及社会事业等各种费用高达 8900 元，相当于职工年人均收入的 2 倍多[2]，对于一线生产人员而言，直接性的收益减少。

从职工个体到组织整体发展所遇到的种种问题，使云南农垦于 2003 年开始推行农业职工家庭承包经营责任制，即垦区职工以家庭（户）为单位与企业签订土地承包经营合同，合同期限最长为 30 年，承包家庭向企业缴

① 和渊：《西双版纳：二十一世纪整合中的中国边疆》，［硕士学位论文］，云南大学，2000 年。
② 数据来源于云南农垦统计年报，2001 年。

纳土地承包金或部分产品，其主要内容为"三自理"、"四到户"、"六统一"。① 至 2010 年末，割胶工的工资实行的是按承包产量中分配的计价计酬产量收入作为工资，具体内容为：农垦各级管理人员工资由岗位工资和绩效工资组成，从事一线生产的职工只设岗位工资；农垦一线生产职工的岗位工资设置 25 级，第 25 级为 1030 元，依次往下递减，第 1 级为 300 元。当年，家庭承包经营责任制的推行使得农垦集团实现扭亏为盈，并逐年有所增长（见图 5.9）。

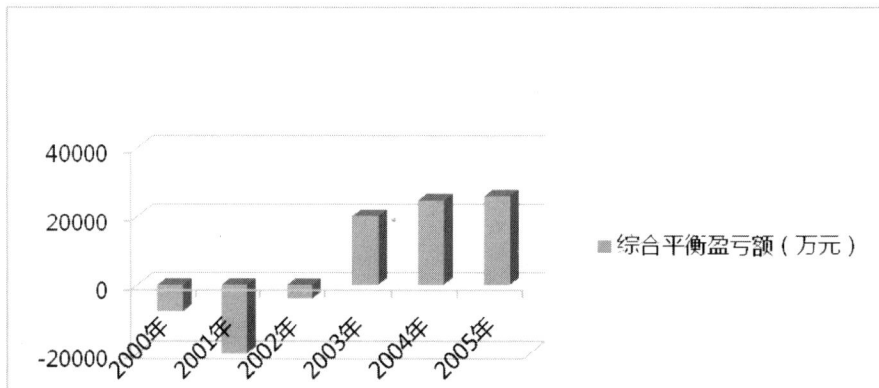

图 5.9 2000~2005 年云南省农垦综合平衡盈亏图
资料来源：根据中国农垦信息网数据，作者自行整理。

至此，农垦组织的生产效益增加了，是否解决了上述胶工劳动收益边际递减的问题？回答是："没有"。

首先，如前文所述，迄今割胶方式并没有革新，依靠的主要仍是人工以及个人的经验技术。在这个前提下，人均产胶量应是一个固定范围，不可能会有产量的突飞猛进。其次，改革政策中固定了两个值：一是割胶工的岗位工资，二是产品的统一收购。据此，我们可以作出这样的推理：由于割胶工人的岗位工资原则上只是作为职工缴纳各种养老、医疗等项社会保障基金依据的档案工资，且这个岗位工资实际上并不多（最高 1030 元，最低 300 元），那么割胶工人的主要收入应该是来源于承包收入；承包收入显然与产

———————————

① "三自理"指生产费用、生活费用和社会保险费用自理；"四到户"指土地及山林资产承包、核算、盈亏和风险到户；"六统一"指种植统一规划、产品统一收购、技术措施统一实施、质量标准统一执行、病虫害统一防治、加工销售统一经营。

品价格有着紧密的联系，而产品必须执行"统一收购"，那么收购胶乳价格就是割胶工收益的关键环节。对收购价格，我们未能找到相关的文件说明，在访谈中得到这样的答复：

笔者："从'六统一'的政策出台以后每年胶乳收购的价格可以大致说一下么？"

总局领导："不行的，胶乳的价格、产量、种植面积等都属于内部数据，一般来说是不公开的。你看包括国家、省里所公布的统计数据里，橡胶都是空栏，是不公布的。"

笔者："明白。那请问一下现在橡胶统一收购的价格是波动的还是每年有规定？"

总局领导："是波动的。现在要看市场的，收购橡胶的价格也要跟着市场走的，受国际市场的影响，也受国内市场价格的影响。有的时候变化还是挺大的。"

笔者："可以说一下2003年至今，橡胶收购的价格一般是由哪里定呢？是总局还是各分局或者农场？"

总局领导："成立了电子商务中心，每天都有波动，给出相应的指导价格。"

另外，笔者询问植胶村民价格问题：

笔者："请问一下您的胶乳卖给农场和进入市场的比例大概是怎样的？"

植胶村民："95%交给农场收，大约5%的散胶市场找卖家，价格好的年份市场多卖点。"

笔者："那两边的价格如何？"

植胶村民："市场价格高些，不然怎么会买得到胶乳！"

可见，橡胶统一收购价格并不是市场价格，而是根据市场而自定的收购价格，这个价格有可能与市场差价很大。此外，也可以从与植胶村民的谈话中看出来：

笔者："可以问一下，您家橡胶种植的收入与农场里的职工相比，是高些还是低些？"

村民："不好说，我们就是自己种自己卖，虽然胶乳的价格不错，不过得种起码八年才有效益，主要还是靠种其他的东西。农场那边交的费用多

些，不过他们管理和技术都比我们要好。"（大多数村民并不太愿意谈及自己的收入以及收入与农场的比较）

笔者："那您割胶以后按收购价卖还是市场价卖？"

村民："找得到买家就按市场价，找不到就卖给农场。"

笔者："胶乳的市场价和收购价一样么？差多少？"

村民："这几年的价格，按市场价来说。1990 年左右是一万六一吨，1998 年那一阵跌回七千左右，2008 年大概是二万三，今年已经卖到三万三到四万左右（2011 年），2007、2008 年的时候农场收的是一块五一斤（公斤）吧，这几年听说在改革，今年收的价涨了很多，大概是八元（胶水 8 元/公斤，干胶 25 元/公斤）。"

由此，反推回去，农场收购价与市场价格之间的差价使得胶乳收购时事实上存在比较大的差距，则割胶工的实际收入与按市场价的应得收入之间存在一个差值，差值越大，割胶工的收入越少。假设割胶工家庭以胶乳收入为主要生活来源，那么，为达到一定的家庭收入，收购价下所投入的劳动量势必比市场价下投入的劳动量要多，由于割胶的单位劳动量相对固定，则家庭维持同一收入水平的劳动力投入必然增多。这对割胶工而言，实质上与之前增量定岗式的劳动收益处于相同的边际递减状态，即在收购与市场差价下，为维持同一收益而劳动用工递增。

我们可以这样来计算，以正常工作量计算，若每个人每年只能定割 400 株，每株均产胶水 5 公斤，年均割胶量 2 吨，市场价每吨 3 万元，则收益为 6 万元，以此作为家庭生活费用，如果收购价是每公斤 8 元，则实际所得收入为 1.6 万元，不能维持原有水平，为了维持 6 万的水平，必须再投入几个相同劳动力，而且，必须保证承包的胶树足够。

由此，对割胶工人来说，单产量以及所承包面积是固定的，如果需要缴纳的费用也是固定的，那么其劳动收益是递增的；而如果被收取的费用是根据产量而成正比增加的，则其劳动收益是边际递减的。对组织整体而言，则是有投入或总产出的增长而无平均收益增长，处于边际效用递减的状态。

第三节　组织结构功能的重构探索

从组织内卷化的过程来看，云南农垦系统群体性事件的发生不是偶然性的，这些事件引起了有关政府部门的关注并直接引发了对农垦组织后续的系列改革，但同时也反证了农垦系统企业化改革进程中确实存在不少问题。从宏观层面观察，随着国家经济改革的深入，农垦组织原有的结构功能走向分离、解体，组织收益大为减弱。在经济与信息高速发展的今天，农垦组织的政治性更多地体现为组织经济发展所带动的区域稳定，因而经济性的功能一旦出现问题，则其政治利益诉求亦大受影响。但这并不意味着农垦组织功能的终结，政府作为农垦组织的主导力量，在市场经济逐步深化的过程中，中央尤其是地方政府与农垦组织间依然存在着牢固的利益联系，权力与资本交织，组织形成新的利益诉求。但是与之前的改革需求相比，后者在联系方式、联系强度、联系路径方面都存在显著不同。地方政府权力运作在形式上倾向市场导向的行为体系，生产经营型的组织也力图摆脱政府的附属地位，向具有更充分的行为自主权的方向发展，地方政府与农垦组织的利益协同已不是传统管理模式下以政府为核心的单向控制，而是新的制度环境中政府—组织双中心互动结构中的管理与生产的剥离，试图通过扩大共同利益以获取政府与组织的双赢。地方权力越来越倾向于将经济发展的主导权让渡于市场力量这只"看不见的手"。对于区域市场经济而言，地方政府的改革目标是：积极转换职能，逐步实现从"重指令"到"服务"的体制变革，推进包括行政审批服务、人才培养服务、信息咨询服务、法规体系等一系列体制改革。相应的，21世纪农垦组织作为边疆区域经济社会发展中一支重要力量，其结构功能的发展也明显区别于20世纪末所形成的模式，它要突破组织内卷化的困境，需要的是面对经济国际化背景下，在传统已有体制与开发的基础上，通过制度变革而形成新的权益分配结构与区域经济社会发展功能，并直接导向农垦组织2008年之后的诸多改革举措。

农垦组织发展在这期间的改革包括：2007～2008年提出"深化改革加快农垦发展"而进行的一系列"二次创业"改革，以及2009年末针对"推进农垦改革发展维护垦区稳定"开始进行的"属地化"改革。两次改革的重点都在于要实现垦区的体制创新和机制转换，以获取组织的彻底转型，以此全面提升全省橡胶的整体水平和竞争力，但在组织结构功能方面却有着不同的形塑路径。因此，本章探讨的重点在于农垦近四年改革路径的设定，以及相应路径安排对组织改革的未来预期，总结归纳组织新的结构秩序的重点所在。

一、云南农垦组织的"二次创业"改革

2007 年 8 月 22 日，中共云南省委办公厅印发《中共云南省委、云南省人民政府关于深化改革加快农垦发展的若干意见》，明确提出农垦系统的"二次创业"改革。2008 年 7 月 31 日，中共云南省委办公厅、云南省人民政府办公厅联合印发了《关于贯彻〈中共云南省委、云南省人民政府关于深化改革加快农垦发展的若干意见〉的实施方案》，2008 年 8 月 8 日，云南省委副书记李纪恒在云南农垦调研座谈会上发表了《解放思想、真抓实干，全力推进云南农垦"二次创业"》①的讲话，强调了"二次创业"的改革思路。

（一）改革政策文本分析

2007《意见》首先肯定了 2003 年以来组建云南天然橡胶产业股份有限公司，以及推行"三自理、四到户、六统一"的职工家庭承包经营制度，认为农垦系统"形成了一定规模的产业基础，具备了相对较高的组织化、规模化、集约化、标准化、专业化经营和科技水平"，而问题是"体制不顺、机制不活、权责不清、产业不强、开放不够、政策不完善"等，因此，这一阶段改革的思路主要在于对原有集团化体制的加深，改革目标设定为：其一，"使农垦总局成为权责明确、精干高效、职能到位、运转协调并具有农垦特点的管理机构"；其二，"把农垦集团公司打造成以农产品加工业为重点，主业突出、副业精干、一二三产业全面发展，特色和优势鲜明的国有重点骨干企业，充分发挥农垦在现代农业和社会主义新农村建设中的带动示范作用"。

《意见》开篇强调了改革所涉及的利益关系，即"要处理好农垦系统内部、农垦与各州（市）、县（市、区）之间的利益关系"，"要坚持机构精简高效和权责利对等的原则"。以此为指导，《意见》主要规定了三个内容：

---

① 2007 年 8 月 22 日，《中共云南省委、云南省人民政府关于深化改革加快农垦发展的若干意见》，文中简称 2007《意见》，2008 年 7 月 31 日，《关于贯彻〈中共云南省委、云南省人民政府关于深化改革加快农垦发展的若干意见〉的实施方案》，文中简称 2008《实施方案》；2008 年 8 月 8 日，《解放思想、真抓实干，全力推进云南农垦"二次创业"》，文中简称 2008"座谈讲话"。

一是关于管理体制改革的规定；《意见》以相当篇幅明确单列了农垦总局的权力——"授予农垦总局相当于州（市）级政府的部分管理权限"，包括五项：（1）计划单列，在投资计划和建设项目方面，对农垦总局实行计划单列，与各州（市）级并列，垦区项目专项规划；（2）财政预算单列，省农垦总局财务管理机构负责编制垦区预算、决算，组织预算执行；（3）税收专管，对农垦企业的税收实行专管；（4）国土资源管理，省国土资源厅向农垦总局派驻土地管理机构；（5）建设规划管理，设立农垦建设规划管理机构，编制垦区建设发展规划。

二是围绕对农垦总局的授权，提出相关的监督措施：（1）成立中共云南省农垦工作委员会，作为省委派出机构加强党的领导；（2）省纪律检查委员会向省农垦总局派驻纪律检查工作委员会；（3）省政府国有资产监督管理委员会向云南省农垦集团有限责任公司派出国有资产监督管理机构。其中，提到了关于农垦集团有限责任公司领导体制的问题：公司管理层正职由省委直接管理；副职由省农垦总局会同省国资委进行考察，征求省委组织部的意见后，按程序任免。

三是对于农垦发展的原则性指向；原则指向重点是"整合资源加快发展"，要求农垦系统的未来发展需要提高生产经营集中度，做强橡胶产业、拓展发展空间和带动周边农村发展、创建和谐垦区。对此提出一些支持农垦发展的原则及具体政策措施，如《意见》第15条规定"以2006年农垦管区内企业实际征缴入库的地方税税收以及共享税地方分享部分为基数，实行税收增量分成。存量部分仍按原分享渠道执行，自2007年1月1日到2010年12月31日止，增量部分属地方分享的30%留各州（市）、县（市、区），20%上缴省财政，50%由省农垦总局留用。省农垦总局留用50%部分，由省财政通过年终结算集中后再返还给省农垦总局。"

由于该《意见》提出的改革政策比较原则，2008年8月5日云南省委办公厅颁布了相应的《实施方案》。《实施方案》对《意见》中列出的总局权力责成相应部门予以制度化，同时，强调了五个方面的利益关系：农垦内部管理体制；做大做强优势产业；农垦与地方关系；垦区民生；农垦队伍建设，并具体规定了从2008~2010年改革的阶段进程。在2008年8月8日省委副书记李纪恒的"座谈讲话"中，再次强调加快农垦"二次创业"，"各有关州（市）和部门要继续加大对农垦改革发展的支持力度"。

总的来说，2007～2008 年关于农垦组织"二次创业"的相关政策指导都偏于原则，着重于对既有集团化战略的巩固和深化，政策中无论是对农垦总局的授权还是对农垦内部管理体制，以及农垦与地方关系的强调，都围绕着一个核心，即"实施农垦集团化、多元化和国际化战略"，这个战略所框定的组织目标必然要求组织结构与功能整合的深化。

（二）政策预期

从政策效益来说，随着传统农垦管理模式功能比较优势的递减，组织进入衰落期，组织结构收益形成熵值效应，无法持续满足各级政府以及组织本身的利益需求，原有的利益分配体制逐渐分离、解体。与此同时，随着农垦企业化、集团化改革进程的加深，组织的前期收益有了一些相应铺垫，改革进程中可能导致的利益损失亦不断减少，即中央以及地方政府政策成本的降低，而且政府在组织结构功能经济化转型中也逐渐意识到直接涉入组织管理所产生的矛盾，这些都使得组织改革成本随之降低。因此，随着市场经济下组织企业化改制中结构功能内卷化而造成的获利机会减少，农垦组织创新意愿重新获得激励，组织改革的需求亦不断上升。当组织改革收益预期超出成本预计，新的组织变迁需求重新产生，相关利益主体重新被激励，政府以及组织本身遂开始酝酿新一轮的改革以适应环境变迁，并且重新构建相应的利益分配体系以获取组织结构功能的发展，新的改革探索日渐紧迫。在新的变革中，农垦组织的功能改变开始更多地考虑经济因素，在这一点上，农垦组织可谓"集团所受到压力与私人企业所承受的压力具有相似之处，为赢得政绩而与民众支持相互竞争。"[①] 而从组织改革的路径选择来说，仍然以政府主导的制度安排为主要路径。简单说，云南省政府从 90 年代中期主动对农垦组织进行结构改革，直到 2000 年之后，都基本以集团化改制形式来实现这一目标，但改革成果在新世纪开始的十年之末开始内卷化，随之而来的则是农垦组织新一轮的结构功能改革探索。

这种探索集中体现为 2007 年末所提出的"二次创业"改革政策。就价

---

① ［美］詹姆斯.M. 布坎南著:《赤字中的民主》，刘廷安等译，北京：北京经济学院出版社1988年版，第95页。

值取向来说，该政策再次强调了 2003 年云南省农垦总局集团化改制的基本思路，针对组织集团化以后近十年的发展，提出了改革所面临的问题和进一步改革的举措。也可以这样理解，1996 年之后第一次改制的主要目的是把长期采取的岗位责任制的劳动用工形式、社企合一的管理体制改成集团化经营，但由于种种因素产生了内卷化。2007 年的"二次创业"则深化农垦管理体制这一部分内容，详细规定了对农垦总局的授权，在管理体制这一部分，则进一步强调变革以及农产品加工业的加强，锻造出一种新的发展态势，以期通过部分地将政府对农场生产单位的直接支配权从农垦企业中撤出来的方式，增强农垦组织的"自主权"，从而增加组织改革的主动性。

二、云南农垦组织的属地化改革

在农垦组织"二次创业"改革逐步深入的过程中，垦区开始出现一些不稳定现象，组织改革并非以原先政策预设的方式突破组织经济转型所陷入的内卷化困境，而是由于既有的资源依赖而继续良性或恶性"内卷化"，这种内卷化状态使其呈现出一种"间隔性改进"，即组织有持续性的变革但没有获得"自执行"式的对环境的自发适应，有停滞但不同于完全锁定，呈现出一种发展——停滞——发展的缓慢变迁状态。此时，云南农垦组织持续以细化的政策来推进制度的累积，而随着第一阶段改制实践中不断产生的问题与矛盾，为了推动农垦组织内卷化的突破性发展，农垦组织改革进入了属地化改革阶段。

（一）改革政策文本分析

2009 年 12 月 30 日，《中共云南省委、云南省人民政府关于推进农垦改革发展维护垦区稳定的若干意见》出台[①]。2009《意见》主要以维护垦区稳定为最主要精神。2009《意见》开篇就相当深刻地分析了现有农垦体制所存在的问题："在计划经济体制下长期积累形成的'亦政亦企、亦城亦乡、亦工亦农'和体制不顺、机制不活、效率不高等弊端，导致农垦集团权力过分集中。农场缺乏活力，机构人员臃肿、管理费用居高不下，条块分割、垦

---

　　① 2009 年 12 月 30 日《中共云南省委、云南省人民政府关于推进农垦改革发展维护垦区稳定的若干意见》，文中简称 2009《意见》。

地经济社会发展'两张皮'现象突出，垦区基础设施建设滞后、生产生活条件较差，劳动关系复杂，利益分配不合理、一线职工收入少负担重，社保政策不落实、职工合法权益得不到保障，各个利益群体诉求强烈、矛盾纠纷突出、维稳工作任务繁重等矛盾问题，在世界金融危机持续蔓延和橡胶价格大幅波动的背景下更加凸显出来，不及时妥善解决，农垦发展难以为继，民生改善难以为保，垦区社会难以维稳，新的更大的矛盾将会进一步显现。解决农垦历史和现实问题，加快垦区发展，改善垦区民生已成为当前我省一项十分紧迫和重大的政治任务，事关全省全面建设小康社会和民族团结、社会和谐、边境安宁的大局。"据此，文件将改革目标定为："初步理顺农垦总局与集团公司之间、垦地之间、产业公司与农场之间、农场与职工之间的管理体制和经营机制，使垦区基础设施明显改善，职工收入明显提高，发展活力明显增强，逐步建立起政企分开、垦地统筹协调、充满活力的管理体制和经营机制，确保垦区加快发展、民生改善和社会稳定。"

围绕改革目标设定，2009《意见》分别从管理体制、经营机制、分配制度、社保政策、保障措施等五个方面进行了详细规定：

1. 管理体制

管理体制改革主要分为两部分内容，一是分别界定了农垦组织高层和基层的权属：（1）高层：省农垦总局参照公务员法管理，总局实行"定员、定编、定岗"方案，名称重新明确；（2）中层：撤销农垦分局，人员和资产整体划归所在州（市）；（3）基层：对农场管理和公共服务人员实行"定编、定员、定岗"，即核定农场从事公共管理和所属事业机构编制，现有人员经有关部门区分确认后，参加竞争公共管理或公共服务岗位，剩余人员由农场安排适当岗位。同时，39个农场划归所在州（市）实行属地管理，原则上撤销分场，县域内规模过小的农场进行适当合并，条件成熟时可撤场建镇或并入周边乡镇。二是农垦集团公司定性，即改革的目的是为了"政企分开"，分开以后，农垦集团应该理顺股权关系、完善法人结构，成为法人实体和市场主体。

2. 经营机制

经营机制改革主要针对的是农场一级生产单位，提出"农场作为法人实体"的地位权义，强调落实农场层面的生产经营自主权，确定职工家庭层面承包方案的可行性，体现"统分结合"的要求，并要求农场加强产业化经营和服务指导，积极发展非农产业。

3. 分配制度

农场层面的分配制度可以从两个方面来看：其一，职工承包经营收入；2009《意见》提出要"提高农场职工经营所得比例"，原则是"收益大头归职工所得"，农场现有基本农田80%承包给农工，不收承包费，机动田和特殊用地适当收取承包费，同时，生产经营费用和社会保障费用由职工家庭自理。其二，农场管理人员工资；农场从事公共管理人员工资及办公经费参照公务员核定，公共服务人员参照同类事业单位人员标准核定。

4. 社保政策

社会保障改革主要目的是为了使企业解除长期担负的社会负担，以利于有效的生产与经营。具体通过这样几个步骤来完成：第一，理顺劳动关系，清理确认农场现有的劳动关系和经济承包关系，依法办理劳动合同以明确相应的权利和义务；第二，完善养老保险，农垦企业和职工交纳基本养老保险按国家有关规定执行，其中，又分为2008年底以前参加统筹的职工、与农垦企业解除劳动关系的职工和垦区其他具有城镇户口的居民三类，分别作出具体规定。

5. 保障措施

保障措施包括范围比较广泛，原则性与操作性兼具，涉及这样几个方面：（1）组织领导及其责任，明确各部门制定配套改革方案的责任；（2）改善民生，加快基础设施建设，如垦区道路建设、垦区饮水困难与安全、垦区电网改造等问题；（3）增加投入与扶持力度，具体规定了农垦总局、分局、农场管理人员经费核拨方式，垦区退休人员、卫生医疗机构移交的方式，以及农垦工农业发展的优惠政策；（4）加强垦区防控体系，维护垦区稳定；（5）加强基层组织和干部队伍建设。

根据2009《意见》的要求，2010年6月6日，云南省人民政府办公厅印发了《关于农场公共管理和公共服务机构编制意见等五个方案的通知》，统一下发了《关于农场公共管理和公共服务机构编制意见》、《关于农垦改革发展中涉及人事劳动和社会保障有关问题的处理意见》、《关于农垦系统医疗机构移交地方的实施方案》、《关于农垦改革有关经费补助方案》、《关于加强垦区基础设施建设改善民生的实施意见》等五个政策方案，之后，云南省各垦区相继开始实施。截至2011年12底，云南农垦所有垦区已经全部实施相关的属地化改革。

（二）政策预期

2009年对农垦系统的属地化改革强调了农垦组织的基层——农场层面的改革意图。这从一个侧面反映出农垦组织在改革自主性方面仍然存在缺失，以及农垦组织改革对政治经济形势的依赖。由于市场经济体制的确立引发了中国总体性社会结构格局的转变：出现了国家与社会的结构分化，同时，第一阶段改革所涉组织基层权义诉求较少，重点在于组织整体的权义重构，因此，该阶段的政策转而从组织基层来寻求组织的自主权获取。

基于这一出发点，从组织本身来看，2009《意见》开篇所列举的农垦改革推进的重大意义及其所遇到的问题，以及对这些矛盾表现和产生原因的分析都相当详细。同时，对于农场属地化改革的步骤也有着比较细致的规划与安排，明确改革所要完成的"体制融入地方、管理融入社会、经济融入市场"的新格局。文件整体的规划重点在于农场生产经营自主权的落实，并在落实方式上形成了具体的权力下放格局，为农场作为独立法人实体开辟了道路。在此基础上，2009《意见》用人员管理划分的方式来分离组织结构功能的双重性，从人员权属划分，如公务员、事业编、承包经营等，来确定组织不同部门机构的不同功能发挥。并且，从三个方面落实农场的生产经营自主权，包括农场的法人实体、区别不同情况确定承包方案、加强产业化经营和服务指导等。这些自主权对农场层级的组织适应经济与社会发展的需要，发挥生产单位的主动性和创造性，不断提高生产经营质量与效益，都是十分重要的。换句话说，《意见》明确了改革继续进行的主要思路：通过对组织基层的改革，适应基层成员的经济利益诉求，从而反过来促进组织高层政治经济双重身份的彻底分开。

从组织环境来看，2009《意见》标志着市场本位政策意图在组织改革中的进一步深入。进入21世纪以后，随着市场经济体制的确立及国际竞争的日趋激烈，生产经营性组织的价值取向也随之发生了重大变化，最突出的是：引入了市场机制，增强了质量与效益意识，注重组织与市场的关系。对组织与市场的关系，已不仅仅是要求组织能够适应国内市场需求与竞争，在品种、质量、数量等方面能够对市场需求作出及时的反应，而且国际市场的价格与需求变化对组织生产经营所产生的影响，也成为组织生存发展的重要动因。这些使得无论是政府还是组织本身都不得不以市场需要、市场原则为制定改革政策的基本出发点，组织改革的政策范式由国家本位转向市场本位。市场本位的政策范式强调质量与效益，要求减少组织结构功能"层级式"控制的权力运行方式，给组织以更多的生产经营性结构功能设置。也就意味着政府在农垦组织基层生产经营事业中的控制范围逐步缩小，控制强度逐步减弱，控制手段逐步规范，终结以政府完全控制为核心的组织结构功能模式，从而为农场自主权的落实营造一个良好的外部环境。然而，市场本位的政策范式意味着国家完全控制方式的退出。由于组织资源依赖的特殊性，在农场的市场介入未能完全培养成熟的基础上，政府权力退出必然会给组织发展带来经费问题，农场为了获得眼前的发展，会在一定程度上加大分散种植经营的力度而忽视组织所应承担的责任，在一定时期内影响着组织的产业化规模化经营。

三、改革思路的比较分析

上述两个阶段的改革政策都属于针对农垦体制进一步改革的探索，两者先后出台，相距时间不长，基本上处于相同时间段，针对同一问题对象，体现为两种不同角度的组织重塑倾向，因此，可以对这两种政策及其思路做一个比较，进而对之获得更清晰的认识（见表5.6）。

表5.6 云发〔2007〕12号文与云政发〔2009〕19号文的比较

文件 内容		《中共云南省委、云南省人民政府关于深化改革加快农垦发展的若干意见》 （云发〔2007〕12号）	《中共云南省委、云南省人民政府关于推进农垦改革发展，维护垦区稳定的若干意见》 （云政发〔2009〕19号）
针对问题	同	体制不顺、机制不活、权责不清	体制不顺、机制不活、效率不高、权力过分集中
	异	产业不强、开放不够、政策不完善	条块分割、"两张皮"、利益分配不合理、垦区民生
总体思路		创新体制机制、优化产业结构、扩大对外开放	体制融入地方、管理融入社会、经济融入市场
改革目标		农垦总局成为权责明确、精干高效的管理机构；集团公司成为特色优势明显的国有重点骨干企业	政企分开、垦地统筹协调、垦区加快发展、民生改善和社会稳定
基本原则		三个有利于；解放思想；统筹兼顾、协调各方；机构精简高效和权责利对等、事权财权相统一	产业发展与改善民生；积极改革与维护稳定；整体推进与分类指导；长远发展与解决现实矛盾
主要任务		整合资源、优化结构、争取橡胶股份公司上市	农场属地管理
总局（农垦集团公司）		授予农垦总局相当于州（市）级政府的部分管理权限；集团公司建成大型国有控股企业集团	省总局参照公务员法管理，定员、定编、定岗；集团公司成为法人实体和市场主体
经营机制		做强橡胶产业，发展多种经营；扩大对内对外开放，拓展发展空间	落实农场生产经营自主权、承包方案统分结合、产业化经营的服务指导、积极发展非农产业
收入分配		实行农垦管区内企业税收增量分成；深化国有农场税费改革；免除农工类"统筹"收费负担	提高农场职工经营所得比例；规范农场公共管理和公共服务人员的工资和待遇
社保政策		分离办社会职能，移交农垦企业医院；按属地原则纳入养老、医疗、工伤和生育保险统筹	理顺劳动关系；参加属地养老、医疗、失业、工伤、生育保险保障

资料来源：根据政策文本内容，作者自行整理。

根据上表，从组织结构层面分析，首先，两者的目的总体一致，但侧重点各有不同。在以体制不顺、机制不活为主要改革原因的前提下，2007《意见》侧重于产业不强的问题，其思路是农垦企业做大做强，组织以产业化集团化的形式来进行改革；2009《意见》则侧重于利益分配不合理、垦区不稳定的问题，其思路是将农场管理体制归入地州，组织以分离化属地化的形式来谋求发展。其次，以不同的改革侧重与整体思路为指导，组织不同层级的结构改革呈现了不同的权属规定：2007《意见》以扩大对组织的授权为改革主线，从计划、财政、税收、国土资源、建设规划等方面对农垦组织的产业化集团化发展予以支持，由此，在农垦总局层面，实行计划单列，即省直各委办厅局在安排年度投资计划和建设项目时，对农垦总局实行计划单列，与各州（市）级并列，并延续"两块牌子，一套班子"的管理体制，提出建立省农垦集团有限公司的规范法人治理结构。这种结构在其后的2008《实施方案》中明确表述为"实行省人民政府授权、系统垂直管理、企业自主经营的管理体制"，并且在"目前，省农垦总局和农垦集团公司暂时实行一套班子、两块牌子、适当交叉的模式"下，"农垦系统机构设置要兼顾垦区党的建设、总局行政、社会管理职能和集团生产经营职能"；农垦分局作为总局的直属机构，负责管区内的经济发展和社会事务工作，协调与地方政府的关系，完成总局委托和交办事项；农场推进相邻相近的中小型农场、生产队和居民点的撤并，撤销分场，以管理规模设置农场管理机构和管理层次，生产经营职能和行政、社会管理职能分开，它与农垦集团是母子公司运行体制。此阶段，组织形成的是层级控制的整合性改革（如图5.11）。

2009《意见》则以分离组织不同性质、不同层次结构功能为改革主线，从岗位、编制、职权、收入分配、经营机制等方面对农垦组织的基层农场属地化发展予以规划，由此，在农垦总局层面，实行政企分开，即不同性质机构人员的分离，省农垦总局参照公务员法管理，定员、定编、定岗，农垦集团公司则进行改造重组，成为以加工、销售和研发为重点的法人实体和市场主体，统一加工、销售农垦系统的橡胶产品，做强做大云南橡胶产业；在农垦分局层面，撤销农垦分局，将人员和资产整体划归所在州市；在农场层面，遵循"做实农场、适应市场、稳定职工、有利发展"的要求，对农场

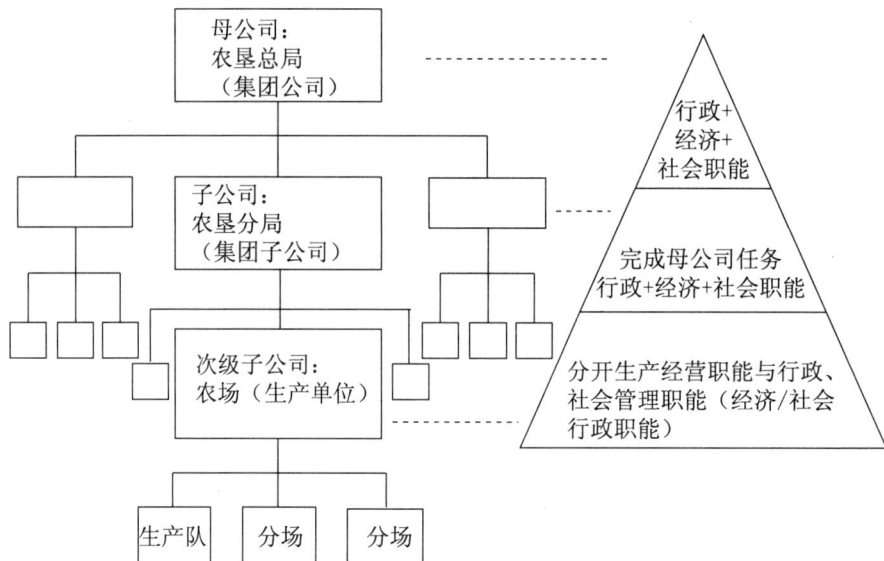

图 5.11　农垦组织集团化改革的结构功能预期

资料来源：根据政策内容，作者自行设计。

公共管理和公共服务人员定员、定编、定岗，参照公务员或同类事业人员核定工资待遇，撤销分场，保留生产队，同时，将国有土地和长期作物经营权返还农场，债权债务随资产转移。此阶段，组织倾向于不同性质结构功能分开的分化性改革（如图 5.12）。

　　从组织功能层面分析，2007 年的"二次创业"将组织功能定位为：组建的农垦集团有限责任公司要以整合资源并提高生产经营集中度为主要功能，造就组织的资源、产业、规模、科技和组织优势，以市场和资本为导向，建立起生产、加工、销售一体化的现代产业体系。其功能目标设定期望是："到 2010 年整合全省 80% 以上的橡胶资源"，并且"通过资本运营，争取橡胶股份公司尽快上市"，因而经营机制是做强橡胶产业，发展多种经营；扩大对内对外开放，拓展发展空间。2009 年的"属地化"将组织功能定位为："属地管理、产权到场、承包到户"，重点是放活农工家庭经营自主权，组织总公司一级主要定位为上游产业，组织农场一级则定位为初级产品的生产经营，因而经营机制是落实农场生产经营自主权、承包方案统分结合、产业化经营的服务指导、积极发展非农产业。具体说，在组织企业化集团化改

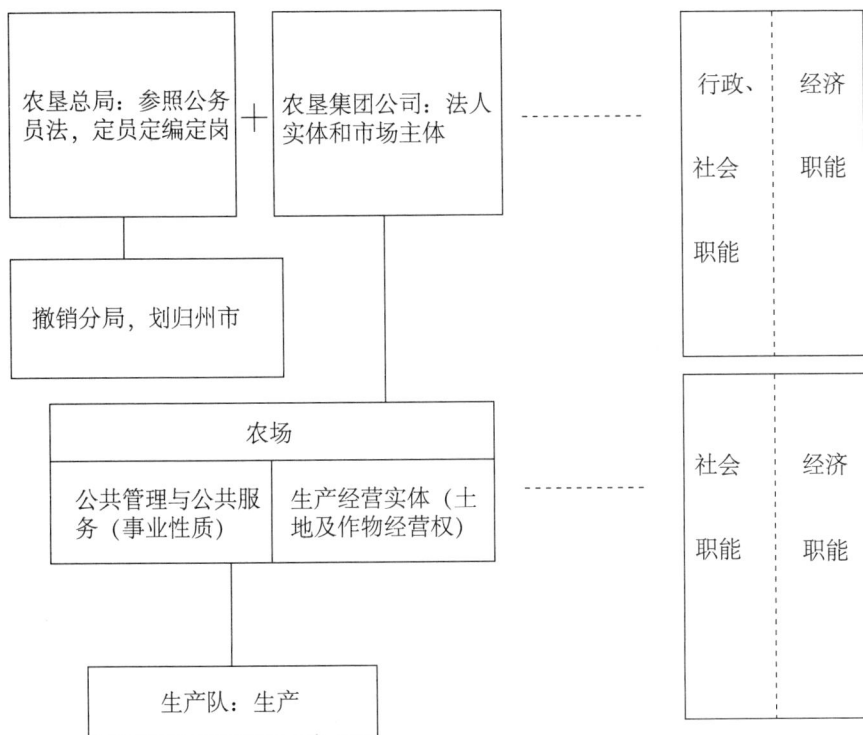

图 5.12　农垦组织属地化改革的结构功能预期

资料来源：根据政策内容，作者自行设计。

革过程中，由于农垦总局与农垦集团公司两种组织的主要领导人员相重合，农垦总局控制着区域内各个农场，政府总局领导集团对组织人事安排、生产经营、资金来源和流向具有重大影响。伴随着组织改制和农场基层生产单位自主性经营以及营利要求的增长，"属地化"改革更为关注组织功能的悄然转变："支部书记、生产队长实行选任制"，意味着行政性的领导逐渐退出基层经济生产单位领导任命，组织基层生产单位向具有完全人事权的方向发展，减弱行政命令对组织经济功能的影响。以此为基础，组织在两个层面上产生了功能分离，一是直接以机构人员分开的方式产生的组织高层的功能分立，二是以不同生产经营方式产生的组织高层与基层之间统属关系的割裂。同时，不同结构层次的功能分离明确了机构职能的发挥：组织高层省农垦总局，定位为政府公务员，其职能主要是中央对省级农垦组织的延伸部门，利用财政划拨的经费，通过立项的方式对基层农场进行技术扶持、政策性事务活动以及一定的经济发展补助；而基层农场则基本上以家庭联产承包为主来发展农业和种植经济。在这个层面来说，农场的生存与发展逐渐以其经营状况为主要标准，而组织的高层则更多以政策制定、立项投资等方式来直接推动基层组织的经济发展，通过提供更好的第三产业服务来帮助农场经济获得大的发展，从而推动当地经济发展，间接实现区域稳定的政治效应。在这里，农垦集团公司其实被定位为完善的产品深加工和良好的第三产业服务的提供者，成为基层农场组织达到盈利目标的重要环节。

可见，从区域发展来看，大型的经济组织变迁在很大程度上影响着本区域经济的增长，组织与区域发展之间存在着清晰的双向关系；区域发展导致组织变革，而组织变革又促进或抑制了区域经济发展水平和进程，改变着区域经济格局的秩序。对于云南农垦组织而言，改革开放以后国内外环境的变化，使其必须适应宏观制度的变革与经济结构的战略调整，在保持传统优势的基础上，不断加入新的时代内涵，构建有特色的经济竞争功能，才能获得后续的发展并维系组织的区域影响力。而两个政策的改革探索恰恰表达了多元化发展中的两种改革进路：一是自上而下的进路；2007年的集团化改革首先提出了省农垦总局自主权的问题，以授权的方式扩大组织整体的权限与生产经营独立性，以使组织在获得自主性的基础上推进自我改革。二是自下而上的进路；2009年的属地化改革首先提出了农场的自主权问题，以对组织不同层级人员的性质划分为基础，来实现政企分开，以使组织不同层级分化并形成相对的独立和明晰的功能性质。

不过，此次组织改革对组织的重构，不仅是结构的变革，更是借助于这种变革，以城镇化和外向化为推动力量，期望发展组织的异质性多元化功能。从政策规划层面看，这也是政府依据差异性资源禀赋结构，推进农垦组织变革的必然路径。因此，尽管上述改革中政策思路的出发点和侧重点有所不同，但农垦组织已经进入了一个多元的发展是一个不争的事实，而且，两种思路都确认了组织未来发展的结构与功能期望的几个共同之处：一是，以橡胶经济为载体的产业集群之路。边疆农业的快速发展离不开农垦经济的蓬勃兴起，橡胶经济已经成为云南涉边垦区经济发展的特色，并带动和促进了周围区域以及相关产业的发展，这是区域经济、社会全面发展的坚实基础；

二是，扩大辐射面、内外互动的经济国际化之路。云南毗邻东南亚，以周边国家为参照系来看待云南涉边农垦，则以东南亚贸易促进地区经济发展，内外互动是云南在对外开放过程中逐步实现经济国际化的独特优势。云南农垦组织只有大力提高农业产业化经营水平，积极发展二、三产业，使农垦长期形成的技术和加工优势继续得到发挥，才能迅速提高经济国际化水平，快速发展外向型经济，扩大辐射面；三是，通过农垦组织结构改革，更好地实现改革与稳定的相互协调。通过改革消除影响和制约垦区发展的体制机制障碍，加快垦区发展，最大限度地使利益向一线职工倾斜，增加职工收入，调动职工积极性，充分发掘农垦职工的主体性与创造性，以合理调整利益群体的关系作为发展的动力和稳定的基础。

四、组织职能定位

在农垦组织结构功能改革过程中，组织的发展与定位始终通过行政强势力量进行整合，市场经济发展到一定阶段后，必然要求组织职能性质转变。在组织双重身份直接重合的模式下，组织各层级之间如行政组织一样由上到下控制了组织发展的资源，政治性权力直接介入经济性运作之中。组织的这种特性，在改革开放初期借助于区域政府招商引资、发展经济的热情，获得了生产经营等方面的相对优势，组织领导集团的双重身份，也为组织制度环境的构建创造了条件。但在政府职能开始退出市场，转向公共领域的过程中，无论是在企业改制方面，还是在资源获得方面，云南农垦组织都面临着政企关系、政社关系的重新定位。从政治经济环境来看，进入新世纪，随着国家经济与社会结构变迁，市场经济所衍生的生产与交换制度体系的形成，政府权力运行范畴与程序日益受到社会、公众等"自生自发秩序"[①] 之约束：要求公权力能够正常履行自身功能，划清政治与社会职能的界限，减少对社会不必要的干预，鼓励并支持社会积极的自我管理、自我发展。市场环境的逐步确立是生产经营性组织参与自由竞争的必然性，这就要求组织改革需要从一般经济增效式改制推进到组织结构功能的实质性转型和升级，从而

---

① ［美］哈耶克著：《自由秩序原理》，邓正来译，北京：生活·读书·新知三联书店1997年版，第8页。

构成云南农垦组织未来改革变迁的基本逻辑。因此，在农垦组织与市场关系层面，政府虽然仍作为组织制度变革的主导力量，但在改革中必须越来越加大市场"自生自发秩序"的权重考虑，亦即要规范组织内部异质性权力的存在和运行方式，让市场在资源配置中发挥基础性和决定性的作用。

新一轮的改革显然已经开始关注到这个问题，各级政府与农垦组织关系已不是传统层级模式下以政府为中心的单向控制，而是权力下沉中不同层级政府与组织不同层面的合作互动。要使这种互动适应市场经济需求来发展，需要的是未来组织经济政治权力分离的制度化。反观两阶段的改革，有许多不同与相同之处，但是核心都围绕着一个问题：政企分开——政治与经济权力的分开。如何分开？集团化的方式是将农垦集团总公司归属于省农垦总局，然后以母子公司企业形式来发展组织的经济功能；属地化的方式是将农垦总局彻底归属政府行政部门，农垦集团公司独立以加工、销售、研发等二、三产业形式来做强产业经济。于是，可以找到改革在机构人员调整方面的核心：农垦总局与总公司关系的界定，总公司与各农场之间关系的界定。诺斯曾指出，"有效率的组织需要在制度上作出安排和确立所有权以便造成一个刺激，将个人的经济努力变成私人收益率接近社会收益率的活动"[①]。这就意味着，改制在组织变迁过程中实质上是利益格局的重新安排，也是组织功能相对优势的变迁，组织改变旧的利益结构，基本确立新权义格局的过程。云南农垦组织改革变迁过程实质上是不同主体权益分配的重新安排，中央、省级、州市政府以及农垦组织各利益主体基于各自利益相互博弈和协商，其核心在于如何在新的制度安排中实现符合期望的利益分配。在农垦组织改革过程中，中央政府、省级政府、州市政府、组织及其成员之间的根本利益一致，即通过改革获得组织经济绩效的增长；但在一定时间之内，选择何种制度安排路径及进程，确定什么样的收益分配格局，却仍有着具体路径的分歧，从而形成各行为主体的不同行为方式。

改制改变着利益共容体中政府—农垦组织的原有关系，从边疆场域中政府、农垦集团、农场企业之间权利关系的这一调整来看，这一过程期望能够

---

① ［美］D. C. 诺斯、罗伯斯·托马斯著：《西方世界的兴起》，厉以平、蔡磊译，北京：华夏出版社1999年版，第5页。

获得政府与农垦组织之间的权利边界的重构，同时它以政府的功能与角色转变为基础来力图促进利益格局的形塑。在全球化与区域一体化的国际环境中，云南农垦组织面临着收益与风险并存、机遇与挑战并存的发展环境。随着农垦组织结构功能的几次改革，组织本身的经济与政治、社会权力部门机构开始有着大幅度的变化。在未来的发展过程中，相应的发展目标、政策规划、路径方式必将还有相应的调整和深入，因此，集团化或属地化作为农垦组织突破组织内卷化困境的途径，只是迄今为止云南农垦结构功能改革的探索。归根结底，云南农垦组织在失去了原有双重身份的相对优势之后，如何在新的环境中寻求发展新的组织相对优势，才是组织能够获得全面升级的根本动因。

第四节 小结

在组织学理论中，一般从两种维度来衡量组织的结构化程度：一是组织行为的标准化程度；二是组织程序的制度化程度。以这两个标准来评判，可以说农垦组织自建立之日起就属于结构化程度较高的组织类型，因而，制度的有效供给是农垦这种结构化程度高的组织改革与变迁的关键。从这个角度来说，云南农垦组织自成立至改革很大程度上依靠国家制度安排，同理，其内卷化困境的突破，也是以政府政策为主要促成手段的。

一、组织相对优势变迁与内卷化

农垦组织结构功能的变迁表明，在竞争过程中，任何结构功能优势都只能是一定时空条件下的相对优势，即暂时与局部优势，而不可能形成绝对优势。一方面，环境的变革要求组织做出适应性变化，组织的相对优势亦随之变迁。组织变迁在变化的制度环境中，多种或潜或显的因素交互作用于组织，使之进行持续不断的变革。任何组织发展独特性或优势都是相对于特定的制度环境而言的，并非是一种绝对优势；而组织的既定结构功能更倾向于被理解为恒定优势，这一思维一旦被组织以及组织领导者，或是组织设计者吸纳为改革行为的参照或规避风险的逻辑，必将导致改革的僵化与惰性。

从这个角度来看，改革开放初期云南农垦组织虽然依据原有政治经济双重性获得一定阶段的发展，但由于组织结构功能的惰性维系，造成了既有相对优势的逐步丧失。"政府—农垦组织—组织成员"所构成的一致利益随环境变化开始出现分歧，并逐步走向分离、解体，"政治经济双重身份收益体系"中的经济收益、榜样收益、意识形态收益和政治收益（如政绩与升迁）等无法维持，农垦组织既有结构功能模式被迫走向衰落。此时，从组织变革的成本—收益来看，当传统的收益模式绩效不断降低时，组织变迁可能导致的利益损失亦不断减少，组织变迁成本随之降低。相应的，随着组织现有结构损耗的不断增加，组织的收益功能不断衰减，组织及其成员结构功能改革需求不断上升，利益损失增加了组织的革新意愿。于是，当组织变革的预期收益超出组织变迁成本时，各利益相关者开始酝酿启动新一轮组织改革，以图汲取环境变化中游离的潜在收益，重获组织相对优势。

另一方面，现代组织的兴衰周期循环不断加快，组织的相对优势的维持时间也随之缩短。组织结构功能变迁存在兴衰周期，因而一旦衰落，就意味着组织需要寻求新的激励动因以获后续发展。在过去的农业文明下，由于运输交通、信息传播等因素限制，宏观环境变化比较缓慢，组织的功能适应较为稳定，从而使其结构能够得以长时间维持。在全球化与信息化时代下，宏观环境，包括经济、政治、社会等日新月异，新的获利机会与新的衰退因子不断出现，组织结构功能的任何一项优势难以长久维持，组织的功能适应性需要不断变化，因而其变革的周期要短得多。就农垦组织来看，农垦组织在组建时期主要得益于政府对组织的资源支持，随后及改革开放初期，则主要得益于双重身份下行政资源的获取优先性，使得农垦组织具有的政治经济双重身份在将近五十年的时间中，一直都具备着这种组织优势因素。但是在市场经济发展并逐渐完善的过程中，这种优势已渐渐不适应环境的变化，并反过来成为组织变迁的阻碍因素。抑或可以这样理解，农垦组织现有结构功能以模式的形式被固定下来之时，就已经开启了潜在的衰退进程：自我强化组织既定形式的内在依赖性；成本沉没使组织变革成本与风险大为增加，阻碍新发展路径的发现。全球化与信息化时代对组织敏感性和快速反应的要求，促使多元、持续性组织功能适应与结构变革的形成。只有对宏观环境保持敏感与快速反应机制，才能使农垦组织获得持续激励，避免农垦组织结构与功能的僵化。

农垦组织长期的双重身份获益维系使之形成一种模式，就已经不是比较、相对的概念，而是一个静态、绝对的概念。如前所述，既有结构功能形成为模式势必倾向于将一定时空条件下相对优势理解为恒定优势，这一思维一旦被政府或改革主导集团吸纳为指导性行为逻辑，必将阻碍改革者对于环境变化敏感性和快速反应机制，从而导致组织结构僵化与功能惰性。这种结构功能惰性的积累导致了云南农垦组织结构功能的内卷化。表现为：其一，变化的环境中，组织并非以"自生自发秩序"① 方式自主进行组织变革，而是由于既有的资源依赖而陷入良性或恶性"内卷化"，这种内卷化状态使其呈现出一种"间隔性改进"，即组织有持续性的变革但不同于"自生自发秩序"式的对环境的适应，有停滞但不同于完全锁定，呈现出一种发展——停滞——发展的缓慢变迁状态。其二，20 世纪 90 年代以后，随着国内外宏观环境系列变动，云南农垦组织以经营方式的变革与经济结构的战略调整为主线，力图既保持传统优势，又加入新的时代内涵，显现特有的组织竞争力，重新获取组织功能的比较优势，形成新的发展模式。但在改革之末却出现组织总体经济效益增量缓慢，成员的边际劳动收益率递减，组织结构功能的复制性膨胀与经济功能难以获得提升等一系列问题，因此，可以反证一个问题，即云南农垦组织的变迁虽使不同阶段组织变迁在不断调整，并以不断细化的政策所形成的若干行之有效的制度来推动农垦组织发展，但组织没有获得实质性的升级，内卷化状况如何突破，将是组织未来改革变迁的重点。

二、组织结构功能的整合与分化

农垦组织的形成是以国家高度计划集权式管理为基础的，它的产生与最初发展体现了非常强烈的"整合"意图，国家权力主要通过三种路径来完成对农垦组织结构功能的整合。

首先，农垦组织被纳入"单位制"的统合结构之中，并在组织内部不断复制着同种结构。美国学者沃尔德（Andrew Walder）从文化的角度曾这样描述过"单位制"体制，"中国的单位是一个由高度制度化的庇护者——

---

① ［英］哈耶克著：《自由秩序原理》，邓正来译，北京：生活·读书·新知三联书店 1997 年版，第 8 页。

受庇护者的庇护关系所构成的基本社会单元，在这里群众对党和意识形态的忠诚是与庇护对象对庇护者的个人忠诚关系交织在一起的，从而确定了一种具有中国特色的'单位亚文化'"①。这种单位亚文化也同样反映于政治和经济各领域，以及相应的组织结构之中，而相应的庇护关系可从高度一致的组织结构中可见一斑。从农垦组织创建目的来看，因政府特殊利益而创建的农垦组织，其特定"目的"就是实现国家权力对边疆区域的整合，稳定并加强边疆安全，发展边疆经济，提供部分军需，协调国家利益与边疆利益。正是国家对这一特定利益的诉求，使得组织得以产生和运作起来。农垦组织目标的明确性奠定了组织"国家导向"的基础，就其性质而言，组织是以政府利益为中心凝聚起来的特殊单位，就其结构特性和运作方式而言，由于在运作时要遵循国家利益取向，组织在建立之初就"复制"了政府部门的层级制度，并在自身发展过程中不断以同种结构的复制来延伸组织的管辖权，成为典型的"政府主义"组织。

其次，以具有身份代表意义的个体或群体组建精英阶层。组织最初成立时，主要是以军队整体转入为主，到组织基本成形运作时期，组织成员构成转为以支边民众和招工为主，其中，组织领导职位则始终以具有政治代表性的人员担任。从该阶段农垦组织领导阶层的构成来看，组织本身在决策抑或效益考量的时候，更多会以国家利益取向为主要衡量指标，因为在组织精英阶层的意识中是以国家的整体利益得失为指导，并将本组织的发展视为是受益于国家整体"事业"的。

再次，通过对组织资源的控制来掌握组织部门的设立与撤销。从农垦组织的经费构成来看，组织经费最初几乎全部来源于国家财政拨款。由于农垦组织初建以及按照国家意愿种植橡胶等实验性事业耗费大量成本，任一活动的开展都有赖于国家财政经费的支出，因而最初的所有收益考虑都是按照政府指向为目的，否则政府不会将款项用于一些无意义的用途。以此为原则指导，农垦组织机构的设立与撤销也完全取决于政府意志。由此，"政府主义"原则下构建的农垦组织，虽然避免了一些外部环境的不利影响，一些组

①　Andrew Walder. *Communist Neo - traditiondism*: *Work and Authority in Chinese Industry*, California: California University Press. 1986: 22～28.

织获得"初建合法性"。但是农垦组织长期以政府政策、指令为目标，以行政命令以及需要为核心来安排工作与人事，使得组织在发展时，无论是资源来源还是生产经营都依赖于政府，未能获得自主发展的基本能力。不过，这个阶段无论从正式规定的组织结构、规章制度、功能发挥，还是从非正式的意识、习惯、认同等方面，组织都显示出非常强烈的整合价值，因此也有效聚集了政府权力对农垦组织的影响力，增强了农垦组织初建时的公权力性质，使得政府权力始终处于组织的核心层面，从而有利于政府权力在边疆治理中的延伸。

改革开放初期，在打破计划经济体制开始以经济建设为中心的特定历史条件下，农垦组织一直带有的政治经济双重性持续影响着组织的收益增量，组织的整合意愿获得了经济效益的鼓励，一度获得相关利益主体的认同。参与市场的各级政府、农垦组织以及组织成员对组织生产经营效益的诉求高度一致，这种高度一致的目标认同形成道德自律，实现了对双重委托代理内在缺陷的抑制。因而在组织改革初始阶段，农垦组织的双重身份的结构安排形成了功能比较优势，即一种结构构成相对另一种结构构成，在变化的制度环境中具有获取更多收益的能力。农垦组织一方面将组织获得的部分资源投入当地基础设施建设，弥补了国家对边疆建设投资的不足，另一方面，组织在一定程度上也满足了组织成员的物质需求，诸如就业、增加公共福利、通过组织代缴一些税费（如农业税）等。由此，组织所获收益能够满足相关各利益主体的需求，各利益主体在不同程度上从组织改革中获取或多或少的收益，从而巩固了这种结构的稳定性。就边疆区域而言，农垦组织的整合发展有利于本地经济增长，带动相应的边境贸易与市场开拓，而且，结构功能所具有的双重整合优势不断转换为相应的收益，收益的增长又可以比较充分地满足相关各利益主体的需求，各利益主体皆可从中获得相应收益的增加，因此，组织维持并加强着其整合的价值倾向。90 年代中后期，农垦组织的集团化改革，无论从结构还是功能，都是对组织整合程度的极大推进。改革在已有的组织结构功能基础上，通过授权使组织自主性增强，同时又保留了组织的结构尤其是领导机构和人员的双重性，农垦组织的双重性此时已经使得组织的经济与政治功能存在着牢固的、不可分离的利益共享纽带，权力与资本交织，集团化的改革在保持组织双重身份的基础上来重构组织的整合期望，在现实中逐步陷入举步维艰，原有组织结构与利益共同体走向分离、解体，组织陷入了内卷化困境。

属地化改革则从另一个层面用"分化"的价值来寻求新的结构与功能的重新平衡。改革的策略逾越了集团化中组织高层双重身份带来的困境，通过组织结构分离突破了功能重合这个壁垒，使组织的结构功能侧重于适应竞争环境，刺激基层组织单位争夺潜在获益机会，以之寻找和重获组织的相对优势。与之前不同的是，政府作为组织变革的主导力量不仅再次发挥了作用，而且政府对农场的放权使许多实质性的权力下沉到州市政府这一层级，政企分开后的政府与农垦组织的关系仍然在一定程度上处于比较微妙的状态。此时，农场作为微观经济主体捕捉信息的能力、谈判实力与原先集团化组织的信息网络、谈判实力都不能同日而语，其自身在技术上也难以突破局限去获得潜在的制度规模化或创新式的收益。由于农场在生产销售时情报信息获取能力弱小，需要借助农垦总局的力量，通过政策制定获得制度庇护。此时，农场作为微观经济主体出于减少经济运行成本的考虑，反过来又要依附于政府。由此，在制度创新过程中，州市地方政府与农场的合作多于冲突，而不同的州市地方政府在本地农场市场化进程中又起着扩散制度规则的功能。一方面，州市地方政府从发展地方经济的目标出发，通过从下接受信息、向上传递信息，沟通中央政府的制度供给意愿与微观主体的制度创新需求；另一方面，州市地方政府与地方农场联合推进区域制度创新，从而更能因地制宜地构建一个有效率的制度环境和组织结构体系，通过明确微观主体的收益预期，激励农场这个直接性的生产经营单位创造更多的生产性利润，从而扩大区域共容体收益影响，最终从日益增长的共同收益中提升州市地方政府的收益分享额度。

从这个角度看，农垦组织的"分化"价值取向有利于消解组织收益边际递减定律，多元式改革可以提供多种发展路径的实践典范与社会知识，由于现代社会组织发展路径所具优势的相对性与变化性，单一结构组织的垄断性收益皆无法维持，这就促使各区域的农场组织必须致力于形成对环境变化的敏感性和快速反应机制，从而才能重构与发展组织的多元、持续和渐进性。在组织微观层面，地方政府主导组织改制后农场组织被作为经济单位来对待，则州市地方政府以及农垦组织高层（总局）的功能发挥在诸如资本市场和资本积累层面，以及推进产业结构调整与对内对外开放层面等悄然转型，组织行政性权力的运作已不是原有模式下以农垦组织高层为核心的层级结构中政治经济权义之间的互动，而是组织结构分离后网络结构多元结构下，政治经济权责的明晰，规范了相应的作用路径。这使得组织变革的"分化"逻辑体现为：在全球化和信息化外部压力与地方政府发展区域经济的内在动机的双重推动下，农垦组织通过结构分离、功能创新、比较竞争等方式获得新的优势，以满足区域社会经济需求，并推动区域经济发展，以期能够使组织的结构功能适应区域发展需求并形成良性互动。

第六章　云南农垦组织内卷化突破与组织转型

随着云南区域经济社会的变迁，农垦组织需继续维持组织结构功能的相对优势，这也客观上要求进一步改革阻碍生产力发展的相关结构、功能机制、甚至组织的社会影响力，满足区域民众日益增长的经济发展需求，并建构农垦组织与当地发展的新场群关系。

第一节　政策介入路径选择

改革开放走过 30 余年之后，越来越多的人认识到未来关系中国可持续发展问题的关键点在农村，难点也在农村。解决农村问题的基本策略是城乡一体化完成。这不仅是一个共识，而且已成为一项国策，但针对边疆地区，仅限于政府政策指令或是制度安排的实施方式却明显不够，因为"三农"问题同时又混杂了较为复杂的民族问题、邻近周边国家影响等问题。我们需看到，在这些区域，农垦组织拥有的既有影响力以及它与当地"三农"之间的天然联系，恰恰是其他组织或是制度安排所无法具备的优势，由此而言，从新的视角来认识农垦工作并探讨农垦组织对解决边疆地区三农问题的可行性，无疑会为边疆地区城乡一体化的发展提供参照，这也是新形势下对边疆农垦组织，尤其是西南边疆农垦组织发展再认识的重要依据。

一、新形势下对农垦组织功能的再认识

城乡一体化政策从经济层面着眼进而影响其他领域的发展，对边疆区域

的效用主要有：一是解决农村本地产业的发展问题。边疆区域的村庄，尤其是少数民族聚居村寨，几乎与大中城市有着较大的差距，单纯依靠财政扶贫显然不能从根本上解决问题，解决边疆区域的农村问题的出路在于这些区域需具备可支持当地自我良性发展的经济基础和产业基础，才能提高村民收入，才能改善村寨的面貌，也就是说，本地化的产业基础才是边疆村寨的经济支柱，是自生型发展的重要条件。二是解决农民就地就业机会问题。农村的合理化发展不应以城市作为生存依赖，青壮劳动力外出打工仅是社会经济发展过程的一个过渡阶段，而不是一个应然状况。只有让农村当地经济支柱产业得以发展，为当地农民提供更多的从事第二、三产业的就业机会，才能使农村人口在当地获得充分的就业机会和收益机会。三是解决资源在城市与农村间双向互动的问题。边疆农村的发展不能只依靠政府的单向扶贫，以城市吸附农村人口、资金的方式来维系，未来边疆村寨的发展，需要让城市的资金、技术、人才形成向农村进行流动的机制和基础，如果没有这样的市场化机制，农村与城市资源不平衡，发展差距大的现实就没法彻底改变。简言之，边疆农村可持续发展的重要条件就是产业发展、本地就业和资源互动，这三个条件，目前是由政府主导来实施，而从长远发展来看，必须转变为市场主导。因为，产业发展本质是市场经济供求关系下的利润积累，政府一厢情愿的主观推动未必见得效果良好；本地就业的基础是企业发展后对劳动力投入的有机增加，政府的就业促进政策至多实现促进的目标，并没有形成能够长期容纳劳动力的机制；政府通过引导来解决资金、资源向农村流动这些难题。

在新形势下，对农垦组织在边疆区域功能的先进性再认识，有利于推动农垦发展与解决未来边疆三农问题：

第一，发挥农垦组织在连结边疆区域城市与农村的桥梁作用。农垦以农场为基本组织单位，农场一般都位于远离城市的村寨附近，就地理位置而言，与农村有着紧密的联系。同时，农垦组织又是一个以市场为基础的现代化经济型组织，组织功能发展本身就是城市产业经济的组成部分。因而，通过农场带动相关的产业发展，农场职工、家属和附近村民可以围绕这个本地化的产业企业，建立较为稳定的周边社区和城镇，为小城镇的发展奠定坚实的经济基础。第二，农垦组织是边疆区域农业规模化、现代化、产业化的重要保证。农垦组织的现代化模式与传统农村经济生产方式比较，具有明显的优势，表现在它的严密的组织性、规模化生产和现代市场化经营，这是现代农业发展必须具备的先决条件。农垦组织作为现代经济组织，功能发挥是一种典型的市场化运作方式，一方面通过市场化运营获得效益，另一方面产业化的运营可将分散的农户集中起来，形成强有力的组织运作保证，从而形成对农村生产生活方式的有力改变。第三，以农垦组织的现代化运作方式可为边疆区域解决农民城镇化提供有效途径。农垦组织的现代化发展，意味着组织的相关产业和基层农场需要吸纳大量本地劳动力，这就给当地居民创造了相对广阔的就业空间，而且在进入组织后，这些组织成员按照企业员工身份交纳各项社会保险，获得各种社会保障，自然地从农民转变为市民，并且具有了更加稳定的经济基础。部分农场的先期性建设也充分证明了这个思路的可行性，如东风农场，不仅实现了民营橡胶规模化跨国化的发展，而且在特色水果、特色养殖等方面不断推进产业化，并带动了周围村寨的小城镇建设。

对于边疆地区的城乡一体化来说，农垦组织已有的组织与资源积累，在组织本身产业发展的基础上，有助于区域工业化、城镇化水平的同步提升，而且能有力地促进区域工业与农业、城市与乡村的协调发展。在边疆地区的未来发展中，以农场为载体的开放型经济模式势必成为打破城乡壁垒的有效途径，随着城乡一体化建设的加快，农垦工作应该迈进以农垦区为主导，周边城镇为纽带，带动片区城镇化之路。更宏观一点说，可以农垦组织为核心，来逐步实现依托于现代农场公司和相关产业让村民大量在本地的公司化农场企业就业，按企业员工身份享受社会保障；同时在农场组织的带动下，有组织地让分散自治的农业向现代农业和其他产业方向发展，从而使农垦组织发挥经济现代化功能，成为农业产业化、规模化生产的领航者。

二、政策支持原则与走向

政策是组织发展变化的重要因素之一。农垦组织改革在很大程度上离不开中央政府在现代社会经济发展方向上的规划与设计，分析相关区域经济与社会发展战略与政策取向，可以为农垦组织未来发展找到契机。重要的纲领性文件有两个：一是 2011 年 3 月发布的《中国国民经济和社会发展"十二五"规划纲要》。该纲要强调中国特色农业现代化道路，把保障国家粮食安全作为首要目标，加快转变农业发展方式，提高农业综合生产能力、抗风险能力和市场竞争能力。① 为此要从增强粮食安全保障能力，推进农业结构战略性调整，加快农业科技创新，健全农业社会化服务体系等四方面做好工作。

二是2012年1月中央政府通过并发布的《西部大开发"十二五"规划》。针对西部农业现状及未来发展明确提出，"明确主体功能区，对重点经济区、农产品主产区、重点生态区、资源富集区、沿边开放区和特殊困难地区，实施分类指导"，"加快发展现代特色农业，建立有西部特色的农产品生产加工体系，拓宽农民增收渠道"，"培育中小城市和特色鲜明的小城镇，提升城镇化的质量和水平"，"加强森林、草原、湿地和江河流域等重点生态区保护与治理，强化资源节约和节能减排"②，等等。该规划对西部地区农业结构的调整、农业产品区的划分、产业促进就业、行业工资调控等均给予了指导，对促进西部经济的多样化和区域经济的协调发展无疑都具有积极的意义。

然而，就农垦组织系统而言，仍缺乏相应的专门性规划。宏观区域发展战略及政策的制定，不应以一个大的倾向性问题即地带性差距问题为设计框架，而应当适度缩小政策针对区域的空间范围，严格地选择"小问题区域"。这一目标包含两层含义：一方面，只有科学划分出区域类型，才能提高各级政府支持的针对性和有效性。

如前所述，云南少数民族大杂居小聚居的地理历史状况，虽然有着不同民族自治的区域，但区域内各民族各地区情况仍然十分复杂，按照大致方位所进行的区域归类，只有经济地理研究价值。在被归为西部大开发中的"西部"之后，该区域经济社会发展主要遵从西部大开发的各项政策指导，涉及面大但相应缺乏针对性。以德宏傣族景颇族自治州为例，该州位于云南省西部，是云南省8个少数民族自治州之一。东和东北与保山地区的龙陵、腾冲两县相邻，南、西和西北与缅甸联邦接壤，境内傣族、景颇族、阿昌族、傈

---

① 《中国国民经济和社会发展"十二五"规划纲要》，《人民日报》2011年3月17日。

② 国家发展改革委员会：《西部大开发"十二五"规划》，2012年2月20日。

傈族、德昂族等少数民族人口占52%，景颇族、阿昌族、德昂族是德宏州独有民族。按海拔高度，德宏可分为七类区域：海拔2700至3400米地区面积占全州土地面积0.22%，地势陡峭，多呈"V型谷"，森林茂密；冬有积雪，夏秋雨多雾浓，气候寒冷；海拔2200至2700米地区占全州土地面积5.64%，山顶浑圆，谷坡在20至30度，森林较多，局部地方可以垦殖；海拔1800至2200米地区占全州土地面积16.52%，此类地带多为州内江河支流源头，次生林多，陡坡垦植也多；海拔1600至1800米地区占全州土地面积44.1%，谷坡一般在15至30度，相对高度一般在100至500米之间，此类地带植被稀少，垦植较多，导致冲沟较多，是州内水土流失严重的地带，是旱粮、旱地甘蔗、茶叶、苹果、八角及亚热带水果的主产地；海拔950至1100米地区占全州土地面积15.25%，此类地带谷坡一般在10至20度之间，植被多为灌木、草地，冲沟切割较多，水土流失严重，属州内低热层地带之一，是橡胶等热带经济林木与热带水果的主产地；海拔600至950米地区占全州土地面积17.92%，其中耕地面积占全州总耕地面积57.03%；海拔210至600米地区占全州土地面积0.39%，属热带河谷季雨林地带，未垦地多为热带原始森林和荒草坡地，其植物种类繁多，是天然的热带动植物园。同时，在德宏傣族景颇族自治州错综复杂的山峦河谷中，散布着28个大小不等的河谷盆地（俗称坝子），其面积占全州土地面积的17.1%，是德宏州城镇的主要分布地区。

由此可见，边疆民族地区在地理条件复杂，民族众多且涉边区域可实施的调控难度颇大。英国的国土面积只有25.86万平方千米，却划分成12个标准区、37个二级区域和65个三级区域[①]，而拥有39.4万平方千米的面积的云南却仅实行着同一的发展策略，这是根本不可能真正有效实施区域差别政策的。

即使是相邻区域之间的差异不突出，政府也有必要实行针对性的政策，不应简单地采取省级范围内使用同一种政策的做法。同样，对于各州市而言，又需要根据区域差别实施下一级的细分政策。从这个意义上讲，政府能

---

① 张可云：《区域经济政策：理论基础与欧盟国家实践》，北京：中国轻工业出版社2001年版，第542页。

否依据相关条件对不同地区进行科学细致的区域划分，将关系各地区以及不同农场发展的未来走向。或者说，依据不同地区的不同问题划分"问题区域"，并依此给予不同程度、不同领域政策支持，更具重要的意义和价值。这意味着实现区域政策的多样化与开发战略相配套的政策体系应为不同类型地区发挥比较优势创造条件，保障区域选择的发展空间并做出相应的战略定位。同时，多样化的地域存在也可有效地突破单一性规划，促进多元化经济发展。"它们是澎湃的国族情感的防波堤。它们是不同社会类型、政治制度以及理想的试验田。它们构成了强大的推动力量，推动我们在相互竞争的多方力量之间平衡前进；它们促使各地域极力表明本地域文化的优越性；各地域相互滋养。它们推动了合理的竞争与合作，而这正是通往丰裕生活的必由之路。"① 区域差异和区域差距交互并存是云南区域发展进程中的一个重要特点，这一特点在很长一段时期内会伴随区域经济的进一步发展，在下一轮的改革和发展中，促进不同地区因地制宜、因时制宜，选择不同的发展路径和模式。此外，从政策能力提高角度来说，区域经济的发展需要中央政府与地方政府的共同努力，合理有效地确定中央与地方政府各自的责任和义务，通过制度设计保障中央与地方政府履行各自的职能，"政府政体可以显著地塑造经济绩效，因为它们制定和执行经济规则。因此，经济发展政策的一个基本方面是政体的创造。"② 中央和地方权力划分和职责分配中存在的一些不合理因素已经成为制约西部地区快速发展的障碍，充分发挥中央和地方的积极性，是国家政治生活和经济生活中的一个重要原则问题，直接关系国家的统一、民族的团结和全国经济的协调发展。在不损害行政效率的前提下，做到既能调动各地区发展经济的积极性，又能发挥中央政府的宏观调控作用，是推动西部快速、稳定发展迫切需要解决的一道政治命题。

由此观之，农垦组织的发展需要中央政府的战略支持，以国家《"十二五"规划纲要》和《西部大开发"十二五"规划》为指导，同时，各级政府需要相应的具体政策为不同类型的边疆地区创造出越来越多的发展空间。对边疆地区农垦组织来说，不同的农场应在良好的制度环境中选择适合多元

---

① 任军锋：《地域本位与国族认同：美国政治发展中的区域结构分析》，天津：天津人民出版社2004年版，第258页。

② Douglas North. 1994 "Economic Performance Through Time." *American Economic Review*（May）：54.

化的自我发展模式，因地制宜地进行产业结构的调整和转换，实现所处区域的协调发展。

三、政策分类支持

对于促进西部发展或是缩小东西部与东部差距意图而言，政府尤其是中央政府的政策支持与制度安排显然是最为关键的因素。对于农垦改革而言，政策制度安排在改革的进程中显得尤为重要，作为经济手段的公共投资政策和作为再分配的财政转移支付制度是其中重要的介入手段。因为"没有一个政府的财政资金是完全充裕的，它必须在各类急需花钱的地方做出取舍和权衡。"① 从"公平公正"的基本公共政策原则出发，政府对农垦系统改革的政策和制度安排应根据不同区位的具体情况和不同的发展水平来区别制定，云南农垦系统新一轮的改革所强调的"属地化管理"，在一定程度上，如"一场一策"改革方案的实施，开始彰显了政策支持与制度激励分类且差异化的意识。

所谓分类的政策支持是指政策提供者区分不同地区发展水平和阶段，并据之给予各不相同的政策安排。这种分类性使政策不仅具有区域性而且具有阶段性特征，由于它主要是解决社会经济某一阶段所面临的经济问题而提出的。在区域经济发展不同阶段所面临的经济问题都不同，因而解决这些问题的方法和手段也不同。而且，不同地区对区域经济政策的需求也是不一样的，在制定区域经济政策时，应区别对待不同区域。对不同收入水平的人群而言，区域公共物品需求在不同的经济发展阶段，在不同的市场经济环境和制度条件下也是不同的。"区域经济政策是针对区域问题而设计的。在经济发展的不发达、中等发达和高度发达等不同阶段，区域问题的类型和性质是不一样的。"② 从这个角度来说，国家对不同区域的农垦改革采取了不同的制度安排，即根据其区位与经济社会发展状况采取了不同的管理体制，这一点在前文已经详细阐述。具体到新一轮的云南农垦改革，虽然已经从制度安排上明确了"属地化管理"，但在未来的政策支持方面，省级政府的相关部

---

① 王绍光：《从财政资金流向看中国政府政策调整》，《战略管理》2004 年第 2 期，第 51～60 页。
② 陈栋生等：《区域经济学》，郑州：河南人民出版社 1993 年版，第 247 页。

门需要更加突出细致的分类和针对性。一方面需考虑农场的经济发展水平，增强农场经济实体的发展能力。按照市场要求，以改善其投资的准入条件和加强其市场经济竞争力，使这类地区的农场经营能够更多地体现为经济主体，并与其他地区企业竞争中处于相近或同一的起跑线上；另一方面注重农场基础性建设，为农场的现代化经营和管理创造必备的条件。这就是积极争取国家投资的重点应该放在垦区基础设施方面，例如医疗卫生、社会福利、乡村公路、普及教育等方面，既可以提高这些垦区的劳动力素质，也为资金和技术人员向这些区域的迁移提供了可能。同时，这种缩小区际福利差距的结果，也可以减少垦区的资金与技术人员流失。而在一定程度上提升这些区域农场的人力与资本积累水平，带动区域农业的发展。对农垦组织以及农场而言，基于不同区域的发展状况，在制定本地的投资政策时，也应遵循这一原则。"有限的财政收入和转移支付投入在社会基础设施上还是经济基础设施建设上，对贫困落后地区的政府而言，是两难选择。但有一点是很明确的，即这些财政收入和政府的转移支付不应该投入在工业项目的建设上，更不应该投入在资本市场上。"[1]

制定优惠政策是政府对组织进行支持意向的另一个重要组成部分，它是形成区域投资、刺激区域经济快速增长的最直接动力和有效手段，作为刺激经济发展的优惠政策，其作用主要在于以政策的差别来改善受惠者的条件，增强其竞争能力，从而发挥鼓励扶持的功能。[2] 显然，受惠面越窄，优惠政策的激励作用就越强，反之，受惠面越宽，优惠政策的激励作用就越弱。20世纪80~90年代中国向东部沿海地区的政策倾斜之所以取得成功，除了沿海地区特殊的区位优势和原有基础较好以外，有一个很重要的经验就是倾斜政策注意划分不同的层次，从经济特区、沿海开放城市到沿海开放区逐次推进，实施不同程度的政策倾斜。享受国家特殊政策最多的是几个经济特区，不仅范围较小，而且有明确的边界。[3] 反观针对西部区域制定的相关政策，政策分类并不明显，这就导致了各种政策只具有普适性或者概括性的适用

---

① 安虎森主编：《区域经济学通论：区域经济理论与政策》，北京：经济科学出版社 2004 年版，第804 页。

② 柳建文：《中国西部大开发的政治经济调控》，北京：民族出版社 2009 年版，第 179 页。

③ 柳建文：《中国西部大开发的政治经济调控》，第 180 页。

性，针对性往往不强，这一点在农垦系统的改革与发展中表现得尤为明显。在调研中可以发现，农垦系统从总局到农场，政策细分集中体现为政策从中央到省级政府，再到州县以及农场的相同复制，只是适用地域缩小，并且加上了具体时限的操作意见而已。这种政策分类显然是不科学的，因为没有针对性的政策或者优惠政策，就使这种政策制约了垦区投资渠道以及生产经营条件的改善，导致不同垦区产业结构和发展模式的趋同。

"任何政策都同时具有时效性和区域性，每项政策都有失去作用的时点和特定的地理疆界。在同一地区内，此时有效的政策彼时就不一定有效；在同一时间内，甲地有效的政策，乙地就不一定有效。这就要求各级政策制定者在制定财政政策时要因时、因地、因事制宜，不可将时空颠倒，张冠李戴。"① 从提高政策效率的角度出发，一个可行的设计方案是按区位指向和产业指向来制定的。首先，优惠政策应该有明确的区域范围，具备不同资金吸引条件的垦区应该有不同类型的政策，以避免同类型建设所造成的资源浪费；其次，优惠政策根据所应用的对象条件而具有较强的针对性，对于区位条件和发展环境较好的垦区或农场，优惠政策的幅度可以放大一些，或者可以给予更大的自主发展权，以促进其多种经济的发展；最后，优惠政策需要加强具体垦区生产优势的产业化现代化信息化发展，也就是依据具体垦区的产业比较优势，分别制定并实施一些适宜于不同地区的优惠政策，促进这些地区优势产业的现代化与信息化，或者相对限制从环境或是具体条件所不宜的产业产生和发展。运用具有一定区域针对性且有明确产业导向以及现代化规划的优惠政策，不仅可以使政策对象在政策执行的时候有据可查，明确宏观发展方向，而且在微观事务的处理上也具备了极强的可操作性，从而有利于以较低的成本获得较高的收益，实现特色产业的发展与信息化，并引导和促进相邻垦区之间的联合与合作，综合整个区域中各个垦区的优势，实现合理分工，优势互补以及协调发展，避免各垦区的重复建设，使全省垦区经济形成一个有机的整体。此外，政府政策不仅仅包括支持性政策，也包括限制性政策。从政府的政策和措施看，支持性政策过多，而限制性政策过少，特

---

① 杨龙等：《政府经济学》，天津：天津大学出版社 2004 年版，第 183 页。

别是对于规范和协调地区发展较少有明确的表述①，而这也是导致各垦区重复建设和资源浪费的一个重要原因。对于云南复杂的地理气候环境而言，许多地区事实上存在着不同程度的生态脆弱性，而且一旦被破坏就很难修复。对此，政策的限制或制止功能尤显出其重要性。从保护环境和可持续发展的角度看，针对生态环境脆弱程度较高的州市，往往需要对污染性强的产业以及不适宜地区环境发展的企业运用经济和政治等方式进行管制甚至强制控制。

由此，在政府政策设计和实施过程中，需要从整体规划角度着手，针对各垦区不同的发展条件，通过具体化差别化的分类政策安排，在不同地区形成不同程度的激励效应和限制效果，使流动资本能够明晰其选择条件，达成合理流动，亦即，分类政策的优点就在于设计上要充分考虑到每一个地区的实际发展条件，尽可能地发挥政策的导向功能，使不同垦区的发展模式能体现出自己的优势和特色，从而使得各垦区保持其发展特色并形成有序的地区差异，避免垦区产业结构的趋同化对整体发展带来不利影响。从这个意义上讲，政策分类支持在一定程度上也是为了促进整体经济发展模式的多样化。

第二节　组织"内卷化"的突破与结构功能转型

前文在对云南农垦组织的实证分析中，谈到农垦组织内卷化，指的是其结构的不断精致细化却没有实现组织目标的转变，只是在不停地复制上层机构形态，其功能不断扩展延伸却没有获得实际增效。与组织改制中各利益主体的预期相较，这肯定是一种不理想的变革结果，即没有发展或效益的增长。农垦组织的改革陷入了内卷化困境，未能达到组织转型的预期结果，而且还进一步延伸和复制了行政组织的科层结构。云南农垦组织改革所陷入的"内卷化"困境，已经严重制约着边疆地区经济社会建设的进度和成效。要解决农垦组织的内卷化问题，就需要先解答组织内卷化突破的一般思路。

一、农垦组织的发展逻辑

20 世纪 50 年代中期，中国社会体制逐渐形成了以单位为核心，集个人

---

① 张可云：《区域经济政策》，北京：中国轻工业出版社 2001 年版，第 361—539 页。

生活、福利保障，甚至社会建设于一体的社会体制。这些单位形式的组织结构，不仅仅承担着完成国家下达的经济生产任务，还必须在职工的就业、福利保障乃至家庭生活等方面都要做出妥善的安排，构成了整个国家的"单位社会"体制。农垦组织亦是如此，这种组织构成无疑会沿着"人员过密化"和"功能内卷化"的轨迹向前发展。很明显，在这个意义上的组织作为一个"经济生产单位"的意义，基本被它所承担的社会功能湮没。但是，随着市场经济的建立和社会经济结构的变迁，组织本身原有目标的变化，对组织的制度安排开始出现了去社会功能化的倾向。这在实际中表现为农垦组织结构功能变迁的一系列政策尝试，以及以各种形式的人员身份界定和分流。这就意味着，组织原有以政治利益为中轴的组织结构功能体系开始崩溃，组织的部分功能也正在被消解。与此同时，一种异于政治单位组织结构的另一种组织结构开始逐渐成型。本文将其概括为"准社会企业期望"，即对组织部分经济功能、部分社会职能的设定。此时，整个组织的管理手段、控制方式以及组织发展的逻辑等方面，必然需要发生根本性改变。

在"准社会企业期望"的变革中，一个显著的特点是组织原有发展逻辑的改变，即由"政治主导型的组织发展"模式向"部分经济自主型的组织发展"模式期望转变。这种发展逻辑在于，在 20 世纪 80 年代组织变革前期，组织经济增长会带来组织成员生活状况的自然改善，因此，经济增长和成员动力的关联度很高。到了 90 年代中后期，组织发展开始进入内卷化，而且经济内卷的结果与组织成员生活改善之间出现了断裂。这说明，组织发展的现况迥异于经济发展的期望。同时，经济发展的滞后，也逐渐发展成为制约组织稳定、有序发展的最大障碍。此时，只有组织发展自主性的增强，才能对经济功能产生反哺效用，组织自身这种独特的运行逻辑和发展模式，可称之为"组织潜在发展逻辑"。

二、组织"内卷化"的突破

从组织的角度而言，云南农垦需要先从组织自身实现"内卷化"的突破才可能实现相应功能的转型。为此，可以借鉴相关社会组织有效规避"内卷化"的理论与实践经验，并应用于云南农垦组织内卷化改革的分析之中，分别从宏观、中观和微观三个方面构建起一个"内卷化规避"的空间模型，即农垦改革的成功运行应考虑到三个方面：一是在宏观上，实现资源分配的空间转移；二是在中观上，建立权力性质的转变；三是在微观上，形成利益协调的有效途径。

（一）宏观层面空间资源分配的转移

空间不仅是地理意义上的限制性区域，也是政治以及经济社会生活的地方。就空间理论及空间的重要意义而言，现代社会学理论认为"空间资源的分配过程直接反映城市政治过程"[①]，并对空间进行了分类，划分为由行政权力主导的行政空间和由"私人活动的常规化"[②] 而形成的社会空间（如人际交往，组织协商）。现实中，这两种空间往往交织存在，一种空间的获得大都离不开另一种空间的让渡，而空间转移指的就是组织中不同属性空间的占领或让渡情况。在资源分配的空间转移方面，最具影响的方式当属"以发展问题解决带动生存问题解决"[③] 思路的提出，这种目标性的转变从一开始就重构了组织功能的定位层面，设定了目标秩序，有效提升了组织改革的力度和层次。

从云南农垦组织的历史发展过程来看，农垦组织过去的发展本身就是这样不断适应空间转移的过程。随着 20 世纪 80 年代市场化改革的进行，单位制结构的打破，社会组织治理方式开始多元化发展，各种组织的合法性获取趋于多重化，如政党统领、行政指导以及社会治理等方式改变着不同的组织结构。在此阶段，农垦组织虽然有了一定的经济化改革，但一直仍以行政空间的延续为主，这无疑与农垦事业本身的定性以及农垦组织本身的多重目的有着很大关系，因为农垦组织的改革视角一开始就服务于政权建设，并以此作为空间转移的立足点。从一定时空阶段来说，这具有一定的合理性，因为云南边疆的历史地理环境，决定了农垦组织必须承担起部分的政府职能以维持社会秩序以及国家政权建设，但这解决的只是组织的生存问题，对于宏观层次的战略要求，即用发展问题来彻底解决组织合法性问题却难以做到。生存与发展问题在农垦组织改革过程中的本末倒置使得农垦改革陷入了内卷化的困境。

---

① 杨上广：《中国大城市社会空间演化》，上海：华东理工大学出版社 2006 年版，第 33~48 页。
② 张俊芳：《中国城市社区的组织与管理》，南京：东南大学出版社 2004 年版，第 167 页。
③ 杨叙：《北欧社区》，北京：中国社会出版社 2004 年版，第 40~41 页。

云南农垦组织在改革过程中，无论是最初的产生与发展还是其后的改革与停滞，都明显地带有政治主导的意味，这也使组织的改革基本处于行政空间之下，社会空间则少之又少。这种特征造成了农垦组织在长期的改革中，始终未能以市场需求为主来形成其结构功能机制，也可以说，行政空间的强势属性使农垦组织在改革中难以获得更多的社会空间，且越来越难适应日益变化的经济社会发展需求。因此，在适当时候向农垦组织进行空间转移并进行不断调试，是农垦组织未来改革并取得发展的核心所在。如果采用社会空间统一体理论的分析思路，农垦组织为求适应不断变化的社会与经济环境，需要行政空间与社会空间的有机结合与相互协调，在行政空间占据强势的情况下，势必涉及行政空间的部分让渡。因此，在社会结构变化所导致的空间转移过程中，农垦组织的持续发展，首先需要组织明晰资源获得的空间属性，不断调试农垦组织内部情况，以便适应农垦组织所处社会环境的变迁。

（二）中观层面权力行使的性质转变

随着现代经济社会的转型，社会各种组织的功能不断发展和完善，行政空间收缩的同时，也要求农垦组织内部的权力行使有一个质的转变：即从体制性权力的配置转向认同性权力的协调。所谓体制性权力，指的是组织科层秩序带来的垂直式权力行使；所谓认同性权力，指的则是以事件为对象而形成的各方参与者协作秩序带来的网络式权力行使。由此，对农垦组织而言，中观层面权力行使的性质转变主要包含了这样几层含义：一是组织各层级中体制性权力行使的清晰界定，亦即不同层级根据实际情况所设定的功能属性；二是出于政权统治和组织生存的需要，在保持一定比例的体制性权力的前提下，划清组织的事务性功能与技术功能；三是认同性权力是一种多元的、网络化的权力秩序，其形成是各方利益主体协调认可的结果；四是认同性权力的形成和发展有赖于异质性①社会资本构成的成熟程度。纵观农垦组织的改革，关于农垦组织的权力转移最大程度地牵涉到两方面的问题，一方

---

① 社会资本的同质性主要是指关系网络的构成以熟人为主体，把有共同的邻居、民族、宗教或家庭关系的人整合为紧密的社会关系，具有一定的封闭性和内聚性；而异质性的社会资本，其成员间更易生成松散的、大范围的网络，为行动者提供普遍化的互惠规范，有利于社会中普遍信任的形成，而这些正是政治民主、社会和谐的重要基础。李洁谨、黄荣贵、冯艾：《城市社区异质性与邻里社会资本研究》，《复旦学报（社会科学版）》2007 年第 5 期。

面，体制性权力范畴的明确可能会间接影响政府部分关于农垦管理的权力实现；另一方面，由于空间资源分配的转移导致组织资金、人力等资源获取骤减，难以进行组织内部事务的管理。鉴于此，农垦组织在相应结构功能改革中，通过权力转移来消除组织内卷化障碍可以分为两个阶段来进行：

第一阶段，体制性权力在组织内部的转移。在政府完全控制的组织结构中，各种属性的组织职能混合，对组织生存与发展的规划基本上是通过党政部门来完成的。这时的体制性权力可以称为完全的行政权力。随着市场经济体制的建立，农垦组织生产经营权力的下放使其上层、中层与下层的主要目标与功能界定开始显现出不同层次，对组织企业化的数次改制，都显示出行政权力逐渐向社会权力和经济发展权力转移的意向。但是，行政控制在农垦组织过去的生存发展历程中已经为组织烙下了深深的印记，亦可以说是"压力型体制"① 下非法却合理的选择，是路径依赖的结果，这样一来，原有的体制性权力在组织内部的合法性就逐渐显得不足。因而，在改革中首当其冲的就是农垦组织内部体制性权力的转移。因为，在未来发展过程中，对于组织而言，无论是营利还是非营利属性，其生存与发展都更多地趋向于社会认可与组织自我发展状况，也只有这样的权力获得才是组织合法性获得的最优选择，因而，体制性权力在农垦组织内部的转移以及压缩是组织未来发展的应有之义，而组织运行权力则主要应由行政权力、社会权力和自治权力三部分来共同承担。

第二阶段，体制性权力向认同性权力的转移。虽然改革后的云南农垦组织似乎开始显示出权力格局的多元化，但这种秩序的形成却是极不稳定的，由于组织权力结构缺乏应有的法律支撑，体制性权力所让渡出的空间很容易成为权力的真空。因此，该阶段需要以具体的制度安排来完成体制性权力向认同性权力的转移：第一，通过制度安排划定组织收支渠道，改变农垦组织经费结构的单一性，使组织逐渐获得社会权力与自治权力，从而摆脱行政权力的单方控制；第二，通过制度安排明确组织的权义职责，改变农垦组织长

---

① 压力型体制是指一级组织为了实现经济赶超，完成上级下达的各项指标而采取的数量化任务分解的管理方式和物质化的评价体系。在这种体制下，组织各级为了缓解压力，往往把任务分解到下一个层次。县乡人大运行机制研究课题组：《县乡两级的政治体制改革，如何建立民主的合作新体制：新密市县乡两级人民代表大会制度运作机制的调查研究报告》，《经济社会体制比较》1997 年第 4 期。

期存在的功能弱分化特征：即社会职能模糊，经济职能的不完全自主，以及一些虚化政治职能所增加的额外负担，这种弱分化的功能特点在某种意义上是给予了行政权力下派任务以更为合理的理由，缩减了组织认同性权力行使的空间；第三，通过制度安排增强组织权力的合法性，改变农垦组织既有的行政思维惯性，形成以市场为主导的竞争型经济组织以及灵活的组织多元权力秩序。

（三）微观层面利益的表达与参与

作为特定利益聚合体的农垦组织来说，生存与发展的微观基础无疑就是利益，组织的改革在一定程度上也是重构各种利益冲突，整合秩序的过程。同理，云南农垦组织的变迁过程是组织结构功能失衡驱动下的失衡——改革——内卷化——再变革的过程，也是组织相对优势解体——重构——再解体——再重构的过程。在云南农垦组织原有的组织结构体系中，组织的资源依赖主要源于政府主动给予，组织以及组织成员并不拥有独立的政治资源、经济资源、社会资源，组织成员对组织事务的参与主要体现为外部刺激——条件反射型。由于在利益诉求中对权力体制上层的依赖，组织成员难以形成有效的"集体行动"，无法在后期的改革中表达自己的利益诉求，形成对权力上层的强有力的制衡。在组织中，组织成员处于以权力为圆心的差序性利益分配格局的边缘地位，导致了组织变迁中"精英主导和成员缺位"。随着云南农垦改革的深化，云南农垦组织的结构功能产生了更大的变革以期能够达到预期，改革者开始意识到组织成员的日益强烈的利益诉求，组织也开始认识到自身结构功能转型与再生优势的重要性，正如在改革政策中所表述的那样，"在计划经济体制下长期累积形成的'亦政亦企，亦城亦乡，亦工亦农'和体制不顺、机制不活、效率不高等弊端，导致农垦集团权力过分集中、农场缺乏活力，机构人员臃肿、管理费用居高不下，条块分割、垦地经济社会发展'两张皮'现象突出，垦区基础设施建设滞后，生产生活条件较差，劳动关系复杂，利益分配不合理，一线职工收入少负担重，社保政策不落实、职工合法权益得不到保障，各个利益群体诉求强烈，矛盾纠纷突出。这些矛盾和问题，既有历史原因，又有体制机制的障碍和工作不到位的问题，在世界金融危机持续蔓延和橡胶价格大幅波动的背景下更加凸显出来，不及时妥善解决，农垦发展难以为继，民生改善难以为保，垦区社会难以维稳，新的更大的矛盾将会进一步显现。解决农垦历史和现实问题，加快垦区发展，改善垦区民生已成为当前我省一种十分紧迫和重大的政治任务，事关全省全面建设小康社会和民族团结、社会和谐、边境安宁的大局。"①

由此，从利益表达与沟通的角度来构建农垦组织发展的微观机制，需要考虑到两个方面：其一，以组织各层级一致利益为主要目标重塑组织成员对组织的归属感；这首先表现为了刺激组织成员的经济性参与欲望，将成员和组织利益表征化。在所历经的改革中，针对组织认同性问题一直以一种政治性的方式予以解决，即构建起一系列的操作性机制，如职工代表大会或民主议事会，以及相应的政策宣讲队、精神传达会、民主评议以及先进表彰会等，来引导成员对组织决策乃至政府决策的认同，从而获得相应的参与成效。但是，在组织逐渐进入市场，开始以经济盈亏作为发展的实质性目标时，整个操作机制开始呈现假性参与和象征性参与，组织职能政治性的衰退无疑将经济发展这个目标越来越现实地摆在组织面前。由此，不得不承认，只有与组织成员利益诉求相一致的组织利益目标才能将组织成员与组织的发展更好地结合在一起，形塑成员的组织归属感，激发成员合作性参与的热情，并以此使得组织成员和组织参与区域发展的分利能力获得显著提高，持续增强组织发展潜力。

其二，以各主体分利能力的增强为基础理顺不同利益的表达与协调渠道；这主要表现在各利益主体冲突的策略性调整上。由于农垦组织上层具有行政、服务和党治的角色重叠，在组织控制方面倾向以绩效为评估手段。组织基层的生产性单位则旨在完成相应的指令性任务基础上追求更大的经营利润，组织成员更关注个体的直接获益、所得的公共服务或物品提供以及生产生活服务需求等，各利益主体必然存在着利益冲突，而上述各种因组织职能模糊而难以获得实质操作性的协调机制却难以提供相应的解决途径。只有组织在未来改革中构建了具有实质性参与的利益协调机制，使之制度化并获得相应的认可与保障，才能改变现有组织参与机制的弱实质性，反向增强各利益主体的分利能力，疏通各利益主体冲突的调节渠道，从而保障农垦组织改

① 《中共云南省委、云南省人民政府关于推进农垦改革发展维护垦区稳定的若干意见》，云政发（2009）19号，2009年12月30日。

革的利益转移渠道的畅通，形成有效的利益诉求表达与目标设定，消除组织内卷化。此时，就需要重新审视组织的发展目标与职能定位，构建相应的组织利益表达单位。

总之，从现代组织发展的过程来看，若把组织绩效功能有效性与成员参与两组变量综合比较，可形成一个变量比较的立体维度。成员的参与有助于实现组织绩效的逐步提高。组织成员参与增强了组织结构功能的基层合法性，成员参与到组织变革的流程，获得意志表达、讨论、商谈、沟通的机会，消解了组织与其成员的潜在冲突，形成了组织与成员的良性互动。组织成员话语权的扩大提高了组织变革机制产生的合法性与执行的有效性，组织变革目标确立通过成员的合意授权，有利于保持组织结构功能重塑的有效性与连续性。当成员利益表达与组织结构功能回应之间形成有效的沟通渠道时，组织成员在经济活动中的动力往往能得到更有效、更直接、更完整的激发，成员在生产活动中就可以形成更明确的预期，形成良好的组织学习空间，增强组织经济生产活动效能，为组织系统结构稳定以及组织功能目标预期的实现提供一种更具合意性质的准则。这亦从微观上引导着农垦组织的现代化变革。

三、农垦组织的结构功能转型

通过对"内卷化规避"空间模型的解读可以发现，农垦组织的改革要突破内卷化的困境，需要从宏观、中观和微观三个方面有所突破，同时，这种理论探索也为组织的进一步改革提供了践行的着力点和参考依据。从组织结构功能层面来看，目前农垦组织显然还没有达到现代生产经营性组织的要求，改革只是为它的发展作了相应的探索以及基本的铺垫，组织本身应对未来发展方向尤其是组织性质有一个清晰的界定，才能获得进一步的发展并推动组织改革的深入。

首先，以农业产业化作为农垦组织的主要功能方向。农业产业化就边疆地区现有经济生产条件而言。很大程度上可以依托农垦组织在区域经济发展中的作用来获得实施，因而，应该以农业企业来界定现代农垦组织未来发展的特质。"农业企业"的含义已经远非传统理解的那样，只是从事粮食作物和经济作物的种植，以及家禽家畜的养殖等通常意义的第一产业，经过几十年的发展，国内外先进农业企业已经远远超出了这个概念的范围，逐渐从狭义的从事"原产地种植"转变为"基于农业产业价值链的供应和协同管理"为核心的产业模式。从流程管理的角度来界定，现代农业企业的核心业务应该包括可以给产品加入附加值的各个环节，如产地种植、收取、库存、加工、运输、营销、代理或分销、风险、资金流动等整条价值链，企业的盈利取决于对各个环节的成本控制与收益，以及各环节之间的协作程度。在这一点上，农垦组织在生产经营方面一直有着相应的组织优势，且有着较为成型的专业资源，如云南农垦下属有热带作物研究所、橡胶加工厂、电子商务中心，农场也有生产队、运输队、工厂等不同职能单位。从国家以及区域的需要来说，农垦组织无论是组织功能还是作用界定，未来都必然需要加强其企业化经济功能。

其次，重塑农垦组织的生产经营流程。依据农垦组织"农业企业"的类型划分，国内外同类组织有着许多相关的成功经验可资借鉴，这在组织结构功能发展层面上表现为四个发展万向：一是组织的生产功能需要加强营销与物流环节的能力；依靠种植、养殖农副基础产品为主要发展模式的传统农业企业往往只关注作物的种植产量，较少关心产品流通的附加值，也较少考虑消费者的需要与意愿等问题，很多情况下仍囿于种植这一种状态中，这显然很难适应瞬息万变的社会需求与市场要求。从国外企业集团经营的经验来看，其关注点已经有了很大的变化，这些企业更注重于在考察清楚产品的市场前景之后，将生产经营重心转移到控制成本、快速提供产品和多方面满足消费者需求，从而获取更多利润的层面，也就是说，生产之后的整个流通环节逐渐成为盈利的关键点。二是组织结构建设需要适应整体生产经营价值链而形成流程式管理结构；按照过去对产业的划分，以种植为核心的传统农业属于第一产业，而产品加工则属于第二产业，运输贸易等商业属于第三产业，这种产业的划分方式在很长时间内限制了农业企业尤其是农垦组织的发展与创新思路。在现代经济发展中，农业企业现代化的核心在于将组织的生产经营以"供应链"的流程进行整体设计，用流程化的组织管理结构扩展企业以及企业的市场份额，依靠管理效率的提高从各个供应环节来寻找组织发展和盈利的空间，同时也依靠各个环节的协作，加强抵御自然风险和市场风险的能力和有效性，实现经济的可持续增长。三是组织经营逐渐引入期货交易方式，整合现货以及期货等多种市场方式的优势来占领市场；基于农作物种植的影响因素的复杂性，农业企业的现代化市场经营虽然仍以现货交易为主要方式，但在此基础上，"需要能够充分利用大宗农产品的远期交易市场以及全球期货市场这些市场平台和金融工具，来实现远期合约、期货交易和现货交易等各种市场的同时经营，以抵消市场风险，稳定和提高毛利水平，增强赢利能力。"[①] 通过这些交易中的市场信号刺激，也可以促使企业不局限于区域或短时期需求进行生产加工，而是面向更广泛地区和全球市场的供应和需求开展更大规模的经营活动。四是组织发展逐渐遵从信息导向；过去的农业生产以种植为主，按照惯习或是传统来决定种植品种，种植种类即为经营种类。现代农业企业的理念则以市场为主，农业企业由市场需求来决定产品种类，即从需求的角度来思考生产销售的问题，换句话说，就是需要及时了解各种需求信息，并依之决定生产与交易，由此农业企业的未来必然要求以信息作为组织发展的主要导向。

最后，依据组织应有的现代性特质，要培育农垦组织规模化生产经营结构与资本顺利流转功能。其一，培育规模化经营的有效组织结构；已有经验表明，经济性组织生产经营的规模化有利于价格影响能力的提高，能有效形成竞争优势，还可以充分利用生产资源的稀缺优势，同时，组织对于终端销售市场的控制能力也就相应增强。也就是说，农垦组织在未来发展中，除了初级农产品的种植和经营之外，还必须加强其产品下游深加工以及销售能力。农垦组织在现实中已经具备了许多既有的资源和较强的加工优势，若能进一步加强终端市场能力体系的建设，可为组织的国际化发展奠定坚实基础。其二，多方面培育组织的资本流转功能；所谓资本流转，主要指经济性组织为获得发展而通过各种渠道筹集外部资本的过程，市场经济中的合法性筹资有公司上市、发行股票等债权或股权式方式。农垦组织在发展到一定规模后，尤其在被让渡的社会空间要真正实现其自治权力，则以合法融资手段扩展组织资金来源将是一个非常关键的环节。其三，组织的信息收集功能也非常重要，农垦组织主要是从种植、加工、贸易、分销所组成的整体产业链

[①] 杨杜、刘斌：《变革之舞——海南农垦复兴之道》，北京：清华大学出版社 2010 年版，第 264 页。

上寻求盈利空间，这就需要提高组织的信息管理水平。从外部来说，要培育外部农产品市场信息的深入分析渠道，建立获取和分析市场数据并且快速反馈市场动态的信息体系，从内部来说，需要不断优化和完善自身各个领域，如供应链管理、客户管理、财务管理、人力资源管理等方面的专业信息系统，力求信息获取及时和真实。总之，农垦组织的结构功能转型与现代化可以形构为这样一个模型（如图6.1所示）。

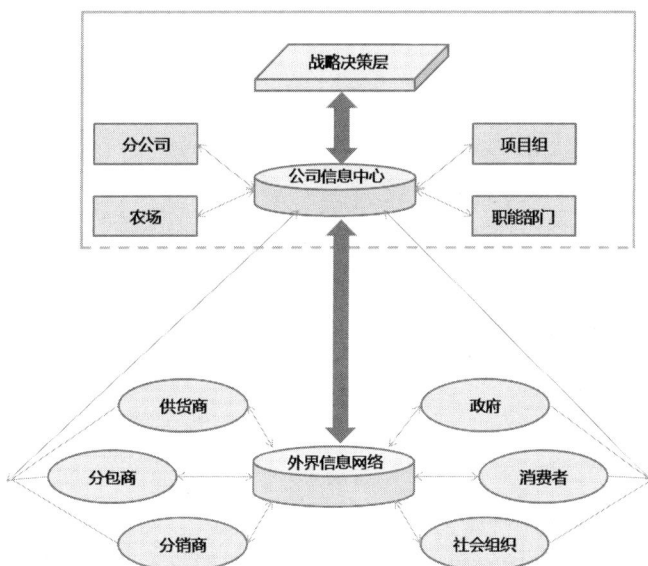

图6.1　农垦组织结构功能转型设计

资料来源：根据农垦组织发展构想内容设计。

第三节　农垦组织与环境支持

当前，云南农垦组织的新一轮改革固然意味着可能的组织转型，但与理想意义上的现代农业企业或者说地方政府所期望的"农业经济龙头"企业的定义仍然相距甚远。如前文所述，针对云南农垦组织结构功能内卷化的基本现实，未来农垦组织的建设中，一方面，需要从国家角度对农垦组织在不同区域的作用进行再定位，减少制度安排对组织转型所造成的刚性制约，以便使得组织成长获得足够的视野和外围空间；另一方面，需要减缓组织内部结构自我复制式的复杂化进程，提高组织基层成员的自组织程度，加快组织的现代化转型。此外，在对策研究中还应重新分析具体区域的社会和经济现状，从而对组织转型与内卷化这一框架进行更为深入的理解。

一、组织社会支持的重建

在云南农垦组织改制中，内卷化的形成是组织内、外两方面因素共同作用的结果。因此，农垦组织突破内卷化发展模式的路径选择，也相应地必须沿着组织内、外两个方面来思考。但是，农垦组织改制中内卷化的形成，是在既没有摆脱产权模糊发展路径的羁束，又无法改变组织与国家之间"利益主导关系"的条件下进行的一种目标并不清晰的选择。这说明，在农垦组织内部，除了自身的结构功能变革之外，还需要组织努力扩展其资源依赖的来源，以支持农垦组织走出发展内卷化的困境。与此同时，在组织结构功能走向部分转型，要求组织自主发展功能增强的背景下，组织资源支持的建设尤其是环境支持的建设，是农垦组织乃至组织转型及其相应经济功能发展的重要基础条件。

改革之前的云南农垦系统以及农垦总局，作为国家重要的橡胶生产基地，始终是在国家的控制和扶持之下，逐渐发展壮大起来的。那么，国家与组织之间资源与利益依赖的实质，并不会因为整个农垦系统改制为农垦集团总公司而改变，更何况"两块牌子，一套人马"的管理体系设定。因此，改制之后的省级政府和屯垦组织的发展模式，是建立在既无法完全摒弃，又部分继承了传统的"国家——单位"、"政府主导——依赖性经济发展"之间的"庇护关系"之上。可想而知，在这种前提下组建的农垦集团总公司，其发展模式既不可能获得所期望的经济功能发展，而必然对政治资源维系着强烈的依赖，从而不可能完全摆脱传统的发展模式。最终只能以"两张皮"等形式，通过组织结构的变通，将政府和组织之间的资源地位、权限以及利益分配方式，以"关系产权"的形式稳定下来。与此同时，在"准社会企业期望"的变革中，组织经济自主性预期增强的时期，突出的问题就是组织结构构建以及组织功能转型问题。就组织机构功能变革重要的影响来说，本书认为一个极为重要的方面就是组织的社会支持建设。因为就当前农垦组织问题产生的原因而言，社会支持的缺失是一个极为重要的方面。这一点无论对组织本身突破内卷化的困境，还是对组织基础建设尤其是组织结构功能的协调发展都有着至关重要的影响。从某种程度说，农垦组织改制不是单纯的经济现象，在国家对边疆维稳的角度来讲，这类承担一定政治功能的组织，制约其变革的因素是非常庞杂的，任何变动涉及的动因都非常多。组织结构变迁和创新需要一系列社会支持条件的配合，才能顺利推进组织的改革和发展。农垦组织在长期的发展过程中，由于单位结构建设导致组织社会基础功能的萎缩，组织功能承接机制的缺乏，致使组织的改革只能以区域政府和农垦组织两者之间的内部共同分担为主要形式，即以"内卷化"的形式来消解组织的社会和经济功能。这种改革虽然具有某种妥协性，但是从中可以看出社会支持体系，乃至更为广泛的社会基础建设的必要性和紧迫性。这一点无论对农垦组织的改革、经济发展乃至社会建设都有着至关重要的作用。

二、区域异质性资源禀赋与组织相对优势

云南农垦组织第一次权属改革，在一定历史条件下形成和具有相对优势，支持了组织的继续发展，随着宏观制度环境的不断变化以及改革收益增量的减少，组织陷入了内卷的发展困境。组织为突破内卷化而进行的第二轮改革，为组织的进一步发展与建设奠定了制度基础，属地化的思路为农垦组织在新时期形成新的独特优势创造了条件。不同区域的农场应充分利用独特优势和物质资源，实施增量改革，推进自己的组织结构与功能改进，重新调整组织目标与组织功能发挥之间的关系，形成和扩展组织新的相对优势。于是，我们的思路仍需要重新转回本书一开头所提到的"区域综合资源禀赋"这个关键环节上来。组织结构功能的变迁与改革不是孤立存在的，总是嵌入一定区域资源环境之中，区域资源结构即一定区域内的经济资源、社会资源、区位资源、区域历史文化相互交织，而构成具有异质性的综合资源体系。这种既定结构不仅构成组织结构功能转变的背景和动因，而且直接决定了组织结构功能在未来的发展路径。

区域比较优势，是指一个区域中由区位条件、自然资源禀赋、劳动力和

资金等因素共同形成的有利发展条件。① 从制度学派视角看待组织及其环境，除了竞争稀缺资源的一般社会过程影响组织和组织形态的生存与发展之外，还包括管制、准则和文化力量对于组织、组织群落和组织域的制约与影响。那么，组织的发展过程中，组织变迁必然存在着与环境间的相互依赖相互制约关系。于是，环境中的制度与非制度因素，地理历史文化等因素，都以或明或隐的方式持续影响着组织的存在与发展方式。这种情况同样也会影响到同质组织在不同条件下的生存状况，即不同区域的异质性既有资源及其结构使得同质组织选择了不同的发展路径。于是形成了两种路径选择结果：一种结果是某种组织结构功能选定充分考虑了本区域的资源禀赋结构，并在此基础上使组织发展的目标设定能够扬长避短，组织从而在变革中获得了更多增量收益，或者实现了组织的升级与发展，此时组织的发展与区域既有资源情境相互促进，获得协调一致的发展，形成了两者间良性的发展结果。另一种结果是某种组织结构功能演变的格局忽略了本区域的资源禀赋结构，组织发展的目标设定以及功能选择没有充分考虑到本区域的资源结构，使得组织在变革中没有获得更多增量收益，或者即使实现了暂时的收益却付出了更大的代价，此时组织的发展与区域既有资源情境相互制约，很难获得协调一致的发展，进入内卷化或者停滞状态，从而形成两者间冲突的发展结果。

研究中可以发现，已有农垦组织改革制度安排由于忽略了异质性区域资源结构这一重要变量，致使改革在一定程度上陷入了困局。在组织新一轮的改革中，将组织以及组织各个部分嵌于异质性区域资源结构背景中进行考察，阐述农垦组织变革如何在异质性区域资源结构中衍生出不同的多元化发展路径应该是此次改革的新期望，也是农垦改革未来必然的路径选择。

在对云南农垦组织企业化集团化改革以及 2009 年的属地化改革过程的研究中，两阶段对于区域社会资源结构的认识存在显著差异。在前一阶段中，近三十年的改革路径的逻辑表现为：不适应环境变化的组织体制僵滞——政府主导下的改制——集团化战略初期收益的获得——组织结构功能的内卷化。这个阶段中，整个农垦组织差异性并没有凸显出来，而是作为一

① 魏后凯：《比较优势、竞争优势与区域发展战略》，《福建论坛（人文社科版）》2004 年第 9 期，第 10～13 页。

个整体来进行普适性的改革操作，忽视了各个区域的社会资源结构，限制了组织功能转变的可能性和速率，使其路径选择陷入了内卷化困境。而在后一段的改革中，其制度安排的逻辑链表现为：政府主导的制度安排——农垦总局与农场彻底分开——农场的属地化管理，开始显示出根据区域资源禀赋来实际发展的改革期望。这种改革预期从另一层面反映出来，云南农垦系统改革并非孤立存在，而是与云南各区域内社会资源、经济资源、区位资源结构紧密相关。

以西双版纳各垦区为例，大渡岗、勐连、勐定、东风农场的"小粒咖啡基地"和江城农场的"热带水果种植"、勐捧农场的"澳洲坚果示范基地"、省热带作物研究所"热带花卉园项目"已被列为发展南亚热带作物专项贷款项目计划。云南农垦还筹集各方面资金支持江城农场承担的"350万亩天然橡胶胶木兼优良种示范园"，大渡岗、石山、勐撒农场共同承担的"3000亩无性系生态示范茶园"，弥勒东风农场承担的"1000亩优质高产葡萄示范园"和遮放农场承担的"1000亩咖啡种植示范园"等四个项目的建设。陇川农场2002年参加了全国农垦无公害农产品示范基地农场，产品质量达到绿色食品（A）级的质量标准。国营新城青年农场267公顷咖啡项目，被列为首批56家农业部无公害农产品示范基地之一。茶叶作为云南农垦的第二大产业，共有18个农场生产经营，种植面积达4151.5公顷，产量9089.78吨。为了推进茶叶生产的产业化和标准化，云南农垦丰收计划领导小组启动"茶叶高产、优质、高效综合配套技术"项目。又如云南省现有8个无公害农产品生产示范基地，其中农垦系统有5个无公害农产品示范基地农场，是云南省农业标准化生产的领头羊。自2006年始，为发挥农垦在社会主义新农村建设特别是在现代农业建设中的示范带动作用，创建农垦现代农业示范区工作已在云南农垦展开，一批基础条件好、优势明显、代表性强、具有良好发展前景的农场和单位进入全国农垦现代农业示范区的行列，成为新技术研发和展示的创新基地、科技推广和普及的培训基地、现代农业示范和扩展的辐射基地。

可见，组织相对优势的形成，促进了组织发展；而组织相对优势的保持与扩展，则是实现组织持续发展的关键环节。这就意味着，任何一种组织，想要获得顺利和持续的发展，不仅需要找到并形成自己的相对优势，更为重要的是还需要加强和扩展这种优势。云南农垦垦区产业结构的形成与发展，就是要立足于土地和自然资源方面的优势，发展特定的产业、形成相应的管理结构，在区域产业结构形成和发展突出相对独立性和特色，在发展模式上着重发展拥有比较优势的产业，放弃不具备优势的产业，并与其他区域建立起分工协作关系，避免区域发展模式的趋同化。也就是说，只有转变结构功能既定形式，结合所处区域的不同资源禀赋发展组织，形成组织结构功能的相对优势，组织才能从社会资源的增长中共同获益并发展。

三、组织相对优势的扩展

从农垦组织的性质及其功能与结构可以看出，农垦改革隐含了一个深层次困扰农垦发展的问题：当以市场为资源基础性配置手段时，农垦组织发展将会面临何样的问题？

制度经济学家诺思曾经这样描述："国家的存在是经济增长的关键，然而国家又是人为经济衰退的根源，一些政治—经济单位实现了经济的长期增长，但没有什么东西比政治—经济单位最终导致经济衰退更具有必然性。"[①]云南农垦组织第一阶段的改革无疑从一个组织的角度验证了这个命题。很显然，农垦组织作为一个"政治—经济"单位而言，从上世纪80年代初至21世纪头10年的发展，组织的兴衰过程将国家对组织结构功能发展的影响作了一个相当鲜活的诠释。也同样反映了一个"诺思悖论"在组织这个范围的缩影。"诺思悖论"作为对国家系统发展的逻辑困境，是这样被描述的：如果政府如传统古典政治哲学那样是一种"必要的恶"，则带有"必要的恶"性质之政府始终是以统治阶级利益最大化为主要追求，与此同时，国家要维持基本发展还必须兼顾社会的发展。因此，"诺思悖论"是这样推理的：国家常常具有两种基本的职能，一是制定产权等基本制度，最大化统治者收益；二是降低交易费用，最大化社会产出。这两个目标恰恰又是冲突的：使社会利益最大化与使统治者利益最大化两者往往不可兼得。国家界定和保护产权可以产生规模效益，而国家在界定产权时又不是中立的，统治者

---

① ［美］道格拉斯·C. 诺思著：《经济史中的结构与变迁》，陈郁、罗华平等译，上海：上海人民出版社1994年版，第20页。

目标是使自己的利益最大化，这种目标与社会总收入的最大化并不总是一致的。同理，对于农垦组织而言，其所具有的"政治—经济"性质，在未来的发展中也不得不面对着"诺思悖论"之难题，即各级政府作为"公权力组织理性人"对国家利益的追求与组织产出最大化利益追求之间的纠结。

从理论上，这种悖论使人们怀疑组织政治与经济效益是否可以共得，而前文所述之农垦组织之第一阶段的改革变迁路径的实证分析表明，组织改革前期阶段所获得的组织发展从一个侧面反映了"诺斯悖论"的可解途径。地方政府通过制度安排，主导了组织的结构功能转变，而组织也借助于自身双重身份的特殊性，突破僵滞体制的约束，以相对资源优势来激活组织发展动力，实现组织收益最大化。此时，不仅地方政府能从日益增长的组织获益中获得所需的经济政治与社会收益，政府财政汲取能力的提升为区域各方面的发展奠定了坚实的物质基础，而且随着组织收益的增长，在促进自身发展的同时还可以引导区域市场的完善和经济繁荣，扩大组织的社会影响与社会效用，从而使政府、社会、市场获得多赢，社会利益与国家利益诉求获得有机统一。当然，这个改革路径随着组织相对优势的消减，逐渐陷入既有模式的内卷化困境，原有的优势因素随着环境变化也转化为阻碍因素。但是，这里仍然可以总结出这样一个发展经验：组织相对优势的形成，促进了组织发展；而组织相对优势的保持与扩展，则是实现组织持续发展的关键环节。这就意味着，任何一种组织，想要获得顺利和持续的发展，不仅需要找到并形成自己的相对优势，更为重要的还需要加强和扩展这种优势。

由此，一方面，需要通过制度创新从结构与功能两个途径，来界定与清晰组织不同性质的权力目标与权力运行，激发组织不同层次生产经营实体的创业活力，增容组织生存与发展的经济资源基础；另一方面，需要继续放开组织经济型生产单位的行政规制，以培育和促进组织的市场竞争能力，将必要的政治和社会职能收归政府，或者计划单列、立项处理等方式，切实剥离组织各层级所承担的非经济功能，切实做到"政企分开"，以经济发展为其主要功能之理想定位。从这个角度说，政府通过制度供给促进组织的经济发展，组织绩效的增长反过来又通过税源增加来扩大政府收益，为组织进一步的提升储备了利益补偿增量，使改革中利益矛盾得以消解，并获得更大的环境支持。

第七章 结语

对应于本书开头所提出的组织环境、组织结构功能转型及其相对优势变迁以及组织变革预期与偏离性的"三层次"框架，笔者从组织学的视角，通过调查研究和系统的分析进行了探讨，验证了相关的基本命题，这也形成为本书的基本结论。

第一节 研究结论

云南省的地理区位、自然资源、多元化的民族风情等结构性条件，为政府开展区域组织变革提供了较为有利的条件优势。云南省地处东南亚、南亚交通要冲，毗邻老挝、缅甸、越南三个东南亚国家，是一个多元国际文化交汇的中心地带，基于国际交流便利、跨境民族等众多自然人文地理条件，加上东南亚贸易中运输成本低廉，使得这一区域在经济发展上容易得到中央腹地区域的产业扩展与技术支持。

随着国家宏观管理制度的变迁、市场交易成本的降低、潜在市场获利机会、具有创新冲动的组织领导集团的形成，都为农垦组织变革提供了良好环境，形成了中央支持下云南省政府较为主动推进的云南农垦组织的变革。在这个过程中，云南农垦组织与其说是执行政府职能，毋宁说是借助其所有的公权力职能全力完善和发展农垦组织的经济功能，其中，省政府为实现区域经济发展等职能目标着力推动云南农垦组织变革，而作为具有政治与经济双重身份的云南农垦组织，在市场的推动下，亦开始了集团化改革或者说经济性改制的探索，成为集政治、经济功能为一体的组织结构功能变迁体。如戴慕珍（Jean C. Oi）描述中国改革开放时国家对经济发展的作用那样，"在国家引导的经济增长中，地方政府将乡镇企业纳入行政范围内，行政与公司混为一体。地方官员既是企业的董事会成员也担任官员职务，地方政府的党委书记是整个法团化结构中的核心人物。"① 云南农垦组织也同样遵从这样的发展路径，在农垦组织中，组织领导集团既是政府相应部门的官员，同时也扮演着积极的企业家角色，推动农垦组织的企业化与集团化改革。政府与农垦领导集团如同一个经济集体，而各个农场成为这一大集体实质性的生产基地，这就形成了万解秋所形容的"政治推动型经济"："它是一种既非市场化，亦非政权化的特殊经济形式。它是从传统的高度集权的行政管理型经济中分裂转化而来，并与某些特殊的历史、自然条件相结合，形成了一种新的经济形态。云南农垦组织的基本特征可概括为三个方面：即资源动员的行政性质；资源配置的市场导向；经济发展具有明显的社区特色。社区因素、市场机制和行政力量三位一体，维系着这一经济的运行与发展。"②

在云南省政府主导下，在推进组织结构变迁的改革过程中，基于区域经济发展的需要，云南农垦组织转变为一个以满足地方经济效益为主要目的、兼之追求一定价值目标和利益需求的经济实体。从这个角度来说，农垦组织改革与 80 年代乡镇企业改革颇有相似之处，"不像独立企业依靠私人基金与资源来进行市场生产，……利用社区与政府资源来创造乡镇企业的竞争优势（competitive advantage）……如同东亚 NICS，国家尤其是地方政府是积极政府，有选择地介入、引导和支持地方工业来充分利用市场机会。"③ 云南农垦组织以其所具有的政治经济合一的身份更直接地体现了这个发展过程：其领导本身具有一定行政级别；其组织改革或者业务扩展时，政府本身就直接参与提供信息与讨论，甚至直接决策；当农垦组织有所需要时，可以利用长期的集体积累或者部分行政资源进行主要的直接投资；云南农垦组织的领导

---

① Jean Oi and Andrew Walder. eds.. *Property Rights and Economic Reform in China*. Stanford：Stanford University Press，1999：13.

② 万解秋：《政府推动与经济发展》，上海：复旦大学出版社 1993 年版，第 2～3 页。

③ Jean Oi. "The Collective Foundation for Rapid Rural Industrialization". in *Eduard Vermeer*，Frank Pieke and Woei Lien Chong eds.. *Cooperative and Collective in China's Rural Develoment*. New York：M. E. Sharpe，1998：95.

者积极扮演着企业家角色来建立和管理企业，诸如投资和担保、管理人员的挑选和任用、管理人员和组织职工报酬总分配的确定、部门之间的资金划拨、税后资金的再分配和运用，等等。组织领导集团的这种双重身份在极大地保证了农垦组织和区域政府在发展经济和促进农垦组织发展上的目标一致性。云南农垦组织的改革也相应获得相对较低成本的集体行动资源而取得了改革初期的经济增长与组织发展。

但是，组织双重身份所带来的这种相对优势，随着市场经济的逐步完善而开始衰落。正如有的西方学者所论及的中国地方政府经济职能发展，"……关键不在于干部权力，而是在于地方政府在市场背景下如何支持企业，如何利用权力来实现地方经济利益。"① 云南农垦组织的双重身份使其在利用政治权力实现经济效益方面更进一步，强有力地借助于行政、经济力量展开生产经营活动，集中区域内劳动力、土地、资金等资源发展经济功能。然而，从另一方面看，云南农垦组织的双重身份也使得组织中资源的实际控制权和资源剩余索取权被农垦组织的政治权力所掌握和运用。

改革开放后的双轨经济体制下，云南农垦组织的发展依靠着这样几种资源：其一，国家拨款，这部分经费的收支受到国家的严格控制；其二，组织基层生产单位农场的集体积累，受农业生产率及国家控制，这部分资金相对水平低；其三，改革开放以后银行业的发展，边疆农村的农业银行和信用社的信贷资金等在组织变革中的比重逐渐增高；其四，农垦组织成员的承包金和管理费缴纳，这是组织变革过程中逐渐转向的资金来源。其中，政府拨款部分通常成为农垦组织获得银行贷款的主要保证，农垦组织的双重身份也帮助组织能够以政府的名义在动员和组织市场资源方面具的规模优势，投资与发展能力也比一般企业更强。可以说，云南农垦组织初始结构的获益主要是依靠政府以及组织的政治力量来完成的，而农垦组织在进一步的变革——集团化改革过程中，虽然针对既有资源禀赋规划了农垦组织未来发展的蓝图，但却刻意模糊了农垦组织双重身份的划分，并在一定程度上加深了农垦组织政治职能对经济职能的渗入，意图是进一步激励农垦组织经济功能的发挥，

① Jean Oi. "The Collective Foundation for Rapid Rural Industrialization". in *Eduard Vermeer*, Frank Pieke and Woei Lien Chong eds.. *Cooperative and Collective in China's Rural Develoment*. New York: M. E. Sharpe, 1998: 95.

获取更大收益。然而在新的制度环境中，云南农垦组织原有的这种结构功能优势逐渐失去，其承担过多的政治社会职能使其经济功能始终难以获得以市场为主导的提升，改革慢慢陷入了有增长而无实质性发展之"内卷化"困境。

此时，对于一手主导改革并一直以扶持者身份存在的省级政府而言，即使随着时代的变化，政治功能的特殊需求有所减弱，但又需要找到适合于边疆区域发展，具有现有部分政治、经济社会功能的承担者，农垦组织仍然是既经济又可行的合理选择。于是，不论云南农垦组织本身还是政府，作为利益主体在一段时期内持续进行着组织改革的探索，其侧重点还是在对农垦组织双重性的重新认识与形构。第一阶段云南农垦组织的集团化改革未能突破农垦组织"内卷化"，农垦组织发展的问题反而集中凸显为组织基层成员与组织领导集团之间的矛盾。自农垦组织进行职工家庭承包经营制度改革之后，农垦组织的双重身份使其同时也具有了双重委托代理关系：一方面，国家政府基于政治经济扶持而产生的自上而下对组织的委托，另一方面，由于组织成员基于个体利益而产生的自下而上对组织的委托，由此，政府是委托人，部分的政治经济乃至社会责任交给了农垦组织，组织成员也是委托人，将剩余价值所有权交给了组织，组织领导集团实际上成为一个双重代理人。这种权义关系使组织成员寄希望于组织以及组织领导集团，能够全方位地维系组织本身的经济利益，保障组织成员的经济收益，甚至代表成员以集体的力量消除一些影响现实收益的不利因素。而在改革过程中，当农垦组织无法满足这种期望，尤其农垦组织未能获得所规划那样的发展，没有得到足够的经济增量时，农垦组织发展的问题便转化为组织成员与组织领导集团的矛盾。又由于组织的公权力性质，农垦组织领导集团所兼有的政治身份，相应的政府政策安排亦被组织成员视为政府与领导集团合意的结果，组织成员对改善自身生产生活的诉求更加集中于组织领导阶层，在一定时期内凸显了这个矛盾。在第二阶段云南农垦的属地化改革是试图将组织的政治经济结构功能的分开，同时改革期望有所外扩，即基于地区间发展差距和既有资源依赖性，通过属地化后充分融合基层农场与所属地区的社会资源，使农场作为基本生产单位可以充分利用独特优势和物质资源，实施增量改革，反过来推进农垦组织整体的结构功能改革，寻求区域的市场发展优势。从而既可以充分利用经济、社会之"区域资源禀赋结构"为农垦组织进一步的改革提供较丰富的物质资源和分流空间，减少组织结构功能转型所带来的阵痛，重构云南农垦组织在新时期生产经营的独特优势，又可以促进相应的属地政府提升相应的管理能力，通过权力界定使政府转换职能，为区域内微观经济主体的发展提供服务与保障。在实现属地区域经济与社会效益增长的同时，激励农垦组织非均衡、多元化的发展。

最后，展望未来，云南农垦组织管理能力和经营绩效的好坏，关键还是取决于组织内外两方面治理制度的有效供给及其执行程度。新制度主义认为，任何面临集体行动的人群都需要解决三个问题：第一个问题是制度的供给问题，即由谁来设计自治组织的制度，或者说什么人有足够的动力建立组织；第二个问题是可信承诺问题，如果组织成员违反内部规范获得的收益远大于得到的惩罚，那么成员之承诺的可信度就较低。有时需要外部强制才能解决可信承诺问题；组织面临的第三个难题是相互监督问题。① 这三个问题中，制度的供给问题是最基本的问题，它是衡量组织尤其是大型经济组织运营与发展潜能的重要标准。从组织的内部结构功能来说，制度的有效供给是各利益主体权义的聚合设定，在农垦组织创建与发展的过程中，国家、地方政府、农垦组织、当地民众的互动，使得该组织发生并发展。在变迁过程中，亦是通过各领域的制度安排结构化了组织所拥有的政治和经济资源的分享，相比之下，农垦组织自身主动性的制度供给有所欠缺，未来的发展应以基于国家战略规划下，能够充分发挥区域历史地理综合资源禀赋，再获组织市场竞争的相对优势为主要方向。从组织的外部环境尤其是制度环境来说，政府应主要着力于逐步拓宽组织的发展视野，为组织的发展提供具有层次性和针对性的发展环境，因此，政策安排应以不同地区的"异质性"为基础，以区别对待、分类支持为原则，进行发展细分，既要在国家资金使用方面体现出层次性，区分不同地区的发展条件和潜力，又要在政策指导和制度设计方面有所区别，针对不同地区予以不同程度的扶持或是激励，还要依据云南地理历史等现实情况，尽可能地使各区域的发展路径多样化，使其未来的发

---

① ［美］埃莉诺·奥斯特罗姆著：《公共事务的治理之道》，余逊达、陈旭东译，上海：三联书店2000年版，第69～75页。

展更具有独特发展优势。

第二节　后续研究

综合已进行的研究以及存在的局限性，笔者拟在以下几个方面进行研究的拓展：

一、现实问题的分析

从新中国成立起存在的农垦组织，已经发展60余年，在边疆社会逐渐形成其独有的经济和社会影响，本书主要是从组织绩效方面考察了它存在与发展的现状，仅就数据结果而言，经济意义上的组织未来发展或许并不乐观。但通过数次的调研和访谈，笔者总在思考关于农垦组织的几个现实问题：

其一，农垦组织问题就其现阶段的影响范围和程度而言，在边疆区域可以与农民、农村、农业并称"四农"问题，但从另一个侧面来看，农垦组织作为一种企业组织，无论从带动农村城镇化建设、集中使用土地产生规模效率、缓解城乡二元结构、创造乡镇新经济基础、改变农业生产现状等方面，都有着其独特的优势，这种既有优势与农业改革和现代农业发展的思路恰恰是相吻合的。简言之，农垦组织具有现代农业发展的基本特点：专业化、规模化、产业化和机械化，能够实现农业种植与生产的高技术与高效能。而且，由于农垦组织在边疆形成与发展过程中的长期积淀，农垦对于边疆农业的带动与辐射作用是确确实实摆在那里，加强农垦经济作用的战略规划没有错，而现实中出现这些问题和反差，不是理论和经验错了，而是农垦经过六十年余发展，束缚太多，生产经营的、特别是管理体制的，在模糊组织目标的同时模糊了组织主要结构功能的设置与效用。如果能规划出组织的阶段性和长远性的目标，并据之彻底明晰组织相应的结构与功能，进行系统改革，农垦组织就能将优势发挥出来，一定具有后发优势，以其既有的集约化生产方式推进现代农业建设，创造现代边疆社会新的发展路径，为中国未来三农问题的解决创造一种可能的模式。

其二，云南农垦组织现阶段的改革探索中，仍然基于原有的改革模式——以政府为主导，以政策为依据，这一方面促使政府必须要在未来的发展中拓宽视野并提高其政策能力，另一方面也表明了农垦组织仍然缺乏自主性的发展能力。农垦组织的改革模式表明，在变化的制度环境中，农垦组织的变迁既非以自主的方式自发完成自身转型，也不会由于既有模式依赖而必然陷入良性或恶性循环，而是基于自身相对优势的变化而呈现兴衰变迁过程。对照已有的其他组织发展经验，这种"内卷化"困境的出现是一种特殊的组织运行情状，而非所有组织的兴衰中所必然会经历的阶段。那么，在彻底将农垦组织的双重性进行划分前提下，面对日益完善的市场竞争环境，组织现有困境的解决或许可以从培育组织本身的生产经营、市场分析、管理体制等方面的能力来进行考虑，这也为后续研究提供了一个广阔的空间。

其三，组织收益分配的差序性及其再分配调节。组织拥有的资源从类型上可以大体分为三类：一是经济资源即物质性的财富，二是政治资源即政治权利，三是社会资源即社会影响力。组织的资源必然要在组织中进行相应的配置，从而形成组织中各利益主体所能够获得的收益分配。这种收益分配通常有两种：一为均衡型，即组织资源在组织内部基本均衡分配，拥有资源比重大的利益主体不一定会获得较多的收益分配；二为积聚型，即组织资源在组织内部按生产要素占有的不同比重或者别的层级标准进行分配，组织收益形成非均衡分配。资源配置方式不同，对组织效率的影响和效应也很不相同，一般来说，能让组织产生最大的经济和社会效益是资源分配的最基本原则。在这个意义上，农垦组织的改革与变迁过程，同样是一个组织资源如何分配的过程。当农垦组织在以权力为圆心的组织原有结构功能下，各利益相关主体在改革中的话语权与影响力，取决于自身的资源拥有及其与政治权力中心的间距，组织收益分配随即形成为以权力为圆心的差序性利益分配格局。然而，随着环境变化以及组织对自身经济效应需求的不断增加，组织转型中面临的一个基本问题在于，如果要激励组织在市场竞争条件下更好地适应环境和获得充分的组织效益，应该如何从组织收益分配的角度进行相应的制度变革，这也是云南农垦组织未来改革能够在深层次上获得成功的关键。

其四，中央与地方关系的再思考。从中央政府与地方政府关系来看，改革开放后，为了激发地方政府发展的动力，中央对地方有了相当程度的放权，但无论是所谓"事权"的下放还是"财权"的改革，都呈现出中央政府与地方政府关系的"不确定"状态，从而给区域经济社会发展带来预期的不确定性，增大了交易成本，这在农垦组织这个特殊性组织的发展过程中显得尤为突出。农垦组织在转型发展中确实存在一定的矛盾，一方面，在经济社会活动中农垦组织扮演经济发展甚至区域经济辐射的"领头人"角色，组织自身的经济效益在其准军事色彩淡薄之后已经成为组织的生存合法性的重要衡量标准，也是组织生存发展的重要支柱；但另一方面，农垦组织特殊的组织性质又决定了组织在现实政治社会生活里，理所应当地必须承担繁多的社会责任，难以以经济目的为组织发展的最主要抉择。农垦组织的这种双重角色使其无法达到改革的最终目的，组织难以以企业的身份真正成为市场主体。同时，中央与地方政府在组织中的关系也成为一种不定期的妥协关系，当边疆出现不稳定因素或是有政治需要时，政府投资和组织任务就相应增多，当工作重心转向经济建设时，又要求组织经济效能的提高，而相应社会或政治任务所遗留下来的问题也成为组织自身需要想办法解决的问题。这种不稳定性在显示了中央地方关系模糊的同时，也成为组织发展的一个成本所在，从这个层面来看，中央地方关系的研究也是农垦组织改革探讨的重要层面。

二、利益边疆研究视角的拓展

农垦，也称屯垦，古称"屯田"、"营田"、"垦务"，是中国边疆治理中一项历时久远且影响深远的政治方略。《现代汉语词典》中详细定义为："屯垦：驻兵垦荒；屯田：汉代以后历代政府利用兵土在驻扎的地区种地，或者招募农民种地，这种措施叫做屯田。"[①] 纵观历史，屯垦制度与边疆地区的经济社会发展密切相关，且推进了边疆地区的国家整合及社会稳定。新中国成立以来，党和国家借鉴历史上屯垦制度的经验，结合边疆地区实际情况重新构建了大规模的农垦体系，有力地保障了新中国成立初期边疆地区的经济生产、社会稳定和国家安全。

对于当代中国的边疆安全而言，虽然农垦这种形式随着军事技术的巨大进步而已不再具有准军事意义的驻军和防卫功能，但在另一些层面，诸如经

---

① 《现代汉语词典》，北京：商务印书馆1991年版，第1170页。

济、社会、民族等方面仍然具有重要的边防意义。以近年来国际政治中方兴未艾的"利益边疆"观点为例，该观点认为，所谓利益边疆，主要是指国家并非以军事力量，而是一种非军事力量，如金融货币、跨国组织、思想意识、民族关系等所构建的保持边境稳定以及扩展本国"安全范围"的一种边界意识，简言之，就是一种意识层面甚至认同意义上的边疆认识。在我国目前的陆疆安全研究中，对这种"利益边疆"的意识尚浅，其中，对于边疆农垦组织在"利益边疆"构建中的重要意义也未有相关的深入研究。就近而言，西方敌对势力或以"中国威胁"为理由干涉中国内政，或以所谓的"民族宗教问题"为借口煽动分裂破坏活动等，在一定程度上干扰和破坏着边疆地区的社会稳定与和谐发展。鉴于此，深入分析农垦组织在边疆社会的作用，从理论和实践上发掘农垦组织在未来边疆安全战略中的全新意义，可以为学术界进一步创新和突破农垦组织或是屯垦制度的现有研究提供有益的参照与启示，同时也是我国边疆安全战略研究中一个至关重要的领域，这也是今后农垦组织研究中需要继续深入的一个重要领域。

此外，就现实社会利益而言，云南农垦组织所属农场多处在边境沿线，与老挝、缅甸山脉相连，国境线长达约3000公里，有多达16条通往老挝、缅甸的水路、陆路通道。凭借良好的区位优势，秉承中央政府的相关政策意向，结合云南省政府关于"云南农垦要认真探讨对老挝北部大规模种植橡胶有效途径"和"境外橡胶替代种植主要由云南农垦负责"的具体要求，云南农垦组织所着力实施的境外橡胶替代罂粟种植项目，已经有了初步进展。如西双版纳地区的振华商行和孟连、东风、勐满、勐腊、勐捧等农场发挥地域优势，积极推进邻国毒源地区替代种植、替代产业的发展，取得了较好成果。据粗略统计，云南农垦集团以独资、联合等形式在老挝开垦种植橡胶6.8万多亩，带动当地村民种植橡胶10万亩以上，围绕在老挝北部南塔、波乔、乌多姆赛、沙耶武里4省示范种植橡胶50万亩、带动种植200万亩的发展目标，制定了《老挝北部4省橡胶种植发展规划》，并在老挝南塔省注册成立了云橡投资公司。项目开发采取"公司+农户"的方式，由云橡投资公司负责种苗基地、示范种植基地及橡胶加工厂的规划与建设，统一向当地群众提供技术培训、种苗供应、产品加工销售等服务，带动当地发展橡胶种植业。目前已分别在老挝北部4省以独资和合作方式建成16个橡胶种植基地，并通过示范基地、联营开发、农业综合园 3 种开发模式，开垦胶园 6.8 万亩，预计 2015 年开始投产。此外，以合作开发的形式在缅甸种植橡胶 8.41 万亩。① 与老挝、缅甸地方政府和企业所形成的这种良好合作机制，也调动了周边国家民众种胶积极性，老挝北部已有数千户农民加入了种胶行列；在缅甸北部也有数千户农民加入了种胶行列。由于境外毒品生产地的民众积极开展橡胶种植，罂粟种植面积下降，在铲除罂粟、禁绝毒源方面走出了一条双赢共进的成功之路，为国际禁毒做出了贡献，并得到了国际社会的高度重视和肯定。这在中国与东南亚的政治经济关系层面上，也是对农垦组织作用研究的一个重要视角。

---

① 张锐：《云南农垦"走出去"发展境外合作建起 25 万亩橡胶园》，《云南日报》2011 年 9 月 21 日。

附　录

附录1　调查问卷——关于云南农垦发展认识的调查

各位朋友您好：

我们正在进行的这项调查，是针对云南屯垦组织改革方面的问题进行的，需要您真诚的帮助，在仔细阅读下面问题后，请如实回答。本问卷不用填写姓名，所以本问卷不会对您本人、家庭及所在单位产生任何不利影响。

衷心感谢您的理解与支持！

一、基本信息

教育程度：小学□、初中□、高中□、本科□、研究生□

职位：第一产业人员（种植、割胶）□、第二产业人员（产品加工）□、第三产业人员（服务）□、管理人员□、植胶村民（非农场人员）□

性别：男□、女□

年龄：20 岁以下□、21～30 岁□、31～40 岁□
41～50 岁□、51～60 岁□、61 岁以上□

二、总体认识部分

1. 您认为农场的主要作用是什么？

企业经济生产□、经济生产与社会责任兼有□、成边维稳□、不清楚□

2. 您觉得：目前云南农垦系统发展的整体趋势怎么样？

更为恶化□、没有明显变化□、逐渐好转□、不清楚□

3. 您觉得：目前云南农垦发展所存在的最大问题是什么？

生产经营□、国家政策□、福利保障□

4. 您觉得：几次云南农垦的上访事件的处理如何？

及时处理□、没有解决问题□、解决了部分问题□

5. 您觉得：云南农垦系统未来的发展应该首先突破什么障碍？

管理体制□、生产经营方式□、发展目标□、

6. 根据您的认识，现阶段农垦总局与农场之间的关系是什么？

上下级命令关系□、业务指导关系□、没有关系□、不清楚□

三、具体认识部分（以您的家庭为参照对象）

1. 您的家庭中具体的割胶人员数：

1980～1989 年：一个□、两个□、三个及三个以上□

1991～1998 年：一个□、两个□、三个及三个以上□

1999～2008 年：一个□、两个□、三个及三个以上□

2009～2011 年：一个□、两个□、三个及三个以上□

2. 您家中割胶的人均收入与相同植胶村民的净收入相比（农场人员）：

① 1980～1989 年：高□、持平□、低□

② 1991～1998 年：高□、持平□、低□

③ 1999～2008 年：高□、持平□、低□

2009～2011 年：高□、持平□、低□

3. 您家中割胶的人均收入与国企员工收入的比较情况（农场人员）：

① 1980～1989 年：高□、持平□、低□

② 1991～1998 年：高□、持平□、低□

③ 1999～2008 年：高□、持平□、低□

2009～2011 年：高□、持平□、低□

4. 您家中割胶的人均收入与附近农场胶工收入的比较（非农场人员）：

① 1980～1989 年：高□、持平□、低□

② 1991～1998 年：高□、持平□、低□

③ 1999～2008 年：高□、持平□、低□

2009～2011 年：高□、持平□、低□

5. 割胶的基本技术是否有改进：

有，而且是革新性质的□、有，但没有什么明显变化□、

没有，与原来一样□

6. 在 1996 年的减员增效改革中，您家主要经历了哪种改革方式？

提前退休□、调岗配置□、自主经营□、岗位不变□、不清楚□

四、2007 年改革政策认识

1. 农场收入变化：

提高了□、不如以前□、差不多□、不清楚□

2. 农场干部积极性：

比原来积极□、比原来松懈□、差不多□、不清楚□

3. 农场与地方（州市）政府关系如何？

地方政府更关心农场□、没有关系□、地方政府不关心农场职工□

4. 农场适龄劳动人口就业怎么样？

更困难□、就业更容易□、差不多□、不清楚□

5. 农场管理人员的工资与普通农场工人的工资区别大吗？

非常大，一倍以上□、一倍以内□、差不多□、不清楚□

五、2009 年属地化改革政策认识

1. 农场收入变化：

提高了□、不如以前□、差不多□、不清楚□

2. 农场干部积极性：

比原来积极□、比原来松懈□、差不多□、不清楚□

3. 农场与地方（州市）政府关系如何？

地方政府更关心农场□、没有关系□、地方政府不关心农场职工□

4. 农场适龄劳动人口就业怎么样？

更困难□、就业更容易□、差不多□、不清楚□

5. 农场管理人员的工资与普通农场工人的工资区别大吗？

相当大，一倍以上□、一倍以内□、差不多□、不清楚□

6. 农场属地化管理后农场生产经营的矛盾情况是？

矛盾更多了□、矛盾更少了□、基本没有什么矛盾□、不清楚□

附录2 新中国成立以来有关云南农垦重要政策、讲话与文件汇总

1.《中央人民政府政务院关于扩大培植橡胶树的决定》，中央人民政府政务院第一百次政务会议，1951年8月31日通过。

2.《云南省农业厅热带作物局第一次场长会议总结》，1956年。

3.《农垦部、化工部党组关于大力发展天然橡胶的报告》，1959年。

4.《中央复云南省委关于发展天然橡胶问题的报告》，1960年。

5.《关于国营农场职工家庭副业生产的意见》，云南省委，1961年。

6.《中央关于转发〈国营农场领导管理体制的规定〉的批示》，1962年。

7.《国营农（牧）场工人工资标准（第三类)》，云南省农垦总局，1963年。

8.《关于成立各级政治机构的通知》，云南省农垦总局，1964年。

9.《农垦部党组关于发展民营橡胶问题的意见》，1965年。

10.《关于改变云南生产建设兵团体制的批示》，中央军委，1974年6月26日

11.《改变云南生产建设兵团体制会议纪要》，云南省委、昆明军区党委，1974年8月30日。

12.《云南省国营农场工作会议纪要》，云南省农垦总局，1978年4月。

13.《国家农垦总局关于试行〈橡胶栽培技术规程（试行草案）的通知〉》，1979年2月。

14.《王任重副总理对〈关于云南省西双版纳的开发利用〉的批示》，1979年4月。

15.《农垦部关于颁布〈国营农场工作条例（试行草案)〉的通知》，1979年8月。

16.《关于边境地区国营农场农工改第一类工资标准的通知》，云南省农垦总局1979年。

17.《云南省农垦企业扩大自主权的暂行规定》，1980年12月。

18.《关于农垦扶持社队发展橡胶生产的贷款试行办法的通知》，云南

省农垦总局，1981 年。

19.《关于云南农垦工作的几个问题——在云南农垦工作会议上的讲话要点》，赵几，1983 年。

20.《云南省农垦总局胶园更新技术暂行规定》，1983 年 7 月。

21.《关于体制改革后若干问题的请示报告》，1983 年 9 月。

22.《国营农场职工家庭农场章程（试行草案）》，1984 年 9 月 2 日全国农垦工作会议。

23.《关于在国营农场内部兴办职工家庭农场的报告》，云南省农垦总局，1984 年 1 月。

24.《关于国营农场试行劳动合同制的办法》，云南省农垦总局，1985 年 1 月。

25.《关于加强民族团结 密切场群关系的汇报材料》，云南省农垦总局，1985 年 8 月。

26.《关于企业工资改革问题的通知》，国务院，1985 年。

27.《关于加强党委自身建设 进一步端正党风的规定》，各级党委，1986 年。

28.《全民所有制工业企业厂长工作条例》、《中国共产党全民所有制工业企业基层组织工作条例》、《全民所有制工业企业职工代表大会条例》，中共中央、国务院，1986 年。

29.《关于云南省农垦系统成建制转为经济实体的批复》，云南省人民政府，1994 年。

30.《关于认真抓好两级机构改革的通知》，云南省农垦总局，1994 年。

31.《关于将农垦职工转为"非农业户口"的精神》，云南省政府，1999 年。

32.《云南农垦集团有限责任公司关于深化国有企业改革的实施意见》，云南省人民政府，云政复（2003）13 号文，2003 年。

33.《关于深化改革加快农垦发展的若干意见》，云南省委、云南省人民政府，2007 年。

34.《关于贯彻〈中共云南省委云南省人民政府关于深化改革加快农垦发展的若干意见〉的实施方案》，中共云南省委办公厅、云南省人民政府办公厅，2008 年 7 月。

35.《解放思想 真抓实干 全力推进云南农垦"二次创业"——在云南农垦调研座谈会上的讲话》，李纪恒，2008 年 8 月。

36.《云南农垦当前的形势和任务——杨焰平在农垦形势报告会上的讲话》，杨焰平，2008 年 8 月 22 日。

37.《2008 年度绩效情况专项审计调查结果》，云南省审计厅，2010 年 3 月 31 日公告。

38.《关于推进农垦改革发展维护垦区稳定的若干意见》，中共云南省委、云南省人民政府，2009 年 12 月。

39.《强化措施 狠抓落实 深入推进云南农垦改革发展与和谐稳定》，孔垂柱，2010 年 6 月 10 日。

40.《深化改革 保持稳定 促进垦区经济社会持续健康发展——在云南农垦领导干部会议上的讲话》，白建坤，2010 年 6 月 18 日。

附录3 云南省各地农垦分局、国营农场简况表

名称	经纬度		位置
	北纬（°）	东经（°）	
国营潞江农场	24.95～25.15	98.83～98.88	保山市西南潞江坝
国营新城青年农场	24.85～24.92	98.85～98.90	保山市潞江区83公里处
西双版纳州农垦分局	21.23～～22.37	100.50～101.65	东南临老挝，西南临缅甸
国营景洪农场	21.78～22.15	100.63～101.85	景洪县景洪镇
国营东风农场	20.50～21.77	100.58～100.83	景洪县50公里勐龙坝
国营黎明农工商联合公司	21.68～22.27	100.05～100.40	勐海县23公里勐遮
国营橄榄坝农场	21.77～21.95	100.87～101.10	景洪县澜沧江北岸
国营勐腊农场	21.37～21.60	101.52～101.65	勐腊县龙茵坝子
国营勐满农场	21.23～21.45	101.17～101.37	勐腊县西南部
国营勐捧农场	21.40～21.68	101.25～101.47	勐腊县以西
国营勐养农场	22.07～22.15	100.80～100.97	勐养镇勐养坝
国营大渡岗农场	22.18～22.37	100.87～100.97	景洪县大渡岗
国营勐醒农场	21.62～21.93	101.28～101.42	勐腊县勐醒西北
临沧地区农垦分局	23.28～24.23	98.97～100.08	临沧县南郊
国营孟定农场	23.48～23.70	98.97～99.28	孟定镇海孟公里西侧
国营勐省农场	23.28～23.38	99.40～99.45	沧源县耿马县交界勐省坝
国营勐撒农场	23.72～23.83	99.48～99.67	耿马县勐撒镇
国营双江农场	23.43～23.53	99.78～99.95	双江县勐勐坝
国营勐底农场	24.12～24.23	99.38～99.50	永德县永康镇
德宏州农垦分局	23.88～24.80	97.60～98.33	潞西县芒市镇
国营陇川农场	24.22～24.37	97.75～97.95	陇川县陇把镇
国营瑞丽农场	23.88～24.15	97.60～98.05	瑞丽县南卯大街
国营盈江农场	24.47～24.80	97.72～98.08	德宏州盈江县
国营畹町农场	24.05～24.08	97.97～98.05	畹町市瑞丽公路7.5公里
国营遮放农场	24.13～24.30	98.08～98.33	畹町市潞西县

续表

名称	经纬度		位置
	北纬（°）	东经（°）	
红河州农垦分局	22.52～24.4	103.98～104.05	
国营河口农场	22.52～22.57	103.9～104.02	河口县关镇北
国营坝洒农场	22.57～22.46	103.67～103.93	河口县18公里处
国营蚂蟥堡农场	22.53～22.70	103.95～104.03	河口县中部南溪河下游
国营南溪农场	22.60～22.77	103.85～104.03	河口县昆河铁路南溪站
国营弥勒东风农场	24.28～24.35	103.35～103.45	弥勒县城18公里处
国营金平农场	22.60～22.70	102.98～103.17	金平县城50公里处
农垦四〇一厂	23.17	103.43	蒙自县新安所镇东南
文山州农垦分局	22.83～24.45	103.75～104.85	
国营天保农场	22.92～23.02	104.77～104.87	麻栗坡县东南39公里
国营八布农场	23.22～23.27	104.85～104.92	麻栗坡县八布乡
国营健康农场	22.83～22.92	103.90～103.98	马关县西南103公里处
国营堂上农场	24.38～24.45	104.80～104.85	广南县79公里处
国营回龙农场	23.62～23.68	103.75～103.88	砚山县平远坝子南端
思茅地区农垦分局	22.18～22.78	99.18～101.58	思茅县城北郊
国营思茅农场	22.56～22.78	100.93～101.33	思茅县昆洛公路西侧
国营曼昔茶场	22.43～22.46	100.54～100.57	思茅县17公里曼昔河谷
国营江城农场	22.33～22.55	101.43～101.58	江城县西南整董镇
国营澜沧茶场	22.32～22.35	99.97～100.00	澜沧县酒井乡勐根村
国营孟连农场	22.18～22.38	88.18～99.68	孟连县勐阿区

参考文献

一、中文文献

（一）外文译著

［美］加布里埃尔·A. 阿尔蒙德、小 G. 宾厄姆·鲍威尔著：《比较政治学：体系、过程和政策》，曹沛霖等译，上海：上海译文出版社 1987 年版。

［美］埃莉诺·奥斯特罗姆、拉里·施罗德、苏珊·温著：《制度激励与可持续发展——基础设施政策透视》，陈幽泓、谢明、任睿译，上海：上海三联书店，2000 年版。

［美］埃莉诺·奥斯特罗姆著：《公共事务的治理之道》，余逊达，陈旭东译，上海：三联书店 2000 年版。

［美］V. 奥斯特罗姆著：《制度分析与发展的反思——问题与抉择》，王诚等译，北京：商务印书馆，1992 年版。

［美］曼瑟尔·奥尔森著：《集体行动的逻辑》，陈郁、郭宇峰、李崇新译，上海：三联出版社上海人民出版社 1995 年版。

［美］曼瑟尔·奥尔森著：《权力与繁荣》，苏长和译，上海：上海世纪出版集团 2005 年版，第 4 页。

［美］本尼迪克特·安德森著：《想象的共同体：民族主义的起源与散布》，吴叡人译，上海：上海人民出版社 2005 年版。

［美］加里·S. 贝克尔著：《人类行为的经济分析》，王业宇、陈琪译，上海：三联书店、上海人民出版社 1995 年版。

　　［美］丹尼尔·W.布罗姆利著：《经济利益与经济制度》，陈郁等译，上海人民出版社 1996 年版。

　　［美］詹姆斯·M.布坎南著：《赤字中的民主》，刘廷安等译，北京：北京经济学院出版社 1988 年版。

　　［美］布坎南著：《自由，市场与国家》，平新乔等译，上海：三联出版社 1989 年版。

　　［美］杜赞奇著：《文化、权力与国家：1900—1942 年的华北》，王福明译，南京：江苏人民出版社 2010 年版。

　　［美］鲍威尔，迪马吉奥著：《组织分析的新制度主义》，姚伟译，上海人民出版社 2008 年。

　　［美］罗伯特·A.达尔著：《现代政治分析》，王沪宁、陈峰译，上海：上海译文出版社 1987 年版。

　　［美］罗伯特·A.达尔著：《多元主义民主的困境：自治与控制》，周军华译，长春：吉林人民在出版社 2006 年版。

　　［德］费希特著：《全部知识学的基础》，王玖兴译，北京：商务印书馆 1986 年版。

　　［美］菲利克斯·格罗斯著：《公民与国家》，王建娥译，北京：新华出版社 2003 年版。

　　［美］海斯著：《现代民族主义演进史》，帕米尔等译，上海：华东师范大学出版社 2005 年版。

　　［美］塞缪尔·亨廷顿著：《文明的冲突与世界秩序的重建》，周琪等译，北京：新华出版社 1998 年版。

　　［美］塞缪尔·亨廷顿著：《变化社会中的政治秩序》，王冠华等译，北京：三联出版社 1989 年版。

　　［英］埃里克·霍布斯鲍姆著：《民族与民族主义》，李金梅译，上海：上海人民出版社 2006 年版。

　　［德］尤尔根·哈贝马斯著：《后民族结构》，曹卫东译，上海：上海人民出版社 2002 年版。

　　［英］哈耶克著：《自由秩序原理》，邓正来译，北京：生活·读书·新知三联书店 1997 年版。

［美］安东尼·吉登斯著：《民族—国家与暴力》，胡宗泽等译，北京：三联出版社 1997 年版。

［美］罗伯特·杰克曼著：《不需要暴力的权力：民族国家的政治能力》，欧阳景根译，天津：天津人民出版社 2005 年版。

［加拿大］威尔·金利卡著：《多元文化的公民身份：一种自由主义的少数群体权利理论》，马莉、张昌耀译，北京：中央民族大学出版社 2009 年版。

［加拿大］威尔·金利卡著：《少数的权利：民族主义、多元文化主义和公民》，邓红风译，上海：上海人民出版社 2005 年版。

［美］L. 科塞著：《社会冲突的功能》，孙立平等译，北京：华夏出版社 1989 年版。

［法］克劳德·梅纳尔著：《制度、契约与组织：从新制度经济学角度的透视》，刘刚、冯健等译，北京：经济科学出版社 2003 年版。

［德］柯武刚、史漫飞著：《制度经济学：社会秩序与公共政策》，韩朝华译，北京：商务印书馆 2000 年版。

［美］罗尔斯著：《正义论》，何怀宏等译，北京：中国社会科学出版社 1988 年版。

［英］大卫·马什、格里·斯托克著：《政治科学的理论与方法》，景跃进、张小劲、欧阳景根译，北京：中国人民大学出版社 2006 年版。

［英］约翰·穆勒著：《论政府经济学的定义》，见马克·布劳格：《经济学方法论》，石士钧译，北京：北京大学出版社 1990 年版。

［美］道格拉斯·C. 诺思，罗伯特·托马斯著：《西方世界的兴起》，厉以平、蔡磊译，北京：华夏出版社 1989 年版。

［美］道格拉斯·C. 诺思著：《制度、制度变迁与经济绩效》，刘守英译，上海：三联书店 1991 年版。

［美］道格拉斯·C. 诺思著：《经济史中的结构与变迁》，陈郁等译，三联书店，1991 年版。

［美］道格拉斯·C. 诺思著：《经济史中的结构与变迁》，陈郁、罗华平等译，上海：上海人民出版社 1994 年版。

［美］保罗·A. 萨巴蒂尔著：《政策过程理论》，彭宗超、钟开斌译，

北京：三联书店，2004年版。

[美] W·理查德·斯科特，杰拉尔德·F. 戴维斯著：《组织理论——理性、自然与开放系统的视角》，高俊山译，北京：中国人民大学出版社2011年版。

[英] 亚当·斯密著：《国富论》，唐日松等译，北京：华夏出版社2005年版。

[美] 乔治·索罗斯著：《开放社会——改革全球资本主义》，王宇译，北京：商务印书馆2001年版。

[美] 乔纳森·特纳著：《社会学理论的结构》，邱泽奇等译，北京：华夏出版社2001年版。

[美] 迈克尔·沃尔泽著：《正义诸领域：为多元主义与平等一辩》，褚松燕译，南京：译林出版社2002年版。

[美] C·W·沃特森著：《多元文化主义》，叶兴艺译，长春：吉林人民出版社2005年版。

[法] 弗朗索瓦·夏特莱著：《理性史》，冀可平、钱翰译，北京：北京大学出版社2004年版，第60页。

[美] 亚历山大著：《论新功能主义》，《社会理论的诸理论》，苏国勋、刘小枫主编，上海：上海三联书店，2005年版。

[美] 罗伯特·K·殷著：《案例研究：设计与方法》，周海涛等译，重庆：重庆大学出版社第11页。

[美] 约翰逊著：《社会学理论》，南开大学社会学系译，北京：国际文化出版公司，1988年版。

（二）中文著作

安虎森主编：《区域经济学通论：区域域经济理论与政策》，北京：经济科学出版杜2004年版。

曹锦清：《黄河边的中国》，上海：上海文艺出版社2000年版。

常健：《当代中国权利规范的转型》，天津：天津人民出版社2000年版。

陈栋生等：《区域经济学》，河南：河南人民出版社1993年版。

费孝通：《乡土中国》，北京：三联书店1985年版。

费孝通：《乡土中国 生育制度》，北京：北京大学出版社 1998 年版。

费孝通：《行行重行行》，银川：宁夏人民出版社 1992 年版。

黄宗智：《华北小农经济与社会变迁》，北京：中华书局 2000 年版。

黄宗智：《长江三角洲小农家庭与乡村发展》，北京：中华书局 2000 年版。

黄宗智：《小农经济理论和探讨的问题》，北京：中华书局 2000 年版。

何俊志、任军锋、朱德米 编译：《新制度主义政治学译文精选》，天津：天津人民出版社 2007 年。

郝时远：《中国的民族与民族问题：论中国共产党解决民族问题的理论与实践》，南昌：江西人民出版社 1996 年版。

方铁：《西南通史》，郑州：中州古籍出版社 2003 年版。

关凯：《族群政治学》，北京：中央民族大学出版社 2007 年版。

郭松义、张泽咸：《中国屯垦史》，台湾文津出版社 1997 年版。

金东日编著：《组织理论与管理案例分析》，天津：南开大学出版社 2006 年版。

姜文盈、刘成林：《屯垦戍边五十年》，乌鲁木齐：新疆大学出版社 2000 年版。

梁晓声：《中国社会各阶层分析》，北京：经济日报出版社 1997 年版。

陆学艺：《当代中国社会阶层研究报告》，北京：社会科学文献出版社 2002 年版。

李景鹏：《权力政治学》，黑龙江：黑龙江教育出版社 1995 年版。

李书卷主编：《毛泽东屯垦思想研究》，乌鲁木齐：新疆人民出版社出版，2000 年版。

厉以宁主编：《市场经济大辞典》，北京：新华出版社 1993 年 8 月第 1 版。

刘少杰：《经济社会学的新视野：理性选择与感性选择》，北京：社会科学文献出版社 2005 年版。

刘继光：《中国历代屯垦经济研究》，北京：团结出版社 1991 年版。

林毅夫：《中国的奇迹：发展战略与经济改革》，上海：三联书店、上海人民出版社 2002 年版。

林尚立：《当代中国政治形态研究》，天津：天津人民出版社 2000 年版。

林耀华编：《民族学通论》，北京：中央民族大学出版社 1997 年版。

柳建文：《中国西部大开发的政治经济调控》，北京：民族出版社 2009 年版。

《马克思思格斯全集》第 27 卷，北京：人民出版社 1972 年版。

《马克思恩格斯全集》第 23 卷，北京：人民出版社 1972 年版。

马大正：《中国边疆经略史》，郑州：中州古籍出版社 2003 年版。

马戎编著：《民族社会学——社会学的族群关系研究》，北京：北京大学出版社 2004 年版。

马戎编：《西方民族社会学的理论与方法》，天津：天津人民出版社 1997 年版。

宁骚：《民族与国家：民族关系与民族政策的国际比较》，北京：北京大学出版社 1995 年版。

阮西湖：《20 世纪后半叶世界民族关系探析——社会人类学研究的一项新课题》，北京：民族出版社 2004 年版。

任军锋：《地域本位与国旗认同：美国政治发展中的区域结构分析》，天津：天津人民出版社 2004 年版。

沈亚平：《转型社会中的系统变革：中国行政发展 30 年》，天津：天津人民出版社 2008 年版。

沈亚平、王骚编著：《社会转型与行政发展》，天津：南开大学出版社 2005 年版。

唐启宇：《历代屯垦研究》（上、下），台北：正中书局，1944 年版。

汪波：《利益共容体、比较制度优势与制度变迁》，哈尔滨：黑龙江人民出版社 2008 年版。

王明珂：《华夏边缘——历史记忆与族群认同》，北京：社会科学文献出版社 2006 年版；《羌在汉藏之间》，北京：中华书局 2008 年版。

王晖、陈燕谷主编：《文化与公共性》，北京：三联出版社 1998 年版。

王铁志等主编：《国际视野中的民族区域自治》，北京：民族出版社 2002 年版。

王建娥等：《族际政治与现代民族国家》，北京：社会科学出版社 2004

年版。

王毓铨：《明代的军屯》，北京：中华书局，1965 年版。

王振海编著：《公共职位论纲——政府职位的属性与配置机制》，河南：河南人民出版社 2002 年版。

万解秋：《政府推动与经济发展》，上海：复旦大学出版社 1993 年版。

吴仕民主编：《中国民族理论新编》，北京：中央民族大学出版社 2006 年版。

谢岳：《当代中国政治沟通》，上海：上海人民出版社 2006 年版。

许宝强、罗永生选编：《解殖与民族主义》，北京：中央编译出版社 2004 年版。

夏勇主编：《走向权利的时代：中国公民权利发展研究》，北京：社会科学文献出版社 2000 年版。

向德平编：《城市社会学》，武汉：武汉大学出版社 2002 年版。

杨龙等：《政府经济学》，天津：天津大学出版社 2004 年版。

杨杜、刘斌著：《变革之舞——海南农垦复兴之道》，北京：清华大学出版社 2010 年版。

杨圣敏主编：《中国民族志》，北京：中央民族大学出版社 2003 年版。

杨向奎等（中国社会科学院历史所学者集体编撰）：《中国屯垦史》，北京：农业出版社 1991 年版。

杨善华主编：《当代西方社会学理论》，北京：北京大学出版社 2001 年版。

于建嵘：《岳村政治》，北京：商务印书馆 2001 年版。

于建嵘：《底层政治——对话与演讲》，北京：中国文化出版社 2009 年版。

张静：《基层政权——乡村制度诸问题》，杭州：浙江人民出版社 2000 年版。

张永宏：《组织社会学的新制度主义学派》，上海：上海人民出版社 2007 年版。

张君约：《历代屯田考（上、下册）》新中国建设学会丛书，北京：商务印书馆 1939 年版。

张可云：《区域经济政策：理论基础与欧盟国家实践》，北京：中国轻工业出版社 2001 年版。

周平：《中国少数民族政治分析》，昆明：云南大学出版社 2000 年版。

周平：《民族政治学导论》，北京：中国社会科学出版社 2001 年版。

郑欣：《乡村政治中的博弈生存》，北京：中国社会科学出版社 2005 年版。

《牛津高阶英汉双解词典》，商务印书馆，牛津大学出版社 2002 年版。

（三）中文论文

曹芳：《理性选择制度主义方法论评述——兼论其在中国政治学中的适用性》，《学术论坛》，2009 年第 11 期。

陈晓彤、明星、彭剑良：《关于农垦盈利企业运行机制和管理模式的研究》，《中国农垦经济》，2003 年第 3 期。

陈葵：《依托优势产业 云南农垦非公经济发展步入新起点》，《中国农垦经济》，2004 年第 12 期。

都永浩：《论民族关系与民族发展》，《民族理论研究》，1990 年第 1 期。

费孝通：《中华民族的多元一体格局》，《北京大学学报（哲学社会科学版）》，1989 年第 4 期。

方铁：《应重视研究古代治理与开发边疆问题》，《中国边疆史地研究》，2001 年第 1 期。

方英凯：《毛泽东屯垦思想的涵义和主要内容》，《毛泽东思想论坛》，1997 年第 2 期。

范芝：《云南农垦体制改革迈出重大步伐》，《中国农垦经济》，1997 年第 2 期。

范志海：《论中国制度创新中的内卷化问题》，《社会》，2004 年第 4 期。

高文进：《自由发展观视角下的少数民族城市化》，《改革与战略》，2008 年第 6 期。

郭继强：《内卷化概念新理解》，《社会学研究》，2007 年第 3 期。

黄宗智：《发展还是内卷？十八世纪英国与中国》，《历史研究》，2002 年第 4 期。

洪银兴：《新苏南模式及其对建设全面小康社会的意义》，《江苏社会科学》，2006 年第 2 期。

贺东航：《中国村民自治制度"内卷化"现象的思考》，《经济社会体制比较》，2007 年第 6 期。

和渊：《西双版纳：二十一世纪整合中的中国边疆》，[硕士学位论文]，云南：云南大学，2000 年。

贾大明：《我国农垦系统改革、发展、稳定的思路与途径》，《经济研究参考》，2006 年第 57 期。

卢守亭：《试论城市化进程中的民族关系及其评价指标体系》，《贵州民族研究》，2007 年第 5 期。

李万奎、于靖媛、赵爱华：《辽宁农垦企业产权制度改革的探索》，《中国农垦经济》，2004 年第 9 期。

李鹏：《以屯垦戍边构建边疆安全长效机制》，《中国国情国力》，2010 年第 9 期。

李洁谨、黄荣贵、冯艾：《城市社区异质性与邻里社会资本研究》，《复旦学报（社会科学版）》2007 年第 5 期。

刘世定、邱泽奇：《"内卷化"概念辨析》，《社会学研究》，2004 年第 5 期。

马戎：《族群关系变迁影响因素分析》，《西北民族研究》，2003 年第 4 期。

马戎：《关于当前中国城市民族关系的几点思考》，《西北民族研究》，2009 年第 1 期。

毛克明、赵育华、周旭辉：《云南农垦天然橡胶产业化发展面临的问题和对策》，《热带农业科技》，2003 年第 26 期。

潘新刚：《简论屯垦戍边主体的多元性》，《新疆社科论坛》，1999 年第 3 期。

任维德：《现状、原因、对策：西部民族地区城市化进程实证分析——以中央政府和地方政府为视角》，《内蒙古师范大学学报（哲学社会科学版）》，2008 年第 5 期。

王小平：《改革开放以来党关于屯垦戍边理论的创新及特点》，《石河子大学学报（哲学社会科学版）》，2008 年 12 月第 22 卷第 6 期。

王小平：《毛泽东屯垦思想的基本内容及其作用》，《毛泽东思想研究》，2006 年 3 月第 23 卷第 2 期。

王绍光：《从财政资金流向看中国政府政策调整》，《战略管理》，2004 年第 2 期。

汪波：《间隔性制度变迁与比较制度优势——诺斯"路径依赖"理论之中国区域经验实证检验》，《江苏社会科学》，2007 年第 1 期。

魏后凯：《比较优势、竞争优势与区域发展战略》，《福建论坛（人文社科版）》，2004 年第 9 期。

湘平：《简论邓小平农垦思想的主要内容》，《毛泽东思想研究》，2006 年 5 月第 23 卷第 3 期。

许祖元：《谈农垦经济改革与发展中的四个关系》，《中国农垦》，2006 年第 1 期。

徐杰舜：《论族群与民族》，《民族研究》，2002 年第 1 期；

尤飞、李红梅：《新时期农垦改革问题研究》，《开发研究》，2010 年第 5 期。

余志荣：《推进农垦资源向农垦资本转变》，《中国农垦经济》，2004 年第 5 期。

周平：《我国边疆的治理研究》，《学术探索》，2008 年第 2 期。。

张海翔：《论我国民族地区的城市化》，《民族研究》，1998 年第 4 期。

张红霞：《对规范农垦企业公司制的思考》，《中国农垦经济》，2004 年第 9 期。

张安福、彭修建：《改革三十年：与时俱进的兵团屯垦理论与实践》，《伊犁师范学院学报（社会科学版）》，2009 年 9 月第 3 期。

张振华、郑坤亮：《毛泽东屯垦思想及实践典范研究》，《西北民族大学学报（哲学社会科学版）》，2004 年第 1 期。

张时空：《城市化对民族发展及民族关系的影响》，《内蒙古师范大学学报（哲学社会科学版）》，2008 年第 3 期。

张振华：《邓小平对毛泽东屯垦思想的继承和发展》，《石河子大学学报（哲学社会科学版）》，2001 年 9 月第 1 卷第 3 期。

赵剑鹏、陈葵：《云南农垦橡胶生产队推行股份合作制的探讨》，《中国农垦经济》，2001 年第 1 期。

郑有贵：《我国农垦体制改革回顾与辨析》，《当代中国史研究》，2005 年 3 月第 12 卷第 2 期。

郑有贵：《我国农垦体制改革回顾与辨析——以黑龙江、海南两省为例》，《中国经济史研究》，2004 年第 4 期。

云南省地方志编志编纂委员会总编：《云南省志》第 39 卷，云南：云南出版社 1998 年版。

《勐养农场志》，云南：云南民族出版社 2007 年版。

《全国农垦生产建设综合情况》，中国农垦信息网 2011 年 5 月 13 日，见 http：//www. chinafarm. com. cn。

赵鸿阳：《云南天然橡胶发展分析》，云南省农科院经济与信息研究所，2008 年 3 月 11 日，见 http：//www. yaas. org. cn/Article/ShowArticle. asp? ArticleID=1386。

夏冠男、张炼：《全球橡胶需求旺盛 不确定因素加剧供给波动》，新华 08 网海口 11 月 4 日，见 http：//futures. hexun. com/2011 - 11 - 04/134889041. html。

二、外文文献

（一）外文著作

Almond, Gabriel. *The Politics of the Developing Areas*. New Jersy：Princeton University Press，1966.

Almond, Gabrieland Bingham Powell, Jr.. *Comparative Politics：A Developmental Approach*. 2nd edition. Boston：Little, Brown and Company. 1978.

Alexander, Jeffrey. "Neofunctionalism：An Introduction" . in Jeffrey*Alexander（ed.），Neofunctionalism*. Sage Publications，1985.

Alexander, Jeffrey. *Action and Its Environments*. New York：Columbia University Press，1988.

Alexander, Jeffrey. *Neofunctionalism Today：Reconstructing a Theoretical Tradition, with P. Colomy, in George Ritzer ed.*, Frontiers of Sociological Theory. New York：Columbia University Press，1990.

Ander, Lecours. *New Institutionalism: Theory and Analysis*. Toronto: University of Toronto Press, 2005.

Barth, Fredrik. Ethnic Groups and Boundaries: *The Social Organization of Culture Difference*. London: George Allen & Unwin, 1969.

Bentley, Arthur. *The Process of Government*. Evanston: Principia Press, 1949.

Brinton, Mary and Victor Nee (eds.). *The New Institutionalism in Sociology*. New York: Russell Sage Foundation.

Blau, Peter and Richard Scott. *Formal Organizations*. London: Routledge. 1966.

Cashmore, Ellis. *Dictionnary of Race and Ethnic Relation (fourth edition)* New York: Published in the Taylor & Francis e-Library, 2003.

Clark, Barry and Joe Foweraker. *The Encyclopedia of Democratic Thought*. London: Routlege, 1995.

Cole, Richard. *Introduction to Political Science and Policy Research*. New York: Benford/St. Martin's, 1995.

Downs, Anthony. *An Economic Theoy of Democracy*. New York: Harper&Row, 1957.

Duara, Prasenjit. *Culture, Power, and the State: Rural North China, 1900–1942*. Stanford: Stanford University Press, 1991.

Eduard Vermeer, Frank Pieke and Woei Lien Chong (eds.). *Cooperative and Collective in China's Rural Develoment*. New York: M. E. Sharpe, 1998.

Farley, John. *Majority – Minority Relations*. New Jersey: Prentice – Hall, Inc., 1995.

Galston, William. *The Implications of Value Pluralism for Political Theory and Practice*. New York: Cambridge University Press, 2004.

Garbaye, Romain. Getting Into Local Power, *The Politics of Ethnic Minorities in British and French Cities.*, Oxford: Blackwell Publishing, 2005.

Geertz, Clifford. *Agricultural Involution: The Processes of Ecological Change in Indonesia*. Cambridge: Cambridge University Press, 1963.

Glazer, Nathan andDaniel Moynihan. *Ethnicity Theory and Experience.* Mass: Harvard University Press, 1975.

Gordon, Milton. *Assimilation in American Life: The Role of Race, Religion, and National Origins.* New York: Oxford University Press, 1964.

Hutchison, Ray and Jerome Krase. *Ethnic Landscapes in An Urban World.* Oxford: JALpress, 2007.

Kaltman, Blaine. *Under The Heel of The Dragon: Racism, Crime, and The Uighur in China.* Ohio University press, 2007.

Kivisto, Peter. *Multiculturalism in a Global Society.* Oxford: Blackwell Publishing, 2002.

Lasswell, Harold and Abraham Kapla. *Power and Society.* New Haven: Yale University Press, 1950.

Lewis, Arthur. *A Theory of Economic Growth.* London: Harper& Row, 1955.

March, James and Herbert Simon. *Organizations. Cambridge*, Mass : Blackwell, 1993.

O' Brien, Kevin and Lianjiang Li. *Rightful Resistance in China.* New York: Cambridge University Press, 2006.

O' Brien, Kevin. *Popular Protest in China.* Mass: Harvard University Press, 2002.

Oi, Jean and Andrew Walder. (eds.). *Property Rights and Economic Reform in China.* Stanford: Stanford University Press, 1999.

Ostrom, Elinor. *Governing the Commons: The Evolution of Institutions for Collective Action.* New York: Cambridge University Press, 1990.

Parekh, Bhikhu. *Rethinking Multiculturalism: Cultural Diversity and Political Theory.* London: Macmillan Press, Ltd. 2000.

Park, Robert and Ernest W. Burgess. *Introduction to the Science of Sociology.* Chicago: the University of Chicago press, 1921.

Perry, Elizabeth. *Grassroots Political Reform in Contemporary China.* Mass: Harvard University Press, 2007.

Radcliffe-Brown, Alfred. *A Natural Science of Socity.* Illinois: Free Press,

1957.

Radcliffe-Brwon, Alfred . *Structure and Function in Primitive Society: Essays and Addresses* . New York: Free Press, 1965.

Rex, John and Dvid Mason, *Theories of Race and Ethnic Relations.* New York: Cambridge University Press, 1986.

Shiffman, Dan. Rooting Multiculturalism: *The Work of Louis Adamic.* London: Associated University Presses 2003.

Parsons, Talcott. *The Structure of Social Action. 2nd Edition.* New York: Free Press, 1967.

Preffer, Jeffrey and Gerald Salancik. *The External Control of Organization: A Resource Dependence Perspective.* Stanford: Stanford Business Books, 2003.

Talcott Parsons. Social System. London: Routledge, 1991.

Walder, Andrew. *Communist Neo-traditiondism: Work and Authority in Chinese Industry.* California: California University Press, 1996.

Weisberg, Herbert (ed.) . *Political Science: The Science of Politics* . New Jersy: Agathon Press, 1986.

Williamson, Oliver. Organization*Theory: From Chester Barnard to the Present and Beyond.* New York: Oxford University Press, 1995.

Zaret, David. *Origins of Democratic Culture* . New Jersy: Princeton University Press, 2000.

(二) 外文论文

Blauner, Robert. 1969. "Internal Colonialism and Ghetto Revolt. " *Social Problems.* 16 (4) : 393-408.

Bonacich, Edna. 1972. "A Theory of Ethnic Antagonism: The Split Labor Market. " *American Sociological Review.* 37 (5) : 547-599.

Cai , Yongshun. 2004. "Managed Participation in China. " *Political Science Quarterly.* 119: 425-451.

DiMaggio, Paul and Walter Powell. 1983. " The Iron Cage Revisited: Institutional Isomorphism and Collective Rationality in Organizational Fields. " *Ameri-*

can Sociological Review. 48：147–60.

Driedger, Leo. 1979. " Maintenance of Urban Ethnic Boundaries：The French in St. Boniface. " *The Sociological Quarterly*, 20 （1）：89–108.

Esser, Hartmut. 1986. "Social Context and Inter–Ethnic Relations：The Case of Migrant Workers in West German Urban Areas. " *European Sociological Review.* 2 （1）：30–51.

Huang , Yasheng. 1995. " Administrative Monitoring in China. " *The China Quarterly* . 143：828–843.

Katzman, Martin. 1969. " Opportunity, Subculture and the Economic Performance of Urban Ethnic Groups. " *American Journal of Economics and Sociology.* 28 （4）：351–366.

Kivisto , Peter. 2004. "What is the Canonical Theory of Assimilation. " *Journal of the History of the Behavioral Sciences.* 40 （2）：149–163.

Larsson, Rikard. 1993. " The Handshake Between Ivisible and Visible Hands. " *Intemtional Studies of Management & Organization* . 23：1.

Luehrmann , Laura. 2003. "Facing Citizen Complaints in China, 1951 – 1996. " *Asia Survey.* 43：845–866.

Nelli, Humbert. 1967. " Italians in Urban America：A Study in Ethnic Adjustment. " *International Migration Review.* 1 （3）：38–55.

North, Douglas. 1994 "Economic Performance Through Time. " *American Economic Review （May）*：54.

Ross, Marc. 1995. "Psychocultural Interpretation Theory and Peacemaking in Ethnic Conflicts. " *Political Psychology.* 16 （3）：523–544.

Selznick, Philip. 1996. " Institutionalism：Old and New. " *Administrative Science Quarterly.* 41：270–277.

Smith , Ryan and James Elliott. 2002. "Does Ethnic Concentration Influence Employees´ Access to Authority：An Examination of Contemporary Urban Labor Markets. " *Social Forces.* 81 （1）：255–279.

后　记

　　本书是在笔者博士论文的基础上经过修改和补充而最终出版的。农垦是中国特定历史条件下形成的特殊组织，这个组织在边疆社会的长期存在已经深入影响到社会的各个层面，其组织的目标任务也具有相当的复杂性。本项研究尝试用现代组织理论的视角来分析云南农垦发展过程，并将"内卷化"概念扩展引入，从组织内部的发展状况和组织外部的资源依赖入手，通过对云南农垦组织三个不同阶段改革的分析，力求能够构建一个全新的视角来分析云南农垦发展的现实状况，以期对其未来的改革与发展有所裨益。

　　本书付梓之际，首先要感谢我的恩师沈亚平教授，先生严谨的治学、渊博的学识修养、敏锐的理论洞察能力以及卓越的学术见解将我引入瑰丽的学术殿堂，开始艰难的求学历程，亦成为我一生学习的榜样；先生在百忙之中对我的悉心指导和严格要求，也鞭策着我倾尽全力，不敢懈怠，使我不断进步。回想恩师的言传身教，虽不敢说得其精髓，但至少在经历过风雨后能够窥得些许彩虹，这将使我受用终生。同时还要衷心感谢南开大学周恩来政府管理学院的朱光磊教授、杨龙教授、王骚教授、常健教授、金东日教授、谭融教授、程同顺教授、孙晓春教授，南开十余载求学生涯中诸位教授给予我多方指导与教诲，向各位老师致以深深谢意。

　　"允公允能，日新月异"，南开是一个精英荟萃的地方，更是一个充满创新与学术活力的殿堂，犹记得1997年初秋，我离开家乡远赴北方求学，从此开始了与南开大学的不解之缘，与之共度十余载春秋。往昔老师同学的晏晏笑语犹自在耳，蓦然回首，那时向往着学术殿堂的我却并未想到自己的求学之路竟如此曲折漫长，却也因着这份曲折与漫长而成为我一生中最为珍贵的经历。南开厚重的学术氛围和团队的严格要求使我在学习与生活中感受到了学习的意义与力量，感谢我的同门师兄弟、姐妹和同学，感谢张宇师姐、马原、李娜、卓杰师妹对我论文提出的宝贵意见，挚友们无微不至的关怀永远是我孤独时的最大慰藉。感谢给予我指导、帮助与鼓励的每一位老师、朋友与家人，你们无私的帮助和关心给我在天津的多年学习和生活带来了温馨。衷心感谢在论文调研过程中提供帮助的各位朋友以及参与到调研过程中的每一位受访者。

特别感谢人民出版社领导和编辑对本书出版的支持和帮助，感谢邵永忠老师在本书出版过程中所付出的大量心血。

非常感谢云南师范大学毕天云教授、吴若飞教授、柳榜华教授以及诸位老师在我学习和研究过程中给予的指导、关心和帮助，感谢哲学与政法学院所提供的云南师范大学重点学科建设经费资助支持。

感谢云南省哲学社会科学规划办公室提供的 2012 年哲学社会科学学术著作出版资助。

最后，还要将感谢献给我的家人。感谢我的父母！他们也许同样没有想到女儿的求学之路竟是如此漫长，在漫长而艰苦的求学路上，他们默默的支持与鼓励，为我提供着源源不断的动力，能够继续着自己的坚持。

另外，本书在写作过程中引用和借鉴了许多学者的成果，都已在文中标明出处，有受时间和条件限制而未能注出的，都在此致以诚挚的谢意。同时，由于本人学术能力与水平所限，文中尚有许多不足之处，有待于各位专家教授的批评指正，其中的争议或不当之处，也敬请各位专家学者不吝赐教。

2012 年 12 月 20 日

责任编辑:邵永忠

封面设计:徐　晖

图书在版编目(CIP)数据

组织结构功能转型与内卷化——云南农垦发展透视/董向芸 著.

　-北京:人民出版社,2013.9

ISBN 978－7－01－011742－3

Ⅰ.①组…　Ⅱ.①董…　Ⅲ.①农垦-组织结构-体制改革-研究-云南省
　Ⅳ.①F324.1

中国版本图书馆 CIP 数据核字(2013)第 030066 号

组织结构功能转型与内卷化

ZUZHI JIEGOU GONGNENG ZHUANXING YU NEIJUANHUA

——云南农垦发展透视

董向芸　著

人民出版社 出版发行

(100706　北京市东城区隆福寺街 99 号)

环球印刷(北京)有限公司印刷 新华书店经销

2013 年 9 月第 1 版　2013 年 9 月北京第 1 次印刷
开本:710 毫米×1000 毫米 1/16　印张:20.25
字数:330 千字

ISBN 978－7－01－011742－3　定价:48.00 元

邮购地址 100706　北京市东城区隆福寺街 99 号
人民东方图书销售中心　电话 (010)65250042　65289539